OEUVRES COMPLÈTES

DU CHANCELIER

D'AGUESSEAU.

SE TROUVENT AUSSI

CHEZ L'ÉDITEUR, RUE CHRISTINE, N.º 3, A PARIS;
ET CHEZ LES PRINCIPAUX LIBRAIRES DE FRANCE ET DE L'ÉTRANGER.

DE L'IMPRIMERIE DE I. JACOB, A VERSAILLES.

OEUVRES COMPLÈTES

DU CHANCELIER

D'AGUESSEAU.

NOUVELLE ÉDITION,

AUGMENTÉE DE PIÈCES ÉCHAPPÉES AUX PREMIERS ÉDITEURS, ET D'UN DISCOURS PRÉLIMINAIRE

PAR M. PARDESSUS,

PROFESSEUR A LA FACULTÉ DE DROIT DE PARIS.

TOME HUITIÈME,

CONTENANT DES MÉMOIRES SUR DIVERS SUJETS.

PARIS,

FANTIN ET COMPAGNIE, LIBRAIRES,
QUAI MALAQUAI, N.º 3.

H. NICOLLE, A LA LIBRAIRIE STÉRÉOTYPE,
RUE DE SEINE, N.º 12.

DE PELAFOL, RUE DES GRANDS-AUGUSTINS, N.º 21.

M. DCCC. XIX.

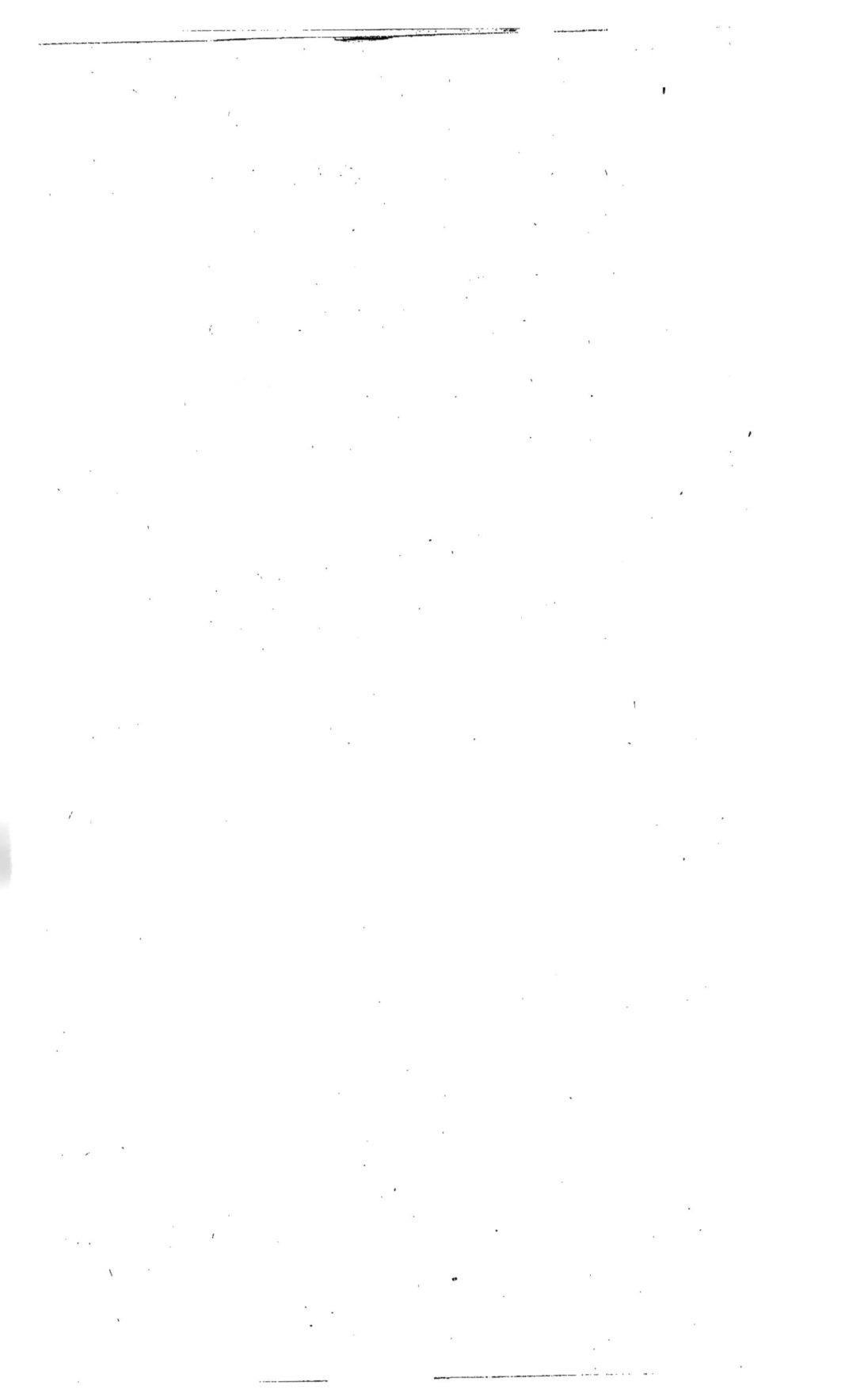

TITRES

DES DIFFÉRENS OUVRAGES

CONTENUS DANS LE TOME HUITIÈME.

———

FIN DES TITRES DU TOME HUITIÈME.

OEUVRES
DE D'AGUESSEAU.

MÉMOIRES
DONNÉS AU PARLEMENT.

PREMIER MÉMOIRE,

*Pour prouver que le Bourbonnois est un domaine
de la couronne.*

Tous nos historiens conviennent que le Bourbonnois n'étoit pas anciennement un domaine de la couronne.

Le pays qui porte ce nom étoit une très-ancienne
baronnie, possédée pendant long-temps par des seigneurs qui portoient le nom d'Archambault, et qui
ont laissé ce même nom à une ville de cette province (1).

Cette baronnie entra dans la maison de Bourgogne,
par le mariage de Jean de Bourgogne, fils de Hugues IV,
avec Agnès de Bourbon, fille puînée d'Archambault
le jeune, sire de Bourbon. Mahaud, sœur aînée
d'Agnès, avoit épousé Eudes, frère aîné de Jean de
Bourgogne ; mais quoiqu'elle ait laissé des filles capables de lui succéder, il paroît néanmoins que la

(1) Voyez Duchêne, Histoire des ducs de Bourgogne, ch. 10
et 11.

D'Aguesseau. Tome VIII.

seigneurie de Bourbon a passé en la personne d'Agnès, sa sœur, et de Jean de Bourgogne, mari d'Agnès.

De ce mariage sortit Béatrix de Bourgogne, qui épousa Robert de France, fils de saint Louis, comte de Clermont en Beauvoisis, vers l'an 1220; et depuis ce mariage, Robert prit le surnom de Bourbon.

La seigneurie de Bourbon fut érigée en duché et pairie, vers l'an 1327, en faveur de Louis de Bourbon, premier du nom, fils de Robert (1).

Il semble que MM. de Sainte-Marthe aient vu les lettres d'érection (2); ils ne disent point qu'elles continssent une clause de réversion au domaine de la couronne, *deficientibus masculis;* et d'ailleurs ces sortes de clauses n'étoient pas encore assez fréquentes, pour présumer qu'elles se trouvent dans un acte de ce temps-là.

En l'année 1400, se fit le mariage de Bourbon, fils de Louis I, avec Marie de Berri, comtesse d'Eu, fille de Jean, fils de France, duc de Berri et d'Auvergne, etc.

Dans le contrat de mariage, on énonce deux dispositions qui avoient été précédemment faites par le duc de Berri et par le duc de Bourbonnois (3).

Le duc de Berri avoit fait, en 1383, une donation entre-vifs à la couronne de France, des duchés et comtés de Berri, d'Auvergne, de Poitou, et de toutes ses autres terres, en cas que lui ou ses enfans mâles mourussent sans enfans mâles, à la charge de payer certaines sommes à ses filles (4).

---

(1) Olivier de la Marche, en ses Mémoires (pag. 88; mais il se trompe dans la date de l'érection); Sainte-Marthe, vol. 2, pag. 15; Histoire de la maison de France; Histoire du connétable de Bourbon, par Marillac, dans les desseins de Laval, fol. 15, verso. Cette érection fut faite en 1327; l'acte en est au trésor des chartes, en copie tirée de la chambre des comptes, *sac Bourbonnois*, *Montpensier*.

(2) La clause de réversion à la couronne n'y est point.

(3) Trésor des chartes, contrat de mariage, n.° 43.

(4) Les lettres sont au trésor des chartes, *sac Bourbonnois*, *Montpensier*.

Le duc de Bourbonnois avoit fait une semblable disposition, dont la date n'est point marquée, pour le duché de Bourbonnois et le comté de Clermont (1).

Mais en faveur du mariage du fils du duc de Bourbonnois, avec la fille du duc de Berri, le roi Charles VI consent que, nonobstant ces deux dispositions, les hoirs mâles issus de ce mariage jouissent en propriété du duché d'Auvergne, etc., avec certaines réserves, et à la charge aussi que si lesdits futurs conjoints viennent à décéder sans hoirs mâles, la donation n'aura lieu, et retourneront lesdites terres à la couronne.

Le Bourbonnois est devenu par là de même condition que le Berri, l'Auvergne et le Poitou, tous également réversibles à la couronne, au défaut d'hoirs mâles issus de ce mariage.

Les lettres du duc de Bourbonnois, par lesquelles il vouloit que le duché de Bourbonnois et le comté de Clermont appartinssent au roi et à la couronne, en cas que lui ou ses hoirs mâles mourussent sans enfans mâles, sont du mois de mai 1400 (2).

Jean de Bourbon approuva la disposition de son père, par autres lettres de la même année 1400, au mois de juillet (3).

On trouve aussi, au même endroit du trésor des chartes, d'autres lettres de l'année 1425 (4), par lesquelles Marie de Berri, tant pour elle que pour Charles et Louis, ses enfans, promet faire bailler par M. de Bourbon, son mari, lors absent, lettres qui porteront la même condition de réversion.

Dans la même année, Charles de Bourbon, fils

(1) Les lettres sont au trésor des chartes, *sac Bourbonnois, Montpensier.*

(2) Trésor des chartes, *les ducs de Bourbon,* mém. 2.

(3) *Ibid.* n.º 5.

(4) *Ibid.* n.º 7.

aîné de Jean, donna de semblables lettres (1), par lesquelles il consentit, qu'au cas que son père Jean, duc de Bourbonnois, et lui, décèdent sans hoirs mâles, les duché de Bourbonnois et comté de Clermont vinssent à la couronne de France, et aussi le duché d'Auvergne et le comté de Montpensier (2).

Du mariage de Jean de Bourbon avec Marie de Berri, sortirent trois enfans, Charles, Louis et un autre Louis (3).

Le premier continua la race des ducs de Bourbonnois.

Le second mourut sans enfans.

Le troisième commença la branche des comtes de Montpensier.

Charles I.er eut plusieurs enfans qui moururent tous sans postérité, à la réserve de Pierre II du nom, qui épousa la fille de Louis II, et déclara qu'il consentoit, autant qu'il le touchoit et pouvoit le toucher,

---

(1) Trésor des chartes, *les ducs de Bourbon*, n.º 8.

(2) M. Bourdin, procureur-général, dans ses écritures contre M. le duc de Montpensier, qui sont au trésor des chartes (sac des titres concernant les personnes et terres de la maison de Bourbon), dit que *ces lettres furent homologuées au parlement séant à Poitiers, le 23 juillet* 1423.

(3) JEAN PREMIER,
qui a consenti à la reversion du duché de Bourbonnois à la couronne.

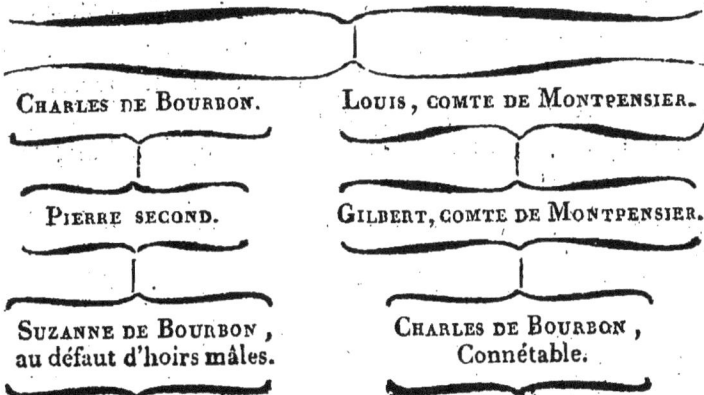

CHARLES DE BOURBON.	LOUIS, COMTE DE MONTPENSIER.
PIERRE SECOND.	GILBERT, COMTE DE MONTPENSIER.
SUZANNE DE BOURBON, au défaut d'hoirs mâles.	CHARLES DE BOURBON, Connétable.

que tous les duchés, comtés et vicomtés de la maison de Bourbon revinssent à la couronne au défaut d'hoirs mâles.

Suzanne de Bourbon, son unique héritière, épousa Charles de Bourbon, comte de Montpensier, petit-fils de Louis, comte de Montpensier, et arrière-petit-fils de Jean I.er, duc de Bourbonnois.

Ainsi, Suzanne de Bourbon et Charles de Montpensier, connu sous le nom du connétable de Bourbon, étoient cousins au troisième degré.

Ce mariage fut contracté, pour prévenir et pour éteindre les grandes contestations qui auroient été agitées sans cette alliance entre le connétable et Suzanne de Bourbon.

Le droit de Suzanne étoit fondé sur des lettres-patentes de 1498, par lesquelles Louis XII permettoit que, nonobstant la déclaration de Pierre II, portée par son contrat de mariage, Suzanne, sa fille, et les enfans mâles et femelles qui descendroient d'elle pussent jouir des deux duchés et du comté (1).

Ces lettres furent expédiées séparément pour chaque

(1) Dans un ancien mémoire qui est au trésor des chartes, *sac des titres concernant les personnes et seigneuries de la maison de Bourbon*, ledit mémoire composé pour Louise de Savoie, contre le connétable de Bourbon, il est dit que « le » roi fit expédier successivement deux différentes lettres pour » le duché de Bourbonnois; » les dernières, encore plus claires que les premières, données au mois d'août 1498, dans lesquelles il déclare que « *son intention a été qu'au défaut* » *d'hoirs mâles* descendans dudit duc Pierre, sesdits fils et » filles, ensemble leurs autres hoirs et successeurs..... puissent » succéder au duché de Bourbonnois....., et en disposer, si bon » leur semble; » après quoi le mémoire ajoute que « non » constat, *lesdites lettres avoir été vérifiées en la cour de par-* » *lement*. » Il est vrai qu'il n'est point dit dans le registre que le procureur-général ait été ouï, et qu'on y trouve seulement ces mots : *Lecta, publicata et registrata, in quantum tangit inte-resse regis duntaxat*; mais il y a un très-grand nombre de lettres-patentes dans le même registre où l'on peut observer le même défaut, soit que ces lettres n'aient point été communiquées au procureur-général, ce qui n'est pas vraisemblable, soit qu'on ne crût pas alors qu'il fût absolument nécessaire d'en faire mention.

duché et comté, c'est-à-dire pour l'Auvergne ; pour le Bourbonnois et pour le comté de Clermont.

Mais le parlement n'enregistra que celles qui concernoient le duché de Bourbonnois, et, même à l'égard de ces dernières lettres, Louis de Montpensier, alors aîné des mâles de cette branche, s'y étant opposé, le parlement ordonna qu'il auroit acte de son opposition, et que *lesdites lettres seroient lues et publiées en tant que touchoit l'intérêt du roi seulement.*

Sur quoi Pasquier se récrie, sans beaucoup de fondement : *Sage arrêt, pour ce que la cour estima* (1) « que le Bourbonnois étoit naturellement de l'ancien » être et patrimoine des seigneurs de Bourbon, au- » quel nos rois ne pouvoient rien prétendre sans la » clause contractuelle de Pierre, à laquelle le roi » pouvoit facilement renoncer, et faire retourner les » choses en leur première nature. Mais, quant aux » duché d'Auvergne et comté de Clermont, qui ori- » ginairement étoient du domaine de France, c'eût » été pécher contre les règles fondamentales de notre » état, de les faire tomber en quenouille ».

Pasquier tombe en cet endroit dans deux erreurs évidentes (2) :

(1) Depuis j'ai vu le registre des plaidoyers, dans lequel il est dit que M. le Maitre, avocat du roi, consentit à la publication de ces lettres aux charges et conditions portées par le registre du conseil ; mais malheureusement ce registre a été perdu.

(2) Dans le registre de la chambre des comptes, l'on voit les grandes difficultés que cette compagnie fit lors de l'enregistrement de ces lettres. Il est vrai qu'il paroît que le principal motif de ces difficultés étoit que ces lettres étoient conçues de telle manière, que l'on pouvoit croire que l'on ne vouloit pas seulement déroger à la clause constitutrice de l'apanage en faveur des enfans qui naîtroient de Suzanne de Bourbon, mais en faveur des héritiers collatéraux de cette princesse. Le roi donna de secondes lettres pour expliquer plus clairement sa volonté. La chambre ne trouva point qu'elle fût encore assez expressément marquée ; elle envoya consulter le parlement, et s'informer de ce qui s'y étoit passé dans l'enregistrement de ces lettres ; et sur ce qu'on rapporta à la chambre, que le

La première, en ce qu'il suppose que nos rois ne pouvoient rien prétendre au domaine de Bourbonnois sans *la clause contractuelle* de Pierre, au lieu qu'il est prouvé que dès l'année 1400 ce domaine étoit réversible à la couronne ;

La deuxième, en ce qu'il prétend que le roi peut renoncer à tout ce qui n'est point de l'ancien domaine de la couronne, comme si ce qui est une fois uni au domaine sacré de nos rois, ne devenoit pas de la même nature que le tout dont il commence à faire partie.

Mais, sans examiner encore ici si cet arrêt étoit aussi sage par rapport aux droits du roi, que Pasquier l'a prétendu, il est certain qu'il ne pouvoit faire de préjudice aux droits du connétable de Bourbon, soit parce que ses droits avoient été nommément réservés par cet arrêt, soit parce que le connétable n'empruntoit point son droit du contrat de mariage du duc Pierre II; il le tiroit plutôt de celui du duc Jean I.er, par lequel, dès l'année 1400, le duché de Bourbonnois étoit affecté aux mâles, à l'exclusion des femelles.

La cause du connétable étoit si juste, que l'on ne crut pas pouvoir trouver de meilleur tempérament pour terminer cette affaire, que de lui donner, non-seulement le domaine du Bourbonnois, mais celle qui le possédoit.

Le mariage qu'il contracta avec Suzanne de Bourbon, réunit en sa personne tous les droits que l'on pouvoit exercer sur ce duché.

Pasquier remarque avec raison, que l'on concerta

parlement avoit jugé que ces lettres ne comprenoient que les seuls descendans de Suzanne, et que c'étoit pour cela que le parlement s'étoit rendu plus facile à les enregistrer, la chambre se rendit; mais le procureur du roi en cette compagnie prétendit que tout cela s'étoit fait sans sa participation. La chambre lui donna acte de son opposition, sur laquelle on lui réserva la faculté de se pourvoir ainsi qu'il aviseroit bon être.

On ne comprend point que Pasquier ait absolument ignoré tout ce qui vient d'être expliqué, et qui s'étoit passé presque de son temps.

toutes les clauses de ce contrat de mariage avec tant d'habileté, qu'il étoit difficile de démêler quel étoit le véritable seigneur du Bourbonnois, et que la question de la propriété de ce duché fut terminée sans être préjugée par ce contrat.

Aussi, lorsque Suzanne de Bourbon mourut sans enfans, la question se trouva toute entière, et elle fut agitée solennellement entre Louise de Savoye, mère de François I.er, qui soutint que, comme héritière plus proche, elle devoit succéder au duché de Bourbonnois, et le connétable, qui voulut faire valoir l'affectation aux mâles marquée dans les titres ci-dessus expliqués.

La rébellion et la félonie du connétable de Bourbon décidèrent un doute sur lequel la justice n'avoit osé prononcer, et la confiscation prononcée contre lui le priva du duché de Bourbonnois comme du reste de ses biens (1).

Après la condamnation du connétable, tous ses droits se trouvèrent réunis dans la personne du roi François I.er, qui devint la partie de Louise de Savoye, sa mère, dans le grand procès qui étoit pendant et indécis au parlement.

Le 23 décembre 1527, il y eut une transaction passée entre ces deux augustes parties, pardevant deux notaires de Chauny, pour terminer ce procès.

Dans le préambule de cet acte, François I.er et sa mère expliquent leurs droits et leurs prétentions.

Le roi soutient que *le duché d'Auvergne est apanage, auquel les filles ne succèdent, et que si par nécessité de temps, ou autrement par importunité de requérans, il étoit donné à la maison de Bourbon, cela n'empêchoit pas qu'il n'appartînt audit seigneur;*

_____

(1) L'arrêt est de 1527.

L'arrêt du mois d'août 1523 appointa les parties au conseil, et cependant ordonna que tous les biens seroient séquestrés.

*Que le duché de Bourbonnois étoit par consen-
tement des ancêtres d'icelle maison réduit à apanage
comme Auvergne.*

Le reste regarde la Marche et le comté de Clermont, dont il ne s'agit pas ici.

Louise de Savoye soutient, au contraire, que les
biens de la maison de Bourbon lui appartiennent,
comme héritière et plus prochaine lignagère de Suzanne de Bourbon ;

Que par le traité d'apanage fait par Charles de
Bourbon à Louis de Bourbon, son frère (auteur de
la branche de Montpensier, dont le connétable de
Bourbon étoit le dernier), Louis de Bourbon renonça
à tous les droits qui pouvoient lui appartenir, ou à
ses successeurs, *fût par ledit traité de mariage ou
autre, faits par ses ancêtres, esquels renonçoit,
vouloit et accordoit qu'ils appartinssent et demeu-
rassent audit Charles ou à sa postérité, et si la postérité d'icelui Louis venoit à femelles, elles seroient
forcloses dudit apanage, en leur donnant suffisant
mariage, et devoit retourner icelui apanage à
ladite maison de Bourbon et successeurs dudit premier Charles ;* qu'ainsi, le connétable de Bourbon
étoit entièrement exclu de tous droits de succéder
par la renonciation de son aïeul ;

Que le connétable ne pouvoit pas se prévaloir des
clauses insérées dans son contrat de mariage avec Suzanne de Bourbon, soit parce que ladite Suzanne
étoit mineure dans le temps de son mariage, soit
parce que la coutume des lieux résistoit aux engagemens qu'on lui avoit fait contracter, soit enfin,
parce qu'il s'y trouvoit encore d'autres défauts de
forme et de solennité ;

Qu'à l'égard des anciens traités de la maison de
Bourbon, *il ne s'en trouveroit point à l'avantage du
connétable, et là où il s'en trouveroit, ledit Louis
de Montpensier, aïeul dudit Charles, jadis de
Bourbon, y ayant renoncé,* aussi seroit depuis icelui
Charles, jadis de Bourbon, trépassé sans aucuns

mâles d'icelui être, et n'y a que femelles, qui son
forcloses d'icelui, comme dit est ci-dessus.

Après ce préambule, le roi et madame, sa mère, con
vinrent :

1.º Que le duché d'Auvergne *demeurera dès*
à-présent au roi, comme apanage de la maison d
France;

2.º Que *quoique ladite dame pût disposer, à so*
plaisir et volonté, des biens à elle échus et appar
tenans, à cause de ladite succession, néanmoins dès
à-présent comme dès lors, *elle veut que tout incon*
tinent après son décès, à cause de la présente tran
saction, iceux biens, directement, viennent, com
pétent et appartiennent en tous droits de seigneuri
et possession, et soient dits réputés vrais apanage
de la maison de France, unis et incorporés insépa
rablement à icelle, c'est à savoir, Dombes, Beaujo
lois, Forest, Rouannois, au fils aîné dudit seigneu
et à ses successeurs à la couronne ; et les demeu
rances desdits biens viendront, seront et demeu
reront à M. le duc d'Angoulême, troisième fils dudi
seigneur, et lui tiendront lieu d'apanage.

Madame, mère du roi, se réserve la faculté en
suite de disposer, nonobstant ce que dessus, jusqu'
12,000 livres de rente en œuvres pies, ou pour re
munérer ses serviteurs ; et on ajoute ensuite cett
clause importante :

Toutefois, moyennant ladite réserve, ne pourr
ladite dame démembrer les grosses pièces et châtel
lenies de la duché de Bourbon ou comté de la Marche
et pareillement de ce qui a été et est en la comt
de Clermont, de l'ancien domaine de la maison d
France (1).

Enfin, cette transaction contient une dernière claus

---

(1) *Nota.* Qu'entre les raisons proposées par Mad.ᵉ d'Ango
lême, elle avoit dit que *Clermont n'étoit ancien domaine de*
maison de France, et que la plupart d'icelui étoit composé d
plusieurs acquisitions particulières faites par ceux de la maiso
de Bourbon.

aussi importante que la précédente, par laquelle il est arrêté,

Que ladite dame acquittera les dettes de ladite maison; et là où il se trouveroit icelles dettes être si grandes qu'elles excédassent les meubles (que le roi lui avoit abandonnés), *ladite dame, pour y satisfaire, et nonobstant la réservation susdite, pourra vendre quelque place de la valeur et concurrence d'icelle dette, peu plus, peu moins, ainsi qu'elle verra être à faire.*

On peut faire plusieurs observations importantes sur ces deux clauses.

1.° On y distingue évidemment le duché de Bourbonnois et le comté de la Marche, du comté de Clermont et des terres de Dombes, Beaujolois, Forest, Rouannois.

On le distingue, premièrement, du comté de Clermont, en ce qu'on suppose que tout le domaine du Bourbonnois et de la Marche, sans distinction, est du domaine de la couronne; au lieu qu'à l'égard du comté de Clermont, on distingue deux sortes de domaines, les uns qui sont de l'ancien domaine de la maison de France, et les autres qui n'en sont pas; c'est ce qui est clairement marqué dans la première des deux dernières clauses, où l'on voit que la prohibition de démembrer les grosses pièces et les châtellenies, est générale à l'égard de la Marche et du Bourbonnois, et qu'au contraire, à l'égard du comté de Clermont, cette prohibition est restreinte à ce qui est de l'ancien domaine de la maison de France dans ledit comté.

On ne distingue pas moins les duché de Bourbonnois et comté de la Marche, des autres terres, c'est-à-dire, de Dombes, Beaujolois, etc., puisque ces terres ne sont nullement comprises dans la prohibition de démembrer les grosses pièces, ce qui prouve manifestement que l'on a regardé ces terres comme étant d'un ordre inférieur aux premières; or, quelle étoit cette différence qui élevoit les unes au-dessus des autres, si ce n'est que les premières étoient regardées

comme un véritable et ancien domaine de la maison
de France, au lieu que les autres étoient le domaine
de la maison de Bourbon ? Et rien ne prouve mieux
la vérité de cette observation, que ce qui a été dit ci-
dessus de la distinction qu'on a faite dans le comté
de Clermont même, entre ce qui étoit de l'ancien
domaine de la maison de France, qu'on a compris
dans la prohibition, et ce qui étoit un acquêt des
ducs de Bourbonnois, qu'on a excepté.

2.º Il ne faut pas considérer la clause qui défend
le démembrement des grosses pièces du duché de
Bourbonnois, comme une permission tacite d'aliéner
librement les portions moins considérables de ce
duché ; car il faut remarquer que cette clause n'est
ajoutée que pour limiter la permission qui est accordée par la transaction à Louise de Savoye, de disposer des biens qu'on lui délaisse jusqu'à concurrence
de 12,000 liv. de rente.

Ainsi, cette clause, jointe à la permission qui la
précède, et qu'elle limite, doit avoir deux effets :

L'un, que Louise de Savoye ne pourra disposer
que jusqu'à concurrence de 12,000 liv. de rente ;

L'autre, que, même par rapport à cette disposition qu'on lui laisse, elle ne pourra démembrer les
grosses pièces et les châtellenies du duché de Bourbonnois.

Mais il ne s'ensuit pas de là, qu'elle puisse aliéner
les portions moins considérables, ou, si l'on veut,
les petites pièces de ce duché, si ce n'est jusqu'à
concurrence de la somme de 12,000 liv. de rente.

On dira peut-être, qu'au moins jusqu'à concurrence de cette somme, elle a pu aliéner ; et par conséquent, que le duché de Bourbonnois n'a point été
considéré comme un domaine de la couronne, puisqu'on a permis l'aliénation ou le démembrement d'une
partie de ce duché.

Mais il est facile d'opposer plusieurs réponses à cette
objection.

La première est que, quand le roi auroit donné
quelque atteinte aux lois générales de son royaume,

en faveur de sa mère, on n'en pourroit rien conclure
contre la nature du domaine de Bourbonnois; ce seroit
une grâce, une exception, un privilége dont les rois
successeurs auroient pu examiner la validité; mais ce ne
seroit point un jugement qui eût dégradé le domaine de
Bourbonnois, et qui lui eût fait perdre son ancien
caractère; on peut dire même, que le roi François I.er
pouvoit faire ce qu'il a fait, et que la disposition mo-
dique qu'il permet à sa mère, n'ayant pour objet
que la cause pie et des récompenses de services,
elle n'a rien qui résiste aux lois fondamentales du
royaume.

La seconde réponse est que non-seulement cette
permission étoit juste, mais qu'elle étoit infiniment
avantageuse au domaine de la couronne : c'étoit sous
une telle condition que Louise de Savoye donnoit au roi
les biens et titres de la maison de Bourbon, qui lui appartenoient incontestablement, comme plus prochaine
héritière de Suzanne; ainsi, pour une réserve de
12,000 liv. de rente qu'il accordoit à sa mère, François I.er gagnoit la propriété des seigneuries de Dombes,
de Beaujolois, de Forest et de Rouannois; or, qui
doute que par un échange aussi avantageux que celui-
là, le domaine de la couronne le plus ancien et le
plus inaliénable ne pût être aliéné ?

La troisième réponse est que, quand même toutes
ces raisons cesseroient, on ne pourroit encore tirer
aucune conséquence de cette réserve, pour prouver
que le domaine de Bourbonnois a été regardé comme
aliénable dans la personne de Louise de Savoye; car
cette réserve n'est pas seulement faite sur le duché
de Bourbonnois, elle est faite sur le comté de la
Marche, elle est faite sur celui de Clermont, et même
sur ce qu'il y a de plus ancien et de plus certainement
domanial dans ce comté; puisqu'il y est dit que
Louise de Savoye ne pourra démembrer les grosses
pièces de ce qui a été et est en la comté de Clermont,
de l'ancien domaine de la maison de France; ainsi,
la même liberté qu'on accorde à la mère du roi dans
le duché de Bourbonnois, on la lui donne à l'égard

de l'ancien domaine du comté de Clermont ; elle peut démembrer les portions peu considérables de l'un comme celles de l'autre ; or, comme on ne peut inférer de là que l'ancien domaine de la maison de France dans le comté de Clermont fût aliénable, on ne peut pas non plus en conclure que le duché de Bourbonnois fût de sa nature sujet à la libre disposition de Louise de Savoye.

3.º On peut faire la même objection, en abusant de la dernière clause comme de la précédente, et en disant que le domaine de Bourbonnois n'étoit pas inaliénable, puisque François I.er veut que les deites soient payées sur ce domaine, en cas que la valeur des meubles ne suffise pas pour les acquitter.

Mais, comme les trois réponses qu'on vient de faire à la première objection, s'appliquent également à celle-ci, il est inutile de s'étendre plus long-temps sur un tel sujet.

On trouvera même dans la suite une réponse propre et particulière à l'argument qui se tire du paiement des dettes ; mais avant que de la proposer, il faut expliquer le titre sur lequel elle est fondée.

Louise de Savoye, mère de François I.er, étant morte en 1531, François I.er consomma la réunion de tous les biens de la maison de Bourbon à la couronne, par des lettres-patentes en forme de déclaration, qui furent expédiées en la même année 1531.

Par ces lettres, François I.er veut que « *les duché, vicomtés, terres. . . . et autres pièces et membres qui furent et appartinrent à ladite maison de Bourbon, et qui ont été démembrées, éclipsées, et aliénées pour quelque cause, raison ou occasion que ce soit, excepté celles que fit notredite dame et mère, aliéna et donna, par la permission et faculté qui lui en fut baillée en faisant ladite transaction, soient et demeurent jointes, incorporées, unies, etc. à nôtre domaine.*

» Toutefois nous entendons que, quant aux terres où il échoira restitution de deniers, et qui pour bonnes et justes causes auront été vendues ou échangées par *ceux* qui le pouvoient *faire*, les deniers en *soient rendus* à ceux qui *tiennent* lesdites terres, avant que d'icelles ils puissent *être dépossédés* ».

Ce titre ainsi supposé, il semble qu'on en puisse conclure d'abord, que, puisque le roi veut qu'on ne puisse déposséder les acquéreurs des biens aliénés par la maison de Bourbon qu'en remboursant le prix des aliénations, il a reconnu que les aliénations étoient valables, et qu'ainsi le domaine de Bourbonnois n'a point été regardé comme un véritable apanage.

Mais on peut répondre que c'est au contraire de cette clause, qu'on doit conclure que le Bourbonnois a été traité comme le domaine de la couronne.

Cette vérité paroîtra dans tout son jour, si l'on fait les observations suivantes.

1.º Cette clause, telle qu'elle soit, n'est point propre et particulière au domaine de Bourbonnois ; elle est commune aux autres domaines énoncés dans ces lettres-patentes, comme Châtellerault, la Marche, qui sont certainement de l'ancien domaine de la couronne ; et cette seule observation suffit pour démontrer qu'on ne peut rien conclure de la clause dont il s'agit, contre le domaine de Bourbonnois, puisque le contre-coup de la conséquence qu'on en voudroit tirer, porteroit sur ce qui est incontestablement du domaine de la couronne.

2.º Ce qui précède cette clause, est une espèce de préservatif ou de précaution suffisante contre les inductions que l'on pourroit en tirer. On y voit que François I.er révoque toutes les aliénations précédentes, excepté celles qui ont été faites par Louise de Savoye, sa mère, en vertu de la transaction de 1527.

Or, si les domaines de Bourbonnois n'avoient été acquis au roi qu'à titre de succession, de quel droit auroit-il pu révoquer les aliénations faites par ceux mêmes dont il auroit été héritier ?

3.º Quand on examine de près toutes les précautions que l'on a prises, en ordonnant par ces lettres le remboursement du prix des aliénations faites pour bonnes et justes causes, on y découvre sensiblement que ceux qui ont dressé cette clause, ont regardé le domaine de Bourbonnois comme une portion ancienne de celui de la couronne.

1.° Le roi n'a égard qu'aux aliénations faites à titres onéreux. Pourquoi faire cette distinction, si le domaine de Bourbonnois avoit été possédé librement par ses ducs ?

2.° Les aliénations, même à titre onéreux, ne doivent être considérées que lorsqu'elles auront été faites pour bonnes et justes causes ; or, c'est ainsi que le domaine même de la couronne peut être aliéné.

On ajoute encore qu'il faut que ces aliénations aient été faites *par ceux qui pouvoient le faire ;* ce qui peut s'appliquer aux réserves faites par le duc Charles, dans le temps de la donation qu'il fit de ses domaines de Bourbonnois à la couronne.

Et, si l'on suit cette interprétation qui est la plus naturelle de toutes, il s'ensuivra que le roi n'a voulu avoir égard qu'aux aliénations qui, ayant été faites en vertu de réserves portées par les titres mêmes qui ont établi le droit de réversion à la couronne, tombent sur des biens, lesquels sont censés n'avoir jamais été compris dans l'apanage ; or, cette exception confirme la règle, bien loin de la détruire.

3.° Enfin, la seule nécessité imposée aux possesseurs de ces biens, de recevoir leur remboursement, est par elle-même une preuve évidente qu'on n'a point regardé les aliénations les plus nécessaires et les plus justes comme de véritables ventes, qui auroient été perpétuelles et irrévocables si on les eût jugé telles, mais qu'on les a considérées comme des aliénations temporelles, et comme une espèce d'engagement, qui n'empêchoit pas qu'on ne pût racheter perpétuellement les domaines qui avoient été plutôt engagés qu'aliénés.

SECOND MÉMOIRE,

Pour établir que la terre de Breval est un domaine de la couronne.

La grâce qu'il a plu au roi de faire à M......, en lui accordant des lettres de don de la terre de *Breval*, est fondée sur de si grands motifs, et tant de circonstances la rendent si favorable, que le procureur-général du roi met au nombre des peines attachées à son ministère, l'obligation dans laquelle il est de représenter avec respect à Sa Majesté, que cette grâce, si digne de sa bonté pour ceux qui ont l'honneur de le servir, paroît contraire aux règles étroites de la justice qu'elle se doit à elle-même et aux rois ses successeurs pour la conservation du domaine de sa couronne.

Si des services éclatans, rendus à l'état pendant plusieurs siècles et dans les temps les plus difficiles, pouvoient être une raison légitime de donner le domaine de nos rois, le procureur-général reconnoîtroit avec joie que ce domaine sacré pourroit être instamment employé à récompenser les services de la maison de Harlay.

Quand elle n'auroit eu la gloire de servir l'état que dans les fonctions de la magistrature, le procureur-général du roi ne fera pas à la profession qu'il a l'honneur d'exercer, l'injure de croire qu'elle ne pourroit jamais aspirer à cette récompense, si, pour pouvoir l'obtenir, c'étoit assez de la mériter; il lui suffiroit même, pour être persuadé du contraire, d'avoir été témoin pendant seize années des services importans du grand magistrat qui a ajouté un nouvel éclat au nom de....., pendant que sa santé lui a permis de soutenir le poids de la première place du

parlement, qu'il avoit eu l'honneur singulier de faire
entrer une seconde fois dans sa famille : mais d'ailleurs, il seroit inutile de comparer ici le prix des
vertus militaires avec celui des vertus civiles, puisque
les unes et les autres se sont réunies dans cette
maison ; le seul service que M. .... rendit à la
couronne, lorsqu'il amena au roi Henri III, une
armée entière, pour ainsi dire, qu'il avoit levée à
ses dépens, a quelque chose de si noble et de si unique,
qu'il n'y a point de maison qui ne s'estimât heureuse
de pouvoir montrer dans son histoire une action si
mémorable.

Il n'y a donc rien de plus favorable, encore une
fois, que la grâce que Sa Majesté veut faire à M.
.....; mais toute la faveur qui accompagne ce don,
ne dispense point le procureur-général de représenter
au roi, que c'est le don d'une terre domaniale, et par
conséquent le don d'un bien inaliénable.

En l'année 1444, le roi Charles VII donna cette
terre, avec celles d'Anet, Montchaumet, et Nogent-
le-Roi, à Pierre de Brezé; les lettres du don furent
enregistrées au parlement, mais à condition qu'au
défaut des descendans mâles du donataire, les terres
données retourneroient à la couronne.

Dans le siècle suivant, le procureur-général prétendit que ce don étoit nul. Il demanda la réunion
des biens qui y étoient compris. La question, que
cette demande fit naître, fut d'abord partagée en la
quatrième chambre des enquêtes, et le procès ayant
été renvoyé à la première, pour y être jugé avec un
certain nombre de juges choisis par le roi dans toutes
les chambres du parlement, le partage fut vuidé en
l'année 1553, par un arrêt favorable aux prétentions
des deux héritiers de la maison de Brezé. Françoise,
qui étoit l'aînée, ayant épousé pendant cette contestation Robert de la Mark, maréchal de France,
elle porta la terre de Breval dans la maison de la
Mark; d'où elle passa dans celle de Harlay-Chan-
vallon, à laquelle le roi accorda, en l'année 1690, des
lettres de confirmation du don fait par Charles VII à

Pierre de Brezé. Telle est, en peu de mots, l'histoire de cette terre, dont M. de.... a demandé une nouvelle concession à Sa Majesté, pour en jouir après la mort de Madame de Thiange, qui est la dernière des descendans de Pierre de Brezé.

Le procureur-général supposera d'abord, comme un fait certain, dans la discussion des raisons qui semblent s'opposer à cette grâce, que la terre de Breval est un ancien domaine de la couronne.

Il est vrai qu'on a voulu autrefois soutenir le contraire, et que dans le temps du célèbre arrêt de 1553, les héritiers de la maison de Brezé prétendirent que le roi n'avoit possédé cette terre qu'à titre de confiscation, et par une suite de la condamnation prononcée contre le roi de Navarre; que par conséquent on ne devoit la considérer que comme un fruit dont le roi Charles VII avoit pu librement disposer; que, si on l'avoit comprise dans un échange par lequel il paroissoit que Charles III, roi de Navarre, la cédoit au roi, ce n'étoit pas à la couronne, mais à la personne du roi que cette cession avoit été faite, puisqu'il étoit dit dans l'échange que les terres qui y sont comprises étoient cédées au roi pour en jouir par lui, ses successeurs *et ayant cause*, et que ces derniers termes marquoient assez que le roi en pouvoit disposer, puisque sans cela il auroit été inutile de faire mention de ceux qui auroient *cause* de lui.

Toutes ces objections furent solidement réfutées par le grand magistrat qui remplissoit alors la charge de procureur-général (1). Il fit voir évidemment, que la terre de Breval étoit véritablement domaniale, à trois ou quatre titres différens, dont un seul auroit été suffisant.

Premièrement, parce qu'ayant été acquise par le roi Philippe-Auguste, dès l'année 1217, elle avoit été donnée par le roi Philippe le long, en l'année 1318, à Louis, comte d'Evreux, son oncle, fils de Philippe le hardi, en augmentation d'apanage;

(1) C'étoit M. Brulart.

2*

que par conséquent, c'étoit sans aucun fondement, et seulement pour donner quelque couleur à l'aliénation d'un domaine de la couronne, que l'on avoit inséré dans les lettres de don de 1444, que cette terre avoit été acquise au roi à titre de confiscation, soit parce que la confiscation prononcée contre Charles II, roi de Navarre, n'avoit jamais été pleinement exécutée, soit parce que, quand même elle auroit eu un entier effet, une terre du domaine de la couronne, confisquée par le crime d'un apanagiste, se réunissoit de plein droit à ce domaine, l'effet naturel et unique de la confiscation étant d'avancer en ce cas le temps de la réversion.

Secondement, le procureur-général soutenoit que la terre de Breval étoit encore domaniale, parce qu'en l'année 1404, Charles III, roi de Navarre, l'avoit cédée avec plusieurs autres seigneuries, au roi Charles VI, en échange du duché de Nemours, et d'autres terres qui étoient un ancien domaine de la couronne; que cet échange ne pouvoit être combattu par les interprétations subtiles que les héritiers de la maison de Brezé vouloient donner au terme d'*ayant cause;* soit parce que la terre de Breval et les autres terres qui avoient été cédées au roi par Charles III, roi de Navarre, étant un apanage, elles n'avoient pu être cédées qu'à la couronne, et non pas à la personne du roi; soit parce que ces terres ayant été données en échange du duché de Nemours, ancien domaine de la couronne, on ne pouvoit douter que par un effet de la subrogation inséparable du contrat d'échange elles ne fussent devenues domaniales, quand même elles ne l'auroient pas déjà été.

Le procureur-général ajoutoit, en troisième lieu, que, quand même la terre de Breval n'auroit pas été acquise au roi par cet échange, elle seroit retombée à un autre titre entre ses mains, par la mort de Charles III, roi de Navarre, décédé sans enfans mâles en l'année 1425, qui n'avoit jamais possédé cette terre qu'à titre d'apanage, sur le fondement des lettres de l'année 1318.

Il soutenoit, enfin, qu'on avoit compté pendant quarante ans et plus à la chambre des comptes, des revenus de cette terre, et qu'il ne falloit pas tant de temps pour opérer, par la confusion des revenus, une réunion tacite et une incorporation réelle au domaine de la couronne.

Quand les choses seroient entières, la cause du roi, fondée sur des titres si puissans et si décisifs, ne pourroit faire la matière d'un doute raisonnable; mais ce qui est encore plus fort, c'est que la question est décidée clairement par l'arrêt même de 1553. Cet arrêt, tout favorable qu'il est à la postérité de Pierre de Brezé, a jugé néanmoins que les terres qui faisoient le sujet de la contestation, étoient un véritable domaine du roi, puisque le parlement ne maintient les filles de Louis de Brezé dans la possession de ces terres, qu'à la charge du retour à la couronne au défaut de descendans du premier donataire, charge qu'on n'auroit point imposée à ces biens, ni dans l'arrêt d'enregistrement des lettres-patentes de 1444, ni dans l'arrêt solennel de 1553, si le parlement ne les avoit regardés comme une portion du domaine de la couronne.

Ainsi, la qualité de la terre de Breval ne pouvant être révoquée en doute, il ne s'agit plus que de savoir si, en prévenant le cas de la réversion de cette terre par la mort de tous les descendans du premier donataire, elle peut passer, par une concession nouvelle, dans une autre maison qui ne descend point de Pierre de Brezé, c'est-à-dire qu'il est question de savoir, si le domaine de la couronne peut être aliéné de nouveau pour récompense de services rendus à l'état.

Pour mettre cette question dans tout son jour, il faut nécessairement distinguer deux temps : un premier temps qui a précédé l'ordonnance faite à Moulins, en l'année 1566, sur le domaine du roi; un deuxième temps qui a suivi cette ordonnance.

Dans le premier temps, on doutoit encore si le

domaine de la couronne ne pourroit pas être valablement aliéné, pour récompense de services importans rendus à l'état ; et quelque zèle que le parlement
ait toujours eu pour la défense des lois qui ont été
faites pour la conservation du domaine du roi, il
faut avouer néanmoins, que dans quelque circonstances singulières, il a cru pouvoir se relâcher de
la rigueur de ces lois.

C'est ainsi qu'il a jugé plusieurs fois, que des seigneurs étrangers, qui, sans aucun autre engagement
que celui de leur affection pour la France, et par zèle
plutôt que par devoir, s'étoient consacrés volontairement à la défense de l'état, avoient pu recevoir une
portion du domaine de nos rois, pour le prix de leurs
services, et que le prince par là, avoit exercé à leur
égard plutôt un acte de justice, qu'une véritable libéralité.

C'est sur ce fondement, que Jean Stuard, par un
arrêt du parlement, fut maintenu dans la possession
de la terre d'Aubigny, qui avoit été donnée à Jean
Stuard, son auteur, par le roi Charles VII en l'année 1422, pour la récompense des secours qu'il en
avoit reçus contre les Anglais.

C'est encore sur ce principe, que la jouissance
de la terre de Concresault fut laissée par plusieurs
arrêts à ceux qui l'avoient acquise des successeurs
de Berault Stuard, jusqu'à ce que le roi lui eût
fourni un autre fonds de 2000 livres de rente, que
Charles VII lui avoit promis en reconnoissance des
services que ce seigneur lui avoit rendus contre les
mêmes ennemis du royaume.

Enfin, ce fut par la même raison que les successeurs de Guillaume de Rochefort, qui avoit perdu
tous les biens qu'il possédoit dans la Franche-Comté,
lieu de sa naissance, pour passer du parti de Marie
de Bourgogne dans celui de Louis XI, obtinrent
main-levée des terres de Pleunot, Langeau et Laber-
gement, que ce roi avoit données à Guillaume de
Rochefort, soit pour récompenser les services de ce

seigneur, soit pour le dédommager du grand sacrifice qu'il lui avoit fait en abandonnant sa patrie.

Mais la même faveur, ou plutôt les mêmes raisons
de justice, peuvent-elles s'appliquer aux services
rendus au roi par ses sujets? Et ces services, quelque
grands qu'ils soient, étant une suite des engagemens
de leur naissance, et une dette, pour ainsi dire,
dont ils s'acquittent envers leur patrie, peuvent-ils
être récompensés aux dépens de l'état, et sur le fonds
même du domaine de nos rois? C'est une question
beaucoup plus difficile que la première.

On prétend néanmoins que cette question a été
décidée en faveur du donataire de la terre même
dont il s'agit, par l'arrêt du 13 juillet 1553, qui
est attaché sous le contre-scel des lettres-patentes
obtenues par M. de Harlay; mais dans quelles circonstances, et par quels motifs la donation confirmée
par cet arrêt avoit-elle été faite?

C'étoit dans un temps où la France, commençant
à sortir de la servitude et n'ayant pas encore entiérement secoué le joug des Anglais, ne croyoit pas
que l'on pût jamais assez récompenser les services
de ceux qui, comme Pierre de Brezé, avoient été
les principaux intrumens de sa délivrance; et cependant, on ne jugea pas alors que, pour assurer la
concession que le roi lui vouloit faire, il suffit de
la fonder sur les services que ce seigneur avoit rendus
à l'état, on crut qu'il falloit y joindre un autre motif,
pour affermir cette grace, et l'on exposa au roi que
les terres dont Pierre de Brezé demandoit le don, ayant
été plusieurs fois ravagées et ruinées par les Anglais,
n'étoient presque d'aucune valeur, et qu'elles pourroient même devenir entièrement inutiles au roi si
elles n'étoient rétablies par une personne qui eût
assez de bien et de bonne volonté pour les remettre
en valeur.

Tels furent les deux motifs sur lesquels le roi
Charles VII se détermina en faveur de Pierre de
Brezé; et même le second motif, c'est-à-dire le peu

de valeur et le mauvais état des terres dont il demandoit la concession, fut le premier de ceux que l'on mit dans la bouche du roi : car c'est ainsi que ce prince explique lui-même les raisons de sa disposition au commencement du dispositif des lettres de 1444 : *Ces choses considérées, informé de la ruine, destruction, dépopulation des gens, et non-valeur des terres et lieux ci-dessus déclarés; ayant aussi égard aux grands, bons, loyaux, honorables et profitables services que faits nous a notredit chevalier et chambellan*, etc.

Ainsi, il est certain que les juges qui ont décidé que ces lettres avoient une cause légitime, ont fondé leur avis, ou sur le mauvais état des terres données, ou sur les services du donataire, ou peut-être sur tous les deux; mais ce qu'il y a de constant, c'est que, quoique le mauvais état des terres données se joignît en cette occasion à la faveur des services de Pierre de Brezé, la question parut néanmoins si douteuse et si difficile, que les suffrages des juges furent d'abord partagés entre la rigueur de la règle qui réclamoit contre cette donation, et les raisons d'équité qui sembloient la soutenir.

Mais le doute qui donna lieu à ce partage, a été tellement éclairci par l'ordonnance de 1566, que si dans le premier temps, c'est-à-dire, dans celui qui a précédé cette ordonnance, il y a eu quelque incertitude sur ce point, il n'est plus permis de douter de la règle qu'on doit suivre dans le second temps, c'est-à-dire, dans celui qui a suivi cette ordonnance.

Après avoir supposé, comme toutes les anciennes ordonnances, que l'obligation de conserver le domaine de la couronne est renfermée dans le serment que nos rois font à leur sacre, cette loi établit d'abord un principe général qui tranche absolument la question de la validité des dons du domaine, en décidant expressément que *le domaine ne peut être aliéné qu'en deux cas seulement : l'un, pour apanage des puînés mâles de la maison de France; l'autre, pour l'aliénation à deniers comptans pour la nécessité de la guerre.*

Elle donne ensuite une définition exacte de ce qui doit être regardé comme le véritable domaine de nos rois, et après avoir marqué que c'est celui qui a été uni expressément ou tacitement à la couronne, elle ajoute, dans l'article 3, cette disposition remarquable pour les terres qui avoient été autrefois données par nos rois : *De pareille nature et condition, sont les terres autrefois aliénées et transférées par nos prédécesseurs rois, à la charge de retour à la couronne, en certaines conditions, de mâles ou autres semblables.*

L'article 17 de la même ordonnance confirme cette disposition, en déclarant que les terres domaniales ne se pourront dorénavant aliéner pour inféodation à vie, *à longtemps ou perpétuité, ou condition quelle que ce soit, ains se bailleront à ferme à notre profit, comme nos autres terres et droits ;* et afin qu'on ne pût faire dans la suite aucune distinction entre les terres dont le roi étoit en possession, et celles qui avoient été aliénées à la charge du retour à la couronne, le même article porte qu'il en sera usé de pareille façon *ès terres sujettes à retour à notre couronne, et ce sans préjudice des inféodations déjà faites, pour le regard desquelles enjoignons à nos procureurs s'enquérir bien et diligemment de la cause et forme, pour en faire telle poursuite que de raison.*

Ainsi, le roi abandonne le passé à l'examen et à la recherche de la partie publique ; mais il règle lui-même l'avenir, et, confondant toujours les terres sujettes à retour avec les autres domaines dont il jouissoit actuellement, il en défend absolument l'aliénation, même à titre d'inféodation à vie ou autrement.

Enfin, la volonté du prince est si forte et si inviolable sur ce point, que par la même ordonnance, le roi Charles IX défend à ses cours de parlement et chambre des comptes, d'avoir aucun égard aux lettres-patentes contenant l'aliénation du domaine, à la réserve des cas exceptés dans l'article premier.

L'ordonnance de Blois, en ce qui regarde le domaine, a été faite dans le même esprit que celle de 1566, puisque l'article 332 de cette ordonnance contient une révocation expresse de *tous les dons faits par le roi Henri III et ses prédécesseurs des membres du domaine de la couronne, soit que lesdits dons ayent été faits pour récompense, rémunération de service, ou autrement, en quelque manière, par quelque temps, et à quelque personne que ce soit;* on n'excepte de cette disposition que les apanages et les assignats qui avoient été faits ou pour la dot et le douaire des reines, ou pour la dot des filles de France; et enfin, le roi Henri III confirme expressément, à la fin de cet article, l'ordonnance de Charles IX sur le fait du domaine.

Il seroit inutile de rappeler ici tout ce qui s'est passé sur le même sujet, sous le règne des rois successeurs de Henri III, puisque Sa Majesté même a jugé à propos de confirmer et d'autoriser de nouveau des maximes si justes et salutaires, en ordonnant par son édit du mois d'avril 1667, que les commissaires qui seroient députés pour *la réunion des domaines, et pour la liquidation de la finance des engagistes, n'auroient aucun égard aux dons et concessions desdits domaines, pour quelque cause et prétexte qu'ils ayent été faits, et le roi déclare qu'il révoque et annule ces dons, conformément aux anciennes ordonnances.*

Ainsi, pour appliquer en un mot la disposition des ordonnances au don de la terre de Breval dont il s'agit, il est certain,

Premièrement, que cette terre étoit un ancien domaine de la couronne, long-temps avant que Charles VII en disposât en faveur de Pierre de Brezé;

Deuxièmement, que quand même cette terre n'auroit pas encore été domaniale en ce temps-là, elle le seroit devenue par la concession même qui en fut faite par ce prince, puisque, suivant l'article 3 de l'ordonnance de 1566, toute terre qui a été aliénée à la charge de retour à la couronne, est censée de pareille nature et condition que le domaine de nos rois;

Troisièmement, que, puisque suivant l'article premier de la même ordonnance, le domaine de la couronne ne peut être aliéné qu'en deux cas seulement, l'un pour l'apanage des enfans de France, l'autre *pour la nécessité de la guerre à deniers comptans*, le nouveau don de la terre de Breval n'étant ni dans l'un ni dans l'autre de ces cas, paroît entièrement contraire aux règles inviolables du domaine;

Quatrièmement, que les inféodations nouvelles étant défendues par l'article 17 de l'ordonnance de 1566, et la défense s'étendant, suivant le même article, aux terres qui sont réversibles à la couronne, la terre de Breval est clairement renfermée dans l'esprit et dans la lettre de cette prohibition;

Enfin, que l'article 5 de la même loi défendoit au parlement, en termes formels, d'avoir aucun égard aux lettres-patentes contenant aliénation du domaine du roi, à l'exception des cas marqués par l'article premier.

Le procureur-général remplit avec répugnance, mais avec nécessité, un devoir indispensable, lorsqu'il prend la liberté de représenter à Sa Majesté l'autorité des lois qui arrêtent son ministère en cette occasion, et qui lui imposent l'obligation pénible de défendre les droits de la justice du roi contre les effets de sa bonté.

Il avouera même, et il ne craindra point qu'on lui reproche d'avoir trop de complaisance pour un magistrat dont il a eu autrefois l'honneur d'être le collègue, quand il dira qu'il a envisagé avec plaisir toutes les raisons d'exception qu'on pouvoit alléguer en faveur de M....., et qu'il n'a pu s'empêcher de souhaiter intérieurement de les trouver assez fortes pour se dispenser de suivre dans cette affaire la rigueur des maximes générales.

Il exposera ici ces raisons avec le même désir, quoiqu'il soit obligé de dire que, lorsqu'il les a examinées en se détachant de la prévention qu'il est naturel d'avoir pour le nom et le mérite de M. de....., il n'a pas cru y trouver un titre suffisant pour la décharge de son ministère.

La première est le célèbre préjugé de l'arrêt du 13 juillet 1553, par lequel le parlement a jugé, en très-grande connoissance de cause, que la terre de Breval avoit pu être donnée à Pierre de Brezé, en considération des services qu'il avoit rendus à l'état; d'où l'on conclut qu'elle peut encore être donnée aujourd'hui pour récompense de services encore plus grands que ceux de Pierre de Brezé.

Mais, sans répéter tout ce que l'on a déjà dit sur l'incertitude où l'on est des véritables motifs de cet arrêt, le procureur-général se contentera de répondre à ce préjugé, que, si par un excès de zèle il entre-prenoit de révoquer en doute la validité de la concession faite à Pierre de Brezé en l'année 1444, ce seroit alors qu'on lui opposeroit justement la décision de l'arrêt de 1553, et qu'on lui diroit que, n'ayant ni titres ni moyens nouveaux à opposer aux descendans de Pierre de Brezé, il doit se soumettre à l'autorité d'un arrêt rendu contradictoiremement avec un de ses prédécesseurs.

Mais, lorsqu'on veut se servir de cet arrêt, non pour soutenir la concession qu'il a déclarée légitime, mais pour en conclure que l'on peut encore à présent obtenir une nouvelle concession des mêmes terres en faveur d'une maison qui ne descend point de Pierre de Brezé, le procureur-général croit qu'il est de son devoir de représenter que le doute et l'incertitude de la jurisprudence, qui ont pu donner lieu à l'arrêt rendu contre le roi en l'année 1553, ont été entièrement fixés depuis ce temps-là par une loi contraire à l'arrêt, et qu'ainsi, employer aujourd'hui l'autorité de cet arrêt pour soutenir que le domaine du roi peut être valablement aliéné pour récompense de services rendus à l'état, ce seroit opposer une maxime abolie et condamnée, à la loi même qui l'abolit et qui la condamne.

Une deuxième raison qu'on peut proposer encore en faveur de M....., ce sont les lettres-patentes de l'année 1690, par lesquelles le roi a confirmé feu M. de Harlay de Chanvallon dans la possession de la terre de Breval.

Mais il étoit descendu en droite ligne de Pierre de Brezé, il étoit compris dans la première concession ; on pouvoit dire même qu'à la rigueur il n'avoit pas besoin de lettres de confirmation ; l'arrêt de 1553, rendu en faveur de Françoise de Brezé, sa trisaïeule, étoit un véritable titre pour lui ; on ne pouvoit lui opposer que la révocation que le roi avoit faite, à l'exemple des rois ses prédécesseurs, des dons du domaine de la couronne ; mais cette révocation ne pouvoit guère s'appliquer à un don fait par forme d'inféodation dès l'année 1444 ; et l'ordonnance de Moulins de l'année 1566, qui paroît si contraire aux lettres obtenues par M....., venoit heureusement au secours de M. de Chanvallon, puisque cette ordonnance, en défendant de nouvelles inféodations, réserve les inféodations déjà faites, et charge seulement le procureur-général du roi d'en examiner la cause et la forme ; or, l'une et l'autre ayant pleinement été discutées dans le temps de l'arrêt de 1553, et approuvées par cet arrêt, il est certain que M. de Chanvalon étoit véritablement dans le cas de l'exception que l'ordonnance de 1566 a faite en faveur des inféodations précédentes ; les lettres-patentes qu'il obtint en 1690 étoient donc des lettres de justice plutôt que des lettres de grâce, et c'est ce qui fait, sans doute, que le parlement les enregistra sans aucune difficulté.

Mais ces lettres mêmes ne comprennent que les descendans de François Brezé ; elles ordonnent expressément l'exécution de l'arrêt de 1553, et par

conséquent elles autorisent pleinement la charge d
réversion à la couronne; ainsi on peut dire que
semblables à l'arrêt de 1553 qu'elles confirment
elles sont plus contraires que favorables à la nouvell
concession de la terre de Breval.

Il est vrai, et c'est sans doute une grande raiso
de faveur dans la personne de M........, que cett
terre étant tombée par succession dans une branch
de la maison dont il est le chef, rien ne paroît plu
naturel que de le substituer à cette branche lors
qu'elle viendra à s'éteindre entièrement, parce qu'en
core qu'il ne descende pas de Pierre de Brezé, premie
donataire, il porte néanmoins le même nom qu
ceux des descendans de Pierre de Brezé, qui pos
sèdent aujourd'hui la terre de Breval.

Mais cette circonstance, toute favorable qu'elle est
ne forme néanmoins qu'un motif de convenance, d
bienséance, d'équité, et il semble qu'il faille quelqu
chose de plus fort, pour donner atteinte aux loi
qui défendent l'aliénation du domaine de la cou
ronne.

On dira peut-être que le roi déroge tous les jour
aux clauses en vertu desquelles certaines terres son
réversibles à la couronne; que, quoique toutes le
terres érigées en duché, comté ou marquisat, soien
de cette nature, suivant l'édit du mois de juillet d
l'année 1556, cependant, depuis cet édit; il ne s'es
fait presque aucune érection de duché, comté o
marquisat, qui ne contienne une dérogation précis
à cette loi; mais il y a une grande différence à fair
entre le retour d'une terre domaniale à la couronne
et l'union d'une terre qui n'a jamais été domaniale
le retour, dans le premier cas, se fait par la natur
de la chose qui se réunit d'elle-même à son prin
cipe, et qui rentre aisément dans son premier état
mais dans le second cas, l'union au contraire résist
à la qualité du bien qu'on veut réunir; le droit qu
le roi exerce en ce cas, est un droit de rigueur
ou plutôt on peut dire que la disposition de l'édi
du mois de juillet 1566 sur les duchés, comtés e

marquisats, est une espèce de menace qui n'avoit
été faite que pour empêcher la multiplication des
titres de duché, de comté, de marquisat; il a paru si
dur de faire perdre une terre à une famille, parce
que le roi avoit décoré cette terre d'un titre d'honneur, qu'on a vu qu'il étoit non-seulement de la
bonté, mais presque de la justice, de ne pas user
d'un droit qui sembloit avoir quelque chose de contraire à l'humanité. Il ne paroît donc pas que l'on
puisse argumenter d'un cas à l'autre : lorsqu'on propose au roi de déroger au droit de retour qui lui
appartient sur une terre vraiment domaniale, il
s'agit de perdre pour lui ; mais lorsqu'il renonce au
droit d'unir à son domaine une terre érigée en titre
de dignité, il ne s'agit pour le roi que de ne pas
acquérir ; or il n'y a jamais eu de défenseur assez
aveugle des droits de la couronne, pour soutenir
que le roi soit obligé d'acquérir, comme il est obligé
de ne pas perdre.

Cet exemple n'a donc aucune application à la
concession dont il s'agit, et après tout ce que le
procureur-général a tâché d'établir dans ce mémoire,
il croit pouvoir dire que les deux meilleurs titres,
ou plutôt les deux seuls titres que M........ puisse
faire valoir en cette occasion, sont d'un côté les
services de sa maison, et de l'autre la bonté du roi.

Le procureur-général convient de la vérité du
premier, et il respecte la grandeur du second ; il
comprend parfaitement tout ce que l'on peut dire
et penser sur ce sujet ; il n'ignore pas qu'on pourra
lui opposer que le roi est en droit de déroger et
à ses ordonnances et à celles de ses prédécesseurs,
et que jamais il n'y déroge d'une manière plus glorieuse, que quand il le fait au préjudice de ses propres
intérêts ; mais il ne s'agit point ici de mettre des
bornes à la libéralité de Sa Majesté ; une pensée si
téméraire ne viendra jamais dans l'esprit de son procureur-général ; mais il doit au moins avoir l'honneur
de lui représenter, que les lois qui règlent la nature du domaine de la couronne, ne sont pas de ces

lois arbitraires qui peuvent changer avec les temps,
et où l'expérience fait condamner dans un siècle ce
que la raison sembloit avoit dicté dans un autre; ce
sont des lois que l'on peut appeler fondamentales,
lois dont les motifs subsisteront autant que la monarchie; lois immuables par conséquent, dont l'utilité dédommage les princes de la restriction qu'elles
semblent mettre à leur bonté: après tout, on ne
craindra point de dire, que c'est en effet contre leur
bonté qu'ils ont voulu se lier les mains par avance,
et prendre de loin, pour ainsi dire, des précautions
contre leur propre générosité; si par là ils se sont
privés d'une partie de leur pouvoir, on peut dire
que c'est une impuissance honorable, que celle qui
ne consiste qu'à ne pouvoir se nuire à soi-même.

C'est la considération de toutes ces grandes
maximes, qui a obligé le procureur-général à surmonter
la répugnance naturelle qu'il auroit eue sans cela à
apporter quelque retardement à l'exécution des bienfaits de Sa Majesté; mais après avoir satisfait à ce
que son devoir exige de lui, il attendra avec respect
les ordres qu'il plaira au roi de lui donner, persuadé qu'il ne doit jamais prendre sur lui de se relâcher de la règle, et que s'il y a des distinctions
à faire et des grâces à accorder, c'est à Sa Majesté
seule qu'il appartient d'en ordonner.

TROISIÈME MÉMOIRE,

our prouver que la vicomté de Martigues est un ancien domaine de la maison des Baux, qui relevoit en plein fief du comté de Provence.

LA vicomté de Martigues étoit un ancien domaine de la maison des Baux, qui relevoit en plein fief du comté de Provence.

La félonie et la révolte de François des Baux, icomte de Martigues, furent punies par la confiscation de cette terre, et de plusieurs autres terres qui furent réunies et incorporées au *domaine de Provence*, dès le temps de la reine Jeanne de *Naples, comtesse de Provence.*

Cette princesse institua Louis d'Anjou, premier du nom, son héritier universel; ce prince, passant à Martigues en l'année 1383, accorda aux habitans de ce lieu l'exemption des tailles, et déclara en même-temps (si l'on en croit un des historiens de Provence) qu'il les incorporoit pour toujours *à son domaine*, dont ils ne pourroient jamais être aliénés ni distraits.

Louis second d'Anjou, fils et successeur de ce prince, donna à son frère Charles, prince de Tarente, par forme d'investiture et d'inféodation, *l'Isle de Martigues*, avec les terres d'Istres, Berre, Alençon et autres, pour lui et ses descendans.

Charles mourut sans enfans, et l'investiture étant ainsi finie en sa personne presqu'aussitôt qu'elle avoit été faite, les biens compris dans cette inféodation retournèrent à leur source, et furent unis une seconde fois au domaine de Provence.

Un seigneur étranger, nommé Nicolas Leroux,

marquis de Crotton, mérita, par les services importans qu'il rendit au même comte de Provence, que ce prince lui accordât, au même titre d'investiture et d'inféodation, les mêmes terres qu'il avoit données auparavant au prince Charles, son frère.

Louis d'Anjou mourut peu de temps après, laissant trois enfans mineurs, sous la tutelle et la régence d'Yoland d'Aragon, leur mère.

Le marquis de Crotton voulant s'en retourner dans son pays, traita avec cette princesse de la vicomté de Martigues et des autres terres qui lui avoient été inféodées.

Ce traité, par lequel il aliénoit des fiefs dont il n'avoit reçu l'investiture que pour lui et ses descendans, auroit été nul, s'il avoit été passé avec tout autre que la mère et la tutrice des enfans du prince qui en avoit fait l'inféodation.

C'est une grande question de savoir, si elle retira ces terres en son nom, ou au nom des princes ses enfans; quoi qu'il en soit, elle en disposa en faveur de Charles, son fils, auquel elle en fit une donation solennelle, pour lui et pour ses descendans de son corps légitimement.

Charles d'Anjou épousa Isabeau de Luxembourg, dont il eut deux enfans; Louise, qui fut mariée à Jacques d'Armagnac, duc de Nemours; et Charles, qui fut, après la mort de René d'Anjou, son oncle, le dernier des comtes de Provence.

Ce prince n'ayant point d'enfans, institua le roi Louis-XI son héritier universel; mais en même-temps il légua la vicomté de Martigues à François de Luxembourg, son cousin germain, et il supplia le roi Louis XI, avec les plus vives et les plus ardentes prières qu'un testateur peut faire à son héritier, d'approuver et d'accomplir cette dernière disposition; François de Luxembourg n'a jamais recueilli l'effet de cette bienveillance, que le comte de Provence lui avoit témoignée en mourant.

Palamèdes Forbin, à qui le roi Louis XI croyoit être redevable du testament qui avoit ajouté le comté

de Provence à son royaume, fut le premier obstacle
que François de Luxembourg eut à surmonter; il
prétendit d'abord que la terre de Martigues lui avoit
été donnée par Charles III; mais, s'étant enfin désisté
de cette prétention, les enfans de Louise d'Anjou et
de Jacques d'Armagnac attaquèrent François de
Luxembourg; ils soutinrent que la vicomté de Martigues leur appartenoit à titre de substitution, en
vertu de la donation d'Yoland d'Aragon. Un arrêt
du grand conseil décida la cause en leur faveur.

La mort de Charlotte d'Armagnac, dernière héritière de Marie d'Anjou, sa mère, fit justice de cet
arrêt à François de Luxembourg, et lui donna un
nouveau droit sur la vicomté de Martigues; il étoit
héritier de celle même qui avoit emporté sur lui
cette seigneurie; ainsi, réunissant en sa personne, et
la qualité de légataire de Charles III, dernier comte
de Provence, et celle d'héritier de Charlotte d'Armagnac, il n'eut plus d'autre partie à craindre que
le roi, qui se mit en possession de la vicomté de
Martigues, et qui en jouit pendant plus de soixante
ans; c'est-à-dire pendant le cours du procès qui
commença en l'année 1415 et qui ne fut jugé
qu'en 1560.

Le procureur-général du roi soutint dans ce procès,
que la vicomté de Martigues étoit un véritable et
ancien domaine des comtes de Provence.

Que cette terre avoit été réunie une première fois
au comté de Provence, par la confiscation prononcée
contre François des Baux; qu'en ayant été démembrée par la concession que Louis d'Anjou en fit à
Charles, son frère, par forme d'investiture et d'inféodation, elle fut réunie et consolidée une seconde
fois au domaine de Provence, par le décès de Charles
d'Anjou, qui mourut sans enfans.

Que l'inféodation qui fut faite ensuite au profit
du marquis de Crotton n'eut pas un autre sort,
puisque ce seigneur perdit tout le droit qu'il avoit
sur la vicomté de Martigues, par la vente qu'il en
fit à Yoland d'Aragon, vente contraire à la loi de

l'inféodation, et qui opéroit de droit un retour et une réunion faite de la vicomté de Martigues au comté de Provence.

Qu'à la vérité cette seigneurie avoit pu être valablement donnée, par forme d'apanage, à Charles III, fils d'Yoland d'Aragon; mais que le fils de ce prince ayant succédé au comté de Provence, le domaine de Martigues avoit été confondu en sa personne avec le domaine de Provence.

Que le legs qui avoit été fait par ce même Charles III, à François de Luxembourg, étoit nul de plein droit, parce que le domaine du comté de Provence n'est pas moins inaliénable, suivant le statut particulier de ce comté, que le domaine de la couronne de France l'est par la loi générale du royaume.

Que c'étoit inutilement que l'on opposoit à cette maxime inviolable, que le roi, comme héritier testamentaire de Charles III, comte de Provence, étoit lui-même garant de la validité du legs que ce prince avoit fait à François de Luxembourg, par le même testament par lequel il avoit institué Louis XI son héritier, parce que jamais l'héritier ne peut être garant de la validité du legs d'un bien qui n'est pas dans le commerce. Or tel est le domaine sacré de nos rois, et tel étoit celui des comtes de Provence.

Que d'ailleurs le testament de Charles III, comte de Provence, ne devoit pas être considéré comme le véritable titre en vertu duquel le roi possédoit ce comté; que l'institution portée par ce testament en faveur de Louis XI, étoit plutôt une restitution faite à la couronne, qu'une véritable institution, parce que le roi avoit plusieurs titres, indépendamment de ce testament, pour prétendre que la propriété du comté de Provence lui avoit toujours appartenu.

Enfin, le procureur-général du roi soutint que, quand même on pourroit accorder à Sébastien de Luxembourg, une espèce de recours contre le roi, comme héritier du comté de Provence, il ne pourroit jamais, en vertu de ce droit, demander la terre même ; mais seulement une indemnité et une récompense.

Qu'en effet, François de Luxembourg avoit d'abord reconnu qu'il ne devoit pas porter plus loin ses prétentions, puisqu'il avoit déclaré, tant en jugement que dehors, qu'il abandonnoit au roi la vicomté de Martigues, *sous la bonne grâce* du roi de lui en faire quelque récompense, et que ce fait étoit tellement certain que François de Luxembourg avoit depuis obtenu des lettres qui étoient jointes au procès, pour être relevé de cette déclaration.

Ce fut pour terminer cette longue et difficile contestation, que le parlement rendit un arrêt le 25 septembre 1568, par lequel le procureur-général du roi est condamné à faire à Sébastien de Luxembourg réelle et actuelle délivrance de la vicomté de Martigues et ses appartenances, *pour en jouir comme de sa chose, sans restitution de fruits par le passé, et néanmoins a ordonné et ordonne que ledit de Luxembourg sera tenu de laisser audit procureur-général ladite vicomté et appartenances, toutes fois et quantes il plaira au roi l'unir au domaine de sa couronne, en récompensant ledit de Luxembourg de pareille valeur que se trouvera être lors ladite vicomté, et en mêmes titre et qualité, autres toutefois que le duché d'Etampes et en terres non domaniales.*

C'est pour déroger à la faculté réservée au roi par cet arrêt, que M. de Vendôme a obtenu des lettres-patentes adressées au parlement, par lesquelles le roi déclare, 1.º qu'il se désiste de ladite réserve et faculté d'unir et incorporer ladite principauté de Martigues à son domaine, portée par l'arrêt du 25 septembre 1568, à laquelle, en tant que besoin seroit, le roi renonce, dans ces termes importans, *tant pour nous, que pour les rois nos successeurs, imposant sur ce, silence perpétuel à notre procureur-général, et à tous les autres; ce faisant, avons ordonné et ordonnons, que notredit cousin, ses hoirs ou ayant cause, demeureront propriétaires incommutables de la principauté de Martigues.*

2.° Le roi permet par ces mêmes lettres à M. de Vendôme, *de disposer, en tout ou en partie, de ladite principauté, même de vendre et d'aliéner, par démembrement, les terres, fiefs et seigneuries, unis et incorporés à icelle, à la charge d'en retenir la mouvance, s'il est ainsi convenu avec les acquéreurs*, etc.

Personne ne doute que la haute naissance et les services passés et présens de M. le duc de Vendôme ne méritent des graces plus distinguées et plus éclatantes que celles que le roi veut bien lui accorder par ces lettres.

Mais la bonté, et, si l'on ose le dire, la gratitude du roi, ne sont point ennemies de sa justice, et sa sagesse est assez grande pour concilier sans peine deux vertus qui ne doivent jamais être contraires l'une à l'autre.

Un des plus illustres défenseurs des droits du roi a dit autrefois, au sujet de la même principauté de Martigues, *qu'il ne pouvoit ni ne vouloit dénier témoignage de la volonté qu'avoit Sébastien de Luxembourg au service du roi; mais que quant à la terre dont il est question, il étoit contraint, pour le dû de son office, à déduire et proposer les droits du roi, demeurant au roi sa grandeur et libéralité, et tel qu'il est bien séant et à lui convient de faire et exercer envers ses loyaux sujets, et ainsi que les lois et coutumes de France, pour les droits domaniaux de la couronne, le peuvent porter et souffrir.*

Après avoir fait une semblable protestation, on ne peut s'empêcher de représenter ici les deux difficultés qui se présentent naturellement à l'esprit, lorsque l'on examine la disposition des lettres que le roi a accordées à M. de Vendôme.

La première regarde la clause par laquelle Sa Majesté renonce à la faculté de rentrer dans la terre de Martigues.

La seconde regarde la liberté que le roi accorde

à M. le duc de Vendôme, de démembrer la principauté de Martigues, et de retenir la foi et l'hommage des portions qu'il jugera à propos d'aliéner.

Pour sentir toute la difficulté de la première clause, il est absolument nécessaire d'entrer dans l'esprit de l'arrêt de 1568, et de développer les motifs de la clause de cet arrêt, par laquelle le parlement a cru qu'il étoit de son devoir de réserver au roi le droit de retirer la terre de Martigues, de l'unir et incorporer à son domaine.

Sans charger ce mémoire de dissertations superflues, on se contentera d'observer en un mot, que cette clause n'a pu être insérée dans l'arrêt de 1568 que par deux raisons :

Ou parce que l'on a jugé que la vicomté de Martigues étoit un veritable domaine du comté de Provence, qui ne pouvoit être aliéné qu'à la charge et sous la condition expresse d'un perpétuel rachat ;

Ou parce que le parlement a cru, suivant les anciennes maximes et les lois fondamentales du royaume, qu'il devoit toujours être permis au roi de rentrer, à titre de souveraineté et pour le bien de l'état, dans la possession des terres et seigneuries qui, comme la vicomté de Martigues, sont situées à l'extrémité et sur les frontières de son royaume.

Une seule de ces raisons seroit suffisante pour montrer combien il est difficile de détruire une réserve établie sur des fondemens si solides ; mais il est aisé de faire voir que l'un et l'autre de ces motifs ont également concouru à faire rendre l'arrêt de 1568, qui, par un sage tempérament, conserve en même temps les droits du domaine, et ceux de la souveraineté du roi.

Pour examiner si la terre de Martigues est véritablement domaniale, il est nécessaire de l'envisager en deux temps différens, c'est-à-dire, ou avant la réunion du comté de Provence à la couronne, ou depuis cette réunion.

Dans le premier temps, quand on ne s'arrêteroit pas à ce que les historiens de Provence nous apprennent de la révolte de François des Baux, suivie de la confiscation de ses biens, on ne peut pas au moins disconvenir qu'en 1399 les terres de Martigues, de Berre, d'Istres, d'Alençon, etc., ne fussent unies et incorporées au domaine de Provence.

M. le duc de Vendôme en fournit lui-même une preuve incontestable, puisqu'il a fait attacher sous le contre-scel des lettres-patentes que Sa Majesté lui a accordées, une copie de la donation faite par Louis second d'Anjou, roi de Naples et comte de Provence, à son frère Charles, prince de Tarente, dans laquelle il déclare formellement, que les terres de Saint-Genest, de Martigues, de Berre, d'Istres, d'Alençon, etc., sont du domaine du comté de Provence : *Terras nostras, loca et castra insulæ Sancti-Genesti, de Martico, Berræ, Istrii et Alausoni, ac castrum de Rouchaco, videlicet partem quam in eodem castro habemus, quæ sunt de domaniis dicti nostri comitatûs Provinciæ, et omnia alia pertinentia ad dictam baroniam dictæ villæ de Berre, quæ nunc ad nostrum domanium tenemus, damus, donavimus,* etc.

On peut encore moins douter que ces terres, qui n'avoient été données à Charles, prince de Tarente, que par une espèce d'apanage, ne se soient réunies de plein droit au comté de Provence, par la mort de ce prince décédé sans enfans.

Enfin, quand on passeroit légèrement sur le fait de l'inféodation de ces mêmes terres, et de l'investiture accordée au marquis de Crotton, et sur la vente que ce seigneur en fit à Yoland d'Aragon, reine de Naples, veuve de Louis second, il est toujours certain que la vicomté de Martigues et les terres qui en dépendent ayant été données à Charles III, et Charles III étant devenu comte de Provence, son domaine privé a été confondu avec le domaine public; et, joignant ce dernier titre à tous ceux qui l'ont précédé, on ne peut s'empêcher de reconnoître qu'il n'y a peut-être aucune terre, ni dans la Provence, ni dans le reste du royaume, qui soit domaniale à tant de titres différens que celle de Martigues.

Que si l'on examine cette terre dans le second temps, c'est-à-dire dans celui qui a suivi la réunion de la Provence à la couronne, on y observera d'abord, que le seul titre de propriété que M. le duc de Vendôme puisse alléguer en sa faveur, qui est le testament de Charles III, achève de prouver ce que l'on vient d'établir, c'est-à-dire que dans le moment de la réunion de la Provence à la couronne, la vicomté de Martigues faisoit partie du domaine de la Provence.

C'est sans doute cette qualité de terre domaniale, qui donna lieu à ce prince de conjurer Louis XI, avec tant d'instance, d'exécuter le legs qu'il faisoit de la vicomté de Martigues à François de Luxembourg; il étoit trop instruit des droits de la souveraineté, pour ne pas savoir que ce qu'il demandoit étoit contraire aux lois fondamentales de son état : ainsi, plus il demande ardemment l'exécution d'un tel legs, plus il en reconnoît et en atteste la nullité.

L'institution d'héritier faite par ce prince au profit de Louis XI, ne pouvoit rendre ses prières entièrement efficaces.

La vicomté de Martigues n'étoit ni le bien du testateur, ni celui de l'héritier; elle n'appartenoit ni à Charles III, ni à Louis XI; elle étoit inséparablement attachée au comté de Provence, elle n'en pouvoit être démembrée, ni par la volonté du dernier de ses comtes, ni par celle du roi son successeur; une loi inviolable leur lioit également les mains, et Louis XI, à la rigueur, ne pouvoit être tenu d'accomplir ce que Charles III n'avoit pu ordonner.

L'héritier n'est point garant de la nullité d'un legs prononcée par la loi, on doit mettre un tel legs au nombre des choses impossibles; ce que la loi condamne, est regardé comme s'il n'étoit pas.

Ainsi, quand même on ne releveroit pas ce qui a été dit par tous ceux qui ont défendu les droits du roi, que le testament de Charles III n'étoit pas le véritable titre en vertu duquel le comté de Provence lui appartenoit, la seule qualité de la terre mettoit un obstacle invincible à la libéralité de Charles III et aux prétentions de François de Luxembourg, auteur de M. le duc de Vendôme.

L'équité seule, et non pas la rigueur du droit, sembloit exiger du roi Louis XI et de ses successeurs, que si la loi du royaume ne leur permettoit pas de donner la vicomté de Martigues à Sébastien de Luxembourg, ils lui accordassent au moins une récompense capable de le dédommager de la perte qu'il faisoit d'un legs si considérable. Tel étoit le seul tempérament que l'on pouvoit trouver pour concilier ce que le roi devoit à la conservation des lois de son état, avec ce qu'il devoit aux dernières volontés d'un prince qui lui avoit donné au moins la possession et la libre jouissance d'une des plus importantes provinces de son royaume.

Aussi le conseil de François de Luxembourg comprit aisément que le seul parti qu'il devoit prendre, étoit de renoncer d'abord à toutes les raisons de droit qu'il pouvoit alléguer en sa faveur, et d'abandonner au roi, purement et simplement, la terre de Martigues; ainsi, par l'effet d'une sage et louable politique, il se renferma dans les motifs d'équité, beaucoup plus puissans en sa faveur que les raisons de justice, et il borna toutes ses prétentions à demander au roi une simple récompense.

L'acte par lequel François de Luxembourg fit cette déclaration si avantageuse aux droits du roi, a été inséré dans les registres de la chambre des comptes; il est du 9 janvier 1481, huit ans après la mort de Charles III, dernier comte de Provence.

Ce seigneur déclare dans cet acte, que quoique Charles, en son vivant roi de Sicile, lui ait, par testament et dernière volonté, donné et délaissé la vicomté de Martigues, *toutefois icelui de Luxembourg, connoissant que par droit, ladite seigneurie de Provence est échue et advenue au roi notre souverain seigneur, duquel seigneur, et non d'autre, il veut avoir le bien qu'il attend à avoir, a délaissé tout le droit, nom, raison et action qu'il a et peut*

avoir en ladite vicomté, au roi notredit seigneur,
suppliant ledit François très-humblement, à la bonne
grâce du roi, que son plaisir soit lui en donner
récompense ailleurs; et ainsi que son bon plaisir
sera.

C'est ainsi que François de Luxembourg se rendit
justice à lui-même, ou plutôt que, se soumettant à
celle du roi, il se contenta d'exciter sa générosité. De
mauvais conseils le portèrent à se repentir d'une si
sage démarche; l'on apprend par le plaidoyer de
M.ᵉ Mangot, ainsi que par celui de M.ᵉ Dumesnil, et
même par le vu de l'arrêt de 1568, que François de
Luxembourg obtint en 1504 des lettres de restitution
contre la déclaration qu'il avoit faite en 1481; il intervint un arrêt qui ordonna que ces lettres seroient
mises dans un sac à part, et jointes au procès, pour y
avoir en jugeant tel égard que de raison.

Mais ces lettres n'ont jamais été entérinées; l'on
ne peut pas dire que ce soit par omission ou par
oubli, qu'elles ne l'aient point été, à cause de la
longueur du temps qui s'étoit écoulé depuis qu'elles
avoient été obtenues; car ces lettres et l'ordonnance
qui les joint au procès, sont visées dans l'arrêt
de 1568.

Ainsi, il est vrai de dire, que la déclaration de 1481,
par laquelle François de Luxembourg a réduit ses
prétentions à une simple récompense, a toujours subsisté, et qu'elle subsiste encore aujourd'hui; et si
cela est, comment pourroit-on soutenir, que depuis
la réunion du comté de Provence à la couronne, la
terre de Martigues a cessé d'être réputée domaniale,
pendant que le légataire de cette vicomté, qui seul
avoit intérêt de soutenir qu'elle n'appartenoit point
au roi, comme comte de Provence, se désiste au
contraire de toutes ses prétentions en faveur du roi,
reconnoît que le roi est le seul seigneur de Martigues,
et ne se réserve plus qu'une demande à fin d'indemnité?

Que reste-t-il donc à présent, si ce n'est de conclure de tout ce qui vient d'être expliqué, que la terre

de Martigues paroîtra toujours également domaniale, soit qu'on la considère avant ou après la réunion du comté de Provence?

Avant la réunion, Louis d'Anjou, second du nom, la donne en apanage à son frère, comme faisant partie de son domaine.

Depuis la réunion, François de Luxembourg reconnoît lui-même le droit qu'il avoit intérêt de combattre; il se repent mal-à-propos de sa reconnoissance, mais il fait des efforts inutiles pour la faire rétracter; elle subsiste encore aujourd'hui, et elle sera un monument éternel de la justice des droits du roi.

On ne peut faire qu'une seule objection contre tout ce qu'on a proposé jusqu'à présent, et cette objection est, que la réunion de la vicomté de Martigues n'a jamais été consommée, parce que le roi n'a jamais joui de ce domaine.

Il est aisé de détruire cette objection, et dans le droit et dans le fait.

Dans le droit, on peut dire d'abord qu'il ne s'agit point ici d'une réunion qui ne se fasse que tacitement par la confusion des revenus, pendant le laps de dix années, suivant l'ordonnance de 1566; il s'agit d'une réunion la plus expresse et la plus solennelle qui fut jamais.

Union commencée par le testament de Charles III, et ratifiée par le consentement et les vœux unanimes de tous les états du comté de Provence, consommée enfin par les lettres de Charles VIII, qui incorporent et réunissent la Provence à la couronne, pour y être inséparablement et irrévocablement attachée.

Tel est le caractère qui distingue l'union qui se fait tacitement par ce laps de temps et par la confusion des revenus, de l'union expresse et solennelle, que l'une ne s'accomplit que par une jouissance réelle et continue, au lieu que l'autre s'opère et se consomme en un instant.

Cette distinction est écrite dans l'article second de l'ordonnance de 1566, et elle est si propre au domaine de la couronne, qu'elle entre dans sa définition; c'est ainsi que cet article s'explique sur ce sujet :

Le domaine de notre couronne est entendu, celui qui est expressément consacré, uni et incorporé à notre couronne, ou qui a été tenu ou administré par nos receveurs et officiers par l'espace de dix ans, et est entré en ligne de compte.

L'ordonnance ne regarde la condition de la jouissance et de la confusion des revenus, comme une condition nécessaire pour imprimer à une terre le caractère de bien domanial, qu'à l'égard de la seconde espèce de domaine, c'est-à-dire, de celui qui n'est uni que tacitement par le laps du temps ; et par là, elle décide clairement que cette condition est inutile, lorsqu'il s'agit d'une union expresse et solennelle.

Ainsi, suivant ces premiers principes, qui n'ont jamais été contestés, il ne seroit pas nécessaire de montrer que le roi a joui de la vicomté de Martigues; il suffiroit, au contraire, d'avoir prouvé dans le droit, que cette terre, comme le reste du domaine de la Provence, a été expressément unie et incorporée à la couronne, pour en pouvoir tirer cette conséquence, que quand même le roi n'auroit jamais joui de cette seigneurie, elle n'en seroit pas moins domaniale.

Mais dans le fait, rien n'est plus facile que de faire voir que le roi a été long-temps en possession par lui-même, ou par ses donataires, de la vicomté de Martigues.

La première preuve de cette vérité se tire de la sentence qui fut rendue en 1503, dans la chambre du trésor, entre François de Luxembourg, et le procureur du roi, par laquelle la vicomté de Martigues fut adjugée au roi, purement et simplement; cette sentence a subsisté pendant soixante-cinq ans; elle étoit sans doute du nombre et de la qualité de celles qui s'exécutent pendant l'appel; un des priviléges du fisc, est que le roi plaide toujours, la main garnie, avant même qu'il y ait aucun jugement. Qui pourra donc douter que le roi ayant une sentence en sa faveur, ne se soit maintenu dans la possession de la vicomté de Martigues?

Une seconde preuve du même fait, résulte des dons que le roi a fait en différens temps, des fruits de cette seigneurie.

M.ᵉ Mangot, avocat de Sébastien de Luxembourg, atteste lui-même la vérité de ces dons dans le plaidoyer qu'il fit en 1561. Il en cite deux; l'un fait à don Pèdre de Navarre, qui avoit rendu de grands services à François I.ᵉʳ dans le duché de Milan; l'autre, au prince de Melphe.

M.ᵉ Dumesnil, qui plaidoit alors pour le roi, confirme cette vérité par son témoignage qui seul pourroit être décisif.

La troisième preuve est encore plus forte que les deux premières.

En 1559, la vicomté de Martigues fut saisie et mise entre les mains du roi, en vertu des lettres-patentes de Charles IX, portant réunion générale de son domaine aliéné par ses prédécesseurs.

Jean-Francisque Deauvive, duc Datry au royaume de Naples, et Suzanne de Carraviol, son épouse, obtinrent des lettres-patentes du même roi, par lesquelles il ordonnoit que main-levée leur fût faite de la vicomté de Martigues et baronnie de Berre.

Ils présentèrent ces lettres au parlement; et, pour appuyer leur prétention, ils y joignirent d'autres lettres-patentes par lesquelles le roi leur cédoit la vicomté de Martigues, en paiement de la somme de 30,000 liv., ce qui ne pouvoit passer que pour un engagement.

Le procureur-général du roi s'opposa à l'enregistrement de ces lettres; le parlement ordonna que ses conclusions seroient communiquées aux parties; et enfin, après une instruction régulière, il rendit un arrêt définitif, le 29 mars 1560, conçu en ces termes:

La cour a réuni et incorporé au domaine du roi, comté de Provence, les vicomté de Martigues et baronnie de Berre, appartenances et dépendances;

et a réservé et réserve auxdits demandeurs leurs actions, pour raison de ladite somme de 30,000 livres, contre le procureur-général du roi, et à lui ses défenses au contraire.

Cet arrêt, dont on a différé de parler jusqu'en cet endroit, pour éviter le danger de la répétition, prouve deux choses très-évidemment :

L'une, que le parlement a jugé que la terre de Martigues étoit un véritable domaine du comté de Provence ;

L'autre, que le roi étoit dans la pleine possession de ce comté, puisqu'il l'aliénoit à titre d'engagement.

La quatrième preuve de la possession et de la jouissance du roi est d'autant plus considérable, qu'elle se tire des demandes mêmes et des conclusions de Sébastien de Luxembourg, dont M. le duc de Vendôme ne peut qu'exercer les droits aujourd'hui.

Dans le temps qu'il reprit le procès intenté par son aïeul contre le roi, il conclut expressément à la restitution des fruits.

On voit même, par les plaidoyers qui furent faits alors pour et contre le roi, que le chef de la restitution des fruits fut pleinement discuté de part et d'autre :

Que M.e Dumesnil soutint pour le roi, que ces fruits ne devoient pas être adjugés à Sébastien de Luxembourg, parce qu'il ne pouvoit prétendre tout au plus qu'une récompense, et non pas la terre même ;

Que d'ailleurs, on pouvoit lui opposer la double prescription et de la chose et de l'action, puisqu'il avoit laissé passer plus de cinquante-six ans sans faire aucunes poursuites, et que le moindre effet de cette longue cessation de procédures étoit de lui faire perdre les fruits, qui pendant ce temps-là avoient été acquis au roi par une longue et paisible possession ;

Que le roi n'est point tenu des faits de ses prédécesseurs ; qu'ainsi, on ne pouvoit jamais l'obliger à rendre les fruits qu'ils avoient perçus ; et cette raison seule étoit suffisante pour la défense de Charles IX ; qui étoit à peine dans la seconde année de son règne;

Qu'enfin, dans tous les procès domaniaux, jamais le parlement n'adjugeoit de restitution de fruits, ni pour le roi, ni contre le roi ; *autrement seroient ruinés les sujets du roi, qui souffriroient éviction desdites terres domaniales, et réciproquement, les finances du roi, par trop affoiblies de restitutions, fruits et vieux procès délaissés sans poursuites, pour terres domaniales ou autres, dont les rois prédécesseurs auroient donné les fruits à leurs serviteurs pour récompense des pertes ou services, comme en ce cas.*

Il est inutile d'expliquer ici toutes les raisons que Sébastien de Luxembourg opposoit à celles du roi, puisqu'il ne s'agit pas aujourd'hui de prononcer sur cette restitution de fruits, mais de faire voir qu'elle a été demandée, et par conséquent que le roi a joui de la vicomté de Martigues.

Enfin, il ne faut point sortir de l'arrêt même qui a été rendu en 1568, et que M. de Vendôme a fait attacher sous le contre-scel des lettres-patentes, pour être pleinement convaincu de cette vérité, puisque cet arrêt ordonne que Sébastien de Luxembourg jouira de la terre de Martigues, sans restitution de fruits.

On ne croit pas que l'on veuille opposer à tant de preuves si évidentes, qu'elles ne suffisent pas pour montrer que le roi ait joui par lui-même de cette seigneurie.

Les engagistes et les donataires jouissent pour le roi; la possession de l'usufruit sert au propriétaire: et d'ailleurs, il n'y a pas de plus grand acte de jouissance que le don même ou l'engagement. Le domaine consiste autant, et peut-être encore plus, dans l'*abus* que dans l'usage. Or, ce que les jurisconsultes appellent *abus*, en cette matière, comprend toutes les manière par lesquelles on peut disposer de son bien, et, pou parler le langage de nos coutumes, se jouer de so domaine.

Tous ces principes et ces faits étant ainsi supposés

il n'est pas difficile de pénétrer dans le premier motif de l'arrêt de 1568.

L'équité d'un côté, et de l'autre peut-être la faveur dont Sébastien de Luxembourg jouissoit auprès du roi, ont dicté cet arrêt : on a cru, à la vérité, que la terre de Martigues, considérée en elle-même, étoit un véritable domaine du comté de Provence; mais en même temps on a estimé qu'il étoit digne de la bonté et de la grandeur du roi, et même de cette espèce de religion qu'il devoit avoir pour les dernières volontés de Charles III, dernier comte de Provence, d'indemniser Sébastien de Luxembourg, et de lui donner en terres non domaniales ce que Charles III avoit voulu lui léguer en terres domaniales.

Mais, parce qu'il étoit difficile de trouver une terre qui fût précisément d'une valeur égale à celle de la vicomté de Martigues; que d'ailleurs, il n'étoit ni du devoir ni de la fonction du parlement de chercher et d'indiquer cette terre; et qu'enfin, il importoit peu au roi que l'on donnât la terre même de Martigues à Sébastien de Luxembourg, pourvu que le roi conservât perpétuellement la faculté d'y rentrer ; par toutes ces raisons, le parlement a cru ne point blesser les droits du domaine lorsqu'il a adjugé la vicomté de Martigues à ce seigneur, sous cette condition expresse qu'il seroit tenu de la rendre au roi toutes les fois que le roi voudroit lui donner une autre terre de valeur égale à celle de Martigues.

Que l'on subtilise tant que l'on voudra sur les termes de cet arrêt, on n'y trouvera jamais qu'une espèce de dépôt, d'engagement, d'aliénation, avec faculté de rachat, jusqu'à ce que l'indemnité ait été fournie. Sébastien de Luxembourg demande la terre même; le roi ne lui doit tout au plus qu'une indemnité ; on lui donne la terre même, jusqu'à ce que le roi juge à propos de l'indemniser : voilà tout ce qu'on a prétendu faire par cet arrêt, et tel a été le premier motif qui l'a fait rendre.

L'intérêt de la souveraineté du roi, joint à celui

de son domaine, a pu servir d'un second motif à ce jugement.

Personne ne doute, ni que la vicomté de Martigues ne soit située à l'extrémité du royaume et sur le bord de la mer, ni que le roi n'ait le droit de rentrer, quand il le juge à propos, dans la possession et même dans la propriété des fiefs qui sont situés sur les frontières de ses états.

Si cette proposition pouvoit souffrir quelque difficulté, il seroit aisé d'en rapporter les preuves; mais on s'est tellement étendu sur le premier motif de l'arrêt, que l'on croit devoir réparer cette longueur, quoique nécessaire, par la brièveté avec laquelle on expliquera le second.

Un arrêt appuyé sur des fondemens si solides se défend assez par lui-même, sans qu'il soit besoin d'employer beaucoup de paroles pour montrer qu'on ne peut y donner atteinte sans affoiblir en même temps les premiers principes et les maximes les plus inviolables dont on puisse se servir pour la défense des droits du roi.

Si l'on considère cet arrêt par rapport au premier motif qui lui a servi de fondement, comment Sa Majesté pourroit-elle se faire à elle-même et à sa couronne l'injustice de se priver pour toujours du droit de rentrer dans une terre véritablement domaniale?

Il est vrai que le droit du roi, aux termes de cet arrêt, se réduit à une simple faculté de retirer cette terre.

Mais cette faculté tient lieu de la terre même, elle la représente parfaitement; la terre étoit domaniale, la faculté de la retirer ne l'est pas moins; le droit de rachat n'est pas plus aliénable que la terre même ne le seroit si le roi l'avoit rachetée; et comme la faculté de rentrer dans la vicomté de Martigues est imprescriptible, elle doit être aussi regardée comme incessible.

Que si l'on s'attache au second motif de l'arrêt, c'est déroger, en quelque manière, à la souveraineté du roi sur la terre de Martigues, que de lui faire déclarer qu'il renonce au droit d'y rentrer ; la faculté qui appartient au roi, comme souverain, de retirer les seigneuries de ses sujets, lorsque l'importance de leur situation l'oblige à prendre cette précaution pour le bien de son état, est tellement inséparable de sa souveraineté, qu'il ne peut la perdre sans cesser en même temps d'être souverain dans une partie de son royaume.

Ainsi, ou la renonciation que le roi fait à cette faculté, par les lettres qu'il accorde à M. le duc de Vendôme, sera réelle et perpétuelle, ou elle ne sera qu'apparente et passagère.

Dans le premier cas, il sera vrai de dire que le roi déroge aux droits de sa souveraine puissance.

Dans le second cas, cette renonciation apparente ne sera qu'un piége pour les acquéreurs de bonne foi ; et par conséquent, la clause qui contient cette renonciation sera nécessairement ou contraire à sa souveraineté si elle est efficace, ou contraire à sa justice si elle ne l'est pas.

Il est temps maintenant de passer à la seconde difficulté des mêmes lettres-patentes, et de faire voir que quand le roi pourroit, sans blesser les droits de sa couronne, se priver de la faculté de rentrer dans la terre de Martigues, et permettre à M. le duc de Vendôme de l'aliéner irrévocablement, cette aliénation ne pourroit jamais être faite qu'à la charge de conserver la mouvance directe et immédiate du comté de Provence.

On ne croit pas avoir besoin de s'étendre sur ce point ; il y a des vérités si claires et si certaines, qu'il suffit de les proposer pour les prouver.

Il est important d'observer en cet endroit, que la principauté de Martigues n'a pas été composée de fiefs qui ne fussent pas dans la mouvance du roi avant leur réunion au corps de la seigneurie ; au contraire, toutes les parties qui la composent sont autant de seigneuries très-nobles, qui ont toujours relevé directement et en plein fief du comté de Provence. La preuve en est

4 *

écrite dans la donation de 1399, dont il a été parlé ci-dessus ; ainsi, l'on peut dire que dans la principauté de Martigues, le chef et le membre sont également nobles ; que par conséquent, il n'y a point de différence à faire entre le tout et les parties ; et qu'on ne peut pas dire, pour favoriser l'aliénation que le roi fait ici de la mouvance directe de quelques portions de la principauté de Martigues, qu'il ne fait que rétablir les choses dans l'état où elles étoient avant que la terre eût le titre et le nom de principauté, puisque près de deux siècles avant cette érection, qu'on dit avoir été faite en 1581 sans le pouvoir prouver, les seigneuries qui sont présentement unies à la vicomté de Martigues relevoient par elles-mêmes du comté de Provence.

Personne ne doute qu'il n'y ait une très-grande différence entre une mouvance immédiate et une mouvance médiate, entre un fief et un arrière-fief ; comme le roi ne peut pas aliéner la mouvance des fiefs qui relèvent de sa couronne, il ne peut pas non plus, dans les saines maximes du domaine, changer l'immédialité de cette mouvance, si l'on peut se servir de cette expression, et faire que ce qui étoit son fief devienne son arrière-fief ; sans cela, toutes les mouvances directes pourroient s'éclipser peu à peu, et s'anéantir pour la plus considérable partie ; le roi ne conserveroit plus dans sa mouvance que des portions de fiefs et des seigneuries dont on feroit relever les portions qui en auroient été démembrées, et par là il aliéneroit à perpétuité tous les droits de quint et requint, tous les reliefs, en un mot, tous les profits de fief dont son domaine seroit privé pour toujours.

On dira peut-être, que c'est vouloir mettre des bornes à la puissance du roi que de soutenir des maximes si rigoureuses, mais c'est aux lois et aux ordonnances de Sa Majesté même à se défendre de ce reproche ; c'est elle qui, à l'exemple de ses prédécesseurs, s'est imposé cette heureuse servitude pour le bien et la conservation de son domaine ; cette servitude fait partie de sa grandeur, c'est une impuissance glorieuse qui ne consiste qu'à ne pouvoir nuire à soi-même, ni à sa couronne. Il est vrai qu'il y a des occasions où cette espèce de contrainte est pénible à la générosité d'un prince attentif à récompenser le mérite et la vertu, et c'est ce qu'on ne doute pas que le roi n'éprouve en cette occasion; mais la puissance de Sa Majesté est assez grande pour lui fournir une infinité d'autres moyens de récompenser les grands services de M. le duc de Vendôme, et pour se dédommager elle-même de la perte que sa libéralité croit faire lorsqu'elle se refuse le plaisir de donner.

On n'a point parlé dans ce mémoire d'une troisième difficulté qui se trouve dans les mêmes lettres-patentes, et qui consiste en ce que les différens fiefs, dont la terre de Martigues est composée, ont dû être réunis en un seul corps de fief et de seigneurie, lorsqu'elle a été érigée en principauté; on ne peut diviser ce tout, et séparer les parties dont il a été formé, sans donner atteinte au titre de principauté.

L'union de ces différentes parties l'a formée; leur dissolution la doit détruire; ainsi, il ne paroît pas possible de concilier ce démembrement que l'on permet à M. le duc de Vendôme, avec la conservation de la principauté : on ne peut ni approfondir, ni traiter cette difficulté, parce que le conseil de M. le duc de Vendôme n'a pu retrouver les lettres d'érection, ni en indiquer la date, et qu'on ne sait même si elles ont jamais été enregistrées.

QUATRIÈME MÉMOIRE,

Pour prouver que le comté de Roucy est un fief mouvant de la couronne.

Iʟ semble que dans le dixième siècle, le comté de Roucy relevoit du roi. (*Flodoardus, historiæ Remensis, lib.* 4, *cap.* 36, *p.* 697).

Injectis etiam ignibus (Hugo) *domum matris ecclesiæ succendit, simulque claustra canonicorum et partem civitatis ; nec talem ipsam capere valens, urbem reliquit, et ad quandam munitionem, quam* Ragenoldus, comes Ludovici (regis), *super Anonum fluvium, in loco qui dicitur* Rouaciacus (Roucy), *ædificaverat, devenit, ipsamque adhuc imperfectam, Castris vallavit* (1).

Marlot, dans son histoire de Rheims, pag. 579, à la marge, écrit que *Ragenoldus,* en 949, étoit comte de Roucy; et à la pag. 584, il dit que le roi ayant été couronné rendit à *Ragenoldus* le château de Roucy; ensorte qu'en joignant les deux auteurs, il y a quelque apparence que le comté de Roucy relevoit alors du roi.

Duchesne, dans ses preuves de l'histoire de Châtillon, pag. 195, rapporte des lettres de Philippe le bel, de l'année 1289, par lesquelles il donne à Gaucher de Châtillon la châtellenie de Châtillon-sur-Marne, pour la terre de Crecy, à condition que l'hommage *du comté de Roucy qui relevoit de Châtillon-sur-Marne,* resteroit à Sa Majesté; et depuis,

(1) *Vide* Sainte-Marthe, Histoire de la maison de France, liv. 10, chap. 14, où il parle de Regnaud de Vermandois, dont il dit qu'il fonda Roucy.

le roi retira Châtillon, et donna en échange les terres de Pourceau, de Gaudelus et de Rosay.

En conséquence de ces échanges, on trouve au registre O de la chambre des comptes, quatre hommages.

Le premier, rendu au roi par Pierre de Bourbon, du châtel de Roucy, tenu nûment du roi, à cause du châtel et châtellenie de Châtillon-sur-Marne, qu'il tient à cause de la comtesse de Roucy, et de Braine, sa femme; 8 mai 1417, fol. 30., v°.

Le second, rendu par Louis de Jérusalem de Sicile, des comtés, châtel et châtellenie de Roucy, tenus du roi, à cause de Châtillon-sur-Marne; 15 juin 1400, fol. 90.

Le troisième, par le roi de Jérusalem, pour le comté de Roucy, à lui échu par le décès de la reine de Jérusalem; 25 avril 1465, fol. 93, v.°

Le quatrième, du 10 octobre 1459, fol. 182, v.°

De là on pourroit conclure que le comté de Roucy ne relevoit pas du roi avant que Philippe le bel eût acquis Châtillon; le mot *comes*, dans Flodoard, se pouvant autant prendre pour compagnon que pour comte.

Dans le registre intitulé, *Feoda Campaniæ*, le comte de Roucy est mis au rang des barons et pairs de Champagne.

Ce registre peut avoir été fait vers la fin du treizième siècle; le comte de Roucy est mis au nombre des barons du roi, dans le jugement rendu contre Pierre Maucler en 1230, qui se trouve au registre de Philippe-Auguste.

De l'origine du comté de Roucy, et de sa mouvance de la couronne de France.

Il n'est pas aisé de rien dire de bien positif, touchant l'origine du comté de *Roucy*. Personne ne nous en a parlé assez à fond jusqu'à présent. Moret

de la Fayole, qui a donné en 1675 l'histoire gé
néalogique des comtes de Roucy, n'en a rien dit
Marlot en a parlé dans son histoire de l'église d
Reims; mais il n'a fait qu'effleurer cette matière
et les Sainte-Marthe qui ont découvert l'origine de
premiers comtes de Roucy, n'ont rien dit de cell
du comté.

Renaud I, fils d'Herbert, comte de Vermandois
a été le premier comte de Roucy qui nous soit connu.
Il est à présumer qu'il avoit eu, par un partage, les
biens qui ont composé le comté de Roucy; et qu'ainsi,
ils avoient été possédés par Herbert, comte de Vermandois, son père. Quoi qu'il en soit, Renaud fit
bâtir le château de Roucy en 948; et ce château
et le comté de Roucy étoient alors, et même en 966,
un fief immédiat de la couronne.

Flodoard, qui a cessé d'écrire en 966, qui étoit
Champenois, et qui connoissoit Renaud I, comte de
Roucy, dit, parlant de ce comte, sous l'année 948,
qu'il étoit un des comtes du roi, *comes regis*, c'est-
à-dire, un des comtes du royaume, mouvans et
dépendans immédiatement du roi, à cause de sa
couronne (1).

Or, la désignation de Flodoard n'a pas seulement
sa force sous cette année 948, mais encore sous l'année
966 qu'il cessa d'écrire : car, si en l'année 966 ce
comte de Roucy avoit cessé d'être un des comtes
du roi, Flodoard n'auroit pas manqué de le remarquer.

Quoiqu'en 948 et en 966 Roucy fût fief immédiat
de la couronne, on voit néanmoins qu'on a prétendu dans la suite qu'il étoit un arrière-fief de l'église
de Reims, et un fief des comtes de Champagne.

Une bulle du pape Innocent nous apprend que
Roucy étoit un des fiefs pour lesquels le comte de
Champagne faisoit hommage à l'église de Reims.

_____

(1) Flodoard, *chronic. ad an.* 948.

Il est impossible de fixer l'époque de cette mouvance, et sa cause.

Marlot, qui a vu tous les titres de la cathédrale de Reims, déclare qu'il ne sait quand, ni comment les comtes de Roucy, *qui étoient dans la mouvance immédiate du roi*, devinrent arrière-vassaux de la couronne (1).

On ne peut pas dire que Roucy soit devenu fief de l'église de Reims, lorsque cette église obtint le comté de Reims du roi Louis d'Outremer, parce que cette donation se fit en 940, et que Flodoard, chanoine de Reims, de qui l'on apprend que Louis d'Outremer donna le comté de Reims à l'église de Reims, nous dit que, huit ans après cette donation, Renaud I, comte de Roucy, étoit comte du roi, c'est-à-dire qu'il étoit encore dans la mouvance immédiate du roi (2).

Renaud, comte de Roucy, est souvent qualifié comte de Reims. Gerbert, son fils, s'est aussi donné le même titre, souscrivant avec le roi Lothaire, dans des chartes émanées de l'autorité de Sa Majesté (3); ce qui fait voir que les comtes de Roucy, loin de reconnoître les archevêques de Reims pour leurs suzerains à cause du comté de Reims, leur en contestoient au contraire le titre et la propriété.

On a publié sur l'autorité d'Albéric, qu'Ebles, qui devint archevêque de Reims, étoit de la maison de Roucy; et l'on a ajouté, qu'étant l'héritier de cette maison, il avoit donné son comté de Roucy et celui de Reims à l'église de Reims, mais on s'est trompé; et Marlot qui a examiné à fond l'histoire des archevêques de Reims, a été obligé de convenir, qu'Ebles

(1) Marlot, Histoire de Rheims, métrop. tom. 2, liv. 2, pag. 195.

(2) Marlot, Histoire de Rheims, métrop. tom. 1, liv. 4, ch. 16, pag. 560.

(3) Marlot, Histoire de Rheims, métrop. tom. 2, liv. 2, ch. 9, pag. 196.

n'étoit point comte de Roucy, et qu'il n'avoit donné ni l'un ni l'autre comtés à l'église de Reims; et qu'enfin il ignoroit quand et comme le comté de Reims, ou plutôt sa mouvance, étoit venu à l'église de Reims (1).

On ne voit rien dans la suite qui puisse apprendre la cause de la mouvance de Roucy, de l'archevêché de Reims; et j'avoue que cette bulle seule ne me peut persuader de cette mouvance; car si elle avoit été réelle, on en trouveroit d'autres preuves dans les hommages rendus par les comtes de Champagne aux archevêques de Reims, pour les terres que ces mêmes comtes possédoient, et qui étoient dans la mouvance de cet archevêché.

Mouvance du comté de Roucy, du comté de Champagne.

La bulle d'Innocent dont j'ai déjà parlé, portant que le comté de Roucy étoit une des terres pour lesquelles les comtes de Champagne faisoient hommage à l'archevêque de Reims, et le registre des fiefs du comté de Champagne mettant les comtes de Roucy au nombre des comtes et pairs du comté de Champagne, donneroient lieu d'inférer, que les comtes de Roucy étoient vassaux et feudataires des comtes de Champagne, pour leur comté de Roucy; et que ces comtes de Champagne étoient vassaux des archevêques de Reims, pour le comté de Roucy.

J'ai observé dans les remarques précédentes, qu'on ne savoit ni quand ni comment Roucy étoit devenu fief de l'église de Reims; j'ai même avancé, et je le répète encore, que le simple énoncé que Marlot rapporte de la bulle du pape Innocent, ne me persuadoit point, et que même je ne le croyois pas,

(1) Marlot, Histoire de Rheims, métrop. tom. 1, liv. 4, ch. 16, pag. 560, et tom. 2, liv. 1, ch. 20, pag. 64, et *idem*, tom. 2, liv. 2, ch. . . . . , pag. 195.

d'autant que les hommages rendus par les comtes de
Champagne aux archevêques de Reims ne parlent
point de Roucy, ce que néanmoins on y auroit expliqué, si cela eût été; et qu'il n'est pas possible
de faire voir comment les comtes de Roucy, qui
étoient libres et indépendans de tous autres suzerains
que du roi, sont devenus dépendans.

Les comtes de Roucy sont issus de Renaud, premier
du nom, comte de Roucy, qui, en 948, fit bâtir
le château de Roucy. De ce Renaud sont issus les
premiers comtes de Roucy. Il étoit fils de Herbert II,
dit le grand, comte de Vermandois; ce qui donne
lieu de croire que les terres qui ont composé depuis
le comté de Roucy, avoient été possédées par ce
comte de Vermandois, et que le comte Renaud les eut
en partage des biens de sa maison.

Quoi qu'il en soit, ce comte Renaud étoit, en 948
et en 966, le comte du roi, comme je l'ai déjà
observé, et par conséquent étoit dans la mouvance
immédiate du roi. On n'a pas la moindre preuve que
les comtes de Roucy, ses descendans mâles, soient
devenus vassaux des comtes de Champagne, à cause
du comté de Roucy.

On a au contraire des preuves qui détruisent entièrement cette mouvance.

On voit que sous le règne de Philippe-Auguste, les
comtes de Roucy étoient encore barons du royaume,
c'est-à-dire qu'ils étoient encore vassaux immédiats
de la couronne; car tout le monde convient que les
barons étoient vassaux immédiats du suzerain dont
ils étoient barons. Or, les comtes de Roucy étant
en 948 et 966 les comtes du roi, c'est-a-dire, les
vassaux immédiats de la couronne à cause de leur
comté, et ne paroissant pas qu'ils soient devenus
vassaux des comtes de Champagne pour ce même
comté, il s'ensuit que c'est en cette qualité seulement
de comtes de Roucy qu'ils étoient barons du royaume,
c'est-à-dire, vassaux immédiats de la couronne pour
le comté de Roucy, sous le règne de Philippe-Auguste.

Une raison seule prouve que les comtes de Roucy étoient encore barons du royaume sous Philippe-Auguste, c'est-à-dire qu'ils étoient encore vassaux immédiats de la couronne : c'est qu'en 948 et 966 ces comtes étoient barons du roi, ou vassaux immédiats de la couronne. Or, en 948 et en 966, l'état de la Champagne étoit le même que sous Philippe-Auguste.

L'église de Reims tenoit le comté de Reims dès 940. Les comtés de Champagne et de Meaux étoient formés en 958. Néanmoins, en 966, les archevêques de Reims, qu'on prétend avoir eu la mouvance immédiate de Roucy, les comtes de Champagne, qu'on dit avoir eu la même mouvance sous le fief de l'église de Reims, n'avoient aucune suzeraineté sur le comté de Roucy ; et ce même comté étoit encore dans la vassalité de la couronne sous Philippe-Auguste, c'est-à-dire, deux cents cinquante ans après, d'où il s'ensuit que la mouvance du comté de Roucy, du comté de Champagne et de l'église de Reims, est une prétention en l'air qu'il est impossible de prouver, et est une chimère.

Nous voyons aussi, sous le règne du roi Louis VII, un comte de Roucy si puissant, qu'il entreprit de faire la guerre aux rois des Maures en Espagne (1).

Le rôle des fiefs du comté de Champagne étant une pièce très-fidèle, et le comte de Roucy s'y trouvant au nombre des pairs et des barons du comté de Champagne, il faut croire que ce comte étoit effectivement pair et baron de ce comté de Champagne, mais il ne faut pas se persuader que ce fût pour le comté de Roucy qui, étant fief de la couronne en 948 et en 966, et l'étant encore sous Philippe-Auguste, n'a pas changé de mouvance dans la suite ; mais ces comtes de Roucy étoient vassaux pour leur comté d'Arciès, ou pour la terre de Pierre-Pont, qui étoient constamment du comté de Champagne,

---

(1) Chesn., tom. 4, pag. 207.

et de la mouvance immédiate des comtes de Champagne.

L'ancienne maison de Roucy, issue des comtes de Vermandois, étoit tombée en quenouille vers l'an 1030. Alix, qui en étoit la principale héritière, épousa Hilduin, comte d'Arcies et de Rameru en Champagne, qui fut présent en 1059 au sacre de Philippe I.er. D'eux, vint Hilduin II, comte de Roucy et d'Arcies, père d'Ebles, comte de Roucy, dont je viens de parler, et d'André, seigneur de Rameru.

Ebles, comte de Roucy, fut père de Hugues, aussi comte de Roucy et d'Arcies, père de Robert Guiscard, dont la fille, Eustache, devenue comtesse de Roucy et d'Arcies, par la mort de ses frères, avoit épousé Robert, seigneur de Pierre-Pont, dont étoit issu le comte de Roucy et d'Arcies et seigneur de Pierre-Pont qui vivoit du temps que le registre des fiefs du comté de Champagne a été dressé.

Le comté d'Arcies et la terre de Pierre-Pont, étant situés en Champagne, et étant d'ailleurs des plus considérables terres de cette province, il est sûr, que les comtes de Roucy n'étoient pairs et barons du comté de Champagne qu'à cause du comté d'Arcies, et de la seigneurie de Pierre-Pont; et qu'ainsi, leur qualité de barons de Champagne ne dit rien pour le comté de Roucy, qui paroît d'ailleurs comté du royaume dès le temps des rois Louis d'Outremer et Lothaire, et qui se trouve encore baronnie du royaume sous le règne de Philippe-Auguste, c'est-à-dire, qui se trouve encore dans la mouvance immédiate de la couronne, comme il étoit sous les règnes de Louis d'Outremer et de Lothaire.

A l'égard du comté de Bar-sur-Seine, et de sa mouvance de la couronne, j'en ignore l'origine, et je n'en ai encore rien observé qui mérite d'être mis en ordre.

CINQUIÈME MÉMOIRE,

Sur la vente des Meubles de la couronne.

QUOIQUE dans le grand nombre d'ordonnances qui ont été faites sur le domaine, on n'ait pas fait beaucoup d'attention à ce qui regarde les meubles qui appartiennent à la couronne, peut-être parce qu'avant la magnificence du dernier règne, ces meubles n'étoient pas un aussi grand objet qu'ils le sont aujourd'hui, il est difficile néanmoins de ne les pas considérer comme ayant le caractère d'un bien domanial, et soumis presque aux mêmes lois que les fonds qui composent le domaine de la couronne.

Il n'est pas nouveau de comparer, même à l'égard des particuliers, les meubles précieux aux héritages, et l'on en trouve un exemple dans les lois romaines, qui veulent que les meubles de cette nature qui appartiennent à des mineurs, ne puissent être vendus qu'avec les mêmes solennités que l'on observe pour la vente de leurs immeubles.

Il est plus difficile de décider quels sont les meubles des rois qui doivent être considérés comme faisant partie du domaine de la couronne, et quelles sont les conditions nécessaires pour leur imprimer cette qualité.

C'est une question qui paroît avoir échappé aux rédacteurs de nos ordonnances; et, comme on n'y trouve point de disposition particulière sur les meubles qui appartiennent aux rois, on ne peut y suppléer que par la même comparaison que l'on vient de faire des meubles précieux avec les immeubles.

Tout immeuble qui tombe entre les mains du roi, soit par acquisition ou par confiscation, ou par d'autres voies, ne devient pas de plein droit domaine de la

couronne, il faut pour cela que le roi l'y unisse expressément, ou qu'il s'en fasse une union tacite, par
une jouissance de dix années dont on ait compté
à la chambre des comptes. Jusques-là, le bien nou-
vellement acquis par le roi demeure libre, et peut
être aliéné sans aucune formalité.

On ne peut rendre la possession des meubles plus
dure que celle des immeubles, et c'est même beaucoup
faire que de les traiter également; mais comme les
meubles ne produisent point de fruits dont on puisse
compter à la chambre des comptes, pour prouver
une jouissance continuée pendant dix ans, il paroît
difficile de déterminer de quel jour les meubles du roi
sont réputés faire partie du domaine de la couronne,
et il semble qu'il faille que, par quelque déclaration
expresse de sa volonté ou par un acte équivalent,
il les ait attachés et unis, en quelque manière, à
son domaine, pour pouvoir les regarder comme ina-
liénables. C'est ce que le feu roi avoit fait par un
inventaire, qui a été dressé par son ordre, des meubles
de la couronne, et dont on a déposé un double à
la chambre des comptes; mais comme cet état, ou
inventaire, ne comprend point les meubles de Marly,
et ceux de quelques autres maisons royales, il seroit
difficile, s'il s'agissoit d'un roi vivant qui eût lui-
même acquis ces meubles, de les regarder comme
ayant reçu l'impression de bien domanial.

Ce qui paroît donc lever la difficulté à cet égard,
c'est que le roi qui a fait faire ces meubles, n'est
plus, et qu'ils appartiennent aujourd'hui au roi son
successeur; et comme c'est un principe certain, qu'un
roi ne reçoit rien de son prédécesseur qu'en qualité
de roi, parce qu'on ne distingue point parmi nous
le domaine privé du domaine public dans ce qui
vient aux rois par la succession de leurs pères, on
ne peut pas douter que les meubles mêmes qui n'ont
pas été compris dans l'inventaire fait du vivant du
feu roi, ne fassent partie des meubles de la couronne,
puisque son successeur le roi ne les possède qu'en
vertu du même titre qui lui défère la couronne.

Le même principe qui fait regarder ces meubles comme le bien de la couronne, établit aussi la nécessité des lettres-patentes qui seront le fondement de la vente qu'on en fera; le domaine du roi ne peut jamais être valablement aliéné, ni même engagé, sans cette formalité; ainsi tout ce qui est réputé domaine est assujetti à la même loi.

Mais à qui ces lettres-patentes seront-elles adressées? Le même principe résout toujours également toutes les questions que l'on peut former sur ce sujet; toutes lettres-patentes qui sont expédiées pour autoriser les ventes ou les échanges du domaine du roi, doivent être adressées au parlement, et elles le sont toujours en effet; c'est cette compagnie qui est chargée principalement de la défense et de la conservation du domaine de la couronne, et surtout des lois salutaires qui en avoient si sagement défendu l'aliénation; on ne peut déroger à ces lois que par des lettres-patentes qui soient enregistrées au parlement; sans cela l'aliénation seroit nulle, et n'obligeroit pas même un roi majeur; elle obligeroit encore moins un roi mineur, et ni ceux qui auroient vendu des meubles réputés domaniaux, ni ceux qui les auroient acquis, ne seroient en sûreté.

La circonstance de la minorité du roi ajoute encore une nouvelle raison aux règles ordinaires; il est certain que la condition de Sa Majesté ne doit pas être moins avantageuse que celle de ses sujets. Or, si un particulier mineur avoit des meubles précieux d'une valeur considérable, on ne pourroit les vendre sans l'autorité du juge ordinaire; ce juge ordinaire, à l'égard du roi, est le parlement : il est vrai qu'il ne convient pas à Sa Majesté de demander, comme un simple particulier, la permission de vendre ses meubles, le roi parle et agit toujours en roi, ce qu'un particulier demanderoit au juge, il l'ordonne lui-même; mais il faut toujours que sa volonté soit connue au parlement, et qu'en enregistrant les lettres-patentes, il fasse à l'égard du roi, ce qu'il feroit en entérinant la requête d'un particulier; ainsi l'enregistrement des lettres, dans le cas du roi mineur, appartient encore plus au parlement, que dans le cas du roi majeur; et cependant, dans ce cas là-même, jamais la chambre des comptes n'a reçu de pareilles lettres, qu'après qu'elles ont été enregistrées au parlement.

Le dépôt du double de l'inventaire des meubles de la couronne, qui a été fait à la chambre des comptes du vivant du feu roi, ne sauroit donner atteinte à ces grandes maximes. Cette chambre est le dépôt naturel de tous les inventaires, comptes et mémoires qui regardent le roi, ou les biens de la couronne; elle les conserve, non-seulement pour elle même, et pour s'en servir dans ce qui est de sa juridiction, mais pour les autres compagnies qui y ont recours dans toutes les occasions où elles sont chargées du soin et de la défense des droits du roi; le dépôt des pièces qui se portent à la chambre des comptes, n'a donc jamais été regardé comme un titre attributif de juridiction; et, si l'on pouvoit soutenir qu'elle doit connoître seule de tout ce qui regarde les meubles de la couronne, parce que le double de l'inventaire de ces meubles lui a été confié, on pourroit aussi prétendre qu'elle doit connoître de tout ce qui regarde le domaine du roi, parce qu'elle est dépositaire de tous les comptes de ce domaine.

Il y a d'ailleurs une grande différence entre un simple dépôt d'inventaire, qui n'est qu'un acte conservatoire, ou une instruction pour ceux qui viendront dans la suite, et une vente de meubles; le premier peut regarder la chambre comme le dépôt commun des enseignemens du domaine, mais elle n'est jamais entrée dans le second, c'est-à-dire, dans ce qui concerne l'aliénation, et non pas la simple conservation du domaine de la couronne, qu'après que le parlement en a connu.

Ainsi, dès le moment qu'on regardera les meubles qu'il s'agit de vendre comme biens domaniaux, il ne paroît pas qu'on puisse douter que les lettres-patentes qui en ordonneront la vente ne doivent d'abord passer par le parlement, et ensuite par la chambre des comptes, qui en connoît par rapport à l'ordre de compte, parce que, sans cela, elle obligeroit toujours ceux qui en sont chargés à comprendre ces meubles dans leur compte, s'il est vrai qu'ils le lui rendent, ce qui devroit être au moins, mais qu'il est inutile d'examiner ici.

Il ne reste donc plus que de savoir quels seront les commissaires qui seront chargés de faire la vente de ces meubles, et il en faut encore juger par ce qui se passe dans le cas de l'aliénation ou de l'engagement des domaines.

Autrefois, et dans le temps où l'on suivoit plus exactement les anciennes maximes du royaume, le roi choisissoit dans le parlement les principaux commissaires qui étoient chargés de faire l'aliénation ou l'engagement; on y associoit ordinairement le premier président, ou un des présidens de la chambre des comptes, et par là on concilioit les deux compagnies qui sont chargées de veiller également, quoique d'une manière différente, sur la conservation du domaine de la couronne.

Dans les derniers temps, les commissaires ont toujours été choisis dans le conseil.

Il dépendra de monseigneur le régent de suivre l'ancien usage, ou l'usage nouveau; et son altesse royale pourroit encore concilier l'un avec l'autre, en joignant des commissaires du conseil à ceux qui seroient choisis dans le parlement et dans la chambre des comptes, comme on en trouve des exemples dans les temps mêmes où l'on étoit plus attaché aux anciennes règles; on ne parle point ici de l'évaluation que le parlement faisoit faire autrefois, et que la chambre, plus attachée à ses anciennes formes, a toujours continué de faire, parce que cela se fait indépendamment de la commission du roi et des commissaires qui sont établis pour la vente.

Comme l'inventaire qui doit être fait des meubles qu'on vendra, est une instruction qui doit précéder la vente, et pour ainsi dire un préliminaire de cette vente, elle regarde les mêmes commissaires, et la chambre des comptes les aidera en ce cas du double de l'inventaire qu'elle a en dépôt, ou ils se feront représenter l'original qui est entre les mains du garde des meubles de la couronne.

Mais il ne suffira pas d'avoir donné une forme régulière à cette vente, pour la rendre solide et sans retour; il faudra encore en assurer l'effet, par l'emploi qu'on fera du prix des meubles vendus, et toujours sur le même fondement du principe qui les répute domaniaux. Les biens de cette nature ne peuvent être aliénés ou engagés, que pour la nécessité de l'état, c'est-à-dire, pour soutenir la guerre ou pour acquitter les dettes que la guerre a fait contracter; ainsi le prix des meubles qui seront vendus doit être employé à payer quelqu'une des dettes de cette espèce, malheureusement il ne sera pas difficile d'en trouver; toute la difficulté consistera dans le choix : mais c'est ce qui est réservé à la prudence de monseigneur le régent, qui, sans cette précaution, s'exposeroit peut-être à commettre son autorité dans la vente qu'il s'agit de faire.

On n'a point parlé dans ce mémoire, d'une difficulté que des experts scrupuleux pourroient relever sur ce que, dans le cas même de la nécessité de l'état, le domaine du roi ne peut être qu'engagé avec faculté de rachat perpétuel, et non pas aliéné incommutablement; mais la nature des effets qu'il s'agit de vendre n'admet pas cette règle rigoureuse, ce sont des meubles qui dépérissent et qui se consument par l'usage; le roi y perdroit, s'il vouloit les retirer après un certain temps; ainsi, on peut dire que ce sont des biens dont l'usage consiste dans l'abus, et pourvu que la couronne en profite véritablement, en se libérant d'une partie de ces dettes, on croit que l'aliénation perpétuelle en sera solide et durable, même auprès des plus rigides défenseurs des maximes du domaine.

SIXIÈME MÉMOIRE,

Sur le Droit de la grand'chambre du parlement de Paris, de connoître seule des Procès qui concernent le domaine.

PENDANT plus de deux cents ans, depuis l'établissement du parlement, *les procès concernant le domaine du roi* et les affaires de grande conséquence étoient *jugées*, même en première instance, *en la grand'chambre*; et, lorsqu'elle étoit chargée de trop d'affaires, elle en renvoyoit quelques-unes de cette qualité aux chambres des enquêtes, où l'on y en portoit en vertu des lettres du roi; mais c'étoit presque toujours pour être jugées les chambres des enquêtes assemblées, ou bien l'on députoit en même-temps un des présidens ou quelques conseillers de la grand'chambre pour y assister, ou, le plus souvent, des conseillers de la grand'chambre seulement qui y alloient présider.

En l'année 1543, le roi François I.er créa une nouvelle chambre des enquêtes, qui fut aussi appelée chambre du domaine, à laquelle il donna la connoissance par appel de tous les procès par écrit conclus et reçus pour juger dans les affaires de son domaine, et des eaux-et-forêts du ressórt du parlement de Paris et de tous les parlemens du royaume; et à la grand'chambre du parlement de Paris, la connoissance des appellations verbales des affaires de cette qualité, même de tous les ressorts des autres parlemens.

La nouvelle chambre des enquêtes, outre l'attribution particulière des procès conclus concernant le domaine et les eaux et forêts, avoit encore la connoissance des mêmes affaires que les trois autres chambres des enquêtes.

Elle y fut bientôt réduite, tous les parlemens s'étant vraisemblablement opposés à cette distraction de leurs ressorts.

Et de fait, on ne trouve point qu'elle en ait joui, ni pour ce qui est du parlement de Paris; entre plusieurs preuves qu'on en peut tirer des registres, on voit que dans celui du 2 mai 1552, M. Seguier, avocat du roi, explique, dans une remontrance. l'ancien ordre de la compagnie pour le jugement du procès du domaine.

Il dit, entr'autres choses, que pour départir un procès concernant le domaine du roi, partagé en opinions en la grand'chambre, M. le procureur-général a coutume de dresser une liste des juges pour composer une chambre aux enquêtes, sauf aux parties à récuser qu'il ne leur est pas permis de se pourvoir d'elles mêmes en l'une des chambres des enquêtes, et cite sur cela l'exemple du fameux procès de Dreux; et dans le particulier de l'affaire en laquelle il parloit, qui étoit pour les terre et seigneurie d'Annet, on trouve dans le registre que le conseil de la duchesse de Valentinois fut blâmé en la grand'chambre d'avoir voulu intervertir l'ordre et la discipline de la compagnie, en se pourvoyant en la première chambre des enquêtes, et que messieurs les deux présidens de la première chambre furent mandés pour savoir ce qui s'étoit passé.

Le 9 janvier de l'année 1556, M.ᵉ Bourdin, avocat général, assisté de Messieurs ses confrères, dit que tous les procès du domaine doivent être jugés en la grand'chambre et à l'ordinaire, ce qu'il répète encore le 11.ᵉ janvier suivant.

Aussi le 15 janvier il se trouve un procès conclu et jugé en la grand'chambre, au rapport de M. Verjus, président, M. le premier président le Maître, pour des baux de boutiques du palais comme une dépendance du domaine du roi.

Et enfin, par l'édit de suppression du semestre du mois de janvier 1557, le parlement fut rétabli en l'état qu'il étoit avant l'érection de la quatrième chambre des enquêtes et les édits du semestre.

Voici les termes de l'édit : « Remettons et ré-
» tablissons notredite cour de parlement de Paris en
» l'état qu'elle étoit avant lesdits édits, en laquelle
» néanmoins il y aura sept chambres : savoir, est la
» grand'chambre du parlement ou du plaidoyé, une
» chambre du conseil, une chambre de la tournelle
» et quatre chambres des enquêtes, et seront les
» procès jugés esdites grand'chambre de la tournelle
» et des enquêtes, ainsi qu'ils étoient auparavant en
» ladite chambre du conseil; seront jugés, par con-
» currence avec ladite grand'chambre du plaidoyé, les
» procès civils appointés au conseil, les causes de
» notre domaine et ce qui en dépend, et les petits
» procès criminels, etc ».

En exécution de cet édit, Messieurs les gens du roi dirent à la cour, le 16e. février suivant, que Messieurs les présidens de la cour, et eux, faisant la révérence au roi en son hôtel du Louvre, après lui avoir remontré que, pendant le semestre de la cour, plusieurs procès concernant son domaine avoient par elles, pour les grandes affaires occurrentes d'heures à autres en la grand'chambre, été renvoyées aux chambres des enquêtes pour y être vues et décidées; que, depuis, ledit seigneur avoit supprimé le semestre, rétabli son parlement en son ancien état, et érigé une chambre du conseil en laquelle et en la grand'chambre du parlement, il a, par son édit, attribué, privativement à toutes autres chambres, les affaires et matières de son domaine, pour y être jugées concurremment: qu'à cette cause, il étoit raisonnable que si aucuns procès du domaine étoient pendans aux enquêtes, ils fussent renvoyés en la grand'chambre pour être jugés suivant l'édit; que ledit seigneur leur avoit commandé, en présence des cardinaux de Lorraine et de Sens, garde des scels de France, de dire de bouche à la cour qu'il veut et entend que tous lesdits procès du domaine fussent jugés dans les grand'chambre et chambre du conseil,

et non ailleurs. Et que si aucuns procès avoient été
renvoyés aux enquêtes, ils fussent renvoyés en la
grand'chambre ou chambre du conseil, et rapportés
par les conseillers auxquels ils seroient distribués,
commandant qu'où la cour en voudroit lettres, elles
fussent expédiées et envoyées en ladite cour ; sur
quoi il fut ordonné qu'il en seroit fait registre.

Mais il y en eut des lettres expédiées à cette fin,
et rapportées à la cour par Messieurs les gens du
roi le 25 février 1557.

Et par lettres patentes de Charles IX, du 4 novembre 1570, apportées en la cour le 19 janvier 1571,
après la suppression faite en 1567 de la chambre du
conseil, le roi, en commettant un président de la
cour, deux conseillers de la grand'chambre, et quatre
conseillers de la justice du trésor, pour connoître en
première instance des affaires de son domaine de la
ville, prévôté, vicomté de Paris, veut que les appellations en soient jugées en la grand'chambre seule,
en interdit la connoissance à tous autres juges ; et
il est dit par l'arrêt d'enregistrement, que lorsque
les procès auront été mis en état d'être jugés, ils
seront apportés au greffe de la cour pour être distribués et jugés en la grand'chambre.

Aussi, lorsque par erreur ou par des lettres im-
pétrées du roi, on a porté des procès concernant le
domaine pour être jugés en une chambre des enquêtes, Messieurs les gens du roi s'y sont opposés,
et en ont requis d'office le renvoi en la grand'chambre.

Entre plusieurs exemples, on en trouvera un très-
précis le 11 juillet 1571, dont voici les termes :

» « Ce jour, sur ce que les gens du roi ont remontré
» à la cour, que l'ordonnance vouloit que les procès
» corcernant le domaine du roi fussent jugés en la
» grand'chambre, et non ailleurs ; que néanmoins
» il se trouvoit un procès d'entre messire Gilbert
» de Fleury, comte de Vantadour, chevalier de
» l'ordre, et le procureur-général du roi, pour raison
» des terres et seigneurie de Roche . . . . prêt à
» mettre sur le bureau, en la troisième chambre

» dès enquêtes , il étoit raisonnable que le procés
» fût évoqué de ladite chambre, et jugé en la
» grand'chambre ; les gens du roi retirés, la matière
» mise en délibération , ladite cour a ordonné que,
» suivant l'ordonnance, ledit procès sera distribué
» et terminé en la grand'chambre d'icelle ».

Ce n'est pas que nonobstant des ordonnances si
précises, et un usage si bien établi, les rois Charle IX
et Henri III, n'ayent encore décerné quelques commissions particulières pour connoître du domaine, et
entr'autres par lettres-patentes des 5 novembre 1572
et 6 octobre 1576 ; mais on se plaignit aux états
tenus à Blois en 1579, et , suivant la délibération
des états , ces commissions furent révoquées par
lettres-patentes du roi Henri III, du 8 avril 1579.

Et par d'autres lettres du 10 mai 1580, la connoissance des affaires du domaine fut attribuée, tout
de nouveau , à la grand'chambre, interdite à tous
autres juges ; et par l'arrêt d'enregistrement du 17
juin 1580 , il a été ordonné, entre autres choses ,
qu'il seroit fait un registre particulier des procès
du domaine , pour être distribués promptement et
jugés.

Cela a été ainsi pratiqué depuis ce temps-là ; on
n'a trouvé qu'un exemple d'un procès du domaine
jugé , en vertu de lettres-patentes du roi, à peu près
suivant l'ancienne discipline de la compagnie pour
les affaires de conséquence, qui est le procès de la
duchesse de Nemours, du procureur-général du roi,
et du duc de Ferrare ; lequel , après plusieurs difficultés, fut jugé pour tous Messieurs les présidens
et conseillers de la grand'chambre , un de Messieurs
les présidens et un de Messieurs les conseillers de
chacune chambre des enquêtes, suivant des lettres
du roi Henri III.

Les procès conclus concernant le domaine du roi,
ont été distribués en la grand'chambre , sans opposition de personne.

Il y a toujours eu, et il y a présentement encore
au greffe de la cour , un registre particulier, intitulé

registre des distributions des procès du domaine,
évoqués, renvoyés du conseil des autres parlemens,
informations, etc., qui se jugent en la grand'chambre.

Il est en trois colonnes; en celle du milieu, sont les
noms des parties; à la droite, la date du conclud;
et à la gauche, les noms de Messieurs les conseillers
de la grand'chambre écrits des mains de Messieurs
les présidens.

Ceux avant l'année 1595, sont ou pourris ou perdus, aussi bien que ceux des distributions ordinaires
des enquêtes; mais il n'en manque pas un depuis
1595, jusqu'en 1700.

Ce mémoire fut fait pour répondre aux prétentions
de Messieurs les présidens des enquêtes, en 1700. Il
y eut alors une assemblée chez M. le premier président de Harlay, où tout cela fut discuté, et où
l'on apporta plusieurs registres anciens.

Presque tous Messieurs les députés parurent convaincus, et convinrent verbalement de ce que M. le
premier président leur proposa:

Savoir, que dès que le droit du domaine seroit
contentieux, soit que le procureur-général, ses subs-
tituts ou les engagistes soient parties, les procès
seront portés à la grand'chambre en tout état.

Quand il ne s'agiroit que de la recette des droits
non contestés, des baux et de leur exécution, il le
seroient aux enquêtes.

Ce sont les propres termes de l'ordre qu'il donna
aux greffiers et aux procureurs, (que l'on a écrit
de sa main).

SEPTIÈME MÉMOIRE,

Pour prouver que les Fiefs et les Offices des Crimi-
nels, condamnés pour crime de lèse-majesté,
appartiennent au roi, sans charge de dettes.

La décision de cette question dépend de l'examen
des trois propositions que l'on a dessein d'établir dans
ce mémoire.

La première est que, dans le cas de la simple
félonie, c'est-à-dire, de celle qui se commet contre
un seigneur particulier, les fiefs retournent dans
les mains du seigneur sans aucune charge de dettes.

La seconde, que quand même cette maxime pourroit souffrir quelque difficulté dans le premier cas,
elle n'en seroit pas susceptible dans le cas du crime
de lèse-majesté, qui est regardé comme la plus grande
de toutes les félonies.

La troisième, que quelque doute que l'on veuille
former en cette matière sur les fiefs, il faudroit toujours assujettir les charges à la règle sévère, mais
juste et nécessaire de la réunion sans la charge des
dettes.

PREMIÈRE PROPOSITION.

Soit que l'on envisage la nature et la condition des
fiefs, soit que l'on pèse la différence qui doit être
entre la confiscation pour un crime ordinaire et la
commise pour cause de félonie, soit que l'on suive
l'exemple des décisions prononcées par les coutumes
dans tous les cas où le seigneur exerce ses droits sur
le fief mouvant de lui, soit enfin que l'on considère
l'intérêt juste et légitime de tous les seigneurs, qui
forme une espèce d'intérêt public en cette matière,

on sera également convaincu que la réunion qui se fait en leur faveur, dans le cas de la félonie de leurs vassaux, doit être pleine, parfaite, absolue, et par conséquent sans aucune charge de dettes.

1.º Si l'on envisage la nature et la condition des fiefs, on reconnoîtra que, suivant les auteurs feudistes, anciens et nouveaux, le seigneur en conserve toujours le domaine direct, que le vassal n'en possède que le domaine utile, et qu'il ne le possède qu'à la charge perpétuelle et inviolable de la foi.

Telle est la première loi qui a été imposée dans la concession de tous les fiefs, loi qui constitue toute l'essence du fief, et que le vassal ne peut violer sans contrevenir à la condition essentielle de la première investiture.

Ainsi, quand il rompt cet engagement solennel par un crime qui mérite d'être traité de félonie, il déroge lui-même au titre de sa possession; il anéantit le fief, pour ainsi dire, en donnant atteinte à la foi sous laquelle il le possède ; et le domaine utile qui n'étoit séparé du domaine direct que sous la condition de la foi, se réunit comme de lui-même et se consolide naturellement au domaine direct, et cela, non par un droit nouveau, mais par la force de l'ancienne inféodation et du premier engagement. Et, comme cette inféodation a précédé souvent de plusieurs siècles les hypothèques des créanciers, il est impossible que ces hypothèques puissent l'emporter sur le droit du seigneur, d'autant plus que ce droit, comme on le vient de remarquer, est un droit de propriété, un droit de domaine, un droit de seigneurie qui ne peut être vaincu par une simple créance.

En un mot, le vassal ne possédoit la propriété utile de son fief que conditionnellement, c'est-à-dire, à la charge de garder la fidélité qu'il devoit à son seigneur; dès le moment que cette condition manque, sa propriété s'évanouit, toutes les créances dont il avoit chargé cette propriété s'évanouissent avec elle, et le seigneur reprend son bien, aussi libre, aussi affranchi de toutes charges, qu'il l'avoit donné autrefois à son premier vassal : c'est ce que la coutume de Clermont, art. 109, a très-bien exprimé en deux mots, lorsqu'elle a dit *que la seigneurie profitable se peut conjoindre à la directe, par défaut d'hommage, par confiscation et à mission de fief.*

Envain, pour balancer la force de ce grand principe en vertu duquel se fait la réunion des fiefs, on allègue que les fiefs sont patrimoniaux, et qu'ils sont considérés dans le commerce comme le reste des biens.

Cette objection, si l'on y prend bien garde, n'est fondée que sur une équivoque. Il est vrai qu'en France les fiefs sont patrimoniaux ; mais ils ne cessent pas pour cela d'être fiefs, et les hypothèques dont on peut charger cette espèce de biens, comme les autres, ne dérogent point à la première et à la plus ancienne de toutes les obligations qui les tient dans une dépendance nécessaire et perpétuelle du seigneur féodal.

Il est donc vrai, encore une fois, que les fiefs sont patrimoniaux. Mais quel est le sens de cette expression ? C'est-à-dire, que les fiefs demeurans dans l'état dans lequel ils doivent être suivant leur nature, sont susceptibles de toutes sortes de charges et d'hypothèques. Or, l'état dans lequel les fiefs doivent être suivant leur nature n'est autre chose que la durée ou la continuation de la fidélité que le vassal doit à son seigneur tant que cet état subsiste. Les fiefs sont dans le commerce comme le reste des biens ; on peut les donner, les vendre, les engager, les laisser à ses héritiers ; la possession et la disposition en sont libres, tant que l'on satisfait toujours à la condition essentielle de la foi, sans laquelle on ne peut les posséder ; mais dès le moment que cet état est changé et que la foi est violée, alors le fief, s'éteignant de plein droit par sa réunion, ne peut plus être regardé comme un bien patrimonial.

Ainsi la patrimonialité des fiefs, si l'on ose se servir de cette expression, peut bien avoir lieu en faveur du vassal, mais non pas au préjudice du seigneur; elle autorise le commerce innocent que le vassal peut faire du fief dont il jouit, mais elle n'excuse pas son crime : la condition du seigneur par rapport à la foi n'est donc point changée par l'usage qui a rendu les fiefs patrimoniaux? Autrefois, et dans la première rigueur du droit des fiefs, les seigneurs pouvoient empêcher l'aliénation, et par conséquent l'hypothèque des fiefs qui étoient mouvans d'eux.

Ils ont eu en France la facilité de consentir que les fiefs devinssent susceptibles de toutes sortes d'engagemens; mais ce consentement, ou plutôt cette tolérance ne doit jamais s'appliquer qu'aux cas dans lesquels on ne prétend point faire prévaloir ces nouveaux engagemens à la loi ancienne et primitive de l'investiture, loi que les seigneurs sont toujours présumés avoir réservée en son entier lorsqu'ils ont souffert que les fiefs qui dépendent d'eux tombassent dans le commerce. On a cru devoir s'étendre un peu sur ce point, parce que c'est, à proprement parler, le véritable nœud de la difficulté, et que les partisans de l'opinion contraire ne peuvent opposer aux anciennes maximes des fiefs, que la fausse conséquence qu'ils tirent de la patrimonialité de ces mêmes biens.

Il faut passer à présent à la seconde preuve de cette proposition.

2.º On a dit en second lieu qu'elle pouvoit encore être prouvée par la différence que l'on doit mettre entre la confiscation pour crime ordinaire, et la commise pour crime de félonie.

La confiscation est une suite de la peine capitale, qui, n'étant fondée que sur la condamnation, ne peut avoir un effet rétroactif au préjudice des créanciers antérieurs au jugement du coupable.

Il n'en est pas de même de la commise par félonie : ce n'est pas seulement une peine établie contre la perfidie du vassal, c'est l'effet et la suite nécessaire de la condition tacite et expresse, mais toujours présumée dans toute sorte d'inféodation, par laquelle le vassal s'est engagé à perdre son fief s'il perdoit lui-même le respect qu'il doit à son seigneur. Ainsi, dans la confiscation, les biens confisqués sont acquis au seigneur par forme de peine sur le fondement d'une condamnation récente ; mais dans la commise, le fief est réuni par droit de retour et par le défaut d'accomplissement d'une ancienne convention.

Dans l'une, le fief confisqué subsiste après la confiscation comme il subsistoit auparavant ; dans l'autre, au contraire, le fief réuni s'éteint de plein droit ; et si le seigneur le met hors de sa main, c'est un nouveau fief qu'il constitue par la nouvelle investiture qu'il en accorde.

C'est sur le fondement de ces différences qu'est établie la différente manière de prononcer dans le cas de la confiscation et dans le cas de la commise. Dans le premier cas, les juges déclarent seulement les biens confisqués ; dans le second, ils déclarent les fiefs réunis.

Or, le terme de réunion emporte, par la force même de cette expression, un entier rétablissement de la chose dans son premier état, ensorte que le fief réuni est regardé comme une partie, qui se rejoint à son tout, et qui est considérée, après cette réunion, comme si elle n'en avoit jamais été séparée.

De là vient encore la différence que l'on trouve dans quelques anciens arrêts rendus sur des crimes de lèse-majesté entre les fiefs mouvans immédiatement de la couronne et les arrières-fiefs. Ces arrêts déclarent les premiers réunis et les derniers confisqués.

Cette distinction, à la vérité, n'étant pas solide, comme on le fera bientôt voir, les derniers arrêts l'ont rejettée sur le fondement de la déclaration de 1539 ; mais elle prouve toujours que les juges distinguoient alors avec soin la réunion de la confiscation : ils supposoient que la félonie tomboit sur les fiefs mouvans immédiatement du roi, et c'est pour cela qu'ils déclaroient ces fiefs réunis. Ils croyoient, au contraire, que la félonie, en cas de crime de lèse-majesté, ne pouvant

s'appliquer aux fiefs qui n'étoient tenus du roi que
médiatement, ces fiefs devoient être simplement confisqués

Or, toutes ces différences essentielles qui ont été
marquées par les arrêts, et qui se trouvent en effet
entre la confiscation et la commise, seroient absolument inutiles si la commise, comme la confiscation,
se faisoit à la charge des dettes; il n'y auroit plus de
distinction entre des fiefs confisqués et des fiefs réunis;
et par conséquent il faudroit dire que la justice, qui
toujours a séparé avec tant d'attention ces deux cas,
et qui les sépare encore aujourd'hui, avoit été et
seroit encore dans l'erreur sur cette matière.

3.º L'exemple de ce que les coutumes ont décidé
dans tous les cas où le seigneur exerce ses droits sur
les fiefs mouvans de lui, à cause de la négligence ou
de la contumace de son vassal, ou pour d'autres
raisons, confirme pleinement les principes que l'on
a établis jusqu'à présent.

C'est une maxime écrite dans l'article 24 de la coutume de Paris, et suivie dans toutes les coutumes du
royaume, que le seigneur féodal peut se prendre à
la chose pour les profits de son fief.

Cette maxime est fondée sur le droit réel qui appartient toujours au seigneur sur le fief de son vassal.
Comme le domaine direct lui en appartient, et qu'il
n'a aliéné le domaine utile qu'à la charge de certains
droits qu'il s'est réservé, il peut reprendre ce domaine
utile toutes les fois que ces droits pour lesquels il l'a
aliéné ne lui sont pas payés.

Or, toutes les fois que cela arrive, c'est-à-dire,
lorsque le seigneur se prendra à la chose pour les
profits de son fief, comme porte la coutume de Paris,
il est certain qu'il ne reconnoît ni ne souffre aucun
concurrent.

De là vient qu'en cas de saisie féodale, ou lorsque
le seigneur jouit du droit de relief, il n'est point tenu
de payer les rentes et d'acquitter les autres charges
auxquelles le vassal est obligé.

De là vient encore, que lorsqu'il s'agit du paiement

d'une redevance féodale, ou d'un droit de quint, le seigneur est préféré à tous les créanciers.

Or, si dans tous ces cas le privilége du seigneur n'est pas révoqué en doute, quoiqu'il ne s'agisse presque en tout cela que des droits utiles qui ne sont, pour ainsi dire, que l'accessoire du fief, pourquoi en jugera-t-on autrement quand il s'agit d'un droit qui, étant une suite de la perfidie du vassal, regarde directement l'essence du fief? Dira-t-on, comme quelques-uns de nos auteurs (1), que si le seigneur ne reconnoît aucunes hypothéques pendant la saisie féodale, c'est parce que, outre qu'elle dure peu, elle procède *de la propre nature du fief qui est fini sitôt qu'il n'y a point d'homme en foi?*

Mais à l'égard du peu de durée de la saisie féodale, il est évident que c'est une circonstance qui ne peut ni donner au seigneur un droit qu'il n'auroit pas sans cela, ni faire perdre aux créanciers les droits qui leur seroient d'ailleurs légitimement acquis; et quant à la seconde raison que cet auteur et quelques autres tirent de ce que dans le cas de la saisie féodale le fief est réputé fini, parce qu'il n'y a point d'homme en foi, ce raisonnement pêche en deux manières différentes.

1.° Parce que ce n'est pas seulement dans le cas de la saisie féodale et de la cessation de l'hommage, que l'intérêt du seigneur l'emporte sur celui des créanciers, c'est encore dans les autres cas que l'on vient de marquer, comme dans la jouissance du relief, ou dans le paiement des droits seigneuriaux : or, on ne peut pas dire que dans ces deux derniers cas le fief soit réputé fini. Ainsi, ce n'est donc point par cette raison que le seigneur est préféré, c'est uniquement parce que, dans tout ce qui regarde les actions qu'il exerce sur le fief qui dépend de lui, son droit remonte jusqu'au jour de l'investiture.

2.° Quand même on pourroit soutenir que ce

(1) Loyseau.

privilége n'a lieu que dans les cas où le fief est censé fini par la propre nature du fief, *parce qu'il n'y a point d'homme en foi*, ce seroit précisément pour cette raison même que dans le cas de la félonie il faudroit décharger le seigneur de toutes les dettes dont le fief de son vassal étoit tenu. Car qu'importe que le fief se réunisse pour un temps, parce que le vassal n'est pas entré en foi, ou qu'il se réunisse pour toujours, parce que le vassal a violé la foi dans laquelle il étoit entré ? N'est-ce pas toujours une réunion, soit passagère, soit perpétuelle, qui se fait par la nature même du fief, et par une suite néces-saire des premiers engagemens contractés entre le seigneur et le vassal ? Si ces premiers engagemens l'emportent sur l'intérêt des créanciers lorsqu'il s'agit de la jouissance du fief, pourquoi les mêmes engagemens n'auront-ils pas les mêmes priviléges lorsqu'il sera question de la propriété du même fief ?

Or, s'il n'y a aucune raison de différence, on peut dire que les coutumes ayant décidé la question par rapport à la jouissance, l'ont décidée en même temps par rapport à la propriété.

4.° Enfin l'intérêt juste et légitime des seigneurs, qui, comme on l'a déja dit, forme une espèce d'in-térêt public en cette matière, ne permet pas qu'on s'écarte de la rigueur de la règle ; autrement un vassal qui se verroit chargé de dettes croiroit pouvoir man-quer impunément au respect qu'il doit à son seigneur, et la crainte de la commise de son fief, par laquelle les coutumes ont voulu le retenir dans son devoir, ne seroit plus qu'une crainte vaine et impuissante ; il arriveroit même souvent que la plus noire félonie demeureroit impunie, et que le seigneur outragé auroit le déplaisir de voir le fief, qui est le gage naturel de la fidélité de son vassal, passer entre les mains de créanciers qui n'ont commencé à y avoir droit que plusieurs siècles après lui.

Toutes ces raisons avoient paru si fortes à tous les anciens auteurs, qu'il n'y en avoit aucun qui n'enseignât que la commise, bien différente de la confiscation, avoit le privilége de produire la réunion du fief sans aucune charge de dettes.

M.ᵉ Charles Dumoulin osa le premier combattre cette ancienne doctrine, et tout ce qu'il a dit sur ce sujet se peut réduire à deux raisonnemens qu'il est très-aisé de réfuter avec le secours des principes qui ont été établis.

Le premier est fondé sur ce que dans nos mœurs les fiefs sont patrimoniaux; on a déja prévenu cette objection.

La seconde est qu'il faut distinguer entre l'extinction d'un fief, qui vient d'une cause absolument nécessaire comme lorsque la famille à laquelle seule ce fief avoit été accordé, vient à finir, et la réunion du fief qui procède d'une cause volontaire, telle que la félonie du vassal; qu'il est juste que la première puisse nuire aux créanciers, parce que la propriété n'étant accordée en ce cas au vassal que pour un temps, il n'a pu l'hypothéquer à ses créanciers que pour le même temps; mais que la seconde espèce de réunion étant fondée sur un fait nouveau, c'est-à-dire sur le crime du vassal, et étant contraire à la nature de son domaine qui devoit être perpétuel, il n'est pas juste que sa faute puisse nuire à des créanciers de bonne foi, qui n'ont pas dû prévoir un tel événement.

C'est ce dernier raisonnement qui a tellement ébloui les yeux de nos meilleurs auteurs qui sont venus après Dumoulin, comme Choppin, Loyseau, M.ᵉ Louet et M. Lebret, qu'ils ont abandonné l'ancienne maxime, au lieu de démêler la subtilité par laquelle on avoit introduit la nouvelle opinion, dont Dumoulin paroît avoir été le premier auteur; et c'est aussi, sans doute, ce qui a fait introduire la décision de Dumoulin, dans la coutume de Normandie, qui a été réformée depuis la mort de cet auteur, contre l'autorité des coutumes de Troyes et de Chaumont, qui contenoient expressément l'ancienne règle.

On ne se seroit pas écarté avec tant de facilité de cette règle, si l'on avoit considéré,

1.º Qu'il est vrai que la félonie, qui donne lieu à la commise, est volontaire, puisqu'il n'y a point de crime qui ne le soit; mais que cette action, quoique volontaire, attaque une loi aussi ancienne que nécessaire, à laquelle le vassal ne peut donner atteinte sans perdre son fief; en quelque temps qu'il viole la foi, il contrevient toujours à cette ancienne convention en vertu de laquelle il possède son fief; le crime qu'il commet est récent, mais le droit qu'il attaque par son crime est aussi ancien que son fief même.

2.º Qu'importe que la réunion du fief soit attachée à la fin d'une famille ou à l'infidélité du vassal, dès le moment que l'un ou l'autre cas arrive, la réunion se fait toujours en vertu de la première loi imposée au fief, dans le temps qu'il a été constitué.

A la vérité, si on pouvoit supposer de la fraude dans le vassal coupable de félonie, on pourroit dire que le changement qui arrive dans le fief, procédant d'une cause purement volontaire, les créanciers ne doivent pas souffrir de la contestation qui est entre le seigneur et le vassal.

Mais, comme il seroit absurde de supposer qu'un vassal fût capable de commettre un crime pour frustrer ses créanciers, et pour se priver lui-même du fief qu'il possède, il est évident que, quoique le crime par lequel la commise est encourue soit l'effet de la volonté libre du vassal, on ne peut pas conclure de là que ce crime ne doit pas nuire à ses créanciers, parce qu'en un mot le vassal étoit libre de commettre le crime ou de ne les pas commettre; mais le crime étant une fois commis, la réunion est nécessaire, le crime n'en est que l'occasion; mais le véritable titre de la réunion est la nature même du fief, qui est toute fondée sur la fidélité réciproque du seigneur et du vassal.

3.º Que si l'on oppose que dans le cas d'un fief accordé à une seule famille, le vassal n'a pu hypothéquer à ses créanciers qu'un droit qui par sa nature devoit finir, et qu'ainsi les créanciers n'ont

6*

pas sujet de se plaindre lorsque cet événement arrive, au lieu que lorsqu'il s'agit d'un fief accordé pour toujours, et qui ne se réunit que d'une manière violente, pour parler ainsi, et par le crime du vassal, les créanciers auxquels ce vassal avoit hypothéqué une propriété perpétuelle n'ont pu ni dû prévoir qu'ils perdroient leur droit par un événement qu'il auroit été de mauvais augure d'envisager; il est aisé de répondre que les créanciers ont dû connoître la nature du bien sur lequel ils acquéroient une hypothèque; ils ont dû savoir que le domaine du vassal sur le fief qu'il possède, est un domaine fragile, si l'on peut parler ainsi, un domaine dont il ne jouit que sous la condition essentielle de la foi qu'il peut perdre par son infidélité.

Ainsi, comme dans le cas d'un fief concédé à une seule famille, ils ne peuvent pas se plaindre quand le cas de l'extinction arrive, parce qu'ils ont dû prévoir que ce cas pourroit arriver, de même, quand il s'agit de tout autre fief, ils ne peuvent pas s'élever contre la prétention du seigneur quand il exerce les droits que lui donne la félonie de son vassal, parce que cet événement étoit possible, et qu'il étoit aussi facile, dans le second cas, de prévoir que le fief pourroit manquer par le crime du vassal, qu'il l'étoit de prévoir, dans le premier, que le fief pourroit manquer par l'extinction de la famille à laquelle il avoit été accordé.

Il en est de même à l'égard du fief dans le cas de la félonie, qu'à l'égard d'un office dans le cas du délit commis par l'officier dans l'exercice de ses fonctions.

Comme les créanciers les plus privilégiés sur le prix d'un office, ne peuvent pas se plaindre de ce qu'on leur préfère ceux qui le sont devenus après eux par le crime de l'officier, parce qu'ils ont dû prévoir que ce cas pouvoit arriver, dès le moment qu'ils ont prêté leur argent à un officier; ainsi les créanciers qui ont une hypothèque sur un fief, sont aussi mal fondés à se plaindre de ce que le seigneur

leur enlève leur gage, parce qu'en contractant avec
un vassal ils ont dû savoir qu'il y avoit entre lui
et son seigneur des engagemens qui seroient toujours
préférables à leurs hypothèques si le crime de la
félonie arrivoit.

Ce seroit inutilement que les créanciers de l'officier
diroient que son crime est volontaire, et qu'il ne
doit pas dépendre de sa volonté de faire perdre à des
héritiers légitimes un droit qui leur étoit acquis; et
c'est inutilement aussi que les créanciers d'un vassal
opposeroient au seigneur que l'action dans laquelle
consiste la félonie étoit entièrement volontaire.

On répondra toujours aux derniers comme aux
premiers, qu'ils ont dû prévoir cette action volontaire qui leur fait préjudice, et qu'ainsi ils n'ont été
trompés qu'autant qu'ils ont bien voulu l'être.

C'est, sans doute, par toutes ces raisons que,
quelque grande qu'ait été dans le palais l'autorité
de M.ᵉ Charles Dumoulin; cependant M.ᵉ Antoine
Loysel, un des oracles de la jurisprudence française,
ne s'est point laissé emporter au torrent de ceux que
Dumoulin avoit éblouis, et que, dans ses Institutions
coutumières, il a mis au nombre des règles ou des
maximes générales du droit coutumier, *que le sei-*
gneur réunissant le fief de son vassal par félonie,
le tient franc et quitte de toutes dettes et charges
constituées par son vassal.

Son avis a l'avantage d'être devenu celui de la
justice même; il est vrai qu'on a prétendu que les
arrêts rendus en faveur des créanciers du connétable
de Bourbon et de l'amiral de Châtillon, étoient des
préjugés solennels contre les droits des seigneurs de
fief; mais sans examiner ces arrêts, dont il est assez
difficile de savoir les véritables circonstances, il est
certain que la dernière jurisprudence est absolument
conforme aux maximes que l'on a établies dans ce
mémoire.

La question a été solennellement décidée par deux
arrêts, l'un du 31 juillet 1631, et l'autre du 10 mars
1635, après avoir vu sur le bureau tous les arrêts

précédens qu'on allègue de part et d'autre, et l'on ne voit pas que depuis ce temps-là on ait jugé le contraire.

Les circonstances observées sur ces deux arrêts, sur le premier, qu'il avoit été rendu contre l'avis du rapporteur, sur le second, que le procès avoit d'abord été partagé, marquent à la vérité que la matière est difficile; mais elles marquent en même temps, qu'après avoir été pleinement discutée, le parti de la rigueur, de la règle et de la sévérité des principes, a enfin prévalu sur une prétendue équité.

Il semble donc que l'on peut conclure de tout ce qui vient d'être appliqué sur cette question, que quand même il ne s'agiroit que de l'intérêt du seigneur particulier, la réunion en matière de commise pour cause de félonie, devoit toujours se faire sans charge de dettes, et c'est par conséquent ce qui doit avoir lieu, à plus forte raison, dans le cas du crime de lèse-majesté, comme on va le faire voir dans le seconde proposition.

SECONDE PROPOSITION.

Le crime de lèse-majesté renferme la plus grande de toutes les infidélités, et, pour parler comme Dumoulin, une double félonie, puisque le vassal y viole en même temps, et la foi qu'il doit à son seigneur comme vassal, et la fidélité qu'il doit à son roi comme sujet.

Ainsi, quand il pourroit rester quelque doute sur le cas de la simple félonie, il seroit toujours juste dans celui de lèse-majesté, que le fief de celui qui a violé le plus sacré et le plus ancien de tous les engagemens, se réunît à la couronne, libre et affranchi de tous les engagemens postérieurs dont il auroit pu être chargé avant le crime du possesseur.

Cette première raison, qui distingue le crime de lèse-majesté de la simple félonie, paroîtra encore plus forte, si l'on considère que tout ce que l'on peut opposer de plus apparent aux seigneurs particuliers, est que le droit des fiefs n'étant plus considéré à présent que comme un droit privé, et la liberté du commerce regardant au contraire l'utilité publique, il semble qu'il soit juste que l'intérêt du seigneur cède au bien général de la société civile.

Mais cette raison, la plus spécieuse de toutes celles qui combattent en cette matière l'intérêt des seigneurs, cesse absolument à l'égard du roi, parce que la majesté des rois et l'intérêt de l'état forment un droit public, supérieur à tout autre droit, avec lequel la faveur de la liberté du commerce ne peut jamais entrer en comparaison.

Celui qui a ébranlé, autant qu'il étoit en lui, les fondemens de la société civile, par un crime qui blesse directement l'intérêt du prince ou de l'état, ne mérite plus d'être mis au nombre des citoyens; tous les droits de la société qu'il a violés sont éteints et anéantis pour lui; et si ses créanciers en souffrent quelque préjudice, c'est qu'il est juste que l'intérêt des membres, quelque favorable qu'il soit, cède à celui de tout le corps, et que les engagemens particuliers ne puissent l'emporter sur l'engagement général qui a formé des nœuds indissolubles entre les hommes et leur patrie.

De là vient sans doute que les auteurs les plus favorables à l'intérêt des créanciers dans le cas de la simple félonie, n'ont pu s'empêcher de laisser échapper des expressions par lesquelles ils marquoient suffisamment, qu'on ne peut tirer aucune conséquence du crime de félonie, à celui de lèse-majesté.

Ainsi, quoique Dumoulin ait été l'auteur de l'opinion qui charge le seigneur du paiement des dettes de son vassal infidèle, il n'a pas laissé de reconnoître, que dans le cas du crime de lèse-majesté les fiefs du coupable retourneroient de plein droit à la couronne; or, si cette réversion se fait de plein droit par le crime même, et sans attendre le jugement qui ne fait en ce cas que déclarer le droit acquis au roi par le crime, elle se fait donc au moins en vertu de la nature même du fief, et des engagemens du vassal, qui, étant d'un ordre supérieur aux droits des créanciers, leur doivent par conséquent être toujours préférés.

On pourroit faire ici la même observation sur les principaux auteurs que Dumoulin a entraînés dans son parti, par rapport à la simple félonie, comme Choppin, Mornac, M. Louet, qui semblent tous admettre ou directement ou indirectement l'exception du crime de lèse-majesté.

Mais il est inutile de traiter plus amplement cette question par raisonnement, et par le sentiment des docteurs français, parce qu'elle paroît formellement décidée par la déclaration que le roi François I.er donna à Villers-Cotterets, le 10 août 1539.

Cette déclaration porte, que *quand il y aura crime de lèse-majesté, joint à un crime de félonie, les biens féodaux retourneroient au roi, comme seigneur souverain et féodal de tous ces sujets, soit qu'ils soient tenus du roi en plein fief, ou en arrière-fief; et que tant les fiefs que les autres biens seront appliqués au fisc du domaine de la couronne, sans retour.*

On peut distinguer deux parties dans la disposition de cette loi.

La première décide que la raison d'état l'emporte en cette matière sur l'intérêt des seigneurs particuliers, dont les fiefs du condamné peuvent être mouvans immédiatement.

La seconde, que le même intérêt public prévaut sur celui des substitués, auxquels les biens du coupable auroient appartenu, si la vengeance publique n'absorboit tellement tous ces biens, pour ainsi parler, qu'il n'y reste plus aucun vestige, aucune impression du domaine particulier de ceux qui les ont possédés.

Tel est l'esprit général de cette déclaration. Or, cet esprit n'exclut pas moins les créanciers que les seigneurs immédiats et les substitués. Il est vrai qu'à l'égard des seigneurs immédiats, on peut dire qu'ils sont en quelque manière, garants de la foi de leurs vassaux, et que quand ils ne peuvent rapporter au roi cette foi, aussi pure et aussi entière qu'elle l'étoit dans sa première origine, il est convenable qu'ils soient privés de leur mouvance.

Mais, quelque spécieuse que soit cette raison, elle n'auroit peut-être pas été capable de balancer les motifs d'équité qui soutiennent l'intérêt des seigneurs immédiats, si le bien de l'état et le salut du peuple, qui est toujours regardé comme la loi suprême, n'avoient fait décider que celui qui abuse des biens qu'il ne possédoit que sous la protection de la puissance publique, en violant les droits de cette même puissance, a mérité par là que ces biens sortissent des mains indignes qui les retenoient, pour retomber comme de leur propre poids, dans le sein de la seigneurie publique dans laquelle ils se perdent et se confondent, comme s'ils n'en avoient jamais été distingués.

C'est là le grand principe qui a fait oublier en cette occasion, contre la disposition de quelques anciennes ordonnances, l'intérêt des seigneurs immédiats; et ce principe étant indivisible, s'applique également aux créanciers dont le droit est moins fort et beaucoup plus récent que celui des seigneurs immédiats.

C'est le même principe qui a encore porté la juste sévérité du législateur, à exclure les substitués par la seconde partie de la déclaration; et il est important de remarquer ici, que leur droit paroissoit encore plus puissant et plus invincible que celui des créanciers.

Les premiers ont un droit sur la propriété des biens qui leur sont substitués.

Les derniers n'ont qu'une action et une créance à exercer sur les mêmes biens.

Le vassal, à l'égard de ses créanciers, est pleinement propriétaire; et l'hypothèque dont il est tenu ne diminue point la perpétuité de son domaine.

Mais il n'en est pas de même à l'égard des substitués; il n'a qu'un domaine révocable, qu'une propriété passagère, qu'une espèce d'usufruit; et comme il ne peut confisquer que ce qu'il a, il semble que son crime ne pouvoit par conséquent lui faire perdre que la jouissance, sans donner atteinte au droit qui appartient à ces substitués sur la propriété; au lieu qu'un débiteur ne perdant point la propriété ni la libre disposition de ses biens, il a pu en être dépouillé par son crime, et confisquer la pleine propriété, parce qu'il la conservoit toujours malgré les hypothèques de ses créanciers.

Ainsi, bien loin qu'il faille conclure de la déclaration de 1539, que n'ayant exclu que les substitués, elle doit être présumée avoir admis tacitement les créanciers, on doit au contraire en tirer cette conséquence, que, puisque par des motifs supérieurs à tous les intérêts particuliers, elle a préféré les droits du fisc à ceux des substitués qui avoient un titre plus fort et plus puissant que les créanciers, elle est censée, à plus forte raison, avoir exclu les créanciers; et si elle ne l'a pas exprimé, c'est apparemment parce que ceux qui l'ont dressée, n'ont pas cru que l'intérêt des créanciers pût faire en cette matière le sujet d'un doute raisonnable.

Enfin, on ne peut s'empêcher de relever encore ici ce que l'on a déjà touché dans l'examen de la première proposition, c'est-à-dire la forme des termes énergiques dont les arrêts se sont toujours servi à l'égard des fiefs, dans le jugement du crime de lèse-majesté. 1.º Ces arrêts n'ordonnent point que les fiefs du condamné demeureront acquis au roi; ils ne se servent d'aucune expression qui puisse marquer un droit nouveau; ils emploient au contraire, le terme de *réunis*, terme qui suppose que le roi ne fait que reprendre son bien des mains d'un sujet infidèle; or, dès le moment qu'il le reprend, il doit le recouvrer aussi libre qu'il le lui avoit donné; sans cela, il seroit vrai de dire que la condition du souverain seigneur pourroit recevoir quelque préjudice par le fait de son vassal, ce qui résiste aux premiers principes des matières féodales.

2.º Ce qui prouve que les arrêts se sont servis du terme de *réunion*, comme d'un terme propre qui emportât un entier rétablissement de la chose dans son ancien état, c'est l'attention qu'ils ont eue à employer le terme de *confiscation* à l'égard des autres biens, terme qui marque un droit nouveau et fondé seulement sur la condamnation.

Ainsi, il suffiroit presque de bien peser la force de ces deux expressions que les arrêts opposent l'un à l'autre, dans le cas de crime de lèse-majesté, pour être pleinement convaincu de la maxime qu'on a voulu établir dans cette seconde proposition.

Il resteroit maintenant de répondre à deux objections qui peuvent faire quelque impression sur l'esprit. La première, tirée de l'ordonnance de Philippe le bel, de l'an 1303 ou 1304, qui porte en terme exprès : *Si contingat fundum alicujus, venire in commissum, ratione maleficii, satisfiat uxori de dote, et aliis sibi debitis, et aliis suis creditoribus.* La seconde, fondée sur le témoignage de l'illustre M. Dumesnil, avocat-général, qui abandonna les droits du roi, dans le cas d'un crime de lèse-majesté, en faveur des créanciers du condamné.

Mais à l'égard de l'ordonnance de Philippe le bel, on peut dire : 1.° Qu'on ne voit pas bien clairement, si le terme de *commissum* doit s'entendre dans cette ordonnance, de la *commise* proprement dite, ou de la simple *confiscation*.

2.° Que, quand il seroit vrai de dire, que cette ordonnance regarde les crimes de lèse-majesté, ce qui est fort douteux, c'est sans doute la nécessité des temps, et l'autorité des seigneurs, qui, dans ce temps là, étoient presque tous coupables du crime de lèse-majesté (puisqu'il n'y en avoit guères qui ne fissent des ligues contre leur souverain), qui a arraché cette loi au législateur.

C'est ainsi que vers ce même-temps nos rois furent aussi obligés de faire une ordonnance, par laquelle ils s'engageoient à mettre hors de leurs mains les fiefs tenus médiatement de leur couronne, qui se réuniroient à leur domaine même pour crime de lèse-majesté, ou à les faire desservir par un procureur qui en rendroit pour eux l'hommage au seigneur immédiat, c'est-à-dire à leur propre vassal.

Mais toutes ces ordonnances que l'iniquité des temps avoit fait rendre, et dans lesquelles le prince recevoit plutôt la loi qu'il ne la donnoit, ont cessé d'être observées depuis le rétablissement de l'autorité légitime, et la déclaration du roi François Ier, faite en l'année 1539, y a pleinement dérogé lorsqu'elle a exclu les substitués, dont le droit, comme on l'a fait voir, est beaucoup plus fort que celui des créanciers.

3.º Que cette ordonnance n'a pas même été exécutée à l'égard des seigneurs particuliers, puisque bien loin que l'usage de la France ait été de faire payer les créanciers sur les fiefs réunis pour cause de félonie, on apprend au contraire, par le témoignage de Bouteiller dans sa Somme rurale, de l'auteur du Grand Coutumier, et de Jean Desmares, nos trois meilleurs praticiens français, que dans le cas de la simple confiscation la faveur particulière des créanciers cédoit à la rigueur de l'intérêt public, et qu'ainsi, la simple confiscation même se faisoit alors sans charge de dettes.

4.º Qu'enfin, les derniers arrêts du parlement ayant jugé que l'ordonnance de Philippe le bel ne pouvoit être opposée aux seigneurs particuliers, ils ont jugé, à plus forte raison, qu'elle ne pouvoit plus avoir aucune autorité contre le roi même.

A l'égard de l'argument que l'on tire de la conduite de M. Dumesnil, on en trouve la réponse dans le plaidoyer même que l'on allègue; puisque l'on y voit qu'il établit d'abord la maxime que l'on a soutenue dans cette seconde proposition, et que ce ne fut que par équité, et peut-être par des ordres secrets qui pouvoient être fondés sur les troubles dont la France étoit alors agitée, qu'il se relâcha en cette occasion de la rigueur des règles.

Il n'y a donc rien qui puisse ébranler la vérité de cette maxime, que dans le cas d'un crime de lèse-majesté, les fiefs se réunissent de plein droit à la

couronne, sans aucune charge de dettes. Il faut passer
maintenant à ce qui regarde les charges, et finir ce
mémoire par un petit nombre de réflexions très-som-
maires.

TROISIÈME PROPOSITION.

Quelque doute que l'on veuille former en cette
matière sur les fiefs, il faudróit toujours assujettir les
charges à la règle sévère, mais juste et nécessaire, de
la réunion sans charges de dettes.

Première réflexion. Il n'y a rien de plus naturel
que la comparaison des charges avec les fiefs ; tous les
fiefs de dignité ont été autrefois de véritables offices ;
et les autres fiefs destinés à la récompense des officiers,
étoient comme l'accessoire et comme le domaine de
l'office. De là vient qu'anciennement toutes les grandes
charges s'accordoient, comme les fiefs, à la charge de
la foi et de l'hommage ; et de là vient aussi qu'elles
donnoient à ceux qui les possédoient le droit d'entrer
au parlement, droit qui, dans la première origine,
n'étoit accordé qu'aux vassaux immédiats de la couronne.

Ainsi, il est aisé de conclure de cette comparaison,
que tout ce que l'on vient d'établir par rapport aux
fiefs, reçoit une application naturelle par rapport aux
offices.

Seconde réflexion. Quelque grandes que soient
les obligations d'un vassal envers son seigneur, et
d'un sujet envers son roi, celles d'un officier sont
encore plus grandes par l'honneur qu'il a de participer
à la puissance publique, et de contracter par là le
plus saint et le plus étroit de tous les engagemens avec
le prince qui la possède dans sa plénitude.

Ainsi, son infidélité étant encore plus criminelle que
celle des simples vassaux, elle doit aussi être punie
par des peines plus rigoureuses, et qui soit d'un plus
grand exemple, bien loin que l'on puisse retrancher
aucune de celles qui sont établies contre le simple
vassal.

Troisième réflexion. Si la personne de l'officier est attachée au service du souverain, par des liens plus étroits que le reste des sujets du roi, le bien qu'il possède est aussi beaucoup plus dépendant de l'autorité royale, que toutes les autres espèces de biens. Les offices sont, pour ainsi dire, l'ouvrage de la toute-puissance du souverain ; il les crée et il les anéantit comme il lui plaît ; et cet état de dépendance perpétuelle dans laquelle ils sont de sa volonté, les rend encore plus susceptibles que les autres biens, des impressions de sa justice.

Quatrième réflexion. De là vient que, quoique les biens des condamnés par contumace n'appartiennent au roi qu'après l'expiration des cinq ans pendant lesquels les condamnés peuvent se représenter, cependant l'édit du mois d'avril 1633 a établi une règle contraire à l'égard des offices dans le cas du crime de lèse-majesté, en ordonnant que les jugemens qui seroient rendus contre les officiers coupables de ce crime, quoique donnés par défaut et contumace, seroient exécutés, après qu'ils auroient été publiés, et ce, pour le regard seulement des offices et charges, sans qu'ils pussent jamais y être rétablis.

Il est aisé de juger par cette disposition, combien les officiers doivent être traités plus sévèrement que les vassaux et les autres sujets du roi, lorsqu'ils violent la foi du serment auguste qui les consacre et qui les dévoue tout entiers au service de l'état.

Cinquième réflexion. De là vient encore que le même édit ne déclare pas seulement les charges des officiers rebelles (à l'occasion desquelles il fut fait) réunies à la couronne, une telle disposition auroit été suffisante à l'égard des fiefs ; mais le roi va encore plus loin à l'égard des offices, il croit devoir faire un plus grand exemple ; il use de la plénitude de sa puissance pour anéantir ce qu'il avoit créé ; et il ordonne que les offices mêmes des officiers contumaces demeureront éteints et supprimés.

Or, si l'office est éteint, s'il n'en reste plus aucun

vestige, sur quoi peuvent porter les hypothèques des créanciers? On ne pourroit les conserver, sans lier les mains à la puissance du roi, et sans l'empêcher de supprimer un office qui avoit été comme profané par la révolte de l'officier qui le possédoit.

Si cette maxime paroît dure aux créanciers, c'est parce qu'il est souvent impossible de faire un grand exemple, sans faire en même temps quelque violence aux règles de la justice particulière; mais l'utilité publique compense avantageusement ce léger inconvénient; et comme les créanciers d'un coupable condamné pour crime de lèse-majesté au premier chef, ne pourroient pas se plaindre du tort qu'on leur fait en rasant ses châteaux et en coupant par le milieu ses bois de haute futaye, ils doivent aussi souffrir, sans murmurer, qu'on leur enlève leur gage par l'extinction de l'office du condamné; c'est un coup de foudre juste par rapport à celui qui le reçoit, malheureux par rapport aux créanciers, mais nécessaire pour le salut de l'état auquel tout intérêt doit céder.

Telles sont les grandes maximes par lesquelles ces sortes de questions doivent être décidées; et la conséquence qui en résulte, est que la charge du sieur... au sujet de laquelle ce mémoire a été fait, se réunissant de plein droit à la couronne par son crime, le roi n'est nullement assujetti au paiement des dettes dont cette charge pouvoit être tenue, si ce n'est que Sa Majesté en veuille user d'une autre manière, par des motifs de grâce et d'équité.

Autorités sur la question de savoir si les Fiefs réunis à la couronne, par confiscation pour crime de lèse-majesté, y retournent avec charge, ou sans charge de payer les dettes du condamné?

Dumoulin, sur les articles 55, 30, 43 de la coutume de Paris, n.° 98, examinant la question dans la thèse générale de la félonie, à l'égard de tous seigneurs, soutient que les hypothèques en ce cas, *per commissum, non resolvuntur, secus esset si fundum seu ipsius*

natura finiretur, ut si esset concessum ad certa tem-
pora, vel generationes, quœ expirarent.

Il prétend qu'il y a une grande différence entre ces
deux cas; l'un, quand le fief s'éteint de lui-même, *et
ex naturâ rei;* l'autre, quand il se réunit *per commissum.*

*Primùm, procedit ex natura patrimonii, vel juris
originaliter, ad certos fines limitati quos non potest
agredi.*

*Secundùm, procedit ex novo et superveniente facto,
vel culpa, hominis, cum de se perpetuum esset pa-
trimonium, et illud habeas, poterat in perpetuum,
libere disponere.*

Il se fonde ensuite sur l'autorité de la loi, *his solis
C. de revocand. donatione,* qui veut que, lorsqu'une
mère révoque, pour cause d'ingratitude, une donation
faite à ses enfans, *quœ jura perfecta sunt, vendita,
donata, permutata, in dotem data, cœterisque causis
legitimè alienata, minimè revocamus..*

Ainsi, quoique Alberic, et après lui Tiraqueau,
aient cru que cette loi ne doive pas s'étendre aux
hypothèques., Dumoulin est d'avis contraire et se
fonde sur trois raisons :

1.° *Si totius rei alienatio manet, multo fortius
hypotheca.*

2.° *Tempore alienationis vel hypothecœ dona-
tarius erat pleno jure dominus.*

3.° *Per supervenientem culpam donatarii, non
debet prœjudicium fieri tertio cui jus semel est quœ-
situm, quœ rationes œque militant in constitutione
hypothecœ, sicut in alienatione partis dominii.*

Il atteste que l'usage de tout le pays coutumier
s'accorde avec son opinion, si ce n'est que la coutume
en dispose autrement, comme celles de Troyes et de
Chaumont.

A l'égard du cas du crime de lèse-majesté, on ne
sait si Dumoulin n'étoit pas d'un autre avis, parce
qu'il dit sur le même verso, n.° 39, que dans ce cas,
*feudum ipso jure amittitur, licet cœtera bona patri-
monialia ipso jure, non confiscentur.... Et quamvis*

non sit de hoc textus expressus, est tamen magna ratio propter concursum duplicis infidelitatis et feloniæ, vide licet in regem, et in patronum, et maximè, quando est feodum ligium.

Or, si le fief est perdu de plein droit par ce crime, cela ne se peut faire que par voie d'extinction, et, pour se servir d'un terme que Dumoulin emploie ailleurs, par voie d'annihilation, ce qui semble emporter la décharge absolue de toutes hypothèques.

Jean, Desmares, Décision 240:

« Item, si les biens d'aucune personne, pour les » délits par icelle perpétrés, viennent et appartien- » nent au seigneur, icelui seigneur n'est pas tenu, » soit des dettes personnelles, soit réelles; si ce n'est » au cas qu'entre iceux biens, seroit aucune chose » qui auroit été déposée ou portée à celui de qui les » biens auroient été; ou autre chose étrangère qui » seroit trouvée ès biens d'icelui; excepté aussi au » cas que celui de qui les biens auroient été, seroit » tenu à aucuns à cause de tutelle ou cure mal ad- » ministrée ».

Arrêt du 7 *juin* 1357, en faveur de la veuve de l'amiral de Graville, qui porte, *que le tiers des biens de cet amiral, condamné pour crime de lèse-majesté, a été distrait par la veuve douairière du condamné,* Choppin cite en cet arrêt, *de dom. lib.* 1, *v.* 13.

Ordonnance de Philippe le bel, 4 *janvier* 1303 et 1304 :

Item, si contingat bona alicujus venire in commissum ratione maleficii, satisfiat uxori de dote, et aliis sibi debitis et suis aliis creditoribus. Styl. cur. Portam. tit. de Libell. oblat.

Choppin, *de dom. lib.* 1, *cap.* 7 *et num.* 13, *ad finem,* semble admettre l'opinion de ceux qui croient que la confiscation se fait, même en cas de crime de lèse-majesté, *cum onere.* Il est vrai qu'il ne traite pas la question expressément par rapport aux fiefs; mais dans le liv. 3 du même ouvrage, tit. 12, n.° 14, il semble passer à l'avis contraire.

Cæterum si ob crimen patagium fisco commissum,

D'Aguesseau. Tome VIII. 7

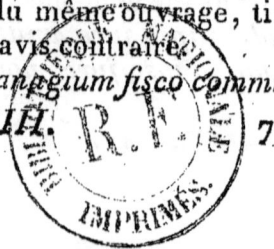

sic non ob masculæ prolis defectum reguli fiduciarii, tum contracta interim manent hypothecarum jura, nisi in principem ipsum fiduciarius deliqueris ; Molini in primâ parte, Vet. Cons. Paris, tit· de deu. v. 3o, n.° 185.

Ce dernier endroit de Choppin a donné lieu de croire à Mornac et à beaucoup d'autres, que cet auteur distinguoit le crime de lèse-majesté, de la félonie ordinaire, qui ne regarde que les seigneurs particuliers.

C'est ainsi que Mornac parle sur la loi *lex vestigali* 3 1, *ff. de pignorib.* Après avoir cité M. Louet, sur la question de la réunion dans le cas de la félonie, qui dit que la question a été jugée en faveur des créanciers, *etiam in casu majestatis :* il ajoute, *quem excepit Choppinus, lib.* 3, *tit.* 2. *de doman. etc.*

Il ajoute ensuite l'arrêt de Meraques, rendu en 1613, par lequel il fut jugé que le crime de lèse-majesté faisoit expirer toutes les substitutions, suivant la déclaration de 1539.

Il semble par là, 1.° que Mornac croie comme Choppin, que le cas du crime de lèse-majesté doit être exempt ; 2.° qu'il applique en quelque manière aux créanciers, ce que la déclaration de 1539 a décidé contre les substitués.

Loyseau, T. du déguerpissement, l. 18, 6, ch. 3, nomb. 11, ne traite la question que par rapport à la félonie, et fait la distinction de Dumoulin, et en conclut que les hypothèques demeurent après la commise du fief : *Ut pote, ex resolutione voluntariâ.*

« Car, bien qu'elle semble nécessaire, comme étant poursuivie par le seigneur féodal, si est-ce que sa cause efficiente est entièrement volontaire, à savoir la félonie du vassal, qu'il n'eût commise s'il n'eût voulu, ce qui ne doit pas tourner au préjudice des créanciers qui ont acquis leur hypothèque, lorsque le vassal étoit vrai et parfait seigneur. »

Il répond à l'objection qu'on tire du livre des fiefs, que les vassaux, suivant les usages des Lombards, n'étoient que simples usufruitiers ; c'est ce qui a trompé nos vieux praticiens , et quelques rédacteurs de coutumes

Mais il faut s'en tenir à la décision de la nouvelle coutume de Normandie, art. 201.

« *Nec obstat*, que pendant la saisie féodale le seigneur ne reconnoît aucune hypothèque ; et parce que telle réunion (outre ce qu'elle est temporelle et ne fait pas grand préjudice aux créanciers) procède de la propre nature du fief, qui est finie sitôt qu'il n'y a point d'homme en foi ».

N'est-ce pas la même chose qu'il n'y ait point d'homme en foi, ou que celui qui y est l'ait violée essentiellement ? Le défaut de rendre hommage n'est-il pas aussi volontaire que l'action par laquelle la félonie a été commise ?

M. Louet, L. C. n.º 53, traite la question solidement, *in utramque partem*, par rapport à la félonie simple, et se détermine pour l'avis de Dumoulin.

Mais il semble qu'il en auroit jugé autrement en cas de crime de lèse-majesté ; c'est ce qui semble résulter de ces mots :

« Voyez M.ᵉ René Choppin *de domanio*, *L.* 1, *tit.* 7, *n.* 14, qui cite l'ordonnance de 1539 ; par laquelle, en crime de lèse-majesté, le bien confisqué appartient au roi, *sine onere substitutionum* : cas spécial en crime particulier lequel *firmat regulam*, *in aliis criminibus* ».

Arrêts cités par Louet et Brodeau, pour le seigneur contre les créanciers.

L'arrêt de Racapé, de 1574.

Mais il y avoit cette circonstance singulière, que les créanciers étoient tous chirographaires, pour réparations d'excès commis au même temps que la félonie, et les créanciers chirographaires n'ont point d'action *adversùs singularem possessorem*.

Arrêt de 1631 (1), au rapport de M. de Lamoi-

(1) Journal des Audiences, tom. 1.

7*

gnon, en la grand'chambre, à l'égard des créanciers
hypothécaires, qui passa de 7 à 9 contre l'avis du
rapporteur.

Arrêt de 1635 (1), après un partage entre les mêmes
parties, contre la femme veuve du vassal qui avoit
commis la félonie.

Pour les créanciers contre le seigneur.

Arrêt pour les créanciers du connétable de
Bourbon.

Arrêt pour ceux de la maison de Coligny.

(1) Journal des Audiences, tom. 1.

HUITIÈME MÉMOIRE,

Où l'on prouve que le Roi peut disposer des Charges de ceux qui ont été condamnés pour crime de lèse-majesté.

La question consiste à savoir, 1.º dans quel temps et en quelle manière, le roi peut disposer des charges de ceux qui ont été condamnés pour crime de lèse-majesté ?

2.º A qui appartiennent les gages de ces mêmes charges, qui sont échus avant la condamnation ?

L'édit du mois d'avril 1633 a décidé si clairement, que *les jugemens rendus sur la qualité du crime de lèse-majesté, contre les officiers du roi, quoique donnés par défaut et contumace, doivent être exécutés après qu'ils auront été publiés, et ce pour le regard seulement de la confiscation des offices et charges, sans que les condamnés puissent jamais y être rétablis,* qu'il n'y a pas lieu de douter que Sa Majesté ne soit en droit de disposer des charges de ceux qui sont condamnés pour ce crime, sans attendre l'expiration des cinq ans pendant lesquels Sa Majesté ne dispose que du revenu des autres biens des coupables.

Cet édit n'a fait que renouveler l'ancien usage de la France, suivant lequel Philippe-Auguste se mit en possession des duchés et autres seigneuries qui appartenoient dans le royaume de France au roi d'Angleterre Jean sans Terre, aussitôt après le fameux arrêt de 1202 par lequel ce prince fut condamné par contumace, et dépouillé des grandes provinces pour lesquelles il étoit vassal et homme lige de la couronne.

Le pape Innocent III, ayant pris le parti du roi d'Angleterre, soutint que les pairs de France n'avoient pu le condamner à mort à cause de contumace. La réponse des ambassadeurs du roi Louis VIII, qui étoit alors en possession de la couronne d'Angleterre, fut que la coutume du royaume de France étoit que, lorsque quelqu'un étoit accusé d'un crime capital, tel que celui que le roi Jean sans Terre avoit commis, il étoit obligé de comparoître devant son juge légitime à peine de conviction, et que s'il ne le faisoit pas, on le pourroit condamner à toutes sortes de peines, et à la mort même, comme s'il eût été présent et convaincu.

Ainsi l'édit de 1633 n'a fait que rétablir cet ancien usage, et l'appliquer au crime de lèse-majesté.

Mais à cette première décision qui donne au roi en ce cas la liberté de disposer de l'office, aussitôt après la condamnation du coupable, on en peut ajouter une seconde, qui se tire des termes du même édit et de ce qui s'est pratiqué dans une occasion semblable :

« Et attendu les condamnations ci-devant rendues » contre ledit le Coigneux, pour sa rébellion et » absence notoire hors notre royaume, avons ledit » office de président en notre cour de parlement, » que tenoit ledit le Coigneux, éteint et supprimé, » suivant nos ordonnances ».

Quoique la suppression qui fut faite alors de cette charge et de quelques autres semble supposer pour fondement un usage plus ancien et même une disposition expresse des ordonnances, on est obligé néanmoins d'avouer, que jusqu'à présent on n'a rien pu trouver, ni dans les anciennes ordonnances ni dans les exemples précédens, qui ait pu servir de modèle à cette suppression.

Il semble au contraire que l'on puisse prouver, par des argumens positifs, que cette peine n'avoit pas encore été mise en usage avant l'édit de 1633.

En effet, quoique le connétable de Saint-Pol ait été condamné en l'année 1475, pour crime de lèse-majesté, on ne voit pas néanmoins que sa charge ait été supprimée par le roi Louis XI, ni qu'elle eût été rétablie par le roi Charles VIII, lorsque ce prince donna cette charge à Jean de Bourbon en 1483.

Il ne paroît pas non plus que, lorsque l'amiral Chabot fut condamné en l'année 1540, ni lorsqu'en 1572 le procès fut fait à l'amiral de Châtillon, quoique l'on ait accumulé contre ce dernier les peines les plus rigoureuses que les lois aient introduites contre les coupables du crime de lèse-majesté, on ait eu néanmoins la pensée de supprimer la charge d'amiral, ni de la créer de nouveau en faveur de celui qui lui succéda dans cette charge.

Cependant l'exemple de cette suppression ayant été une fois établi par l'édit de 1633, on l'a imité dans des occasions semblables, et le sieur Muisson, conseiller au parlement, étant sorti du royaume contre les défenses de Sa Majesté, et ayant passé dans les terres des ennemis de l'état, le parlement lui fit son procès par contumace; et sa condamnation ayant été prononcée, le roi, par un édit du mois de Juin 1688, déclara sa charge de conseiller éteinte et supprimée; et depuis, par un édit du mois de mai 1698, Sa Majesté a créé de nouveau cette charge en faveur du fils de M. le président Molé, qui l'exerce actuellement.

Après de tels exemples, il ne paroît pas bien difficile de se déterminer sur cette question, et il semble qu'on ne puisse suivre une route plus sûre, que celle que le roi lui-même a autorisée dans ce dernier exemple; c'est-à-dire que la charge du sieur de Langallerie, qui donne lieu d'agiter la question présente, doit être supprimée par un édit, et créée par un autre, avant que Sa Majesté la donne à celui qu'elle jugera à propos d'en revêtir.

On ne sauroit imprimer trop fortement aux hommes l'horreur du crime contre lequel cette peine est établie. Si l'exemple d'une telle suppression n'étoit pas déjà reçu par nos pères, il faudroit le donner à nos enfans, et leur apprendre par là que l'office est tellement profané par le crime de l'officier, qu'il ne peut plus être dans le commerce, et qu'il faut qu'il rentre dans le néant, si l'on peut parler ainsi, pour recouvrer, en sortant des mains du roi une seconde fois, sa première pureté.

A l'égard des gages échus avant la condamnation, il faut distinguer trois temps différens, pour décider à qui ils appartiennent légitimement.

Le premier est celui qui a précédé la retraite du sieur de Langallerie dans les troupes ennemies.

Le second est celui qui s'est passé depuis sa retraite, jusqu'au temps de sa condamnation.

Le troisième, enfin, est celui qui a suivi cette condamnation.

Pour commencer par le dernier, qui ne peut être susceptible d'aucune difficulté, le corps même de l'office étant acquis au roi, il est impossible que les gages en puissent être dûs ni donnés à qui que ce soit, parce que l'office étant une fois éteint, il ne peut plus produire des gages qui en sont comme les fruits, jusqu'à ce que le roi l'ait créé et l'ait donné de nouveau.

Le second temps, qui s'est passé entre le crime et la condamnation, doit être regardé de la même manière que le premier, non pas à la vérité par les mêmes raisons, mais parce que suivant les lois romaines, ou plutôt suivant la justice même, les condamnations qui se prononcent pour crime de lèse-majesté ont un effet rétroactif qui remonte jusqu'au jour du crime; ensorte que de ce jour l'officier étant interdit de plein droit, et privé de son état, non-seulement d'officier mais de citoyen, il n'a pu acquérir les gages dûs à son office, ni par conséquent les transmettre à ses créanciers.

Enfin, à l'égard du premier temps qui a précédé le crime, on ne peut pas douter que l'officier ne

les ait légitimement acquis, et que par conséquent
ils ne fassent partie de ses biens ; à la vérité ces
gages tombent dans la confiscation générale prononcée contre le sieur de Langallerie, mais le roi peut
en faire don à qui il lui plaît, sans néanmoins que
le don qui en sera fait puisse nuire aux créanciers,
ainsi qu'il est de règle et d'usage dans ces sortes
de dons, la confiscation n'ayant jamais lieu qu'à la
charge des dettes.

NEUVIÈME MÉMOIRE,

Sur les effets de la Confiscation prononcée contre un Mari ou contre une Femme, relativement aux droits de celui des deux qui est innocent.

Ou c'est le mari qui est condamné, ou c'est la femme.

Si c'est le mari, ou il s'agit de ses propres, ou il s'agit des effets de la communauté.

S'il s'agit des propres, c'est une règle générale du droit civil et du droit français, que la confiscation a lieu sans aucune difficulté, mais à la charge de la restitution de la dot, du douaire et autres conventions matrimoniales. *Voyez la conférence des coutumes, fol. 37, v.° 38, r.° et v.°*

S'il s'agit de la communauté, les coutumes sont partagées, mais très-inégalement.

1.° Le plus grand nombre décide, suivant l'équité et la justice même, que le mari ne confisque que la moitié des conquêts de la communauté, et que l'autre moitié doit être réservée à la femme, *comme elle le seroit par la mort naturelle du mari;* cette expression est de la coutume *du G. Perche, art.* 118; *Melun, art.* 11; *Sens, art.* 26; *Auxerre, art.* 28; *Mantes, art.* 194; *Laon, art.* 12; *Châlons, art.* 263; *Reims, art.* 349; *Amiens, art.* 227; *Péronne, art.* 134; *Nivernois, chap.* 2, *art.* 3; *Montargis, chap.* 5; *art.* 3; *Orléans, art.* 209; *Normandie, art.* 317 (*Pour la part que les femmes ont aux meubles et conquêts dans cette coutume*); *Tours, art.* 255; *G. Perche, art.* 118; *Bourbonnois, art.* 266; *Poitou, art.* 201.

2.° Quelques coutumes, en très-petit nombre,

décident au contraire que le mari confisque tous les effets de la communauté : *Meaux, art.* 208 ; *Troyes, art.* 134.

3.° Enfin, il y a une seule coutume qui prend un tempérament entre ces deux extrémités, plus proche néanmoins de la dernière que de la première. C'est la coutume de Bretagne, qui veut à la vérité que la communauté soit confisquée par le crime du mari, mais qui adjuge à la femme et à ses enfans des alimens sur les meubles de la communauté : *la femme aura provision raisonnable, à l'arbitrage du juge, pour elle et ses enfans, sur les meubles de la communauté et fruits des héritages du mari.*

Si c'est la femme qui est condamnée, alors suivant la même distinction, ou il s'agit de ses propres, ou il s'agit de sa part dans la communauté.

S'il s'agit de ses propres, ou il n'est question que de savoir si elle en confisque la propriété, ou l'on demande si la confiscation de la propriété prive le mari de la jouissance des propres pendant sa vie ou celle de sa femme ? ce qui suppose que la femme n'est morte que civilement.

A l'égard de la propriété, toutes les coutumes unanimement, décident que la femme la confisque, et il n'y a aucune raison de douter à cet égard.

A l'égard de l'usufruit qui appartient au mari, aucune coutume ne décide si le mari le perd par la mort civile de sa femme ; elles se contentent de dire en général, que la femme condamnée confisque ses propres.

S'il s'agit de sa part dans la communauté, on peut distinguer quatre sortes de coutumes.

1.° Les unes semblent décider que la femme confisque la part qu'elle a dans les meubles et acquêts de la communauté.

Telle est la coutume *de Bourbonnois, art.* 266 ; qui s'explique en ces termes : *Si par délit échet confiscation, soit de biens du mari ou de la femme, ladite confiscation n'a lieu que pour la portion des biens du délinquant, et ne perd la femme par la confiscation de son mari, son douaire, ni son droit de communauté et autres, à elle appartenans sur les biens de son mari*, nec è contra.

Il est vrai que cette coutume ne dit pas précisément que la confiscation ait lieu pour les conquêts ; mais il semble, en pesant bien tous les termes de cet article, que ce seroit là son esprit.

Telle est certainement la coutume *de Tours, article* 255, qui décide expressément que le mari ou la femme ne confisque que leur part et portion de leurs meubles et acquêts.

2.º Les autres disent que la femme ne confisque que ses propres seulement, mais elle ne marquent point à qui appartient la moitié des conquêts, si c'est ou au mari ou aux héritiers de la femme : *Meaux, art.* 208; *Sens, art.* 27; *Bar, art.* 31; *Troyes, art.* 134 (mais il faut remarquer que cette coutume, aussi bien que celle de Meaux, peut être fondée sur une raison particulière qui ne tire pas à conséquence pour les autres, en ce qu'elle veut que le mari confisque toute la communauté : d'où il s'ensuit, que réciproquement il n'est pas juste que la femme confisque sa part dans la communauté, puisque par le privilège de la première décision elle n'y a encore aucun droit pendant le mariage ; le fisc ayant tout dans un cas, ne doit rien avoir dans l'autre), *Laon, art.* 13; *Châlons, art.* 265 ; *Montargis, chap.* 5, *art.* 3.

3.º Les suivantes ne se contentent pas de dire que la femme ne confisque pas la part qui peut lui appartenir dans la communauté, elles disposent expressément de cette part ; mais les unes la laissent au mari, *Auxerre, art.* 29; *Nivernois, chap.* 2, *art.* 4; les autres la réservent aux héritiers de la femme, *Orléans, art.* 209; *Reims, art.* 349, suivant l'interprétation de *Buridan.*

4.º Les dernières distinguent entre la mort naturelle et la mort civile.

Elles veulent que la confiscation de la part de la femme dans la communauté n'ait point lieu, si ce n'est qu'il s'ensuive mort naturelle : *Melun, art.* 12 ; *Amiens, art.* 228.

Mais si l'on pénètre plus avant dans l'esprit de ces coutumes, il semble qu'elles n'aient voulu distinguer le cas de la mort civile que par rapport au mari, ensorte que la confiscation ait également lieu dans l'un et dans l'autre cas, mais que dans celui de la mort civile, l'effet en demeure suspendu jusqu'à la mort du mari qui retient pendant ce temps-là la jouissance des biens de la communauté, c'est ce qu'il semble que signifioient les termes de ces coutumes : « *La femme ne confisque sa part des meubles et conquêts qui lui doivent appartenir, après la dissolution du mariage au préjudice du mari, sinon qu'il s'ensuive mort naturelle* ».

Mais il reste après cela à examiner si le mari est réduit à un simple usufruit, ou s'il conserve toujours le droit de disposer en maître de la communauté, auquel cas la disposition de ces coutumes seroit vaine et illusoire.

Ainsi, il semble qu'on les doit joindre à celles qui décident nettement que la femme confisque la part qui lui appartient dans la communauté ; et en effet, les premières ne doivent être suivies qu'avec le tempérament d'équité marqué par les dernières, qui est qu'en cas de mort civile, la confiscation n'ait lieu qu'à la charge de l'usufruit du mari.

Ainsi, pour faire une table des coutumes sur cette matière, on les peut réduire à deux classes.

Les unes veulent que la femme confisque sa part dans la communauté, et il n'y en a que quatre de cette espèce, qui sont *Tours, Bourbonnois, Melun, Amiens.*

Les autres veulent que la femme ne confisque point sa part dans la communauté, et il y en a onze de cette espèce ; savoir, *Meaux, Sens, Bar, Troyes, Laon, Châlons, Montargis, Auxerre, Nivernois, Orléans, Reims.*

Il est vrai qu'il y en a deux de cette espèce, dont l'induction n'est pas si concluante que celle qui se

tire des autres; ce sont celles *de Meaux et de Troyes*
(Voyez ci-dessus.)

Cette dernière espèce se partage en trois.

Les unes ne disent point é qui appartient la part de
la femme dans la communauté après la condamnation, elles se contentent seulement d'exclure le fisc,
ce sont *Meaux, Sens, Bar, Troyes, Laon, Châlons
et Montargis.*

Les autres donnent cette part au mari : *Auxerre,
Nivernois.*

Les dernières la donnent aux héritiers de la femme:
Orléans, Reims.

Mais il suffit de remarquer, par rapport à la question présente, que de quinze coutumes qui ont traité
la question, il n'y en a que quatre qui admettent le
fisc, au lieu qu'il y en a onze qui l'excluent; et par
conséquent, la pluralité des coutumes est contre la
confiscation.

Les auteurs sont partagés sur cette question de la
même manière que les coutumes.

*Auteurs qui soutiennent que la confiscation de la
part qui appartient à la femme dans la communauté ne doit pas être reçue dans nos mœurs.*

Dumoulin, sur l'art. 3, du tit. 5, de la coutume
de Montargis, laquelle décide que la femme confisque
seulement ses propres, a mis en apostille; *juré societatis remanente marito, per jus non decrescendi;*
en quoi il explique en un mot le fondement de son
opinion.

L'Hoste est de même sentiment sur la même coutume.

Pontanus, sur l'article 178, de la coutume de
Blois, pag. 204, (1) :

(1) On peut opposer que Pontanus doit être rejeté, par la
même raison pour laquelle il a dit que les coutumes de Troyes
et de Meaux ne prouvent qu'imparfaitement cette maxime,
parce que cet auteur, comme ces coutumes, suppose que le
mari confisque toute la communauté.

E converso idem juris procedere opinor, ut cum uxor nullum jus in bonis mariti superstitis habeat, si ipsa deliquerit, unde suorum bonorum proscrisptionem mereatur, idque constante matrimonio, mariti bonis etiam utrique communibus, nullum afferri præjudicium credam, eâ quam suprà diximus in casu opposito ratione; si quidem ea bona sunt in plenâ ac liberâ mariti dispositione, non item uxoris : unde fit ut constante matrimonio, non possit ob uxoris culpam, libera eorum dispositione immatura fraudari.

Ex quibus multis rationibus sequitur, in bonorum uxoris publicatione ea in summa non venire, in quibus aliquod jus, ut puta fruendi maritus habeat. Nec enim æquum est, ut eum uxor per contractum marito non possit præjudicare, possit per delictum.

D'Argentré, art. 423, chap. 2, mem. 4 : *An mulier confiscabit partem suam mobilium, negandum est, quia usum duntaxat habet promiscuum, non etiam proprietatem ullam.*

Il objecte ensuite que par l'art. 612, *civilis reputationis via, agnoscere tenetur;* mais il répond, *hoc non ideo quia ullam partem mobilium, mulier possit committere, sed quia viri ipsius culpa est, qui retinere et castigare uxorem debuit.*

Il pouvoit ajouter trois autres réponses,

1.º Que cet article 612 est singulier dans sa décision, et contraire au droit commun du royaume; ainsi *non debet produci ad consequentias;*

2.º Que l'on ne peut tirer aucune conséquence de l'obligation civile de réparer le tort de la femme, à la confiscation : *sic jure civili pater de dilecto filii tenetur intra vires peculii, non tamen peculium confiscatur propter crimen filii;*

3.º Qu'il y a une grande différence entre ceux *qui certant de damno vitando aut resarciendo,* et ceux *qui certant de lucro captando;* il y a de l'équité à accorder aux premiers une action sur un bien auquel la femme espère avoir part un jour; il n'y en a point à donner aux derniers un droit qui ne peut leur être accordé, que par une espèce de fiction et de privilége.

Coquille, sur la coutume de Nivernois, titre 2, art. 4, explique ainsi la raison fondamentale de cette article :

« Comme la femme mariée ne peut, par contrat ou quasi-contrat, disposer des meubles et conquêts de la communauté, ainsi ne peut-elle par son délit, porter tort en iceux au mari, qui durant le mariage en est le maître et seigneur : la maîtrise est pour l'administration légitime ; la seigneurie représente le droit de propriété ».

Loysel, en ses institutions coutumières, liv. 6. tit. 2, art. 27 : « Femme mariée condamnée, ne confisque que ses propres, et non la part qu'elle auroit aux meubles et acquêts ».

Chenu, quest. 56, dit que c'est une maxime, que « la femme ne confisque que ses propres et non ses meubles et acquêts, au préjudice du mari, et demeure la part desdits meubles, acquêts et conquêts, à ses héritiers, auxquels ils sont rendus et délivrés, après le trépas du mari seulement ».

Bacquet, des droits de justice, chap. 15, n. 90, 91, est précisément du même avis, et appuie son opinion en partie sur l'article 6 des arrêtés touchant les droits de justice, qui furent faits lors de la réformation de la coutume de Paris, et qu'il a insérés au 2ᵉ chapitre de ce même traité.

Tronçon, sur l'article 220 de Paris, *verb. commun.*, paroît approuver le même sentiment.

Gueret, dans ses notes sur le Prêtre, coutum. 2 chap. 98, est de même avis.

La Thaumassière, sur l'article 3, du titre 5 de la coutume de Nivernois, établit la même règle comme une maxime certaine.

Auteurs qui soutiennent au contraire que la femme confisque la part qui lui devoit appartenir dans la communauté.

Ferrières, dans ses notes sur Bacquet, dit que le sentiment de cet auteur est une erreur, si ce n'est dans les coutumes qui en ont une disposition précise. Renusson, dans son traité de la communauté, liv. ou part. 1, chap. 6, n. 51, propose aussi la même maxime, comme étant son sentiment, mais avec plus de droit et de retenue; il marque néanmoins que plusieurs inclinent au sentiment contraire.

L'auteur anonyme d'un traité de la communauté, imprimé par forme de notes sur Duplessis, distingue: ou la femme est morte naturellement par vertu de la condamnation, ou elle n'est morte que civilement. Dans le premier cas, la confiscation a lieu purement et simplement; dans le second, elle a lieu à la charge de l'usufruit du mari.

Ainsi, de quatorze auteurs que l'on a examinés sur cette question, il y en a onze contre la confiscation, et trois pour; mais un seul de la plus grande partie de ceux qui sont contre, en vaut cent tels que ceux qui sont pour la confiscation.

Motifs de l'opinion de ceux qui pensent que la femme condamnée confisque sa part dans la communauté.

1.° L'ancienne maxime du droit français que Dumoulin se vante d'avoir fait abolir, étoit que le mari, comme maître et seigneur de la communauté, la confisquoit toute entière.

Comparaison perpétuelle entre les contrats et les délits.

De même que le mari peut aliéner et anéantir toute la communauté par un contrat, il peut aussi la perdre par un délit.

D'Aguesseau. Tome VIII. 8

Ou, si l'on veut, l'on peut encore dire, que ce que l'on peut perdre par le jeu, par la débauche, etc, se peut perdre par le crime.

Tels étoient les fondemens de l'ancienne jurisprudence ; jurisprudence rigoureuse, à la vérité, mais conforme aux principes.

On en a senti la dureté, on a cherché à amollir la rigueur de la loi; on a cru que, quoique le droit de la femme pendant le mariage ne fût presque qu'une espérance, il étoit bien rigoureux de lui faire perdre une espérance si juste et si favorable, par le crime de son mari.

On a considéré d'ailleurs que, quoique le mari puisse aliéner chaque effet particulier de la communauté, on ne souffriroit pas néanmoins qu'il l'aliénât toute entière, par un seul acte à titre universel ; que c'est néanmoins ce qu'il feroit par son crime, si son crime pouvoit priver sa femme des droits qu'elle a sur la communauté.

Ainsi s'est établie peu à peu l'opinion contraire, qui a enfin prévalu sur la rigueur du droit; mais cette nouvelle jurisprudence est une grace, un privilége, un adoucissement, un relâchement des règles étroites fait en faveur de la femme.

Or, si cela est, peut-on retorquer contre elle ce qui n'a été introduit qu'en sa faveur : *Nulla ratio patitur*, dit je ne sais plus quelle loi, ni en quels termes précisément elle le dit ; *ut quæ in favorem minorum sunt introducta, ea nos duriori interpretatione, convertamus in eorum perniciem.*

En un mot, ce n'est point contre le mari que l'on a voulu établir que la confiscation prononcée contre lui ne s'étendroit pas sur la part qui appartient à la femme dans la communauté, c'est pour la femme que cette maxime a été introduite ; dès le moment que son intérêt cesse, on doit revenir au droit commun, qui ne souffre pas qu'en matière de lois pénales et de rigueur on présume que la femme est saisie d'un bien qui ne lui appartient pas encore, afin d'avoir un prétexte pour l'en dépouiller.

2.º De là cette seconde réflexion, aussi naturelle que la première, et qui est une suite du même principe; je veux dire que le mari, pendant le mariage, est le maître et le seigneur de la communauté.

Certainement, à prendre les choses à la rigueur, la femme n'a encore aucune propriété dans les biens communs au jour de la condamnation qui est prononcée contre elle; il est vrai qu'elle auroit pu avoir un droit réel sur ces biens après la dissolution du mariage; mais elle ne l'a pas encore quand elle est condamnée : on ne peut donc la réputer propriétaire de la moitié de la communauté, que par une espèce de fiction qui prévient l'ordre des temps, qui suppose ce qui n'est pas encore, et ce qui ne sera peut-être jamais, comme s'il étoit déjà.

Mais est-il juste de faire cette fiction en faveur du fisc? Ne doit-on pas dire au contraire, qu'il ne faut déférer au fisc que ce qui est véritablement et actuellement acquis à la personne condamnée dans le moment de la condamnation? A l'égard de tout le reste, *rapienda occasio est, præbet benignius responsum.*

3.º Ce droit de prendre la moitié de la communauté dépend d'un fait incertain, d'une option que la femme peut faire avec une liberté absolue, non-seulement selon son intérêt, mais encore selon son caprice; qui peut savoir ce qu'elle auroit fait, si elle avoit été en état d'accepter ou de renoncer? Dans le doute, pourquoi présumer pour le fisc contre le mari, ou contre les héritiers de la femme?

4.º Mais il y a plus; ces présomptions, ces fictions, sont-elles admissibles? n'y a-t-il rien qui y résiste et qui en arrête les progrès? Pour cela, il faut examiner ce qui se passe, suivant les règles du droit, lorsqu'une femme est condamnée à une mort naturelle ou à une mort civile.

Aussitôt que la condamnation est prononcée, elle est réputée morte civilement, ne pouvant plus ni être saisie elle-même d'aucun droit, ni saisir ses héritiers : ainsi, comment peut-on feindre que le droit de prendre

8 *

la moitié de la communauté passe au fisc, puisque ce droit n'a jamais été réalisé ? Il n'a fait aucune impression sur la tête de la femme, elle n'a eu qu'une espérance certaine, à la vérité, en elle-même, mais qui n'a jamais été accomplie. La puissance n'a point été réduite en acte, le fisc ne peut prendre les choses que dans l'état où elles sont; or, quel est cet état, si ce n'est un état de propriété certaine dans la personne du mari, un état d'espérance douteuse, casuelle, dépendante de plusieurs événemens dans la personne de la femme ? Il est juste, dans ce parallèle, que le droit du mari l'emporte sur l'espérance de la femme, et qu'ainsi le fisc n'ait rien dans la communauté, parce qu'à la rigueur la femme n'y avoit encore rien.

Mais on sera encore plus frappé des inconvéniens de la fiction par laquelle on admettroit le fisc, si l'on considère que non-seulement la femme n'est point encore saisie de sa part dans la communauté, quand elle est condamnée, et qu'il est incertain si elle l'auroit jamais été, mais que la communauté en elle-même est dans un état d'incertitude et d'instabilité qui, pouvant toujours varier depuis la condamnation jusqu'à la mort naturelle de la femme, ne permet pas que le fisc puisse en être réputé saisi.

Pour mettre ce raisonnement dans tout son jour, il faut faire ce dilemme. :

Ou l'on voudra que la communauté soit tellement censée dissolue par la condamnation de la femme, que le mari n'en soit plus le maître, qu'il n'en ait plus qu'un simple usufruit, et que l'état de cette communauté soit fixé irrévocablement au jour de la condamnation;

Ou, au contraire, on avouera que le mari demeure toujours le maître absolu de la communauté, malgré le crime et la condamnation de sa femme;

Si l'on prend le premier parti, la faveur du fisc fera commettre au juge une injustice manifeste, puisqu'il est évident que, quoique le crime de la femme ne puisse nuire au mari, cependant il lui portera un préjudice sensible, en le dépouillant avant le temps de cette prérogative éminente que lui donne la coutume; je veux dire, du droit d'être non pas l'administrateur ou l'usufruitier, mais le maître et le seigneur absolu de la communauté, jusqu'au moment de la dissolution du mariage par la mort naturelle. L'innocent ne doit pas souffrir pour le coupable, et le crime de la femme ne doit pas changer la condition et l'état du mari.

En droit civil, le mari n'étoit condamné envers sa femme, *quin quantum facere poterat.*

On demande, si lorsque la dot est confisquée, le fisc en peut exiger davantage? Le jurisconsulte répond dans la loi 36. ff. *Soluto matrimonio,* que le fisc ne le peut pas, *ne in perniciem mariti, mulier damnata sit.*

Il en est de même dans ce cas : la femme seroit condamnée *in perniciem mariti,* si de maître qu'il étoit avant la condamnation, il demeuroit simple administrateur ou usufruitier comptable après la condamnation.

Que si l'on prend le second parti, et si l'on accorde, même après la condamnation de la femme, le même pouvoir que la coutume lui donnoit auparavant sur les biens de la communauté, en ce cas on ne blesse pas la justice, à la vérité, mais on pèche contre la raison, en ne donnant au fisc qu'un droit illusoire et inutile que le mari peut anéantir quand il lui plaît en une infinité de manières différentes.

Un exemple rendra ce dilemme encore plus décisif.

Qu'on suppose que Titius ait donné, par contrat de mariage à Mœvius, tous les biens qu'il aura au jour de son décès; il est certain qu'une telle donation ne lie point les mains au donateur, et qu'elle lui laisse une entière liberté de vendre, d'engager, d'aliéner, pourvu que ce ne soit pas à titre lucratif.

Supposons ensuite que Mœvius soit condamné à une peine qui emporte la confiscation de tous ses biens; dira-t-on que le fisc succède aux droits du donateur, par rapport à l'effet de la donation, à la charge de laisser jouir le donateur de tous ses biens jusqu'au jour de son décès?

Qui ne voit qu'une telle présomption seroit absurde? soit parce que le donataire n'a encore aucun droit réellement acquis sur les biens du donateur, soit parce que ce droit étant toujours incertain, pouvant croître et diminuer, pouvant même s'anéantir, au moins quant à l'effet, il seroit ou injuste de le fixer avant le temps marqué par la donation, ou illusoire d'accorder au fisc une espérance qu'il seroit toujours permis de frustrer.

Cet exemple s'applique d'autant plus naturellement à la communauté, qu'on peut dire que la loi qui y admet la femme, est une pure grâce, et une espèce de libéralité de la coutume, la femme n'étant censée contribuer en rien à l'accroissement et à l'augmentation de la communauté, ce qui fait aussi qu'on ne lui en impute jamais la diminution, et que le mari seul en souffre la perte sur ses biens propres, pendant que la femme en est quitte, ou pour renoncer à la communauté, ou pour n'en porter les charges que sur la part qu'elle a dans les biens communs.

5.º On ne peut prendre que trois partis pour la décision de cette question :

Ou donner au fisc la faculté de prendre la communauté, en lui accordant en même temps la faculté d'y renoncer ;

Ou lui permettre seulement d'accepter, c'est-à-dire, le déclarer commun de droit avec le mari, sans qu'il puisse se dispenser de l'être, qu'en abandonnant même les biens propres de la femme ;

Ou enfin, lui refuser purement et simplement toutes sortes de droits sur la communauté.

Le premier parti est injuste.

Le second seroit contraire aux intérêts du fisc.

Le troisième seul est juste et raisonnable.

Le premier est injuste, parce que le droit de renoncer à la communauté est un privilége accordé aux femmes et à leurs héritiers personnels, contre la disposition du droit commun, contre la disposition

même de l'ancien droit français; or il est impossible
de présumer que l'on ait jamais eu intention d'accorder cette grâce, cette exception, ce privilége, au
fisc.

Comme ce privilége n'a été introduit qu'en faveur
de la femme, il ne peut s'étendre qu'à ceux qui représentent sa personne, et non pas à ceux qui ne sont
que successeurs réels, tel qu'est le fisc; ou, pour donner
encore une idée plus naturelle et plus sensible de cette
distinction, on ne doit accorder la grace de pouvoir
renoncer qu'à ceux auxquels il est de l'intérêt de la
femme même que cette grâce soit accordée; car, comme
la seule faveur de la femme a fait recevoir ce privilége
singulier dans notre droit français, il est évident que
toutes les fois que la faveur et l'intérêt de la femme
cessent, le privilége doit cesser en même temps pour
faire place au droit commun.

Or, quels sont ceux auxquels il est de l'intérêt de la
femme qu'on accorde ce privilége? Ce sont ses héritiers, ses créanciers, ses donataires. Mais qui pourra
soutenir qu'il soit de l'intérêt de la femme que le fisc
jouisse de cette grace? Il faut donc recourir au droit
commun, et par conséquent refuser au fisc un privilége qui n'a jamais été établi qu'en faveur de la
femme, et de ceux qu'il est de son intérêt que l'on
fasse jouir de la même grâce.

Le second parti est évidemment contraire à l'intérêt
du fisc, parce que, comme il y a plus de communautés
onéreuses qu'il n'y en a d'utiles, le fisc se trouveroit
souvent réduit à la nécéssité d'abandonner les biens
propres de la femme, de peur d'être exposé à porter
les charges de la communauté; car l'on ne prétendra
pas apparemment que le fisc puisse jouir d'un autre
privilége personnel de la femme, qui consiste en ce
qu'elle ne peut être tenue des dettes de la communauté qu'autant qu'elle en amende.

Il ne reste donc que le troisième parti auquel on
puisse s'attacher.

6.º Enfin, si l'on considère que la communauté
est à proprement parler le fruit du mariage, que c'est

à ce titre qu'elle est attachée, qu'elle est principalement l'ouvrage du mari, que ce n'est que par grâce
qu'on y admet la femme et ses héritiers, qu'il n'est pas
juste que le fisc vienne partager le fruit des travaux
du mari, qui, ayant un droit universel sur toute la
communauté, semble devoir retenir le tout : *Per jus
non decrescendi, conjunctio non concurrente.* On
sera convaincu que l'équité concourt avec la justice
pour exclure le fisc, et c'est sans doute cette espèce
d'équité, supérieure à toutes les lois, qui fait que
presque toutes les coutumes, et presque tous nos
auteurs ont embrassé cette opinion, comme conforme
au vœu du mariage, et à la nature même qui donne
toujours un droit de propriété à l'ouvrier sur son
ouvrage ; droit dont il peut se priver, droit qu'il peut
partager par une convention volontaire, mais non par
une condamnation forcée qui lui feroit porter la
peine d'un crime dont il est innocent.

DIXIÈME MÉMOIRE,

Au sujet de la confiscation des Biens des Condamnés
par jugement militaire.

CETTE question peut être examinée, ou par rapport aux dispositions du droit romain, ou par rapport à nos mœurs.

Dans le droit romain on distinguoit deux sortes de crimes pour lesquels un soldat pouvoit être condamné : crimes que l'on appeloit *communs*, parce qu'ils auroient été punis dans un simple citoyen, et qu'ils violoient la société civile plutôt que la discipline des armes ; *crimes militaires*, propres aux soldats, qui ne blessoient que la discipline militaire ; et, en distinguant ainsi deux personnes différentes dans un soldat, les jurisconsultes romains avoient aussi introduit à son égard la distinction de deux sortes de biens : *biens communs*, et ordinairement semblables à ceux de de tous les autres citoyens ; *biens militaires* acquis au camp et à l'armée, *bona castrensia*, qui avoient leurs lois et leurs priviléges particuliers.

Ces distinctions étant une fois supposées, on peut renfermer en très-peu de paroles toutes les décisions de la jurisprudence romaine sur cette question.

Ou le soldat étoit condamné pour un crime militaire, et en ce cas, ses biens militaires étoient exempts de la peine prononcée contre lui ; il pouvoit en disposer par testament, et s'il n'en avoit pas disposé, ses héritiers étoient préférés au fisc ; la seule différence qui distinguoit cette espèce de succession, de celle des autres citoyens, étoit que les parens du soldat n'y étoient admis que jusqu'au cinquième degré ; au-delà de ce degré, ils étoient exclus, et la succession étoit dévolue au fisc.

Le même privilége ne s'étendoit pas aux autres biens du soldat, quoique vivant et capable de tester par rapport aux biens militaires ; il étoit réputé mort, et par conséquent, incapable de faire un testament par rapport au reste de ses biens qui étoient soumis à la disposition du droit commun.

Mais, si le soldat étoit condamné pour un crime non militaire, il ne jouissoit d'aucun privilége ; non pas même par rapport à ses biens militaires, et on ne mettoit en ce cas aucune différence entre la condamnation d'un soldat et celle d'un simple citoyen, l'un et l'autre avoient les mêmes suites et se régloient par les mêmes lois.

Le droit romain n'a pas été plus loin ; il ne paroît pas que les jurisconsultes ni les empereurs romains aient prévu un troisième cas, qui est celui d'un crime mixte, par lequel un soldat auroit blessé également les lois communes de la société civile, et les règles de la discipline militaire, qui peuvent souvent concourir à défendre la même chose ; mais comme la milice avoit chez les Romains de très-grands priviléges, il y a lieu de présumer que dans ce cas ils avoient regardé le crime mixte par la face la plus favorable aux soldats, et l'avoient traité plutôt comme militaire par rapport aux effets de la condamnation, que comme délit commun et ordinaire.

Quoi qu'il en soit, telles sont toutes les maximes établies sur ce point par la jurisprudence romaine ; mais, afin de n'en point porter trop loin les conséquences, il est bon de remarquer en cet endroit que la confiscation a toujours paru odieuse aux Romains ; de là vient que les jurisconsultes l'ont restreinte autant qu'ils l'ont pu, cherchant toujours à adoucir la rigueur des peines et préférant souvent la voix du sang et de la nature à la sévérité de la loi, comme s'ils avoient voulu mériter cette louange que *Tite-Live* donne aux Romains, qu'aucune nation n'a établi des peines plus dures et plus modérées : *Gloriari licet nulli gentium mitiores placuisse pœnas.*

C'est dans cet esprit que les enfans des condamnés

obtinrent d'abord une espèce de légitime de grâce, qui fut fixée au tiers du bien de leur père.

Justinien alla encore plus loin, et il porta l'humanité dans sa 12.ᵉ novelle, jusqu'à retrancher entièrement la confiscation ; et quoique sa novelle 134 ne soit pas si favorable aux héritiers des condamnés, il ordonna néanmoins par cette loi, que les ascendans et les descendans, jusqu'au troisième degré, seroient préférés au fisc, si ce n'est dans le crime de lèse-majesté.

Il s'en falloit donc beaucoup, que la confiscation fût aussi rigoureuse chez les Romains qu'elle l'est parmi nous ; et c'est ce qu'il est très-important de retenir, pour ne pas abuser des principes du droit romain en cette matière, qui, en soumettant les soldats dans certains cas et par rapport à certains biens à la peine de la confiscation, les punissoit beaucoup moins qu'on ne les puniroit parmi nous, si on les assujettissoit à la même peine, puisque, dans l'ancien droit, on retranchoit un tiers des biens confisqués en faveur des enfans, et que, dans le nouveau, la totalité de la succession du condamné étoit réservée à ses enfans à l'exclusion du fisc ; au lieu que parmi nous, dans la plus grande partie du pays coutumier, les enfans portent la peine du crime de leurs pères par la perte qu'ils font de toute la succession.

Que si après avoir épuisé toutes les dispositions du droit romain sur cette question, on l'examine par rapport à nos mœurs, on y trouvera une grande incertitude, parce que la question n'a jamais été décidée par aucune ordonnance.

A la vérité, nous trouvons dans plusieurs coutumes du royaume, la maxime commune : *qui confisque le corps, confisque les biens;* et cette maxime est une espèce de règle générale du droit français.

Mais doit-elle avoir lieu à l'égard de tous les juges et pour toute sorte de jugemens? C'est sur quoi les jurisconsultes français sont assez partagés.

Coquille, qui a mérité le surnom de *judicieux,* a été d'avis que la confiscation devoit avoir lieu contre ceux mêmes qui avoient été condamnés par un jugement purement militaire, sans distinction du genre de crime pour lequel la condamnation est prononcée; *parce que*, dit cet auteur, *la sentence de mort a été légitimement donnée par celui qui a la puissance de la donner, suivant les lois militaires.*

L'autorité encore plus que les raisons de Coquille, a entraîné trois autres auteurs dans son parti, qui sont Legrand sur la coutume de Troyes, Basnage sur celle de Normandie, et Ferrières sur celle de Paris, qui tempère néanmoins l'opinion de Coquille en proposant d'excepter de la confiscation les biens militaires du condamné.

Il y a même un arrêt que l'on pourroit citer comme favorable en quelque manière à cette opinion; l'espèce en est célèbre.

Le nommé Anvoux, principal auteur de l'émotion populaire dans laquelle M. le P. Brisson avoit été sacrifié à la fureur du peuple, fut pendu, par l'ordre de M. le duc de Mayenne, sans forme ni figure de procès.

On examina si cette condamnation, purement militaire dans sa forme, emportoit la confiscation des biens du coupable, et le parlement le jugea ainsi par un arrêt du lundi 3 mars 1597.

Mais, comme le principal motif des conclusions de M. Servin sur la plaidoirie duquel cet arrêt fut rendu, étoit tiré de la qualité du crime de lèse-majesté qui affecte tellement les biens du coupable que ces biens sont aussi acquis et dévolus au fisc du jour du crime, et même suivant les lois du jour que le coupable a eu la pensée de le commettre, ensorte que la sentence du juge déclare plutôt la confiscation qu'elle ne l'opère, on ne peut tirer aucun argument solide du préjugé de cet arrêt, qui d'ailleurs a été rendu dans un temps où de grands désordres demandoient de grands exemples, plutôt qu'une observation exacte et littérale des règles ordinaires.

Voilà tout ce qu'on peut alléguer d'un côté en faveur de la confiscation.

Mais, d'un autre côté, Coquille lui-même, qui a été, pour ainsi dire, le chef du premier parti, avoue que la *commune opinion* lui est contraire; et quoique Dumoulin n'ait pas traité la question expressément, il établit néanmoins trois principes en trois paroles, qui font assez connoître qu'il étoit de l'avis que Coquille appelle l'*opinion commune*.

Ces trois principes sont :

Premièrement, que la confiscation est odieuse, d'où il suit qu'elle ne doit pas être facilement étendue ;

Secondement, qu'il n'y a que les juges ordinaires qui sont dépositaires de la coutume par laquelle la confiscation est établie, qui puissent être présumés avoir voulu imposer la peine de la confiscation ; ce qu'il porte si loin, qu'il ne croit pas que cette peine puisse être suppléée dans la sentence d'un juge extraordinaire, si elle n'y est nommément exprimée;

Troisièmement, que le jugement soit rendu dans les formes requises, *justè et debitè*; d'où il semble qu'on doit conclure que tout jugement qui n'est pas rendu dans les formes prescrites par les ordonnances qui ont établi la peine de la confiscation, ne peut pas imposer cette peine ; et c'est sur ce principe, que Coquille reconnoît qu'est fondée l'opinion commune de ceux qui soutiennent, contre son sentiment, que les jugemens militaires n'emportent pas confiscation.

Au milieu de ces opinions contraires, il semble que pour se déterminer sur cette question il est nécessaire de reprendre ici la distinction établie par les lois romaines entre les crimes *militaires* et les délits que les jurisconsultes appellent *communs*.

S'il s'agit d'un crime militaire, il ne paroît pas que la confiscation puisse avoir lieu parmi nous, et cela par plusieurs raisons.

La première, est le silence des lois militaires sur ce sujet; dans le grand nombre que le roi a faites pour régler la peine et la discipline de ses armées de terre et de mer, il n'y en a aucune qui mette la confiscation des biens du condamné au nombre des peines militaires ; cependant il n'est pas vraisemblable, que si l'intention du roi eût été que le conseil de guerre condamnât les soldats à cette peine, on n'en eût fait aucune mention dans toutes les ordonnances que sa majesté a faites sur ce sujet. Non-seulement ce silence se remarque dans les lois militaires, mais on le trouve encore dans les jugemens qui se rendent au conseil de guerre ; on ne croit pas que jamais on ait eu la pensée d'y ordonner, que les biens d'un soldat demeureroient acquis au roi ; et, comme le prince n'a jamais eu intention d'établir cette peine par ses lois, aussi ses officiers militaires n'ont jamais cru pouvoir la prononcer dans leurs jugemens.

Cette observation est d'autant plus importante, que dans les tribunaux ordinaires quoique la confiscation soit de droit dans certains cas comme une suite nécessaire de la peine qui est prononcée par le juge, cependant il est d'un style généralement observé d'ordonner expressément la confiscation des biens du condamné.

Ainsi, d'un côté, les tribunaux ordinaires prononcent toujours expressément la peine de la confiscation, et, de l'autre, le conseil de guerre ne prononce jamais cette peine. Or, quelle peut être la raison de cette différence, sinon que la confiscation a lieu dans un cas et qu'elle n'a pas lieu dans l'autre ? Autrement, si l'effet de la condamnation eût été le même, le style de la condamnation auroit été semblable, et les juges militaires auroient prononcé expressément, comme les autres juges, la peine de la confiscation : c'étoit en effet par cette raison, que dans le droit romain la confiscation des biens étoit une suite des condamnations militaires, au moins par rapport à tout ce que le soldat possédoit sans l'avoir acquis à l'occasion de la guerre ; cela s'observoit ainsi chez les Romains, parce que leurs lois militaires établissoient souvent la peine de la confiscation contre les soldats ; mais, comme nos lois militaires ne contiennent aucune disposition semblable, on doit conclure par un argument contraire que la confiscation des biens du soldat n'étant pas établie par nos lois militaires, elle ne peut être reçue dans nos mœurs comme elle l'étoit dans celles des Romains.

La deuxième raison, qui est une suite de la première, est le défaut de pouvoir de la part des officiers militaires; le prince, arbitre souverain des peines qui se prononcent contre ses sujets, communique telle portion qu'il lui plaît de son pouvoir aux juges qui rendent la justice sous ses ordres; et ce n'est que par ses ordonnances qu'il leur accorde cette participation de son autorité.

Or, dès le moment qu'il est certain, d'un côté, que c'est dans les lois adressées aux tribunaux ordinaires que la peine de la confiscation est établie; et de l'autre, qu'il n'est fait aucune mention de cette peine dans toutes les ordonnances, dont l'exécution est confiée aux juges militaires, comment pourroient-ils exercer sur les biens des condamnés un pouvoir qu'ils n'ont pas reçu du souverain?

On dira peut-être qu'ils ne confisquent les biens qu'indirectement, et par une conséquence de la maxime générale, *qui confisque le corps, confisque les biens.*

Mais cette maxime ne se trouve que dans nos coutumes ou dans nos anciens praticiens; et Dumoulin a très-bien remarqué qu'elle n'a été proposée qu'en vue des jugemens qui se rendent dans une justice réglée; d'ailleurs, cette maxime est fondée sur les ordonnances qui ont établi la peine de la confiscation; or, toutes ces lois n'étant adressées qu'aux juges ordinaires, on ne peut pas dire que la règle qui n'en est qu'une suite, puisse avoir son effet par rapport à ce qui se passe dans des tribunaux militaires soumis à d'autres lois qui ne parlent en aucun endroit de la confiscation, si ce n'est peut-être de celle des armes par rapport aux passe-volans; mais

c'est ce qui confirme la règle, bien loin de la détruire ; car n'ordonner que la confiscation des armes,
c'est exclure la confiscation de tout le reste des biens.

Que si l'on veut chercher la raison de ce silence
des lois militaires sur la confiscation et du défaut
de pouvoir qui en est une suite, il est aisé de la
découvrir dans la nature de la juridiction militaire.
On peut dire que cette juridiction est une image de
la guerre, elle est toute de fait ; et, comme dit Coquille, elle consiste toute *en la pointe dè l'épée*;
c'est, à proprement parler, la loi du plus fort. Elle
ramène les hommes au premier droit naturel, et par
conséquent elle ne s'étend que sur ce qui est entre
ses mains, c'est-à-dire, sur la personne du coupable;
c'est cette personne qui est seule engagée par le
serment militaire, c'est sur elle seule que s'exerce
le commandement. Si le soldat manque à son devoir,
on ne le ramène que par la voie de la prison, ou par
celle des châtimens corporels; telle étoit autrefois la
justice que les maîtres exerçoient sur leurs esclaves,
justice toute de fait et d'exécution, qui passeroit
pour violence si elle n'étoit légitime.

Or, tous les actes de cette espèce de justice se
bornant à la personne, il est évident qu'elle ne peut
s'étendre snr les biens ; et en effet, prétendroit-on
que l'on peut requérir ou une hypothèque sur l'immeuble d'un soldat ou même la propriété de ses
immeubles, en vertu d'un jugement militaire : or,
pourquoi cette prétention paroîtroit-elle nouvelle et
absurde, si ce n'est parce qu'on est naturellement
persuadé que les juges militaires n'ont aucune juridiction sur les biens des soldats, parce que tout leur
pouvoir est renfermé dans ce qui regarde la personne;
et, comme la confiscation tombe sur leurs biens, on
à cru avec raison qu'elle excédoit les bornes du
pouvoir de cette espèce de juge.

Enfin, la dernière raison de ce sentiment est tirée
de l'équité même.

L'on sait avec quelle rigueur les moindres fautes

sont punies dans les armées pour maintenir la discipline militaire. Qu'une sentinelle s'endorme, qu'un soldat sorte sans congé, qu'il soit absent une demi-journée au-delà du temps marqué par son congé, qu'il fasse du feu mal à propos, qu'il entre dans une maison où il y a une sauve-garde, il lui en coûte souvent la vie ou la liberté selon la rigueur des ordonnances militaires ; cette rigueur est juste, parce qu'elle est nécessaire : mais si l'on joignoit à cette sévérité qui, quoique juste, fait toujours souffrir l'humanité, la rigueur des lois ordinaires ; et si l'on ajoutoit la peine de la confiscation des biens à la peine capitale prononcée contre les personnes, la condition de ceux qui sont dans le service seroit bien plus malheureuse que celle des autres sujets du roi : on accumuleroit contre eux les peines qui se prononcent dans la justice ordinaire à celles qui s'ordonnent par les juges militaires ; et, pour une faute qui n'est rien en soi et qui n'est grande que par la crainte des conséquences, ils perdroient en même temps la vie ou la liberté et les biens, l'équité seroit trop blessée par cette accumulation de peines. Plus les lois militaires sont rigoureuses, et, si l'on ose le dire, sanglantes contre la personne, plus il est juste de les adoucir par rapport aux biens ; et c'est sans doute une des raisons pour lesquelles les ordonnances militaires n'ont jamais mis la confiscation des biens au nombre des peines qui pourroient être imposées par le conseil de guerre.

Ainsi, il semble que par toutes ces raisons la confiscation ne doive jamais avoir lieu dans les condamnations prononcées pour des crimes militaires.

Mais, lorsqu'un soldat est condamné pour un crime que l'on puniroit dans une autre personne, ou qui est également défendu, et par les lois que l'on suit dans les tribunaux ordinaires, et par les ordonnances de la guerre, la confiscation doit-elle avoir lieu dans ce cas ? C'est ce qu'il reste d'examiner.

Pour résoudre cette dernière difficulté, il faut observer que dans ce second cas le jugement peut être rendu où dans le conseil de guerre ou par un prévôt de la maréchaussée.

Si c'est le conseil de guerre qui a pris connoissance de l'action, alors, comme le défaut de pouvoir s'y trouve toujours quoique la nature du crime pût admettre la peine de la confiscation, il ne paroît pas que cette peine doive avoir lieu, et l'on peut ajouter ici à tout ce qui a été dit à ce sujet par rapport au premier cas, que, suivant la remarque de Dumoulin et le sentiment des anciens praticiens que Coquille avoue être contraire à son opinion, la confiscation ne doit avoir lieu régulièrement que lorsque le procès a été instruit dans toutes les formes prescrites par les ordonnances du royaume pour les procédures qui se font dans les tribunaux ordinaires ; or, ce qui se passe dans les jugemens militaires est d'un ordre tout différent de celui auquel les ordonnances ont attaché l'effet de la confiscation; ainsi, soit par le défaut de puissance, soit par le défaut de solennité suffisante, il seroit difficile d'admettre la confiscation en ce cas, quoique le crime dont il s'agit soit de nature à être puni de ce genre de peine si le procès étoit porté dans un autre tribunal.

Mais, si le crime est poursuivi pardevant un prévôt des maréchaux, et qu'il soit jugé avec toutes les solennités prescrites par les ordonnances, alors, comme on ne doute pas que les prévôts des maréchaux ne puissent rendre des jugemens qui emportent confiscation des biens et que le crime dont il s'agit mérite cette peine, il seroit absurde que parce que le jugement est rendu à la suite de l'armée il ne doit pas avoir son effet sur les biens des condamnés sujets à confiscation.

Ainsi, il résulte de ce mémoire que le seul cas où la confiscation puisse avoir lieu sur les biens d'un soldat condamné à l'armée, est lorsqu'il est jugé par un prévôt des maréchaux dans les formes ordinaires pour crime non militaire ; et par conséquent, que dans les deux autres cas, ou lorsque le crime est purement militaire , ou lorsque , quoiqu'il ne soit pas purement militaire , il est jugé par le conseil de guerre, la confiscation ne doit pas avoir lieu.

Autorités sur la confiscation des biens des personnes
condamnées par jugement militaire.

Dans le droit romain, on distinguoit *inter bona castrensia et bona paganica , et rursùs vel miles damnatus erat ex delicto militari, vel ex delicto communi.*

1.º *Casu , et testari poterat de castrensibus bonis, l. ex Militari, 2.º ff. de test. militis , l. et militibus cod. cod. tit. l. 1.º et 2.º ff. de veter. ac milit. succession. impetratâ tamen in ipsâ sententiâ ab eo qui damnaverat testandi licentiâ, l. 22, §. 1, ff. de leg. 3.º l. 32 , §. similes , ff. de donat. int. vir et uxor , idque ex rescripto divi Hadriani, l. 6, §. 6, ff. de injust. rupt. et in test. Si tamen sacramenti fides non rupta sit, l. ex milit. delicto 11 , ff. de test. mil. et si intestatus decessisset , bona castrensia fisco non vindicabantur , sed ad legitimos hœredes vel ad cognatos , ad finem quinti gradûs pertinebant , teste Papiniano in leg. 2, ff. de veteran. et mil. succession. qui addenda est , l. 1, cod. tit.*

At de paganis testari ex militari delicto capitis damnato non licebat, nec alium quam fiscum damnatus miles in iis bonis habebat heredem, l. 2, ff. de veteran. et mil. succession. in verbo castrensia , v. Cujac. ad hanc leg. et ant. Fabr. de error. pragm. decad. 72 , error. 10.

2.º *Casu, hoc est, si ex delicto communi damnatus esset miles, nec de castrensibus, nec de paganis bonis , ei testari licebat, quod quidem constat ex omnibus suprà laudatis legibus , quœ vel tacitè innuunt, vel etiam apertè declarant, solis militibus ex delicto militari damnatis hoc privilegium tribui, ut de castrensibus tantum testari possint.*

At intestati, vel malè et inutiliter testati bona, an

9 *

ad heredes. legitimos vel cognatos , an ad fiscum deferrentur non æquè perspicuum est ?

Militi , ait jurisconsultus, qui capite puniri meruit , testamentum facere concedendum Paulus et Menander scribunt , ejusque bona intestati si punitus sit, ad cognatos ejus pertinere , si tamen ex militari delicto , non ex communi , punitus est.

Ergo , si ex communi delicto punitus est , neque testamentum facere concedendum , neque bona intestati ad cognatos ejus pertinent.

Quod quanquàm ex ipsis legis verbis necessario consequi primâ fronte videatur , tamen Dyonisius Gothofr. ad. l. 13, cod. de Testament. milit., in verbo flagitium militare, *hoc notavit secùs :* « *si ob commune delictum; tunc enim cognati militis fiscum excludunt;* » *utque suam sententiam confirmat, ad hanc ipsam legem quæ contrarium omninò dicere videtur lectorem remittit.*

Ac nescio an non ipsemet Cujacius Gothofredum in errorem induxerit; sic enim loquitur ad l. 2, ff. de veter. et mil. success : « *Hæc omnia obtinent in milite damnato ex causâ militari ; in milite damnato ex communi delicto , sequimur jus commune successionum ab intestat;* » *quæ quidem verba innuere videntur, in milite ex delicto communi damnato , locum esse legitimæ successioni, nisi fortè Cujacius dicere voluerit redeundum esse ad jus commune ; si agatur de milite ex delicto communi damnato , non ut excludatur fiscus , sed et eo casu et eâ lege admittatur ad bonorum possessionem quibus admitteretur , si de pagani bonis quæstio incidisset.*

Nimirùm non omnibus judicibus bona publicari licebat t. cod. ne sine jussu principis liceat certè jure confiscare, *id quidem regulariter iis tantùm concessum esse, qui vice sacrâ judicabant, nisi tamen eo pœnæ genere infontes animadverteretur, cui bonorum publicatio tacitè quodam modo et vi legis inerat, ut si reus capite plecteretur, vel ad metalla, vel ad bestias damnaretur.*

Prætereà etiam, si bona publicarentur, debebatur tamen liberis tertia pars hereditatis, quasi luctuosa legitima jure naturæ debita.

Hinc novellá 17, cap. 12, adempta est penitùs bonorum confiscatio, et licèt novella 134, cap. ult. heredibus legitimis minùs faveat, tamen prohibet ne fisco addicantur eorum bona qui ascendentes vel descendentes habeant, usque ad tertium gradum, excepto crimine majestatis.

Et hoc forte est quòd voluit Cujacius, nimirùm jus commune successionum, hoc est regulas quæ iàm veteri quàm novo jure de bonis damnatorum sancitæ sunt, suum locum habere in milite damnato ex delicto communi, haud secùs ac si de pagani damnati bonis ageretur.

Neque enim sive legum verba sive sententïam spectes, cuiquam jurisperito probari potest, militem qui non tanquàm miles deliquit, eo gaudere privilegio, ut fiscus ab ejus successione penitùs removeatur, cùm etiam si militare facinus admiserit, tamen pagana bona fisco addici indubitati juris sit, ut ex omnibus suprà allegatis constat.

Maneat ergò militem ex communi delicto damnatum jure communi uti, adeòque nullum hoc casu in ejus bonis privilegio militari locum esse, hæc apud Romanos.

Parmi nous, peu d'auteurs ont traité la question expressément. Le plus ancien que j'ai vu est Coquille dans ses questions. Quest. 16, après avoir distingué les crimes militaires de ceux qui ne le sont pas, il dit, par rapport aux uns et aux autres en général, qu'aucuns disent qu'*il n'y échet confiscation, parce que le jugement n'est pas donné en forme judiciaire, et la commune opinion est telle* : mais je crois que le plus sûr est de dire que la confiscation y est, puisque la sentence de mort a été légitimement donnée par celui qui a la puissance de la donner suivant les lois militaires : à quoi il ajoute, *que la première justice, et sur-tout en France, étoit en la pointe de l'épée.*

Legrand, sur la coutume de Troyes, art. 132, N. C. bas usage, sur celle de Normandie, art. 143, pag. 217, seconde édition, a suivi cet aveu sans beaucoup de raisonnemens.

Ferrière, sur l'art. 183 de la coutume de Paris, qui fait la distinction des biens *castrenses* et des autres biens, veut que la confiscation ait lieu pour les derniers comme pour les premiers.

M. Bouquier, L. S. N. 14, rapporte un arrêt qui peut avoir quelque application à cette matière.

Le nommé Auroux ayant été regardé comme le principal auteur du tumulte et de l'émotion populaire dans laquelle le président Brisson et autres furent exécutés, M. le duc de Mayenne le fit pendre sans forme ni figure de procès.

Le roi ayant fait don des biens d'Auroux, sa mère, comme plus proche et légitime héritière, en demanda main-levée ; et, par sentence du trésor, on lui fit main-levée de l'usufruit seulement, la propriété des héritages demeurant acquise et confisquée au roi.

Appel en la cour, fondé principalement sur ce qu'il n'y a point de confiscation quand l'ordre judiciaire n'a pas été gardé.

Cependant, arrêt du lundi 3 mars 1597, qui confirme la sentence, M. Servin plaidant pour le roi, et soutenant principalement qu'en fait de crime de lèse-majesté la confiscation est acquise au roi, *ipso jure*, du jour du crime, *et ante sententiam*, ce qui fait que cet arrêt ne peut être tiré à conséquence.

Dumoulin n'a pas traité la question expressément ; mais il a posé des principes qui peuvent servir à la résoudre, c'est ce qui nous reste de ses notes sur l'article 199 de l'ancienne coutume, qu'en l'article 183 de la novelle, qui confisque le corps confisque les biens : *Scilicet debitè et justè, alias non nec transit in rem judicatam.*

Dicebat idem Bourgoin, quod non debet hæc con-
suetudo, nisi de sententia ordinari, municipatis
intelligi, non autem de sententiâ du prevôt des
marchands, *qui verisimiliter ignorat confiscationem,*
nisi exprimat. Idem de legatis, quia odiosa est.

De là trois principes.

1.º Que la confiscation est odieuse ; donc *non facilè*
admittitur, imò ægrè suppletur.

2.º Qu'il n'y a que les juges ordinaires qu'on
puisse présumer avoir eu intention de confisquer,
parce que *eâ lege judices dati, quæ confiscationem*
imperat; d'où Dumoulin conclut qu'on ne doit pas
la suppléer dans les jugemens d'un prévôt des marchands, ni d'un juge délégué, *à fortiori* d'un juge
purement militaire.

3.º Qu'il faut que le jugement soit prononcé *justè*
et debitè pour emporter confiscation : or, il n'est point
censé de cette qualité *nisi adhibitâ juris solemnitate,*
quæ in judiciis publicis desideratur; donc le jugement militaire ne porte pas confiscation.

Quid agitur dicendum, vel de militari, vel de
communi delicto agitur ; si de communi, ou le
procès est instruit et jugé par les juges dont il est
certain que le jugement emporte confiscation.

Et en ce cas, s'ils y ont observé toutes les formalités prescrites par les ordonnances et maximes,
si jurisperitorum consilium adhibuerint, non video
quid proponi possit, quominùs publicatio bonorum
locum habeat, in milite, ut haberet in pagano.

Or, au contraire, le crime, quoique commun, a été
jugé militairement ; et en ce cas, comme il ne paroît
pas que le roi ait jamais attribué aux juges militaires
le droit de confisquer, *non videtur etiàm hoc casu*
admittenda bonorum publicatio, id que defectu po-
testatis, et suivant ces mots de Dumoulin : *Justè*
et debitè, desunt enim solemnia juris, præter de-
fectum potestatis, accedè nullum jus in bona com-
petere Tribunis militam.

Si verò de militari delicto, confiscationi locum
esse negarem.

1.º *Propter defectum potestatis, lege non con-
cedente.* 2.º *Quia bona militis militaribus judicibus
non subjacent.* 3.º *Quia hujusmodi judicium factum
potiùsquàm jus sapit*, la raison du plus fort 4.º *Sæpè
ob levem culpam, et quanto in personam acerbiora
necessitate cogente, tanto mitiora iis bona suadente
æquitate.*

OBSERVATIONS

Sur l'article 5 du projet de réglement sur les Pairies.

La fin de cet article qui conserve le rang de la première érection d'une pairie femelle au mari, et aux descendans de la fille du dernier possesseur mâle, paroit détruire le premier et le plus grand principe qu'on puisse suivre dans ce qui regarde la transmission des pairies.

Ce principe est, que les pairies sont non-seulement un fief titre, mais une dignité éminente, et un véritable office qui, comme tout autre fonction publique, suppose nécessairement deux chefs, le choix de la personne de ceux qui doivent l'exercer, et le caractère d'officier que le souverain a seul droit de lui donner : ce choix peut être fait, et ce caractère peut être donné par le prince, en deux manières différentes.

Dans les charges ordinaires, le choix du prince n'a pour objet qu'une seule personne; et, comme ce caractère est toujours limité pour le choix, il n'y a aussi qu'un seul sujet qui reçoive en même temps et l'honneur d'être choisi par son maître, et le sceau de la puissance publique : il n'en est pas de même de la dignité de pair de France : le choix du prince beaucoup plus étendu comprend non pas une seule personne, mais tous les descendans qui sont, pour ainsi dire, appelés, choisis, institués, dans la personne de leur père, et, lorsqu'ils parviennent successivement à la dignité qui leur est destinée, ils n'acquièrent aucun droit nouveau; c'est toujours le même titre qui se multiplie par rapport aux sujets capables de le porter ; tous les descendans également appelés conservent entre eux l'ordre des successions, mais sans perdre le droit de la première création.

De là vient cette différence importante, que dans les autres offices comme chaque officier reçoit du souverain un titre nouveau, il ne peut avoir aussi qu'un nouveau rang ; au lieu que dans les pairies, comme il n'y a qu'un seul titre qui comprend également tous les descendans capables, il n'y a aussi qu'un seul et même rang, et il en est de même que dans les substitutions où les degrés les plus éloignés reçoivent néanmoins leur droit et leur titre de la même main du testateur.

Ce principe étant une fois supposé, on en doit tirer cette conséquence générale, que la pairie est une dignité conférée à une famille entière ; au lieu que les autres offices sont des dignités accordées à une seule personne.

Ainsi, ce que la mort de chaque officier fait dans les dignités ordinaires, l'extinction de la maison le fait à l'égard des pairies ; comme cette dignité n'est conférée qu'à la maison en faveur de laquelle l'érection a été faite, elle ne peut passer dans une famille étrangère sans une nouvelle grâce du souverain. Il est inutile de dire que la fille du premier mâle de cette maison en est encore ; les lois appellent les filles, la fin de leur famille et le commencement d'une famille nouvelle ; ainsi elles ne peuvent faire revivre une dignité éteinte par la mort du dernier sujet capable de l'exercer ; elles ne sauroient lui donner un nouvel être et une seconde vie ; et, de même que les autres offices retournent à leur source et rentrent dans les mains du roi après la mort de beaucoup de ceux qui en sont revêtus pour être ensuite conférés de nouveau à un sujet capable de les exercer, il est aussi de l'ordre et de l'intérêt public, que les dignités de pairs de France se réunissent à leur principe après l'extinction de tous les sujets capables de les remplir, et que le roi soit le maître absolu en ce cas ou d'accorder la dignité de pair à la nouvelle

famille dans laquelle une fille porte la terre érigée
en duché, ou de refuser cette grâce et de laisser
cette dignité réunie et confondue avec la puissance
publique dont elle avoit été séparée par son érection.

Si le roi veut bien prendre le premier parti et
accorder le renouvellement de la pairie, des sujets
instruits des véritables droits de leur prince doivent
recevoir ce bienfait comme une pure grâce et non
pas comme une action de justice. Il en est de même,
que si le roi accordoit à un fils une dignité purement
personnelle possédée par son père, ce ne seroit pas
une continuation d'un ancien titre, ce seroit un titre
absolument nouveau; et puisque le changement de
la famille fait à l'égard des pairs ce que le changement de la personne fait à l'égard des officiers ordinaires, la suite et l'enchaînement des principes
demandent également que le renouvellement d'une
pairie soit toujours regardée comme une nouvelle
concession.

C'est sans doute sur le fondement de ces maximes
si pures et si convenables à l'autorité, et aux véritables
intérêts du roi, que depuis qu'on a commencé à
éclaircir le droit et la nature des pairies on a cru
devoir prendre des lettres de continuation et de
confirmation du roi lorsque l'on a voulu faire passer
une pairie d'une famille dans une autre.

Le premier exemple de cette espèce de lettres est
remarquable. Ce fut Louis de Gonzagues qui le
donna, lorsqu'il épousa l'héritière de la pairie de
Nevers; il s'agissoit en ce cas d'une pairie femelle.
Henriette de Clèves, qui avoit la propriété de cette
pairie, étoit de la maison de celui en faveur duquel
le comté de Nevers avoit été de nouveau érigé en
duché-pairie. A peine commençoit-on alors à rentrer
dans l'ancien esprit de masculinité qui est pour ainsi
dire l'ame des pairies, et qui avoit été comme
éclipsé par l'abus toléré pendant plus d'un siècle
d'admettre les filles aux fonctions de la pairie. Cependant Louis de Gonzagues crut avoir besoin de

lettre de continuation, dont on ne voit pas d'exemple avant lui ; et il y fit employer les termes de confirmation, qui marquent assez la défiance qu'il avoit de son droit.

Ces lettres donnèrent lieu à une cause très-célèbre entre le duc et le connétable de Montmorency. Après une longue plaidoirie, comme la question étoit alors toute nouvelle, le parlement jugea à propos d'appointer les pairies, et le duc de Nevers n'a jamais fait juger le procès ; on voit même depuis ce temps le duc de Montmorency prendre sa place dans plusieurs lits de justice sans qu'on y trouve le duc de Nevers, ce qui peut faire présumer que les ducs de Nevers se sont abstenus d'aller au parlement pour ne pas renouveler une contestation qu'il étoit de leur intérêt de laisser toujours indécise.

Mais cette question qui ne fut pas décidée alors entre le connétable de Montmorency et le duc de Nevers, l'a été depuis entre feu M. de Luxembourg et plusieurs de MM. les ducs et pairs. Quelque soin qu'on ait pris d'employer les termes les plus forts et les plus énergiques en faveur du premier dans les lettres de continuation que le roi lui accorda, le parlement ne lui donna rang que du jour de sa réception : il est vrai que cet arrêt n'est que provisoire ; mais dans une matière de cette qualité, une provision jugée sur les moyens du fond, et qui subsiste depuis cinquante ans, n'est guère différente d'un jugement définitif. Il est encore vrai, qu'il s'agissoit dans cette dernière espèce de la fille de la fille, et non pas de la fille du premier degré ; mais la plus grande partie des principes qu'on employa alors contre M. de Luxembourg regardent aussi bien la fille que la petite-fille, et l'on peut dire au moins, que cette décision est un grand préjugé contre la fille même du premier degré.

Au premier principe que l'on a tiré de la nature des pairies considérées comme dignités, il faut en ajouter un second, qui se tire de l'incapacité des femmes par rapport aux fonctions attachées à la dignité de pair de France.

Si on examine l'usage ou plutôt l'abus des siècles passés, il est certain que depuis très-long-temps les femmes sont regardées comme absolument incapables d'exercer les fonctions de pair de France.

Ainsi, la dignité s'éteint de plein droit en leur personne, et elles sont réduites, tant qu'elles ne se marient point, à jouir seulement des droits réels de la pairie : c'est une maxime dont les plus zelés défenseurs des pairies femelles sont obligés de convenir ; mais en se mariant peuvent-elles donner à leur mari ce qu'elles n'ont pas elles-mêmes, et faire revivre dans la personne d'un autre cette dignité qui est éteinte en elles par leur incapacité ? C'est ce que soutiennent ceux qui veulent étendre les pairies femelles au-delà de leurs véritables bornes ; ils prétendent que lorsque l'héritière d'une pairie de ce genre se marie, la pairie personnelle qui n'étoit que suspendue et comme endormie se réveille en ce moment, parce que celui que l'héritière d'un duché-pairie épouse est capable d'en exercer les fonctions.

Mais cette distinction résiste manifestement au premier principe que l'on vient d'établir. Il ne suffit pas pour remplir une dignité d'avoir la capacité générale de l'exercer, il faut encore y être appelé par le choix du prince et en avoir reçu de lui le caractère. Or, c'est ce qui ne se trouve point dans celui qui épouse l'héritière d'une pairie ; sa famille n'est point comprise dans les lettres par lesquelles la dignité de pair avoit été accordée à une autre maison qui s'est éteinte par le mariage même par lequel on veut faire revivre cette dignité et qui s'est perdue et comme anéantie dans une maison étrangère.

Quel peut être d'ailleurs le droit à la faveur duquel on veut faire passer cette dignité de la personne de la femme qui en est incapable par son sexe, à celle du mari qui en est aussi incapable par le défaut de vocation de la part du souverain?

Dira-t-on que c'est parce que le mari acquiert le domaine civil, ou, suivant nos mœurs, la garde et l'administration du bien de sa femme; mais fera-t-on dépendre une dignité aussi éminente que la pairie, d'une propriété imparfaite, passagère, accidentelle même, et qui dépend du hasard des conventions du contrat de mariage? On dit que cette propriété est imparfaite, parce que le véritable domaine demeure toujours dans la personne de la femme; non-seulement imparfaite, mais passagère, elle dépend de la durée du mariage; si la femme meurt avant son mari, que deviendra la pairie que le mari ne pouvoit exercer que sous prétexte d'une jouissance attachée à la vie de sa femme? Si elle laisse des enfans mâles, la pairie passera-t-elle sur la tête de ses enfans, seuls propriétaires de la terre érigée en pairie? ou demeurera-t-elle sur la tête du mari à la faveur d'un usufruit qui n'est plus, et qui s'est réuni à la propriété dans la personne des enfans héritiers de leur mère?

Si c'est la femme au contraire qui survit son mari et qu'il n'ait point laissé d'enfans mâles, la femme en se remariant fera-t-elle encore un nouveau pair? et portera-t-elle ainsi, dans différentes maisons successivement, une dignité importante que le roi n'avoit créée que pour une seule famille? Enfin, la propriété du mari à laquelle on veut attacher l'exercice d'une dignité si éminente, n'est pas seulement imparfaite et passagère, elle est encore accidentelle, c'est-à-dire, qu'elle peut être ou n'être pas, selon la diversité des conventions matrimoniales et les suites du mariage.

Qu'une femme se marie suivant l'usage ordinaire ensorte que le mari acquiert l'administration de ses biens, son mari sera pair de France sous prétexte de la propriété civile qu'il acquiert par le mariage. Mais si l'on convient par le contrat de mariage, comme cela est possible, que la femme retiendra l'entière et libre administration de son bien, alors le mari n'acquérant aucune espèce de droit sur les terres de sa femme, ni pour la propriété, ni pour la jouissance, ni pour l'administration, sur quel fondement pourra-t-il prétendre être pair, à l'occasion d'une terre qui est un bien absolument étranger pour lui? Ainsi, dans un cas, le mariage fera un pair, et il ne le fera pas dans un autre, et l'élévation d'un sujet à une si haute dignité, dépendra des conventions particulières qui décideront des conditions d'un mariage; il y a encore plus, quand même le mariage auroit été contracté suivant l'usage le plus commun, si la femme est obligée dans la suite d'obtenir une séparation de biens; si elle fait condamner son mari à lui rendre ses biens, le mari demeura-t-il pair sans pairie? La terre sera-t-elle d'un côté, et la dignité de l'autre? Et sur quoi portera cette dignité, puisque le mari ne possédera plus la terre qui étoit le seul fondement du titre emprunté dont il avoit été revêtu?

Si l'on opposoit à toutes ces raisons, que le mari peut être censé compris sous le terme d'ayant cause employé ordinairement dans les érections des pairies, il seroit aisé de faire voir que le terme d'*ayant cause* ne s'applique dans de semblables lettres qu'aux descendans de celui en faveur duquel l'érection a été faite, qui, sans être ses héritiers, ont néanmoins droit de posséder la terre érigée en pairie en vertu d'une donation ou d'un contrat de mariage ou d'un testament. C'est pour cela, que le terme d'*ayant cause* se trouve toujours joint dans ces lettres, à celui de successeurs, comme signifiant une autre espèce de possesseurs qui approche de la première en ce que l'un et l'autre ne comprennent que les descendans, et qui n'en diffère que par rapport au titre de possession; mais jamais ce terme n'a été mis en usage pour signifier un mari; et dorénavant, il sera encore moins permis que jamais de lui donner cette signification, après la définition que le roi lui-même veut bien faire du terme d'*ayant cause*, par une loi solennelle.

On demandera peut-être après cela, quelle différence on pourra donc trouver entre les pairies masculines et les pairies femelles, et en quoi consistera l'avantage que les derniers auront sur les premiers, s'il est vrai que les pairies femelles ne peuvent pas plus se transmettre aux descendans des filles que les pairies masculines?

On peut répondre à cette question, premièrement, que les pairies femelles auront toujours cet avantage sur les pairies masculines, que les derniers s'éteignent absolument, même par rapport aux droits réels, dès le moment qu'il ne reste plus aucun descendant mâle qui puissent en perpétuer la durée ; au lieu que les pairies femelles ne s'éteignent avec les maris capables de les posséder, que par rapport aux fonctions personnelles dont les femmes sont incapables ; mais les droits réels se conservent, malgré l'extinction des droits personnels, ensorte que la terre demeure toujours décorée du titre de duché-pairie, et que tous les avantages réels qui sont des suites de ce titre subsistent toujours en faveur des filles qui succèdent à ces pairies au défaut des mâles.

Un second avantage qui distingue encore cette espèce de pairie de celles qui sont purement masculines, est la jouissance des honneurs et des marques de distinction dont les femmes sont susceptibles, et que les héritiers des pairies femelles pourroient conserver justement tant qu'elles conservent elles-mêmes le nom de leur maison et qu'elles ne passent pas dans une famille étrangère.

Enfin, un dernier avantage, beaucoup plus considérable que tous les autres, est celui que l'on propose au roi d'établir par la loi nouvelle que Sa Majesté veut faire sur cette matière ; avantage inestimable, qui consiste à pouvoir faire revivre la pairie femelle en faveur de la famille dans laquelle elle entre, pourvu que le roi ait approuvé leur choix, et agréé leur mariage : voilà ce qui distinguera plus solidement et plus entièrement que tout le reste les pairies femelles des pairies masculines ; mais il n'est pas né-

cessaire d'ajouter à cette grande distinction, que la
nouvelle maison dans laquelle l'honneur de la pairie
sera transféré jouira du même rang que la maison
en faveur de laquelle l'érection avoit été faite. C'est
bien assez pour cette nouvelle maison d'acquérir la
dignité de pair par un mariage, sans qu'il soit nécessaire de lui donner encore un rang supérieur à
celui de ceux de la maison dans laquelle cette dignité
se trouvera beaucoup plus ancienne que ce mariage;
on conserveroit par là toutes les grandes maximes qui
règlent la nature de ces dignités; toutes les vues que
l'on peut avoir sur ce sujet, se trouveroient également
remplies. Les pairies femelles auroient un avantage
distingué sur les pairies masculines, mais sans faire
aucun préjudice aux droits des pairs dont l'érection
seroit plus ancienne que les lettres de continuation,
ou plutôt de translation de la pairie d'une maison
à une autre : le roi s'engageroit en faisant une pairie
femelle, à accorder ces lettres en faveur de la fille
du premier degré, pourvu qu'elle lui présentât un
sujet digne d'un tel honneur ; mais comme ces lettres
renfermeroient toujours un nouveau choix et un caractère public donné à une nouvelle maison, elles
produiroient aussi un nouveau rang. Le roi feroit
toujours une grâce singulière à ceux en faveur desquels
il exigeroit une pairie femelle, et les maximes subsis-
teroient néanmoins dans toute leur étendue.

Quand même on oublieroit pour un moment la
force de ces maximes, une dernière réflexion pourroit
suffire pour faire sentir toute l'utilité et toute la justice
de ce tempérament. On a déjà prévenu en quelque
manière cette réflexion, par l'observation préliminaire qu'on a faite sur le projet de l'édit. Le seul
inconvénient qu'on puisse craindre de cet édit est
que la loi ne serve, comme on l'a déjà dit, qu'à
irriter le goût que les français ont pour les grâces
nouvelles et contraires à la règle. Si quelque chose
peut prévenir cet inconvénient, ce sera de se renfermer si étroitement dans la règle, en faisant cette
loi, qu'on n'y donne aucune espérance d'obtenir des

grâces qui y dérogent. Mais si dans le temps même qu'on rétablit la règle on y déroge même en un seul cas; si l'on trouve dans la loi même un principe de relâchement (pour parler ainsi) et un exemple de dérogation aux maximes sur lesquelles elle est fondée, il est aisé de prévoir combien cet exemple excitera l'ambition et flattera l'espérance de ceux qui demanderoient au roi des prérogatives plus étendues! Il n'y a que le premier pas qui coûte, quand il s'agit de sortir du droit chemin. La loi apprendra que le roi déroge à la rigueur des maximes en faveur de la fille du premier mâle possesseur d'une pairie femelle. A l'exemple de cette première dérogation, on insinuera bientôt qu'il n'y a pas une grande différence entre la fille et la petite-fille; les maximes une fois affoiblies et altérées ne pourront peut-être pas conserver long-temps ce qu'on leur laisse de force et de vigueur; le roi lui-même en sera beaucoup plus exposé à l'importunité de ceux qui ont l'honneur de l'approcher; au lieu que si les maximes ne souffrent aucune atteinte, on aura plus de peine à les attaquer; et quand on les attaquera, il sera beaucoup plus facile de les défendre. Ainsi, il semble que si l'on veut que la loi que le roi est sur le point de faire, soit aussi durable qu'une loi de cette nature le peut être, le meilleur parti seroit, sans déroger en aucune manière aux maximes générales, d'attribuer seulement aux pairies femelles la prérogative d'être continuées, ou plutôt renouvelées en faveur de celui qui épousera avec l'agrément et l'autorité du roi la fille du descendant mâle de la maison pour laquelle la pairie aura été érigée, en telle sorte néanmoins qu'il n'aura rang et séance que du jour de l'enregistrement des nouvelles lettres qui seront expédiées à cet effet.

FRAGMENS D'UN MÉMOIRE,

Où l'on discute si le roi peut autoriser un duc à disposer de son duché en faveur de son puîné.

Dans l'examen de cette question, on a cru trouver un principe de décision dans l'édit des pairies qui semble marquer assez que l'affectation à l'aîné n'est point un obstacle insurmontable lorsqu'il y a plusieurs duchés dans une même maison, puisque le roi le surmonte en faveur des princes légitimés, qui cependant n'avoient pas plus de droit que les autres ducs de déroger à une espèce de substitution tacite qui appelle les aînés si elle formoit un droit inaliénable.

On réfute ce principe en disant que, par l'édit des pairies, le roi *ne permet que ce qui est en lui,* c'est-à-dire, *la multiplication des ducs; mais qu'il ne permet ni n'ordonne ce qui passe son pouvoir, et qu'il suppose toujours, en ce cas, le consentement de l'aîné.*

Si telle a été l'intention du roi, on ne peut que la respecter et s'y soumettre; mais on avoit été dans l'erreur jusques à présent sur ce point: et voici les raisons, ou du moins les excuses de cette erreur.

La condition du consentement de l'aîné n'est ni exprimée, ni même obscurément indiquée par l'édit; et il est très-difficile de croire qu'on eût omis de marquer, ou du moins de faire sous-entendre une condition si essentielle de laquelle devoit dépendre la validité de la disposition.

On avoit même de la peine à concevoir de quel poids pourroit être un tel consentement. C'est aux pères que l'édit permet de disposer d'une de leurs

10*

pairies, au préjudice de l'aîné ; ainsi la loi a certainement pour objet une disposition faite du vivant du père : or, tant que le père vit, rien de plus inutile ni de plus impuissant que tous les consentemens qu'un aîné peut donner par rapport à son droit d'aînesse ; c'est le sentiment de tous les auteurs et la jurisprudence de tous les arrêts. Ainsi, pour ajouter à l'édit la nécessité du consentement de l'aîné, il faut d'abord y suppléer une condition qui n'y est pas seulement indiquée ; ce n'est pas tout, il faut y suppléer la condition d'un consentement vicieux, et supposer que dans le temps que le roi permet expressément une disposition, il la fait dépendre tacitement d'un consentement qui seroit absolument nul ; ou bien, il faut prendre le parti de soutenir que dans ce cas singulier, le roi autoriseroit le consentement de l'aîné en dérogeant aux règles générales ; mais comment autoriseroit-il un consentement qu'il n'exige point par cet édit, et comment dérogeroit-il à des règles dont il ne parle seulement pas ?

Quand même ce consentement vaudroit contre l'aîné qui l'avoit donné, comment pourroit-il, dans les saines maximes faire tort à ses descendans ? Il faut une fois ou suivre absolument ou abandonner l'idée d'une substitution ordinaire ; si l'on regarde une érection de duché, même dans une maison où il y en a plusieurs, comme une concession faite successivement et irrévocablement à tous les aînés de degré en degré, pourquoi sera-t-il permis à l'aîné de priver sa postérité du fruit de la grâce du prince ? Pourquoi pourra-t-il contre ses enfans ce que son père ne peut pas contre lui ? Il semble donc qu'il faille dire de deux choses l'une, ou que la disposition du père seul peut suffire, ou que le consentement même de l'aîné ne suffit pas, ce qui rendroit absolument impossible une disposition que la loi permet expressément.

L'exemple de ce que le roi a pratiqué dans les cas où l'aîné s'est trouvé engagé dans les ordres sacrés, ne pouvoit pas avoir rien de contraire à ces principes. On ne sait point premièrement si cet exemple a eu lieu dans des cas où il y avoit plusieurs duchés dans une maison, et on ne le croit pas : c'est cependant ce qui forme tout le nœud de l'affaire présente. Mais d'ailleurs, lorsqu'on a demandé le consentement de l'aîné dans les exemples dont on vient de parler, le père ne vivoit plus, et l'aîné maître de son choix ne pouvoit être retenu par les intérêts d'une possession légitime qu'il n'étoit pas en état d'avoir. Ansi d'un côté, son consentement étoit nécessaire, parce qu'il n'y avoit qu'un duché ; et de l'autre, ce consentement étoit valable, parce qu'étant dans les ordres il ne pouvoit avoir d'enfans qui eussent un jour droit de le combattre. Mais, parce qu'il y a des cas où le consentement de l'aîné peut être nécessaire et suffisant, il ne s'ensuit pas que le roi ait voulu obliger aussi les princes légitimés, quoiqu'ils aient plusieurs duchés, à n'en pouvoir donner un à leur second fils, à moins que leur fils aîné n'y donne un consentement qui seroit nul s'il étoit vrai qu'il fût nécessaire.

Toutes ces raisons qui sembloient prouver que le véritable sens de l'édit des pairies étoit qu'un prince légitimé avoit un pouvoir absolu de disposer d'une de ses pairies en faveur d'un de ses puînés, sans attendre le consentement de son fils aîné, paroissent d'autant plus convainquantes qu'on trouveroit beaucoup de motifs de sagesse et d'équité dans une telle disposition.

En effet, il n'est point vrai, à proprement parler, que toute érection en duché renferme une substitution tacite en faveur des aînés. On n'y trouve aucun terme dont on puisse conclure même par des conséquences éloignées que l'on doive suivre les maximes de substitution dans ce qui regarde la transmission des duchés. On ne voit pas dans ces sortes d'érections un seul héritier choisi par préférence à tous les autres, comme on le voit dans les substitutions. Toutes les lettres d'érection portent seulement en général qu'elles avoient lieu en faveur de celui qui les obtient, et de ses descendans ou de ses hoirs mâles successeurs et ayans cause.

Quel est donc le véritable principe de l'affectation des duchés aux aînés ? C'est l'indivisibilité de cette dignité. La première fois que la question en a été formée, on ne pouvoit la décider qu'en donnant également à tous les enfans la qualité de duc, comme cela avoit lieu autrefois en Lombardie, et comme cela se pratique encore en plusieurs endroits de l'Allemagne, ou en n'admettant que l'aîné seul à la possession de cette dignité ; c'est ce qui s'observe en France : ce qui, comme on vient de le dire, est fondé sur ce principe, que tout ce qui est indivisible, comme les dignités le sont de droit, doit appartenir à l'aîné par la prérogative que l'âge lui donne sur ses frères.

Mais pour remonter par degrés jusqu'au dernier principe, pourquoi une dignité est-elle indivisible ? Pourquoi n'a-t-on pas pris en France le même parti qu'on a pris en Lombardie, et dans une partie de l'Allemagne ? Est-ce en faveur de l'aîné ? Est-ce par un droit résidant en sa personne, qu'on s'est fixé à la règle de l'indivisibilité ? C'est ce qui n'est nullement vraisemblable.

Un principe supérieur aux intérêts particuliers des familles, un esprit d'ordre et de bien public, ont dicté cette règle. On a voulu éviter les multiplications dangereuses des grandes dignités. On n'a pas cru qu'il convînt que le hasard du nombre plus ou moins grand des enfans d'un duc ou d'un pair de France, pût décider du nombre de sujets qui jouiroient de cette éminente dignité ; et, comme dès le premier instant de la grace du prince, elle avoit été acquise par un seul, on a jugé que dans ses progrès elle devoit aussi être conservée par un seul, d'où l'on a concl qu'elle devoit passer entre les mains de l'aîné.

Ce n'est donc point, à proprement parler, l'intérêt de l'aîné qui est le véritable motif de cet ordre singulier de succéder aux duchés ; c'est l'intérêt public qui a établi le principe de l'indivisibilité, pour empêcher la multiplication des grandes dignités ; et

cependant, étant une fois établi par un rapport direct
à l'intérêt public, l'aîné en a profité par son intérêt
particulier par contre-coup, de la même manière
qu'il profite des autres chefs véritablement indivisibles : non que ce soit pour l'amour de lui qu'elles
sont censées indivisibles, mais parce que dès le
moment qu'elles sont indivisibles, il n'y a que lui
qui puisse les posséder.

Ce n'est donc pas au moins sans beaucoup de
vraisemblance, qu'on avoit dit dans le premier mémoire (1) que la crainte de la multiplication des
duchés étoit un obstacle supérieur à celui de l'affectation aux aînés, puisque l'un est le principe dont
l'autre n'est que la conséquence : l'un est la cause
et l'autre l'effet.

Ces principes supposés il reste d'examiner si la
régle de l'indivisibilité doit avoir le même effet,
lorsqu'il y a deux duchés dans une maison que
lorsqu'il n'y en a qu'un. La raison de cette question
est aisée à concevoir. Une seule dignité ne peut être
partagée parce qu'elle est indivisible, suivant nos
principes. Mais lorsqu'il y a deux dignités dans une
même maison, le partage n'est plus impossible en
soi puisqu'il n'y a rien de plus facile que d'en donner
une à l'un des enfans, et l'autre à l'autre.

Cette question n'est pas nouvelle, les docteurs
feudistes l'ont traitée à l'occasion de la constitution
de l'empereur Fréderic insérée dans les livres des
fiefs, par laquelle la division des duchés est défendue;
ce qui a été interprété différemment en divers pays.

L'on a demandé sur cette disposition, si, lorsqu'il
y avoit plusieurs duchés dans une même famille,
la division en étoit absolument défendue, ou si la
prohibition de la loi devoit s'entendre de telle manière,
qu'à la vérité chaque duché ne pût être partagé
en plusieurs parties; mais qu'un des duchés fut

---

(1) Ce mémoire n'a jamais été publié, parce qu'il ne roule
que sur des faits purement personnels à la famille du duc dont
il étoit question.

donné en entier à l'aîné, et l'autre en entier à un de ses frères.

Un grand nombre de feudistes a été de cet avis, et entre autres Chassanée, qui est un des plus anciens interprètes de notre droit français. On n'en voit pas même qui soient bien expressément d'un avis contraire, quoiqu'on puisse le conclure par des raisonnemens historiques de quelques-unes de leurs expressions.

Plusieurs raisons semblent autoriser l'avis de Chassanée et des autres feudistes qui ont parlé comme lui sur ce sujet,

1.º Si l'indivisibilité d'un titre de duc est le principal motif de la préférence qu'on donne en cette matière à l'aîné sur les puînés quand il n'y a qu'un duché, cette raison cesse quand il y en a deux, puisque si l'on ne peut diviser une chose indivisible il est aisé au contraire de faire le partage de deux choses indivisibles, en donnant l'une à l'un et l'autre à l'autre.

2.º Il est vrai qu'après avoir surmonté l'obstacle de l'indivisibilité, on retrouve encore celui du danger de la multiplication des grandes dignités. Mais on répond à cette dernière difficulté, que la pairie en mettant deux titres de duc dans la même maison, est censée avoir consenti à la multiplication des ducs qui en peut être une suite. Sans cela, de quelle utilité auroit-il été d'accorder deux dignités de duc ou de pair à une seule personne, si ces dignités ne pouvant jamais être séparées se réunissoient toujours sur la même tête. Mais si cette première réponse ne satisfait pas, on peut ajouter qu'il n'est donc plus question que de lever l'obstacle de la répugnance que le prince peut avoir pour la multiplication des ducs ; et, que pourvu que le roi consente au partage par lequel le père laissant un des duchés à l'aîné donne l'autre au cadet, toutes les difficultés sont applanies ; l'indivisibilité étant levée par la pluralité des dignités qui sont à partager, et la multiplication des duchés ne trouvant plus d'obstacle, dans le moment que le roi même l'autorise.

C'étoit sur toutes ces raisons, que paroissoit fondée la disposition de l'édit, par laquelle le roi permet aux princes légitimés qui ont plusieurs pairies d'en faire le partage entre leurs enfans sans faire aucune mention du consentement de l'aîné. On avoit cru que cette disposition confirmoit tous ces principes ; et c'est ce qui avoit donné lieu de dire, que la question du pouvoir du roi, à cet égard, étant décidée par l'édit, il ne restoit plus qu'une question de volonté, qui consistoit à savoir si le roi vouloit accorder à un duc plusieurs lettres particulières, en présumant que sa majesté l'avoit accordé à tous les princes légitimés, par une disposition générale.

S'il est bien certain que l'esprit de l'édit, toujours supérieur à la lettre, suppose au contraire le consentement de l'aîné malgré tout ce que l'on a dit sur ce sujet, il faut faire céder la lettre à l'esprit ; abandonner le principe qu'on avoit cru trouver dans l'édit ; et demander pardon à ceux qui liront cet écrit, d'avoir abusé de leur temps par une dissertation trop longue peut-être, quand elle seroit utile.

Mais si ces réflexions produisoient un effet contraire, et si elles pouvoient réconcilier l'esprit et la lettre de l'édit en faveur du sentiment qu'on a cru devoir proposer dans le premier Mémoire, il faudroit alors en conclure que la grâce que M. le duc de ..... demande au roi ne pourroit plus être combattue que par la crainte des conséquences, crainte sur laquelle on s'est expliqué suffisamment dans le premier Mémoire.

On ne peut regarder une érection de duché, que comme une espèce de donation, ou comme une véritable inféodation que le roi fait en faveur d'une maison.

Si on l'envisage comme une espèce de donation, c'est un principe certain que les donations ne se confirment parfaitement et n'acquièrent ici, si l'on peut parler ainsi, un caractère d'immutabilité que par l'acceptation ou par la tradition réelle qui confirme une acceptation tacite. Or, tant que le père en faveur duquel l'érection a été faite est vivant, il n'y a encore de la part de ses descendans ni acceptation ni tradition. Ainsi, il est beaucoup moins difficile de modifier les clauses d'une érection, qui, comme on l'a dit dans le premier Mémoire, n'a point encore fait souche, et qui dans la famille n'a point encore existé réellement et de fait.

Si on la considère comme une inféodation, idée beaucoup plus juste et plus naturelle, douteroit-on en toute autre espèce d'inféodation que, lorsque la chose inféodée est encore dans le premier degré, c'est-à-dire, entre le seigneur et le premier investi, qu'ils ne puissent d'un commun concert rectifier les clauses de l'inféodation : et les enfans du premier investi seroient-ils bien fondés à prétendre que ce fief dont ils lui doivent la possession n'a pu, tant qu'il est demeuré entre ses mains, recevoir par sa volonté, soutenue de celle du seigneur, toutes les formes qu'il a jugé à propos de lui faire prendre? L'inféodation est l'ouvrage de la volonté commune du seigneur et du vassal. Les descendans du dernier n'y ont point d'autre droit que celui qu'ils tirent de cette double volonté, et jusqu'à ce que la mort de leur auteur y ait mis le dernier sceau, peuvent-ils empêcher que cette volonté qui a donné l'être à ce fief ne change ensuite la manière d'être du même fief?

1.° Il est si vrai qu'en ce point l'intérêt public l'emporte sur l'intérêt particulier, que si le roi érige en pairie une terre mouvante d'un seigneur particulier, ce seigneur ne peut plus conserver sa mouvance comme il le feroit s'il étoit simplement question d'une érection en marquisat ou en comté; mais il est forcé de recevoir son indemnité. C'est une des différences remarquées il y a long-temps par Loyseau, entre les comtés ou les simples duchés mêmes et les pairies.

M. Marion, avocat général, a exprimé la même chose dans des termes si nobles et si généraux, qu'ils peuvent être étendus à d'autres espèces d'intérêts personnels pour les faire céder, comme celui du seigneur de fief, à l'intérêt public.

Le titre illustre de pairie, dit cet auteur, *éteint et supprime l'ancienne féodalité. Elle inspire au fief une nouvelle ame, et le transforme en une autre nature si noble et si généreuse, qu'elle rompt le joug du seigneur inférieur et l'élève jusqu'au sein du prince qui tient à lui, tout ainsi que l'arbre transplanté d'un lieu à un autre n'est plus au seigneur du premier fonds, d'autant que par la nourriture prise en nouvelle terre il devient un autre arbre; tellement qu'à l'exemple de celui qui disoit, ce n'est plus une œuvre vile et abjecte, c'est l'image d'un Dieu vénérable, on peut dire aussi que ce n'est plus le vassal d'un vassal, mais un pair de France devenu vassal de la seule couronne.*

Pourquoi l'intérêt personnel de l'aîné seroit-il moins obligé de céder en ce point à la volonté du roi, que celui d'un seigneur étranger qui ne doit prendre aucune part à l'accroissement d'honneur que la dignité de pair met dans la maison de son vassal; au lieu que l'aîné doit être sensible à cet honneur, dont une partie rejaillit toujours sur lui?

En toute rigueur, il semble que tout ce qu'il pourroit prétendre seroit une espèce de dédommagement de la part de son père ou de son frère, ce qui ne pourroit jamais être fort considérable pour un homme qui demeure pair de France dans le temps que son frère le devient.

2.° Toute érection en pairie est une nouvelle inféodation, par laquelle la terre décorée de ce titre est censée rentrer dans les mains du souverain, pour en sortir une seconde fois avec encore plus d'éclat. C'est, si l'on veut, la même matière, mais qu'on jette dans un nouveau moule où elle prend une forme plus noble et où elle peut recevoir une impression toute différente de la volonté du souverain ouvrier qui le reforme comme il lui plaît : et comme ce changement a pour objet le bien de l'état, principe auquel il faut revenir toujours, nul particulier n'a droit pour son intérêt personnel de dire au créateur des dignités, *pourquoi en usez-vous ainsi ?*

3.º Si le roi avoit d'abord érigé une terre en comté, la dignité de comte appartiendroit sans doute à l'aîné seul, tant que les choses demeureroient dans cet état; mais l'intérêt de l'aîné priveroit-il le roi du droit d'ériger cette même terre en duché en faveur du puîné? On n'en formera seulement pas la question : parce que la première érection seroit censée comme abolie et anéantie par la deuxième d'un ordre supérieur. Pourquoi n'en sera-t-il pas de même lorsqu'une terre, érigée d'abord en duché, sera ensuite décorée du titre de pairie en faveur du cadet? La seule différence est, qu'on est plus frappé de l'idée d'un duché que de celle d'un comté. Cependant, au fond, c'est la même chose.

PROCÈS-VERBAL

De ce qui s'est passé au parlement de Paris en 1716, au sujet d'une accusation de duel intentée par le procureur-général du roi, contre un pair de France qui n'avoit pas encore été reçu au parlement.

Du lundi 9 mars 1716.

Ce jour, le procureur-général du roi est entré et a dit à la cour, que l'arrêt qu'elle a rendu le 27 février dernier, au sujet d'un soupçon de duel répandu dans le public contre le sieur duc de....... et le sieur comte de......, souffre dans son exécution des difficultés d'une si grande conséquence que le devoir du procureur-général l'oblige à en rendre compte à la cour et à la supplier de conduire toutes ses démarches par ses lumières, et de les affermir par son autorité.

Qu'il avoit prévu avant l'arrêt la principale de ces difficultés, lorsqu'il supplia la cour d'examiner si le sieur duc de..... n'étant pas encore reçu dans sa dignité de pair de France devoit jouir dès-à-présent des priviléges personnels attachés à cette dignité; et que, sans répéter ici toutes les raisons qui peuvent l'en exclure, il lui suffira de dire que ces raisons, qu'il n'avoit proposées qu'avec défiance avant l'arrêt, sont devenues par l'arrêt même les règles certaines de la conduite qu'il doit suivre désormais avec une entière confiance.

Qu'il étoit sur le point de faire signifier cet arrêt,

lorsqu'il reçut un ordre écrit de la part de M. le régent, qui lui prescrivoit d'en différer la signification jusqu'à ce que le procureur-général eût entendu les difficultés que les pairs de France avoient à proposer contre cet arrêt, et que sur le compte qu'il en rendroit à M. le régent il en eût reçu de nouveaux ordres.

Que le respect qu'il doit à un prince à qui le gouvernement de l'état est confié pendant la minorité du roi, lui avoit lié les mains ; que d'ailleurs, il n'avoit pas cru qu'il lui fût permis de refuser d'entendre les raisons des parties intéressées à soutenir les priviléges des pairs de France, pour en rendre compte ensuite à la cour ; et qu'il s'étoit même prêté d'autant plus volontiers à cette explication, qu'il s'étoit flatté d'applanir par-là les difficultés de cette affaire et d'épargner s'il étoit possible, à la cour, la peine d'entrer par elle-même dans un différend qui auroit été étouffé dans sa naissance si les intentions du procureur-général avoient eu tout le succès qu'il sembloit alors pouvoir en espérer.

Qu'étant donc entré dans l'examen des raisons de MM. les pairs, il avoit reconnu que leur prétention faisoit naître deux questions principales dans l'affaire présente. L'une, s'il n'y a point de différence à faire dans le point dont il s'agit ; entre les pairs de France qui sont reçus en cour et ceux qui ne le sont pas. L'autre, s'il est nécessaire que le roi fasse expédier des lettres-patentes pour mettre la cour en état de faire le procès à un pair, ou si elle n'a besoin pour cela d'autre loi que celle de son devoir, ni d'autre titre que celui qu'elle trouve dans son propre caractère.

Qu'après avoir entendu tout ce qui lui a été proposé en faveur des pairs de France sur ces deux questions, le procureur-général a représenté à M. le régent sur la première :

Que toutes les maximes de l'ordre public concourroient également à établir la distinction que la cour a cru devoir faire dans le cas dont il s'agit, entre les pairs de France qui ne sont pas encore en possession de leur dignité, et ceux qui y sont entrés ;

Que le successeur d'un pair avant sa réception a bien une espérance, ou si l'on veut une assurance certaine de pouvoir jouir de la dignité de pair, mais qu'il n'a pas encore la dignité même ; il peut devenir pair, il le sera même un jour, mais il ne l'est pas encore ; il a le titre sans avoir la possession ; le droit lui en est acquis, mais le fait lui manque ; et jusqu'à ce que l'un et l'autre soient réunis en sa personne, il n'est point véritablement et pleinement pair de France ;

Que la pairie n'est pas seulement la propriété d'un fief mouvant nûment de la couronne, elle ne consiste pas seulement dans un droit réel dont tout âge et tout sexe seroient susceptibles ; que c'est dans sa partie la plus noble un office personnel, une fonction publique, une véritable dignité ; et qu'il y a long-temps qu'on s'est désabusé de cette vieille erreur, que la simple possession d'une seigneurie pouvoit donner un caractère public et une autorité reconnue dans l'état ;

Que c'est à l'extinction de cet ancien préjugé de nos pères, que nous sommes redevables de la suppression des pairies femelles (1) dont l'abus a été presque fatal à la monarchie ; de l'introduction des lettres nécessaires, pour faire passer la dignité de pair d'une maison dans une autre ; de l'usage des réceptions établi depuis plus de deux cents ans pour les pairs, comme pour les autres officiers ; de la fixation d'un certain âge pour pouvoir être reçu à la dignité de pair ; et en un mot, de toutes les grandes maximes que les pairs eux-mêmes ont tant de fois expliquées dans ce tribunal, sur la nature de leur dignité beaucoup moins réelle que personnelle ;

(1) L'édit de 1711 les éteint, en ce qu'il exige que les filles auxquelles elles parviennent se marient à des seigneurs agréés par le roi, et en ce que le roi donne à leur mari de nouvelles lettres de pairie.

Que ce seroit donc mal entendre leurs véritables intérêts et se former une fausse idée de la pairie, que de vouloir la ramener à l'ancien droit des fiefs, la régler sur les usages des Lombards ou des Francs, et prétendre encore, comme on l'a fait autrefois dans les siècles grossiers, que le caractère de juge et les fonctions les plus élevées puissent être attachées pour ainsi dire à la glèbe, et regardées comme les fruits d'un héritage ;

Que si la pairie est une véritable dignité, elle exige nécessairement une réception, une prestation de serment ; en un mot, une prise de possession solennelle, où la puissance publique achève de former le caractère de l'homme public ;

Que l'élévation des dignités ne peut servir qu'à rendre cette maxime plus inviolable et plus nécessaire pour le maintien de l'autorité royale. Quelque éminentes que soient les dignités de chancelier et de connétable, elles sont néanmoins assujetties sur ce point à la règle commune de toutes les dignités. Ceux que le roi honore de son choix pour remplir ces places importantes ; ceux mêmes à qui il en a donné des provisions, pourroient-ils jouir des prérogatives personnelles qui y sont attachées, jusqu'à ce qu'ils se soient liés par un nouveau serment à la majesté royale, et que par cette solennité elle leur ait imprimé le sceau de la puissance publique ?

Que si les pairs de France opposent à une comparaison si naturelle, que ces dignités, quelque éminentes qu'elles soient, ne sont pas héréditaires comme celles de pairs de France, tout ce qui résulte de cette différence est que ceux qui sont appelés successivement à la pairie ne sont pas obligés de prendre de degré en degré de nouvelles lettres du roi : ils ont la propriété de leur dignité, en vertu des premières dans lesquelles ils sont tous compris, comme des branches dans leur tige et des ruisseaux dans leur source. Mais il y a une grande différence entre la propriété de l'office, et le caractère de l'officier. L'une est acquise au pair par succession, comme

elle l'est aux autres officiers par leurs provisions;
mais il ne peut acquérir l'autre, que par une réception, à laquelle il n'est pas moins assujetti, que ceux
qui remplissent des dignités non héréditaires. Il est
donc, en vertu des lettres accordées à toute sa race,
dans le même état où les autres officiers se trouvent
avec des provisions qui ne regardent que leurs personnes; et, comme un connétable ne pourroit jouir
d'aucune des prérogatives personnelles de sa charge,
avant que d'avoir prêté le serment, quoiqu'il en eût
des provisions, la loi doit être égale pour le successeur d'un pair de France, quoiqu'il ait des lettres
obtenues par son auteur qui lui tiennent lieu de
provisions. Tous deux ont un droit à la chose; mais
tous deux ne peuvent jouir de ce droit, qu'après y
avoir été admis par le prince ou par ceux qui ont
l'honneur de le représenter en cette matière.

Que d'ailleurs, jusqu'à ce qu'un pair soit reçu, il
ne peut être juge des autres pairs; d'où l'on doit
conclure par une conséquence certaine, qu'il n'a pas
droit non plus d'être jugé nécessairement par eux.
Il y a une relation étroite entre l'un et l'autre : et
celui qui ne doit pas être jugé par les autres pairs,
ne doit pas être leur juge; et réciproquement celui
qui ne doit pas être juge des autres pairs, ne doit
pas les avoir pour juges nécessaires. Le fondement
de cette règle réciproque est l'ancienne maxime du
royaume, *unusquisque per pares suos judicandus
est.* Il faut donc être vraiment pair, c'est-à-dire,
véritablement égal aux autres pairs, pour pouvoir
être leur juge, ou pour être jugé par eux comme
juges nécessaires; et, comme celui qui n'est pas
encore reçu pair ne peut être le juge des autres
pairs parce qu'il n'est pas encore leur égal, il ne
peut pas aussi réclamer leur jugement, parce qu'il
n'est pas encore dans cette parfaite égalité qui est
le fondement du privilége réciproque des pairs de
France.

Qu'enfin, si l'on confondoit les pairs de France
non reçus avec ceux qui l'ont été, on aboliroit une

différence essentielle entre les princes du sang et les autres pairs. Depuis la juste distinction que nos rois ont établie entre les uns et les autres, la réception a paru aussi inutile à l'égard des pairs nés, c'est-à-dire, des princes du sang, que nécessaire à l'égard des pairs créés, c'est-à-dire, des gentilshommes revêtus de la dignité de pair. Cependant cette distinction si importante s'évanouiroit en quelque manière, par rapport au point dont il s'agit, et les pairs créés jouiroient en ce point des mêmes prérogatives que les pairs nés, sans aucune réception qui pût faire sentir la différence extrême qui est entre ces deux espèces de pairs.

Qu'à toutes ces raisons de droit, d'ordre public et de bienséance, le procureur-général a encore ajouté l'autorité des exemples qui sont d'un grand poids dans tout ce qui regarde les honneurs et les dignités.

Qu'il a donc eu l'honneur de dire à M. le duc d'Orléans, que la distinction qui a été faite par la cour entre les pairs reçus et ceux qui ne le sont pas est si peu nouvelle, qu'on en trouve des vestiges dès l'année 1566, c'est-à-dire, environ soixante ans après l'usage des réceptions introduit à l'égard des pairs laïques.

Louis de Gonzagues, à qui Henriette de Clèves avoit porté en dot la pairie de Nevers et qui avoit obtenu du roi des lettres de continuation de cette dignité pour lui et pour ses descendans, voulut être admis comme les autres pairs de France à l'ancienne cérémonie de la présentation des roses que chaque pair offroit à la cour à l'ouverture du rôle des causes de la pairie.

Le procureur-général s'y opposa, et l'unique fondement de son opposition fut que le duc de Nevers n'étoit pas encore reçu dans sa dignité. Il sentit lui-même la justice de cette opposition; et, sans insister absolument dans sa première requête, il en présenta une seconde par laquelle il se réduisit à demander qu'en cas que la cour ne jugeât pas à propos de l'admettre à la présentation des roses, elle voulût bien ordonner au moins que la présentation qui seroit faite par les autres pairs ne pourroit nuire ni préjudicier à l'ancien rang de la pairie de Nevers, qui faisoit la matière d'un procès pendant au parlement. Ce tempérament fut approuvé par l'arrêt qui intervint ; et le principe que la cour a suivi à l'égard du sieur duc de....., fut autorisé dès-lors du consentement même de la partie intéressée, puisque l'on jugea que, pour jouir du privilége de la présentation des roses, il falloit non-seulement être possesseur d'une pairie , mais avoir été reçu dans cette dignité.

On n'ignoroit pas sans doute, quand cet arrêt fut rendu, que l'on pouvoit dire en faveur du duc de Nevers que cette cérémonie ne pouvoit être regardée comme une fonction publique ; que ce n'étoit qu'un acte de respect que les pairs rendoient à la cour des pairs ; qu'ils n'y paroissoient alors qu'en qualité de cliens, par une suite de l'ancien usage qui obligeoit les seigneurs hauts-justiciers à soutenir les jugemens rendus dans leur justice et à répondre même de l'ignorance ou de l'injustice de leurs officiers ; qu'enfin, la présentation des roses pouvoit être regardée comme une dépendance plutôt des droits réels que des droits personnels de la pairie, puisque cette cérémonie se faisoit à l'occasion du droit de ressort immédiat en la cour qui fait partie des droits réels et dont tous les pairs jouissent même avant leur réception.

Quelques spécieuses que fussent ces raisons, la cour ne crut pas devoir s'y arrêter ; et elle jugea qu'il étoit d'une si grande conséquence, pour le maintien de l'autorité royale, de ne pas égaler les pairs non reçus, à ceux qui ne l'étoient pas, dans l'exercice de tous actes personnels qui se faisoient au parlement, qu'elle exclut le duc de Nevers de la présentation des roses, sur l'opposition du procureur-général qui n'en allégua aucun autre motif que le défaut de réception.

Quoique la force du préjugé se fasse encore mieux sentir par rapport au droit d'être jugé par les pairs, droit beaucoup plus important et plus personnel que celui de présenter des roses, le procureur-général a cru qu'il falloit y joindre deux autres préjugés dans un cas entièrement semblable à celui dont il s'agit, c'est-à-dire, dans une accusation intentée contre le possesseur d'une pairie qui n'étoit pas encore reçu dans sa dignité.

Le premier est l'exemple d'un autre duc de Nevers, fils de celui dont le procureur-général vient de parler.

Le deuxième, est celui de Henri de Lorraine, duc de Guise.

Personne n'ignore les troubles que le premier de ces ducs excita dans le royaume dans les premières années de la majorité de Louis XIII, avec plusieurs autres seigneurs jaloux du crédit et de la faveur du maréchal d'Ancre.

Le roi fit expédier des lettres-patentes en forme de déclaration, au mois de janvier 1617, par lesquelles il ordonnoit que le procès leur seroit fait en la cour : lettres qui ne font aucune mention de la présence des pairs pour l'instruction et jugement du procès ; ensorte que ce n'est plus ni cette compagnie seule qui juge que les pairs non reçus ne devoient pas jouir de ce privilége, c'est le roi même qui le suppose comme une maxime certaine, puisqu'il n'ordonne point que les pairs seront assemblés pour juger le duc de Nevers.

Ces lettres furent présentées aux trois chambres à qui il appartenoit de décider si toutes les chambres du parlement seroient assemblées. Elles examinèrent d'abord cette question ; et, parce qu'il y avoit des déclarations précédentes qui renvoyoient à tout le parlement la connoissance des troubles excités dans le royaume, il fut arrêté que toutes les chambres seroient assemblées pour l'enregistrement de ces lettres patentes, mais avec deux précautions qui marquent également que la cour toujours constante dans ses maximes agissoit dès-lors d'après le même principe qu'elle vient de suivre dans l'affaire présente.

Elle déclara donc d'abord que si l'on assembloit toutes les chambres, ce n'étoit qu'en conséquence des déclarations précédentes concernant les mouvemens de l'état : et elle ajouta ensuite de son arrêt ces termes remarquables, *sans que ni ledit duc de Nevers, ni autres qui n'ont prêté le serment de pairs, puissent s'en prévaloir.*

Le procureur-général n'a donc pas manqué de faire observer à M. le duc d'Orléans, que la question qu'on veut faire passer aujourd'hui pour une question nouvelle est une question décidée il y a près de cent ans par un arrêt rendu sous les yeux du roi dans une affaire d'état dont aucune circonstance n'a pu lui être inconnue, et une question que lui-même avoit préjugée en n'ordonnant point par ses lettres patentes que le procès du duc de Nevers seroit fait en présence des pairs de France.

La décision du roi et le jugement de la cour ne se trouvent pas moins réunis dans le deuxième exemple, c'est-à-dire, dans celui du duc de Guise.

Plus coupable encore que le duc de Nevers entraîné par la révolte du comte de Soissons, il avoit porté les armes contre son souverain. Son crime étoit certain, et sa qualité ne l'étoit pas moins. Propriétaire de la pairie de Guise par la mort de son frère aîné et de son père, et tellement propriétaire que cette pairie fut confisquée sur lui par son crime, il étoit dans le même état où se trouve aujourd'hui le sieur duc de.....

Cependant, le roi qui avoit déja fait faire des informations contre lui par le sieur de Laffemas, maître des requêtes, et par d'autres officiers, renvoye toutes ces procédures en la cour par des lettres-patentes du mois de juillet 1641. Non-seulement, il ne fait aucune mention dans ces lettres du privilége des pairs de France, ce qui pouvoit suffire pour décider la question, mais il y déclare expressément que son intention est que le procès soit fait et parfait au duc de Guise, les trois chambres assemblées. M. le chancelier Seguier, qui n'étoit pas encore venu prendre place en la cour, y vient apporter ces lettres; on assemble toutes les chambres pour lui rendre l'honneur qui est dû à sa dignité. Lorsque cette cérémonie est achevée, M. le chancelier dit à MM. des enquêtes et requêtes qu'ils pouvoient se retirer dans leurs chambres pour y rendre justice aux sujets du roi; et ce n'est qu'après qu'ils se sont retirés qu'il commença à parler, en présence des trois chambres seulement, du procès qu'il s'agissoit d'instruire contre le duc de Guise. Le procès s'instruit. Ce duc est condamnée à mort par contumace. Le roi éteint la pairie de Guise par des lettres-patentes qui prouvent évidemment que la propriété en appartenoit au coupable. La clémence succède à la justice du roi, il fait grâce au duc de Guise, il rétablit la pairie dans son premier état : les lettres d'abolition du crime et de rétablissement de la pairie ne sont adressées qu'aux trois chambres; et l'absolution concourt avec la condamnation à confirmer ce principe, qu'un pair de France ne doit point jouir avant sa réception des prérogatives personnelles de sa dignité.

Ainsi, le roi l'a décidé lui-même par ses lettres; ainsi, le parlement l'a jugé en présence de M. le chancelier, qui assista à l'instruction et au jugement du procès sans qu'aucun pair de France ait jamais réclamé contre une procédure si solennelle.

Enfin, le procureur-général n'a pas cru devoir omettre de faire remarquer à M. le duc d'Orléans, que depuis que les pairs ont été assujettis comme les autres officiers à la nécessité de se faire recevoir en la cour, on ne trouve aucun exemple d'un pair non reçu pour le jugement duquel on ait convoqué les autres pairs ou assemblé toutes les chambres du parlement; on ne voit pas même que les pairs aient prétendu que cette formalité fût nécessaire; ensorte que d'un côté, on ne voit aucun usage pour eux en ce point; et que de l'autre, on trouve contr'eux les principes soutenus par les exemples et l'usage parfaitement d'accord avec les principes.

Mais, comme M. le duc d'Orléans a fait l'honneur au procureur-général de lui dire, que MM. les pairs prétendoient cependant avoir pour eux une longue suite d'exemples ; et l'avis même du parlement, lorsqu'il fut consulté par le roi Charles VII sur la manière de faire le procès au duc d'Alençon, le procureur-général a pris la liberté de lui représenter que cette contrariété d'exemples se concilioit aisément par la distinction des temps ; qu'avant que l'usage qui oblige les pairs à se faire recevoir en la cour eût été introduit, on ne pouvoit établir une différence entre les pairs reçus et ceux qui ne l'étoient pas, puisqu'aucun ne se faisoit recevoir ; ils étoient pairs par la seule prestation de l'hommage, de même que les simples pairs de fief ; et s'ils exerçoient des fonctions publiques, s'ils jouissoient des prérogatives personnelles attachées à la qualité de pairs de France, c'étoit une suite de l'ancien abus qui avoit rendu les offices et les honneurs plus réels que personnels ; mais que, depuis que pour le bien de l'état et l'affermissement de l'autorité royale on avoit cru que le caractère public devoit être imprimé sur la personne des pairs comme sur celle des autres officiers par ceux que le roi rend les dépositaires de son autorité, cet ancien abus avoit cessé. Que la distinction des pairs reçus, de ceux qui ne le sont pas, étoit devenue une suite nécessaire du rétablissement de la règle ; que depuis ce temps-là, on ne voyoit point qu'aucun pair ait joui de son privilége avant la réception ; que c'étoit donc par l'usage qui est en vigueur depuis plus de deux cents ans, ou plutôt par les principes qui ont servi de fondement à cet usage, qu'il falloit décider la question présente, et non par des usages abolis ou par des maximes fondées sur l'ignorance ou la foiblesse des siècles passés mais heureusement détruites par les lumières et l'autorité d'un âge postérieur ; qu'enfin, ces mêmes exemples dont on vouloit se servir prouveroient aussi que les pairs de France pourroient avoir séance au parlement, et y exercer la fonction de juges sans y avoir été reçus, puisque, dans les temps dont ils rappellent la mémoire, ils jouissoient également de ce privilège abusif; et qu'ainsi, en voulant trop prouver, ils ne prouveroient rien et ne feroient qu'affermir la jurisprudence présente en faisant sentir les dangereuses conséquences et les abus de l'ancienneté.

A l'égard de la deuxième question qui consiste à savoir s'il est nécessaire que le roi fasse expédier des lettres-patentes pour mettre la cour en état de faire le procès à un pair de France, le procureur-général a cru qu'il étoit inutile de la traiter avec la même exactitude; soit parce qu'elle est renfermée dans la première, puisque, quand on pourroit supposer la nécessité des lettres-patentes, il faudroit toujours examiner si pour jouir d'une prérogative qui seroit souvent si fatale à la preuve et si contraire au bien de la justice il ne faudroit pas être reçu dans la dignité de pair, soit parce que l'on trouve dans les registres de la cour un si grand nombre d'exemples de procès commencés sans lettres-patentes à des pairs de France reçus dans cette dignité, comme au cardinal de Châtillon, évêque de Beauvais, au duc d'Aumallé, au duc d'Epernon, au duc de la Tremouille, au duc d'Elbeuf, au duc de la Valette, au duc de Candale, que cette seconde prétention de MM. les pairs paroît encore plus nouvelle et plus difficile à soutenir que la première; et, si l'on trouve plusieurs procès criminels que la cour a instruits contre des pairs de France en vertu de lettres-patentes du roi, on reconnoît aisément que c'est le privilége de la matière beaucoup plus que celui de la personne qui a servi de motif à ces lettres; qu'il s'agissoit dans ces exemples, de crimes de lèse-majesté; que dans une matière si délicate, il est souvent nécessaire que ce soit le roi même qui déclare ce qui doit être regardé comme crime de lèse-majesté, et qu'il conduise le zèle de ses officiers; qu'au reste,

ces exemples ne prouvent rien en faveur des pairs
de France en particulier, puisqu'on trouve un grand
nombre de lettres-patentes semblables pour des crimes
de lèse-majesté commis par des gentilshommes qui
n'avoient pas l'honneur d'être revêtus de cette dignité.

Qu'enfin, il seroit inutile de dire dans l'espèce
présente que le duel est regardé comme un crime
de lèse-majesté, parce que cette qualification que nos
rois et les arrêts de la cour ont donnée à ce crime,
pour en inspirer une plus grande horreur, est établie
par un si grand nombre d'ordonnances que la cour
n'a pas besoin d'attendre sur ce point une nouvelle
déclaration de la volonté du roi, pour interposer son
autorité contre ceux qui en sont accusés.

Que ce sont-là les principales réflexions que le procureur-général a cru devoir proposer à M. le duc
d'Orléans, pour le convaincre de la justice et de
la régularité de l'arrêt que la cour a rendu sur le
bruit du combat des sieurs duc de..... et comte
de.....

Que toutes ces raisons ont paru faire une grande
impression sur l'esprit de ce prince, qui s'est prêté
avec sa bonté et sa sagesse ordinaires à tout ce que le
procureur-général lui a représenté sur une matière
si importante. Mais que, comme il n'a pas encore pris
une dernière résolution sur ces difficultés, et que
cependant il y a déja huit jours que la signification
de l'arrêt demeure suspendue, le procureur-général
n'a pas cru devoir prendre sur lui un plus long retardement, et, sentant comme il le doit, la foiblesse
de ses lumières, il a recours à la supériorité de celles
de la cour à laquelle il se contentera de proposer les
deux partis qu'il semble qu'elle pourroit prendre dans
la situation présente de cette affaire; l'un, de charger
le procureur-général avec ses collègues d'aller faire
au nom de la compagnie des instances respectueuses
auprès de M. le duc d'Orléans, pour lui demander
que le cours de la justice ne soit pas interrompu plus
long-temps dans une matière où il ne sauroit être

trop libre et trop prompt; l'autre, de nommer des députés pour lui aller représenter les conséquences de ce retardement; que le dernier de ces deux partis, sera sans doute le plus efficace et le plus autorisé; mais que le procureur-général ne peut qu'attendre sur cela les résolutions qu'il plaira à la cour de prendre; et que sans vouloir les prévenir il peut au moins l'assurer du zèle avec lequel il exécutera toujours les ordres dont il lui plaira de le charger.

Le procureur-général retiré, la matière mise en délibération, et tout considéré :

LA COUR a ordonné, que M. le premier président, avec M. le président Potier, et
se transporteront chez M. le duc d'Orléans, et que les gens du roi iront savoir le jour et l'heure de sa commodité.

Les gens du roi ayant été mandés sur le champ, M. le premier président leur a fait savoir les intentions de la cour, auxquelles ils ont dit qu'ils se conformeroient incessamment.

Du mardi 10 mars 1716.

Ce jour, les gens du roi sont entrés, et M.ᵉ Guillaume Joly de Fleury, avocat dudit seigneur, portant la parole, ont dit à la cour, qu'ils avoient été suivant ses ordres au palais royal, pour savoir de M. le duc d'Orléans le jour et l'heure à laquelle il voudroit bien recevoir la députation que la cour résolut hier de lui faire sur ce qui s'est passé dans l'affaire du sieur duc de....., et du sieur comte de.....; et qu'il leur avoit répondu, que si les députés de la compagnie se rendoient chez lui demain sur les quatre heures après midi, il écouteroit très-volontiers ce qu'ils auroient charge de lui représenter.

Les gens du roi retirés :

LA COUR a ordonné que la députation se feroit

demain à l'heure marquée par M. le duc d'Orléans aux gens du roi.

Du lundi 16 mars 1716.

Ce jour, la cour ayant arrêté que le procureur-général du roi seroit entendu, pour savoir en quel état étoit l'affaire des sieurs duc de....., et comte de....., depuis le jour que les députés de ladite cour avoient eu l'honneur de parler à M. le duc d'Orléans, le procureur-général est entré, et a dit :

Que depuis le jour de la députation, il n'avoit point cessé de supplier M. le duc d'Orléans d'exécuter la promesse qu'il avoit faite aux députés de la compagnie de prendre incessamment une dernière résolution sur cette affaire ;

Que ce prince l'avoit toujours assuré d'un jour à l'autre qu'il alloit la finir ; et que si la cour vouloit lui ordonner de renouveler encore ses instances, et lui permettre de parler en son nom, il espéroit qu'il le feroit avec le succès qu'elle ne désiroit que pour le bien de la justice.

Le procureur-général retiré, la matière mise en délibération.

LA COUR a arrêté que le procureur-général retournera incessamment vers M. le duc d'Orléans, pour lui représenter encore de quelle conséquence il étoit qu'un arrêt rendu il y a plus de quinze jours sur une matière si importante, et où les exemples d'une prompte sévérité deviennent tous les jours plus nécessaires, ne fût pas encore signifié ;

Que l'on n'avoit point vu d'exemple d'une pareille surséance dans tout le cours du règne précédent ; et que la cour, persuadée que M. le Régent n'a pas moins de zèle qu'en avoit le feu roi pour réprimer la licence des duels, espéroit qu'il feroit cesser tous les obstacles qui ont arrêté le cours de la justice dans l'affaire présente.

Le procureur-général mandé , M. le premier président lui a fait entendre la délibération de la cour , qu'il s'est chargé d'exécuter au plutôt.

Du samedi 20 mars 1716.

Ce jour, le procureur-général du roi est entré , et a dit à la cour qu'il n'avoit pas manqué de réitérer plus d'une fois auprès de M. le duc d'Orléans les instances toujours respectueuses , mais toujours pressantes, que la cour l'avoit chargé de lui faire sur le procès du sieur duc de....., et du sieur comte de.....; que s'il vouloit entrer dans le détail de tout ce qu'il a pris la liberté de lui représenter sur ce sujet, il ne pourroit que répéter à la cour ce qu'elle lui a fait l'honneur de lui dire elle-même, qu'il peut au moins l'assurer qu'il a tâché de n'en rien oublier dans les dernières audiences qu'il a eues de M. le duc d'Orléans sur cette affaire, et que si le succès en a été plus favorable que celui des premières, il reconnoît avec joie qu'on le doit attribuer bien moins à son zèle, quelque grand qu'il soit, qu'à la dignité de la compagnie au nom de laquelle elle lui avoit permis et même ordonné de parler ;

Que M. le duc d'Orléans lui a donc témoigné qu'il entroit dans la juste peine que la cour avoit de voir le cours de la justice suspendu depuis plusieurs jours, par l'ordre qu'il avoit cru devoir donner au procureur-général, et il lui a paru même que ce n'étoit pas seulement par son amour pour la règle que M. le Régent avoit ces sentimens, et que sa considération pour la compagnie y ajoutoit encore un nouveau dégré ; qu'il lui a même marqué que c'étoit par un effet de cette considération qu'il avoit jugé à propos de faire différer la signification de l'arrêt du 27 février dernier, parce qu'il avoit espéré que par les voies de ménagement et de conciliation il étoufferoit une difficulté naissante et empêcheroit un éclat qu'il auroit fort souhaité de pouvoir prévenir ; mais que puisque

ces voies devenoient plus longues et plus difficiles
qu'il ne l'avoit cru d'abord, il ne suspendroit pas
davantage le zèle du ministère public dans une
matière où il sentoit, comme la cour même, que la
promptitude des poursuites faisoit partie de l'exemple
et répandoit cette terreur salutaire que le feu roi avoit
si sagement opposée à la fureur des duels;

Qu'ainsi les ordres dont la cour avoit chargé le
procureur-général étoient pleinement exécutés;
qu'aucun obstacle ne s'opposoit plus à la signification
de l'arrêt; et que cette signification auroit été faite
dès hier si le procureur-général avoit cru qu'il lui
fût permis de faire cette démarche avant que d'avoir
rendu compte à la cour de la commission dont elle
avoit honoré son zèle;

Que ce n'est pas à lui de porter ses vues sur les
suites que cette signification pourra avoir, le fond
de la difficulté n'étant pas encore réglé, et sur les
procédures auxquelles elle pourra donner lieu; qu'il
doit suffire au procureur-général d'avoir fait son
devoir, et que, quand on peut se rendre témoignage
d'avoir suivi la règle, on ne doit point être effrayé
des difficultés qui peuvent naître de la règle même,
sur-tout lorsqu'on n'est chargé que d'exécuter des
arrêts qui portent leur sûreté et, si on l'ose dire,
leur garantie avec eux, et qui font honneur non-
seulement à ceux qui les rendent mais à ceux qui
sont obligés de les soutenir;

Qu'il abandonnera donc à la prudence de la cour
toutes les réflexions que l'on pourroit faire sur les
conséquences de la démarche présente; et que, si elle
laisse agir son zèle, comme il le présume, il ne lui
restera plus, après avoir fait ce qui pouvoit le regarder personnellemment dans cette occasion par la
signification de l'arrêt, que de supplier la cour de
trouver bon qu'il ait l'honneur de recevoir ses ordres
avec ses collègues sur toutes les suites de cette affaire;
son zèle n'en sera pas moins ardent pour la dignité
de la cour, mais il en sera plus éclairé; et l'union,
qui n'est pas moins grande dans leurs sentimens que

dans leurs fonctions, les consacrera tous également à la gloire et à l'honneur de la compagnie.

Le procureur-général du roi retiré, la matière mise en délibération,

LA COUR a arrêté que l'arrêt du 27 février seroit incessamment signifié à la requête du procureur-général du roi, auquel, de nouveau mandé à cet effet, M. le premier président a fait savoir la délibération de la cour qu'il a dit qu'il alloit faire exécuter dans le moment même.

ONZIÈME MÉMOIRE,

Au sujet de la proposition de renvoyer au grand-conseil une Accusation de Duel formée par le procureur-général du roi, contre M. le duc de....., en conséquence de l'évocation générale de ses causes et procès civils et criminels au grand-conseil.

Avant que d'examiner cette proposition, on croit qu'il ne sera pas inutile de faire quelques réflexions générales sur la nature et l'étendue des privilèges que le roi accorde ou à des communautés ou à des particuliers, pour porter leurs causes dans un tribunal extraordinaire.

On peut dire d'abord que ces privilèges étant contraires au droit commun, et tendant à donner à des parties des juges malgré elle, et des juges suspects puisqu'ils sont choisis par celui contre qui elles plaident, doivent être regardés comme odieux, et que, par conséquent, ils sont de droit étroit.

De là vient qu'on ne les étend jamais; qu'on oblige ceux qui s'en servent à se renfermer littéralement dans ce qui leur a été accordé; et que, lorsqu'il se forme quelque doute sur l'extension de ces sortes de privilèges, on les interprète toujours en faveur du droit commun.

Ces maximes sont encore plus indubitables dans les matières criminelles, où rien n'est plus contraire aux principes de la justice et de l'équité que de renvoyer un procès dans un tribunal qu'une des deux parties s'est donné. Si celui qui a obtenu le privilège est accusé, il est naturel de craindre qu'il ne trouve grâce devant les juges qu'il a désignés et auxquels il a lui-même fait attribuer le pouvoir d'être ses juges : si c'est lui au contraire qui est l'accusateur, l'accusé n'a-t-il pas lieu de se plaindre qu'il est contre les règles de l'équité et de l'humanité même de l'obliger de remettre son honneur, et peut-être sa vie, à la discrétion d'un tribunal dont son accusateur a fait choix?

On peut donc tirer deux conséquences de ce principe.

L'une, que quelque générale que soit une évocation, elle ne renferme point de droit les procès criminels, et qu'il faut pour pouvoir l'appliquer à cette espèce de procès, que les lettres d'évocation en contiennent une disposition expresse.

L'autre, que lors même que le privilége accordé par le roi comprend également les procès criminels comme les procès civils, on ne peut faire tomber cette disposition que sur les procès criminels qui sont incidens aux contestations civiles, comme les inscriptions de faux, les rebellions à justice, les accusations de divertissement d'effets, et les autres plaintes de même genre qui, ayant pour objet le civil aussi bien que le criminel et étant d'une nature mixte, peuvent être regardées comme l'accessoire des contestations civiles, dont la connoissance est attribuée par les lettres d'évocation à un tribunal extraordinaire.

Quelque simples que soient ces réflexions générales qu'on a cru devoir faire d'abord, et qui ne peuvent être contestées par tous ceux qui ont quelque connoissance de l'ordre public, elles pourroient suffire néanmoins pour décider si l'extension que l'on veut donner à l'évocation de M. le duc de..... peut jamais être autorisée.

Ces sortes de grâces, qui, comme on vient de le dire, sont odiéuses par leur nature et encore plus dans les affaires criminelles que dans les causes civiles, doivent toujours être restreintes, soit par la matière qui en est l'objet, soit par l'intention du prince qui les a accordées.

Il est facile de faire l'application de ces deux règles

à l'évocation de M. le duc de..... Quelle est la matière
qui en a été l'objet, et dans quel esprit a-t-elle été
accordée ?

La matière n'est autre chose que les contestations
civiles qui regardent les biens de la maison de........,
et qui intéressent les possesseurs de ces biens et leurs
créanciers, ou ceux qui prétendent y avoir quelque
droit. C'est ce que les droits d'évocations, anciennes
et nouvelles, font entendre également.

L'esprit du prince qui a accordé ce privilége a été
un motif de faveur, ou si l'on veut de reconnoissance
pour la mémoire d'un ministre auquel la France sera
éternellement redevable de sa grandeur. Le feu roi
entrant dans les obligations de son père, ou plutôt de
la monarchie même, a voulu que l'héritier de ce
grand ministre cût l'avantage de n'avoir qu'un seul
tribunal où il pût porter toutes ses causes, et où il
trouvât une expédition plus prompte et plus facile
que s'il avoit été obligé de plaider en même-temps,
en plusieurs tribunaux, pour la conservation des
grands biens que le cardinal de...... avoit laissés à sa
famille.

Il faut donc, pour être dans le cas d'une évocation
de cette nature, que l'affaire qu'il s'agit de renvoyer
au grand conseil regarde la succession du cardinal
de ......; qu'elle ait pour objet les biens de ses héritiers, ou qu'elle y soit tellement liée, tellement con-
nexe, que l'ordre de la justice et le bien même des
parties intéressées demandent qu'on les renvoie dans
le même tribunal. Tout ce qui n'est point compris
dans cette vue est hors de l'objet du privilége, soit
qu'on en regarde la matière, soit qu'on envisage l'esprit du prince qui en est l'auteur.

Or, quel rapport une accusation de duel, formée
contre M. le duc de......, peut-elle avoir avec l'un ou
avec l'autre? S'agit-il dans cette accusation des biens
de la maison de......? Entre-t-elle dans l'esprit du
prince, qui n'a voulu donner des juges extraordinaires
que pour la discussion des biens de cette maison? C'est

le feu roi qui a accordé et qui a renouvelé l'évocation dont il s'agit. M. le duc de ..... auroit-il jamais osé prétendre, du vivant de ce prince, qu'une accusation de duel fût comprise dans ce privilége? Et si on pouvoit le faire revivre, ne déclareroit-il pas hautement que jamais il n'a eu intention d'étendre à un crime de cette nature, ni même à tout crime purement personnel, qui n'a aucun rapport avec les biens de la maison de ......, un privilége qui n'a jamais eu et n'a pu avoir que ces biens pour objet?

Si l'on veut faire valoir le terme de *procès criminels* compris dans ce privilége, il est aisé d'y répondre, toujours par le même principe, que cette expression ne peut tomber que sur les crimes incidens aux contestations civiles, et que, dès le moment que l'on peut donner deux interprétations à ce terme, l'une conforme à l'objet naturel de l'évocation et convenable à l'esprit du prince qui l'a accordée, l'autre qui y résiste manifestement, il seroit contraire à toutes les règles de vouloir préférer la dernière, surtout lorsque la première ne tend qu'à favoriser le retour au droit commun dont on ne doit jamais s'écarter que dans les cas qui sont évidemment compris dans la lettre ou dans l'esprit du privilége.

Toutes ces réflexions paroîtroient solides et décisives, quand même il ne s'agiroit ici que d'un crime ordinaire qui ne regarderoit que la personne et non pas les biens de M. le duc de ....

Mais, si l'on passe de cette vue générale à l'examen de la nature du crime dont il est accusé, on sera encore plus surpris de l'application que l'on veut faire de ses lettres d'évocation à un crime de cette qualité.

Deux propositions générales renferment tout ce que l'on peut dire sur une prétention si nouvelle et si extraordinaire.

La première est qu'en matière de juridiction, soit civile, soit criminelle, on ne peut se servir d'aucun

privilége contre le roi, qui n'est jamais censé avoir
voulu donner un privilége contre lui-même.

La seconde, que la connoissance du crime du duel
est tellement attribuée au parlement par toutes les
anciennes et les nouvelles ordonnances, que les juges
extraordinaires et de privilége sont absolument exclus
d'en connoître.

La première de ces deux maximes se prouve par la
simple proposition; mais si l'on veut l'approfondir
encore plus, on la trouvera écrite dans les ordonnances les plus respectables.

Lorsque Charles VII, en l'année 1453, voulut
faire une loi générale sur l'administration de la justice,
et principalement sur la compétence des juges, il
marqua expressément dans l'article 5 de cette ordonnance les causes qui devoient être portées au parlement; et, après y avoir déclaré que ces causes étoient
entre autres *celles de son domaine, de ses droits et
de ses régales*, il y ajouta *toutes celles auxquelles
son procureur seroit principale partie..*

Ce sont ces causes qui font une partie essentielle
de la plus ancienne attribution du parlement. On en
voit des vestiges dans les ordonnances de Philippe
le bel et du roi Jean; et il n'y a point de règle plus
générale et en même-temps plus sûre pour juger si
une cause est vraiment la cause du roi, que de voir
si son procureur-général y est la partie principale,
suivant la notion que Charles VII en a donnée par
son ordonnance de l'an 1453.

C'est par une suite du même principe que l'ordonnance de 1669, qui n'a fait que renouveler en ce point
la disposition des anciennes ordonnances, a décidé,
dans l'article 16 du titre des évocations, que les affaires du domaine ne pouvoient être évoquées.

Et comme les évocations sont toujours plus difficiles et plus restreintes en matière criminelle qu'en
matière civile, on peut juger par là si pendant que
le roi ne souffre pas qu'une cause où il est partie par
son procureur-général pour la conservation de son

12 *

domaine, puisse être évoquée, il doit permettre qu'on évoque un procès criminel où son procureur-général est partie pour la conservation de son autorité, qui lui est plus précieuse que celle de son domaine, et dans une matière où il s'agit de faire exécuter les lois les plus saintes et les plus salutaires qu'il ait données à son royaume.

Il n'y a pas d'apparence que l'on veuille combattre ces principes, sous prétexte d'un prétendu ressentiment qu'on a supposé autrefois que le parlement avoit pu conserver contre le cardinal de......, qui auroit crû devoir souvent s'opposer aux prétentions des parlemens.

Ce prétexte, qui n'a jamais été solide, s'est évanoui il y a long-temps; et il seroit plus que singulier de prétendre aujourd'hui que ce ressentiment imaginaire du parlement contre le cardinal de...... subsistât encore dans une compagnie où il n'y a peut-être pas quatre personnes qui fussent nées dans le temps de la mort de ce cardinal, et où il n'y en a aucune qui eût l'âge de raison dans ce temps-là; ainsi, la nouvelle évocation que feu M. le duc de...... a obtenue dans les dernières années de la vie du roi, ne peut jamais être regardée que comme une concession gracieuse et un véritable privilége.

Il y a donc ici deux priviléges qui se combattent. Le privilége de M. le duc de......, c'est-à-dire, d'un sujet du roi pour le grand conseil; le privilége du roi même pour le parlement. D'un côté, un privilége fondé sur un motif de grâce et de faveur; et de l'autre, un privilége établi sur les règles de la justice et du droit commun : de la part de M. le duc de......, un privilége qui n'a qu'une cause privée, pour ainsi dire, et qui ne regarde que l'intérêt d'un particulier : de la part du roi, un privilége où plutôt une loi générale qui se soutient par une cause publique et qui intéresse le bien commun du royaume; lequel de ces deux priviléges doit prévaloir ? La question ne paroît pas difficile à résoudre. *C'est comme si l'on demandoit*

*lequel doit l'emporter, du sujet ou du souverain, de
la grâce ou de la justice, de l'intérêt particulier
ou du bien public ?*

La manière dont les rois ont envisagé le crime de
duel, et dont ils en ont parlé dans leurs ordonnances, ajoute encore un nouveau poids à cette comparaison.

Il suffit de parcourir les édits et les déclarations qui
ont été faits successivement par les trois derniers rois
sur cette matière, pour y trouver ces expressions généralement répandues, que *le duel est un véritable
attentat à l'autorité royale, où un particulier, sans
la permission du roi, présume de donner un combat
dans le royaume et de se faire justice à lui-
même, ce qu'il ne peut faire sans entreprendre sur
la partie la plus élevée et la plus auguste de la puissance royale.*

C'est sur ce principe que les rois Henri IV,
Louis XIII et Louis XIV, regardant le crime de duel
comme une offense faite à l'autorité et à la personne
du roi même, ont ordonné que ceux qui en seroient
convaincus seroient déclarés coupables *de crime de
lèse-majesté divine et humaine;* et le parlement, qui
avoit déjà prévenu toutes ces ordonnances par un arrêt
du 26 juin 1599, où le duel est qualifié crime de lèse-
majesté, ne manque jamais de se servir de cette forme
de prononcer dans tous les arrêts de condamnation
qu'il prononce contre ceux qui sont accusés de ce
crime.

Pourra-t-on se persuader après cela que, si une
évocation, quelque générale qu'elle soit, ne sauroit
avoir lieu dans les causes qui regardent le domaine du
roi et contre son procureur-général, elle puisse néanmoins s'appliquer contre le même procureur-général
à un crime que nos rois ont qualifié de crime de lèse-
majesté? *La majesté royale aura-t-elle moins de
privilége que son domaine; et les procès criminels
où le roi se déclare lui-même intéressé, seront-ils*

sujets à des évocations qui cessent dans les affaires
civiles où le roi a le moindre intérêt ?

La première proposition qui, dans l'espèce présente où il s'agit d'un crime de duel, résiste à l'extension que l'on voudroit donner du privilége de
M. le duc de......, ne paroît donc susceptible d'aucune difficulté. Le roi n'a jamais donné de privilége
contre lui-même ; et quand il voudroit le faire, il
ne le feroit jamais en matière de duel.

On a ajouté, qu'indépendamment de cette maxime
générale, la connoissance du crime de duel est tellement attribuée au parlement par les anciennes et
les nouvelles ordonnances, que les juges extraordinaires et de privilége en sont absolument exclus ; et
cette seconde proposition ne paroît pas moins certaine que la première.

Depuis qu'on a commencé à faire des lois sur les
duels, c'est-à-dire depuis l'édit de Henri IV, du
mois d'avril 1602, jusqu'à la déclaration du feu roi,
du 14 décembre 1679, on n'en trouvera aucune qui
ne regarde le parlement comme le seul juge compé-
tent en cette matière.

L'on ne pouvoit pas en juger d'une autre manière,
dès le moment que, pour montrer l'horreur que nos
rois avoient du crime de duel et pour venger l'injure
que ce crime fait à l'autorité royale, ils l'ont déclaré
crime de *lèse-majesté*, crime dont le parlement seul
a droit de connoître.

On y voit même que, comme dans les cas qui intéressent directement les droits de la couronne, le
domaine, la régale, la personne du roi, c'est-à-dire,
dans toutes les matières de l'ancienne attribution du
parlement, il est permis à cette compagnie d'en
prendre connoissance immédiatement et en première
instance, sans attendre que les juges inférieurs en
aient connu. On a établi la même règle pour le crime
de duel ; et dès l'année 1626, il a été ordonné par
l'article 12 de l'édit du mois de février de cette année,
que *la connoissance de ce crime appartiendra aux*

cours de parlement, pour ce qui seroit arrivé ès villes où elles sont séantes, ou bien plus loin, entre personnes de telle qualité et importance qu'elles jugeroient y devoir interposer leur autorité; ce qui a été renouvelé par l'édit du mois de juin de l'année 1643, article 31, et par la déclaration du 14 décembre 1679.

Le pouvoir du parlement, en cette matière, marche donc d'un pas égal avec celui qu'il a de la connoissance de tous les droits qui intéressent la couronne ou l'autorité royale; et il n'en faudroit pas davantage pour faire voir que c'est le seul tribunal où les accusations de duel puissent être portées, soit en première instance, ou par appel.

Mais on peut aller encore plus loin, et montrer que non-seulement ce pouvoir lui est attribué, mais que nos rois le lui ont donné à l'exclusion de tous autres juges en général et en particulier de tous juges extraordinaires, ce qui comprend sans doute le grand conseil.

La déclaration de Louis XIII, du 14 mars 1613, *défend à tous juges de rien entreprendre au préjudice des présentes, même du prévôt de l'hôtel et grand prévôt de France, de prendre aucune juridiction ni connoissance de toutes les contraventions qui pourroient être faites aux édits et déclarations sur le fait des duels, et de tout ce qui en dépend.*

Quels juges ne sont pas compris dans les défenses faites généralement *à tous juges,* même à celui qui, étant chargé de la sûreté de la cour, et de la personne du roi, a depuis long-temps de plus grands priviléges que les autres.

L'édit du mois de février 1626 est encore plus précis dans l'article 12.

Le roi y attribue d'abord au parlement la connoissance des duels; et il y fait ensuite des défenses générales *au grand prévôt, ses lieutenans, et à tous autres prévôts, lieutenans de robe courte, et autres*

juges extraordinaires, d'en connoître quelque attri-
bution ou adresse qui leur en pût être faite ; décla-
rant, dès à présent, telles procédures nulles et de
nul effet.

Il n'y a rien de plus précis ni de plus décisif que cette disposition.

D'un côté, il est certain que le grand-conseil est du nombre des juges extraordinaires, puisqu'il ne connoît d'aucune affaire par l'autorité du droit commun et sans une attribution expresse et spéciale. C'est par cette raison, que l'art. 26 du titre des Committimus, de l'ordonnance de 1669, le met au nombre des tri-bunaux et des juges singuliers contre lesquels les Committimus n'ont pas lieu, parce que leur attribution est supérieure aux priviléges de ceux qui jouissent du droit de Committimus.

D'un autre côté, l'art. 12 de l'édit de 1626, sur les duels, défend à tous juges extraordinaires de prendre connoissance du crime de duel. Cet article va même plus loin, puisque le roi y déclare, que *sa disposition aura lieu, quelque attribution ou adresse qui pût être faite, à des juges extraordinaires.*

Ainsi, non-seulement l'extension qu'on voudroit donner à l'évocation de M. le duc de...., est condamnée par avance dans cet article; mais, quand même on donneroit une nouvelle attribution au grand-conseil, pour connoître spécialement du crime de duel dont il est accusé, cette attribution seroit absolument nulle, suivant l'édit de 1626 qui a prévu ce cas et qui, en le prévoyant, a fait défenses à tous juges extraordi-naires de connoître *de ce crime, quelque attribution qui pût leur en être faite, en déclarant nulles et de nul effet, telles procédures.*

La disposition de l'art. 12 de l'édit de 1626, a été confirmée par une déclaration du mois de mai de l'an-née 1634, qui rappelle nommément cet article, en parlant de la juridiction attribuée au parlement en cette matière.

Enfin, le feu roi a encore établi la même règle par l'article 31 de l'édit du mois de juin 1634. L'art. 31 de cet édit contient mot pour mot, la même disposition que l'art. 12 de l'édit de 1626. Nulle loi postérieure n'y a dérogé; et les édits de 1651 et de 1679, qui ont été faits sur les duels, portent expressément, qu'ils sont *faits pour ajouter aux précédens édits, ce que le roi a jugé nécessaire, sans néanmoins les révoquer, ni annuler.*

Les édits de 1626 et de 1643 subsistent donc dans toute leur force. Les édits postérieurs y ont ajouté; mais ils n'en ont rien retranché; et par conséquent ce sont des lois en vigueur qui contiennent une attribution formelle au parlement, une exclusion totale de tout autre tribunal, et sur-tout des juges extraordinaires, et par conséquent une décision précise de la difficulté que l'on veut faire naître par rapport à M. le duc de.....

On ne peut s'empêcher d'ajouter ici, que c'est une difficulté entièrement nouvelle et jusques à présent inouïe en matière de duel.

On ne trouvera dans le passé aucun exemple de ce que l'on propose de faire aujourd'hui. Il est inouï que, sous un roi majeur même, on ait évoqué du parlement une affaire de duel. La règle a été observée jusques à présent sans aucune exception, et c'est peut-être le seul cas où la juridiction de cette compagnie n'a jamais souffert aucune atteinte.

C'est donc à S. A. R. d'examiner, s'il convient de donner le premier exemple du contraire, et de le donner dans le commencement d'une minorité : elle a trop de lumières et d'amour du bien public, pour ne pas sentir tous les inconvéniens et toutes les conséquences d'un tel exemple, qui tend à ouvrir la porte à toutes les tentatives que l'on pourra faire en cette matière pour éviter les juges naturels et pour se donner des juges de privilége. Le feu roi avoit porté si loin la crainte de tout ce qui pouvoit interrompre ou retarder le cours de la justice dans un matière si

importante, que par une déclaration du 14 décembre
de l'année 1679 il avoit défendu au grand-conseil de
prendre connoissance des conflits de juridiction entre
les prevôts des maréchaux et les autres juges, *toutes
les fois que l'un des deux juges auroit commencé à
instruire l'accusation comme pour crime de duel*,
ensorte qu'il suffit que le nom de duel se trouve écrit
dans une plainte, pour faire perdre au grand-conseil le droit qui lui a été donné de régler les conflits de
juridiction qui se forment entre les premiers et les
juges ordinaires.

Tout le royaume a applaudi à la sagesse de ces
lois, et il applaudira encore à la fermeté avec laquelle
monseigneur le duc d'Orléans les soutiendra. Mais si
l'on commence à y donner la moindre atteinte, tout
le royaume en craindra les suites, et sur-tout dans
un temps de minorité où les exemples du passé nous
apprennent que la fureur des duels se renouvelle ordinairement; et le présent nous en fait déja voir de
tristes préludes.

Il y a des règles qu'il ne faut jamais ébranler; l'expérience a justifié l'attribution générale et exclusive
qui a été faite au parlement. Quoique l'on doive présumer qu'une autre juridiction fera également bien
son devoir dans une matière si importante, l'unité
d'un tribunal par lequel il faut nécessairement passer,
et dont on ne peut décliner la juridiction, a été
regardée successivement par trois grands rois comme
un remède nécessaire contre la licence des duels,
contre le crédit même de ceux qui se trouvent ordinairement intéressés dans ces sortes d'accusations; et l'on
est persuadé que tous ceux qui examineront ce point
avec attention, et dans la seule vue du bien public,
en jugeront de la même manière, et ne se rendront
pas moins à la raison qu'à l'autorité des précédens
législateurs.

Ainsi, pour reprendre en peu de mots tout ce que
l'on a tâché de faire voir dans ce mémoire, quand

même le crime dont M. le duc de..... est accusé ne
seroit qu'un crime ordinaire, l'évocation qui lui a été
accordée ne pourroit s'y appliquer, puisqu'elle ne
peut tomber, suivant les règles de la justice, que
sur les procès criminels qui seroient incidens aux
procès civils de la maison de..... qui ont été le seul
objet de cette évocation et l'unique motif du prince
qui l'a accordée?

Mais si l'on considère que ce crime est un duel,
ou du moins un combat suspect de duel, deux raisons
également solides s'opposent à l'étendue qu'on voudroit donner à l'évocation de M. le duc de.....

L'une, que le roi ne donne jamais de privilége
contre lui-même; que les causes où le procureur-général est partie principale ne sont point sujettes aux
évocations; et que s'il y a un cas où cette maxime soit
encore plus inviolable, c'est lorsqu'il s'agit d'un crime
qualifié de lèse-majesté.

L'autre, que le parlement a une attribution spéciale
de la connoissance du crime de duel; que cette attribution a été jugée supérieure par les rois mêmes à
toute autre attribution qu'ils ont déclarée par avance
nulle et de nul effet en matière de duel; et cette
dernière raison fait voir que non-seulement on ne
peut renvoyer M. le duc de..... au grand-conseil en
vertu de son évocation générale, mais qu'on ne pourroit même lui accorder une évocation particulière
pour l'accusation dont il s'agit, sans contrevenir à
toutes les ordonnances faites en cette matière, sans
violer un usage qui jusqu'à présent n'a jamais été al-
téré, et sans faire, sous un roi mineur, ce qu'aucun
roi majeur n'a jamais cru devoir faire.

Il seroit inutile, après cela, de relever ici que le
crime de duel étant un crime de deux, et l'un de ceux
qui en sont accusés n'ayant aucune apparence de privilége pour être renvoyé au grand-conseil, il seroit
contre toutes les règles, dans une accusation indivisible,
de préférer la juridiction extraordinaire à la juridiction ordinaire, les juges de privilége aux juges de droit

commun, parce qu'au contraire, c'est une principe reçu en matière criminelle, que l'ordinaire attire toujours l'extraordinaire. Mais après les raisons d'un ordre supérieur qu'on a expliquées dans ce mémoire, il seroit inutile de s'attacher à cette observation, qu'on ne fait, en le finissant, que pour n'avoir pas à se reprocher d'avoir rien omis dans une affaire plus importante encore pour la conservation de l'ordre et du bien public, que pour celle de l'autorité qu'il a plu au roi de donner à son parlement.

MÉMOIRES HISTORIQUES

SUR

LES AFFAIRES DE L'ÉGLISE DE FRANCE,

DEPUIS 1697 JUSQU'EN 1710.

Depuis la célèbre paix de l'église gallicane, qu'on appelle la paix de Clément IX, (1) l'église de Paris, qui avoit été et qui sera toujours en France le grand théâtre des guerres ecclésiastiques, avoit joui d'une heureuse tranquillité.

François de Harlay, prélat d'un génie élevé et pacifique, auquel il n'auroit rien manqué s'il avoit su autant édifier l'église qu'il étoit capable de lui faire honneur par ses talens et de la conduire par sa prudence, se conduisoit lui-même avec tant d'habileté, qu'il réussissoit presque toujours également à contenir la vivacité de ceux qu'on appelloit jansénistes, et à éluder, au moins en grande partie, les coups des jésuites. Il avoit eu une grande part à la paix de l'église. Il savoit ce qu'elle avoit coûté de peines et de travaux ; et, comme la distinction du fait et du droit en avoit été la base, il sentoit que ce fondement ne pouvoit être ébranlé, sans que tout l'édifice fût menacé de sa ruine. Les ministres du roi, vraiment dignes de ce nom, concouroient avec lui dans ces sentimens. Les confesseurs mêmes, plus

(1) Cette paix est celle qui termina, à la fin de 1668, les contestations au sujet de la signature du Formulaire, et dont l'exécution ordonnée par l'arrêt du conseil du 18 octobre 1668, l'a encore été depuis par l'arrêt du conseil du 5 mars 1703, et par les déclarations des 3 octobre 1717, et 5 juin 1719, enregistrées au parlement.

raisonnables alors, ne s'éloignoient pas de ces vues
pacifiques; et le père de la Chaise, dont le règne a
été le plus long, étoit un bon gentilhomme qui aimoit
à vivre en paix et à y laisser vivre les autres ; capable d'amitié, de reconnoissance et bienfaisant même,
autant que les préjugés de son corps pouvoient le
lui permettre. Le trouble que causèrent en 1676 une
ordonnance de l'évêque d'Angers et l'arrêt du conseil
qui la condamna, fut léger et de peu de durée. L'archevêque de Paris étouffoit d'abord, autant qu'il le
pouvoit, toutes les semences de discorde : persuadé,
comme tous ceux qui sont propres au gouvernement,
que jamais une affaire n'est plus aisée à terminer que
dans le moment de sa naissance, et qu'il est incom-
parablement plus aisé de prévenir les maux que de
les guérir. Les jésuites, sûrs de lui et ne le craignant
point parce qu'il les craignoit et que sa conduite
qui pouvoit leur donner toujours prise sur lui le
mettoit dans leur dépendance, le laissoient assez faire
ce qu'il vouloit, d'autant plus qu'il avoit toujours
l'habileté de les mettre dans sa confidence et de paroître agir de concert avec eux. Il n'étoit pas même
haï des jansénistes les plus sensés. Il avoit su parer
adroitement des coups que l'on vouloit leur porter.
Ses manières aimables et engageantes étoient comme
un charme qui calmoit ou qui suspendoit les fureurs
des partis contraires; et jamais homme n'a mieux su
se faire tout à tous pour les gagner tous : heureux
si c'eut été à la religion qu'il eût voulu les attacher
plutôt qu'à sa personne; mais en travaillant pour
lui-même, il travailloit aussi pour la religion qui
s'altère toujours dans les disputes, et qui ne croît
véritablement que par la charité. Ainsi, par un de
ces événemens qui font sentir le prix des qualités
propres au gouvernement, on vit l'église en paix, sous
le règne d'un archevêque plus attentif à donner de bons
conseils qu'à édifier par la sainteté de sa vie, et on
l'a vue toujours agitée, sous la conduite d'un prélat
respectable par l'innocence et la pureté de ses mœurs.

François de Harlay mourut au mois d'août de l'année 1695 ; et, comme dans le choix des successeurs on cherche toujours à éviter l'inconvénient dont on a été le plus frappé dans la conduite de leurs prédécesseurs, le roi dont la religion avoit été souvent alarmée par le compte qu'on lui avoit rendu de la conduite personnelle de François de Harlay, voulut se mettre l'esprit en repos par le choix d'un sujet dont les mœurs pussent devenir le modèle de l'église gallicane. La bonté dont il honoroit toute la maison de Noailles, le goût personnel qu'il avoit pour la candeur, la simplicité, la modestie de l'évêque de Châlons qui relevoient en lui l'éclat de sa vertu, enfin des conseils auxquels le roi étoit depuis plus de dix ans dans l'habitude de se prêter aisément, achevèrent de le déterminer en faveur de ce prélat, dont la vertueuse résistance augmenta encore l'estime que Sa Majesté avoit déjà pour lui.

Un tel choix fut d'abord applaudi ; et Louis XIV n'a jamais été si content de lui même que lorsqu'il eut mis à la tête de l'église de France un prélat qu'elle respectoit comme un homme selon le cœur de Dieu, et qui n'étoit pas moins selon le cœur du roi.

Louis-Antoine de Noailles, élevé à l'archevêché de Paris, y fut donc regardé d'abord non-seulement comme l'archevêque de la capitale du royaume, mais encore plus comme une espèce de favori auquel le roi alloit se livrer par goût, par estime pour la religion.

Les jansénistes sur-tout, grands docteurs, mais mauvais prophètes, s'approprièrent en quelque manière la joie d'un choix qu'ils regardèrent presque comme une victoire remportée sur le parti contraire ; mais les jésuites leur firent sentir dans la suite qu'ils s'étoient trop hâtés de triompher.

Ceux-ci, plus habiles et plus profonds, se joignirent hautement aux acclamations publiques, et témoignèrent peut-être plus de joie au dehors que ceux qui en sentoient le plus au-dedans. Accoutumés à dominer, même par leur servitude, ils parurent vouloir se livrer entièrement au nouvel archevêque; ils recherchèrent publiquement son amitié; ils s'en firent même honneur auprès du roi. Et, après avoir bien vécu avec un pasteur peu sévère, ils voulurent lui faire voir qu'ils étoient capables de bien vivre avec un saint; mais malgré toutes ces démonstrations apparentes, le système qu'on a vu éclater depuis fut formé dès-lors, et ils résolurent dès le premier moment, ou de gagner l'archevêque, c'est-à-dire, de le subjuguer, ou de le perdre.

Les premières années se passèrent assez tranquillement, non pas à la vérité sans cette défiance réciproque, qui naît infailliblement de la différence des caractères et de la jalousie d'autorité; mais, ni les jésuites ne désespéroient encore de s'assujétir l'archevêque, ni l'archevêque n'avoit encore renoncé à l'espérance flatteuse de se les attacher véritablement.

Il avoit pris d'abord le meilleur parti, qui étoit de conserver une exacte neutralité entre les deux partis; de tomber à droite ou à gauche, sur tout ce qui pourroit blesser la vérité ou troubler la paix, et de se faire ou respecter ou craindre, des deux côtés, par l'égalité de sa justice.

Les jansénistes l'éprouvèrent les premiers, par l'indiscrétion qu'ils eurent de rompre un silence forcé qui, cependant, leur avoit été si salutaire, et par l'impatience de recouvrer une liberté prématurée qui devoit être pour eux le préliminaire d'une plus dure servitude.

Un père Gerberon (1) si je ne me trompe, s'avisa de faire paroître une exposition de la foi catholique, dans laquelle on prétend qu'il renouveloit les erreurs condamnées dans les cinq fameuses propositons. Au premier bruit de ce livre, les disputes se rallumèrent,

(1) Tous les auteurs du temps conviennent que c'étoit M. de Barcos, neveu du célèbre abbé de Saint-Cyran.

les deux partis s'émurent; et l'archevêque, obligé d'interposer sa nouvelle autorité pour étouffer la discorde renaissante, voulut le faire par une ordonnance de l'année 1696, qui ne satisfit aucun des deux partis et dont ils firent ou l'éloge ou le blâme par une contradiction presqu'égale.

Les uns ne pouvoient souffrir qu'il y eût réalisé ce qu'ils appellent le fantôme du jansénisme; qu'il y eût cité avec honneur les différentes condamnations de Jansénius, les censures de la faculté de théologie contre le célèbre Antoine Arnaud; et qu'il eût déclaré hautement qu'il ne souffriroit point que l'on s'élevât dans son diocèse contre des décisions respectables auxquelles tous les esprits étoient obligés de se soumettre.

Les autres attaquoient la doctrine de l'ordonnance, aussi éloignée du molinisme qu'elle paroissoit conforme à ce qu'on appelle l'augustinianisme; et ils supportoient encore plus impatiemment certains traits placés à la fin de cette ordonnance, auxquels le public croyoit reconnoître les jésuites désignés sous le caractère d'esprits inquiets, *sans autorité et peut-être sans charité*, toujours prêts à troubler la paix de l'église par des soupçons vagues et par des accusations odieuses de jansénisme.

Ainsi, le seul effet d'une ordonnance qui ne contenta personne, fut d'attirer sur son auteur la querelle qu'il vouloit terminer entre les deux partis, et de faire sentir dès-lors à l'archevêque de Paris combien il est difficile d'être neutre dans les discordes civiles, et par quelle fatalité il arrive presque toujours que les deux combattans se tournent également contre celui qui veut les séparer.

Les deux partis l'accusèrent en effet de n'être pas d'accord avec lui-même. Les jansénistes disoient comme les molinistes, que la fin de la pièce en démentoit le commencement; que l'archevêque prouvoit d'abord le tort des molinistes, pour parler ensuite

contre les jansénistes ; mais les jésuites plus profon-
dément blessés ajoutoient qu'il ne leur donnoit
l'avantage que du côté de la forme, avantage qu'il
ne pouvoit leur refuser puisque les décisions des
papes étoient pour eux, mais que dans le fond il
favorisoit la doctrine des jansénistes dans le temps
même qu'il paroissoit la condamner.

On vit paroître plusieurs écrits des deux partis,
qui déchiroient alternativement la même ordonnance ;
et les jansénistes ne gardèrent pas plus de mesures
sur ce point que les jésuites. Un seul (1) d'entr'eux
se détacha pour écrire en faveur de l'ordonnance,
et faire sentir aux zélés de son parti, que les disciples
de saint Augustin devoient applaudir à cette pièce
au lieu de la décrier ; que depuis le commencement
des troubles, on n'avoit point vu paroître de déclaration plus claire et plus formelle en faveur de
la saine doctrine ; que la vérité détenue long-temps
captive commençoit enfin à sortir d'esclavage, et que
si l'archevêque avoit été obligé de mêler à la douceur
d'une déclaration si favorable à la doctrine des pères,
le souvenir amer des censures prononcées contre
le jansénisme, ou plutôt, s'il n'avoit pas dit dans
son ordonnance tout ce que l'on pouvoit penser au
sujet de ces censures, il falloit savoir jouir avec reconnoissance de ce qu'il avoit dit sur le fond sans lui
faire un crime de ce qu'il n'avoit pas dit sur la
forme. Mais cet écrit eut le même sort que l'ordonnance. Il ne put appaiser les plaintes de l'un ni de
l'autre parti ; et il ne servit peut-être qu'à aigrir
encore la plaie des jésuites, qui ne sentoient déjà
que trop combien la doctrine de l'archevêque leur
étoit contraire dans le fond. Ils furent cependant
obligés de dissimuler alors leur chagrin, et d'attendre
une conjecture plus favorable. L'affaire du quiétisme
et de l'archevêque de Cambrai, qui fomentoit dès-
lors et qui s'alluma entièrement l'année suivante,

(1) M. Duguet.

étoit un contre-temps fâcheux pendant lequel leur crédit souffrit une espèce d'éclipse, et celui de l'archevêque de Paris reçut un nouvel éclat.

Je laisse à des personnes plus instruites et à de meilleures plumes, le soin d'expliquer la naissance, les progrès et les suites de cette grande affaire, qui n'a pas été moins une intrigue de cour qu'une querelle de religion; et je me contenterai d'en tracer ici une espèce de tableau en général, sans entrer dans d'autres circonstances particulières que celles qui auront rapport aux faits auxquels j'ai eu quelque part, et qui sont le seul objet de ce mémoire.

L'abbé de Fénélon, depuis archevêque de Cambrai, étoit un de ces hommes rares, destinés à faire époque dans leur siècle et qui honorent autant l'humanité par leurs vertus qu'ils font honneur aux lettres par leurs talens excellens; facile, brillant, dont le caractère étoit une imagination féconde, gracieuse et dominante, sans faire sentir sa domination. Son éloquence avoit en effet plus d'insinuation que de véhémence, et il régnoit autant par les charmes de la société que par la supériorité de ses talens, se mettant au niveau de tous les esprits et ne disputant jamais, paroissant même céder aux autres dans le temps qu'il les entraînoit. Les grâces couloient de ses lèvres; et il sembloit traiter les plus grands sujets, pour ainsi dire, en se jouant. Les plus petits s'ennoblissoient sous sa plume, et il eût fait naître des fleurs du sein des épines. Une noble singularité répandue sur toute sa personne, et je ne sais quoi de sublime dans le simple, ajoutoient à son caractère un certain air de prophète; le tour nouveau, sans être affecté, qu'il donnoit à ses expressions, faisoit croire à bien des gens qu'il possédoit toutes les sciences comme par inspiration; on eût dit qu'il les avoit inventées plutôt qu'il ne les avoit apprises. Toujours original, toujours créateur, n'imitant personne et paroissant lui-même inimitable. Ses talens long-temps cachés dans l'obscurité des séminaires, et peu connus à la cour lors même qu'il se fut attaché à faire des

13 *

missions pour la conversion des religionnaires, écla-
tèrent enfin par le choix que le roi en fit pour l'é-
ducation de son petit-fils, le duc de Bourgogne. Un
si grand théâtre ne l'étoit pas trop pour un si grand
acteur; et, si le goût qu'il conçut pour le mystique
n'avoit trahi le secret de son cœur et le foible de
son esprit, il n'y auroit point eu de place que le
public ne lui eût destinée, et qui n'eût paru encore
au-dessous de son mérite.

Un naturel si heureux fut perverti comme celui
du premier homme, par la voix d'une femme (1); et
ses talens, sa fortune, sa réputation même furent
sacrifiés, non à l'illusion des sens mais à celle de
l'esprit. On vit ce génie si sublime se borner à
devenir le prophéte des mystiques et l'oracle du
quiétisme; ébloui le premier par l'éclat de ses lumières, et éblouissant ensuite les autres; suppléant
au défaut de science, par la beauté de son esprit fer-
tile en images spécieuses et séduisantes plutôt qu'en
idées claires et précises, voulant toujours paroître
philosophe ou theologien, et n'étant jamais qu'ora-
teur : caractère qu'il a conservé dans tous les ouvrages
qui sont sortis de sa plume jusqu'à la fin de sa vie.

Il trouva le quiétisme fort décrié par une ordonnance du dernier archevêque de Paris, et encore
plus par la condamnation de Molinos que le pape
Innocent XI avoit prononcée. Effrayé des excès de
ce mystique que son cœur détestoit et que la pureté
de ses mœurs ne désavouoit pas moins, mais trompé
par la prévention de son esprit qui avoit saisi fortement une fausse idée de perfection, il forma le
dessein hasardeux de condamner les conséquences
sans abandonner le principe ; et il osa se donner
lui-même la mission de purger le quiétisme de tout
ce que cette secte avoit d'odieux, de le renfermer
dans ses véritables bornes, de faire le personnage
d'interprète, et, comme médiateur entre les mystiques et les autres théologiens, d'apprendre aux

(1) Madame Guyon, aïeule maternelle de M. le maréchal
de Bellisle.

uns et aux autres la force des mots dont ils se servoient, et de se rendre par là comme l'arbitre suprême
de la dévotion.

Est-il vrai que, voyant le roi se tourner entièrement
du côté de la religion, les personnes les plus puis-
santes à la cour se conformer au moins en apparence
au goût du souverain, et la dévotion devenir l'instrument de la fortune, il ait eu la pensée de joindre
la politique à la mysticité, et de former par les liens
secrets d'un langage mystérieux une puissante cabale
à la tête de laquelle il seroit toujours, par l'élévation
et l'insinuation de son esprit, pour tenir dans sa main
les ressorts de la conscience et devenir le premier
mobile de la cour, ou dès le vivant du roi même,
ou du moins après sa mort, par le crédit du duc
de Bourgogne qui avoit un goût infini pour lui ?
c'est le jugement que bien des gens en ont porté, et
qu'il faut remettre au souverain scrutateur de l'esprit
et du cœur humain.

Tout ce que l'on en peut dire est que, si ce jugement ne semble pas téméraire, l'archevêque de
Cambrai ne fut pas plus heureux en politique qu'en
théologie, puisque sa doctrine fut condamnée et sa
fortune détruite par les moyens mêmes qu'il avoit
pris pous l'élever.

Le bruit se répandit d'abord sourdement, qu'il
favorisoit les opinions des quiétistes; et le soupçon
s'en augmenta tellement, que l'archevêque de Paris,
l'évêque de Meaux et l'évêque de Chartres (1) commencèrent à prendre la chose sérieusement, et je-
tèrent les fondemens de cette espèce de triumvirat
alors uni contre le quiétisme et depuis divisé par
le jansénisme.

L'alarme fut portée jusqu'aux oreilles du roi; et
l'on a cru que c'étoit le chancelier de Pontchartrain,
alors contrôleur général des finances et secrétaire
d'état, qui, malgré le crédit du duc de Beauvilliers,
le plus grand adorateur de l'abbé de Fénelon, et

(1) M. Godet Desmarests.

malgré la protection qu'on craignoit alors que M. de
M..... ne donnât à l'un et à l'autre, avoit eu le
courage d'avertir le roi qu'il formoit à la cour et
presque sous ses yeux un parti redoutable à la religion, pernicieux aux bonnes mœurs, et capable d'induire un fanatisme aussi fatal à l'église qu'à l'état.
On prétend même que ce fut là l'époque ou du
moins la véritable cause de la décadence de sa faveur.
Tous ceux qui étoient engagés dans la cabale mystique ne lui ayant jamais pardonné cette espèce de
délation secrète, et s'étant toujours attachés depuis ce
temps-là à le décrier dans l'esprit du roi par des
voies souterraines, en faisant passer pour janséniste
celui qui les avoit fait passer pour quiétistes.

Ce qu'il y a de certain, c'est qu'on vit éclater
alors la grande droiture du feu roi; ni l'estime qu'il
avoit pour le duc de Beauvilliers; ni la confiance
dont il l'avoit honoré en le faisant gouverneur de
ses petits enfans, chef du conseil des finances et
ministre d'état; ni la crainte de paroître s'être trompé
dans le choix de ce duc, dans celui de l'abbé de
Fénelon, et de tous ceux qui étoient auprès des
jeunes princes et que la contagion du quiétisme commençoit à gagner, ne l'empêchèrent point de se
déclarer hautement contre toute nouveauté, d'ordonner qu'on approfondît exactement les soupçons
qu'on avoit contr'eux, et de chercher uniquement
dans cet examen le maintien de la bonne doctrine
et la gloire de la religion.

A la vérité, en prenant cette résolution il n'eut
à combattre en lui-même aucun goût personnel pour
l'abbé de Fénelon, soit que naturellement il craignît
les esprits d'un ordre supérieur, soit qu'une certaine
singularité, et je ne sais quoi d'extraordinaire qui,
comme je viens de le dire, entroit dans le caractère
de cet abbé, n'eût pas plû au roi dont le goût se
portoit de lui-même au simple et à l'uni; soit que
l'abbé de Fénelon, voulant paroître se renfermer
dans ses fonctions, eût évité par une politique profonde de s'insinuer dans la familiarité du roi, ou

qu'il eût peut-être désespéré d'y réussir, il est au moins certain que Sa Majesté n'a jamais paru le goûter, et qu'elle n'eut aucune peine à le sacrifier dans la suite lorsque le mal lui parut intolérable.

L'abbé de Fénelon n'ignoroit pas, sans doute, ces dispositions du roi; et il en sentit d'abord toutes les conséquences. Il crut les prévenir en se justifiant dans l'esprit des trois prélats, qu'il regarda dès-lors comme ses plus grands ennemis. Il se flatta de les appaiser en convenant des principes avec eux, et ce fut dans cette vue que, par l'entremise de Tronçon, qui étoit à la tête des sulpiciens, homme plus sensé et plus raisonnable que beaucoup d'autres, on dressa les fameux articles d'Issy (1), où l'on renferma dans un petit nombre de propositions les principales règles de la créance et du langage sur la théologie mystique.

Ces articles furent signés comme une espèce de traité, par les chefs des partis contraires; et ils furent suivis d'une réconciliation, au moins apparente, et d'une paix peut-être infidelle qui parut néanmoins avoir calmé les esprits, dissipé les soupçons et couvert le passé.

L'abbé de Fénelon en recueillit le fruit par le grand présent de l'archevêché de Cambrai, que le roi, rassuré sur ses sentimens, lui fit peu de temps après : heureux s'il avoit su jouir d'un retour si favorable, et se soutenir dans une situation où il n'avoit qu'à se taire pour être tranquille dans le temps présent, et nourrir de plus grandes espérances pour l'avenir.

Mais on reconnut bientôt que l'homme d'esprit n'a souvent point d'ennemi plus redoutable que son esprit même; que de toutes les espèces d'amour-propre, la plus dangereuse est celle qui nous attache à nos opinions en matière de religion, et que l'éloquence devient presque toujours un talent fatal à celui qui se

(1) Trente-quatre articles de doctrine opposés aux erreurs du quiétisme.

flatte d'en avoir assez pour rendre tout ce qu'il pense
vraisemblable. Enivré d'ailleurs de l'encens d'un
parti qu'il tenoit comme enchanté par les charmes
de son esprit, et ne consultant qu'un petit cercle
d'adorateurs dont il étoit le centre, il crut qu'il
entraîneroit également toute la terre; et je suis persuadé qu'il le crut de bonne foi, lorsqu'il fit paroître son livre des Maximes des Saints. Il éblouit
en effet le docteur Pirot, approbateur de cet ouvrage
qui l'appela *un livre tout d'or*, où les limites du
vrai et du faux étoient si exactement marquées
qu'on ne pouvoit plus s'y méprendre. Mais, dans cette
mine où l'approbateur n'avoit vu que de l'or, le
public plus pénétrant et moins flatteur crut ne trouver
presque que de la terre; le soulèvement fut universel. Les censures que l'archevêque de Paris et
l'évêque de Chartres publièrent alors, contre les écrits
de celle qu'on appeloit la nouvelle Priscille (1),
ouvrirent les yeux à tout le monde; et les adoucissemens du prélat, qu'on osa regarder comme un
nouveau montant, parurent ne servir qu'à rendre
le poison plus dangereux parce qu'il étoit mieux
préparé.

L'archevêque de Cambrai étoit alors dans son
nouveau diocèse; et c'étoit même en son absence,
que des amis trop officieux avoient fait imprimer
son ouvrage. Etonné du bruit qu'il faisoit, et craignant de se voir bientôt condamné par ses confrères,
il comprit qu'il n'avoit point d'autre parti à prendre
que de déférer lui-même son livre au jugement du
saint siége. Le roi trouva bon, quoique ce fût
une espèce de plaie aux libertés de l'église gallicane,
qu'une affaire née dans le royaume n'y fût pas décidée avant que d'être portée à Rome; mais on se
persuada que comme c'étoit l'archevêque de Cambrai qui l'y portoit volontairement et avec la permission du roi, le mal étoit moindre; et qu'en tout

---

(1) Madame Guyon, auteur du *Moyen court et facile de faire
l'Oraison*, et du manuscrit intitulé : *les Torrens*....

cas, il pourroit être réparé par la manière dont
on recevroit la décision du pape.

L'archevêque de Cambrai y gagna toujours de
n'avoir que pour adversaires ceux qu'il craignoit
d'avoir pour juges, et de pouvoir se flatter de pro-
longer l'affaire par les retardemens ordinaires à la
cour de Rome, de mettre à profit le bénéfice du
temps, et de trouver des tempéramens qui sauve-
roient peut-être son honneur, et mettroient son
livre à couvert d'une flétrissure injurieuse.

Les trois prélats, que j'ai appelés les *Triumvirs
du Quiétisme*, le suivirent dans le tribunal qu'il avoit
choisi, et ne refusèrent point d'y paroître ses égaux
dans l'instruction du procès, comptant bien qu'ils
seroient enfin ses supérieurs dans le jugement. Après
un si grand éclat, et le combat une fois engagé,
le roi prévoyant que l'issue n'en seroit pas avantageuse à l'archevêque de Cambrai ne crut pas qu'il
convînt de laisser l'éducation de ses petits enfans
entre les mains d'un homme déjà suspect s'il n'étoit
pas encore convaincu; et d'ailleurs, dans l'esprit du
roi, c'étoit presque être coupable que d'être accusé
en matière de religion. L'archevêque eut donc ordre
de demeurer dans son diocèse; on éloigna des princes
l'abbé de Langeron, Dupuy, l'Echelle, et tous ceux
qu'on croyoit trop attachés à la personne et aux
sentimens de l'archevêque de Cambrai; le gouverneur même fut sur le point d'être entraîné par la
chute du précepteur. La délicatesse du roi sur ce
qui pouvoit intéresser la religion sembloit le faire
pencher vers le parti le plus sûr; et après avoir
frappé le maître, il lui paroissoit dangereux d'épargner le disciple. On lui inspira cependant, ou il
résolut de lui-même, de consulter l'archevêque de
Paris avant que de prendre cette grande résolution.
Le sort du duc de Beauvilliers fut donc remis entre
les mains d'un des plus grands ennemis des quiétistes; et, suivant les principes de Machiavel, il
n'auroit pas dû hésiter à profiter d'une occasion si
favorable pour se défaire d'un homme qu'il pouvoit

perdre d'un seul mot, et qu'il ne devoit pas espérer de pouvoir jamais gagner ; mais il fut plus vertueux que politique, et il mit dans sa confidence un homme capable de sentir toutes les règles de la politique, mais incapable de les préférer jamais à celles de la conscience.

Cet homme étoit mon père, que l'archevêque de Paris consulta comme le roi l'avoit consulté, et qui jugeant des autres par lui-même espéra mieux du duc de Beauvilliers, que le duc de Beauvilliers ne répondit à ses espérances. Mon père honoroit sincèrement en lui cet esprit de religion, de modération et de justice, qui éclatoit dans toutes ses actions. Il regardoit sa prévention pour le quiétisme comme une illusion passagère, comme une espèce d'éblouissement de vertu, que l'exemple et l'autorité de l'archevêque de Cambrai avoient fait naître, et que sa condamnation ou sa rétractation dissiperoit. La qualité d'homme de bien qu'il respectoit dans le duc de Beauvilliers étoit un si grand titre pour lui, qu'il crut qu'on devoit lui sacrifier de simples soupçons ; et il se fit une espèce de scrupule d'ôter d'auprès du roi l'homme le plus vertueux de tous ceux qui avoient part à la confiance de Sa Majesté.

Le duc de Beauvilliers fut donc raffermi dans sa situation par les conseils de l'archevêque de Paris fondés sur le sentiment de mon père, qui a reçu sans doute dans le ciel la récompense de sa vertu et de sa grande mansuétude. Je le crois d'autant plus, qu'il en a été mal récompensé sur la terre : le duc de Beauvilliers, qui paroissoit fort de ses amis jusqu'alors, s'étant toujours refroidi pour lui depuis ce temps-là. Et l'on a même voulu me faire croire, que sa prévention pour le quiétisme, l'antipathie qu'il avoit conçue pour ceux qu'on nomme jansénistes depuis qu'ils s'étoient déclarés contre l'archevêque de Cambrai, et son goût pour les sulpiciens dont le génie convenoit assez à la mesure du sien, l'avoient porté, dans les dernières années

de sa vie, à rendre de mauvais offices à mon père,
comme ami des jansénistes et d'ailleurs d'un caractère d'esprit trop scupuleux, reproche que mon
père ne méritoit pas. Ses doutes étoient en lui l'effet
de l'étendue de ses lumières, et ne servoient qu'à
affermir sa décision quand il avoit une fois pris
son parti. Mais, quand même sa modestie l'auroit
fait hésiter quelquefois, ce n'étoit pas au duc de
Beauvilliers de lui reprocher un scrupule auquel il
avoit lui-même tant d'obligation. Mais on n'aime
point ceux auxquels on doit trop, et dont la présence
semble nous dire toujours qu'ils ont été les maîtres
de notre sort. Après tout, je pousse peut-être trop
loin ces conjectures, et il se peut faire que la prévention extrême du duc de Beauvilliers contre le
jansénisme, sans avoir peut-être jamais su en quoi
il consistoit, ait été la seule cause de son refroi-
dissement pour mon père. Quoi qu'il en soit, il
parut alors renoncer absolument au quiétisme, et
soit qu'il eût cru de lui-même devoir faire éclater
son changement par une action marquée, soit que
cette démarche lui eût été inspirée, pour convaincre
le roi de la sincérité de sa conversion, il alla chez
l'archevêque de Paris avec la duchesse de Beauvilliers, le duc et la duchesse de Chevreuse, qui s'étoient
laissés éblouir comme lui, pour assurer l'archevêque
qu'ils étoient absolument désabusés d'un systême si
dangereux, et pour en faire une espèce d'abjuration
entre ses mains, dont l'archevêque ne manqua pas
de faire leur cour et la sienne au roi. Je ne sais
néanmoins si je n'anticipe pas le temps de cette conversion, et si elle ne fut pas le fruit de la constitution du pape, pour l'autorité duquel le duc de
Beauvilliers avoit presque la crédulité d'un ultra-
montain.

Pendant tous ces mouvemens de la cour, l'archevêque de Cambrai avoit publié une instruction
pastorale assez mal digérée qui étoit comme l'apologie de sa doctrine; et l'évêque de Meaux s'étoit
chargé, presque seul, de tous les ouvrages qu'il

falloit faire pour développer aux yeux du pape et
de l'église attentive tous les mystères du quiétisme
adouci de l'archevêque de Cambrai. On vit donc
entrer en lice deux adversaires illustres, plutôt égaux
que semblables; l'un, consommé depuis long-temps
dans la science de l'église, couvert des lauriers qu'il
avoit remportés tant de fois en combattant pour elle
contre les hérétiques : athlète infatigable, que son
âge et ses victoires auroient pu dispenser de s'engager
dans un nouveau combat, mais dont l'esprit encore
vigoureux et supérieur au poids des années conservoit, dans sa vieillesse, une grande partie de ce feu
qu'il avoit eu dans sa jeunesse; l'autre, plus jeune et
dans la force de l'âge, moins connu par ses écrits,
néanmoins célèbre par la réputation de son éloquence
et de la hauteur de son génie, nourri et exercé
depuis long-temps dans la matière qui faisoit le sujet
du combat, possédant parfaitement la langue des
mystiques, capable de tout entendre, de tout expliquer, et de rendre plausible tout ce qu'il expliquoit.
Tous deux long-temps amis, avant que d'être devenus
également rivaux ; tous deux recommandables par
l'innocence de leurs mœurs, également aimables par
la douceur de leur commerce, ornemens de l'église,
de la cour, de l'humanité même; mais l'un, respecté
comme un soleil couchant dont les rayons alloient
s'éteindre avec majesté; l'autre, regardé comme un
soleil levant qui rempliroit un jour toute la terre
de ses lumières s'il pouvoit sortir de cette espèce
d'éclipse dans laquelle il s'étoit malheureusement
engagé. On vit couler de ces plumes fécondes une
foule d'écrits, qui divertirent le public et affligèrent
l'église par la division de deux hommes dont l'union
lui auroit été aussi glorieuse qu'utile, s'ils avoient su
tourner contre ses ennemis les armes qu'ils em-
ployoient l'un contre l'autre.

Le scandale étoit moins grand, tant qu'ils ne
combattirent que sur le fonds de la doctrine; et l'on
pouvoit le regarder du moins comme un mal nécessaire. Mais la scène devint plus triste pour les gens

de bien, lorsqu'ils s'attaquèrent mutuellement sur les faits, et qu'ils publièrent des relations contraires où, comme il étoit impossible qu'ils dîssent tous deux vrai, on vit avec douleur mais avec certitude qu'il falloit que l'un des deux dît faux; et sans examiner ici de quel côté étoit la vérité, il est certain au moins que l'archevêque de Cambrai sut se donner dans l'esprit du public l'avantage de la vraisemblance.

L'évêque de Meaux compensa cet avantage par la supériorité de sa cause et de sa capacité; l'esprit étoit d'un côté, et la raison de l'autre; mais ce ne fut pas sans beaucoup d'efforts et sans avoir de grands obstacles à surmonter, que la raison fut enfin victorieuse. Le parti des mystiques, aussi caché d'abord que leur doctrine, étoit beaucoup plus grand qu'il ne le paroissoit. Les personnes les plus accréditées de la cour avoient été éblouies par la spiritualité et peut-être par la commodité de cette doctrine. Plusieurs jésuites y étoient entrés; et le roi, malgré sa prévention pour la société, avoit été obligé par son zèle encore plus grand pour la religion d'en faire arrêter quelques-uns.

Quoique cette contagion n'eût pas gagné jusqu'au fond de la compagnie et que le corps n'eût pas adopté les opinions des particuliers, la politique fit sur ceux mêmes qui en étoient fort éloignés ce que l'illusion et la séduction avoient fait sur les autres; et ceux qu'on appelloit jansénistes ayant pris parti contre les quiétistes, ou comme l'évêque de Noyon, Clermont-Tonnerre, les avoit assez bien nommés, contre les *semi-quiétistes*, la politique des jésuites les obligeoit à soutenir ceux qui étoient en butte à leurs ennemis. Ils crurent même que c'étoit un personnage à ménager pour eux que l'archevêque de Cambrai; et ils sentirent que, soit par la pureté de ses mœurs, soit par la singularité de ses talens, soit par le crédit qu'il avoit dès-lors à la cour et par la faveur beaucoup plus grande à laquelle il devoit parvenir un jour, c'étoit le prélat de tout le clergé français qu'ils pouvoient opposer avec le plus de succès à l'archevêque de Paris.

Jusques-là l'archevêque de Cambrai avoit paru n'être que médiocrement de leurs amis, non qu'il penchât du côté du jansénisme par rapport au dogme ; mais la morale relâchée des jésuites et la religion toujours tournée chez eux en politique, paraissoient lui faire horreur ; c'étoit ainsi qu'il s'en expliquoit quelquefois avec ses plus intimes amis. Mais dans le monde, et surtout à la cour, ce n'est ni l'estime ni même la sympathie des sentimens qui forment les liaisons, c'est l'intérêt et le besoin réciproque que l'on croit avoir les uns des autres. La fortune s'y joue du nom de l'amitié, et c'est un phénomène de morale, fort commun en ce pays-là, de voir un homme se brouiller en un moment avec ses plus grands amis, et se réunir aussi promptement avec ses plus grands ennemis. Non seulement l'amitié, mais la haine même lorsqu'elle est constante et supérieure aux changemens d'intérêt ou de fortune, y sont regardées comme un prodige de vertu.

L'archevêque de Cambrai changea donc ou de sentiment, ou du moins de conduite, à l'égard des jésuites ; et ceux qui passoient dans son esprit, pendant qu'il n'en avoit pas besoin, pour les corrupteurs de la morale par leur relâchement, et de la religion même par leur politique, devinrent bientôt, lorsqu'il se vit forcé de recourir à leur appui, une société utile, nécessaire à l'église, le fléau des hérétiques et l'asyle de la bonne doctrine. Tels furent à peu près les éloges qu'il donna aux jésuites dans un sermon qu'il prêcha quelques années après dans une église de son diocèse.

Le cardinal de Bouillon étroitement lié avec la compagnie D. J., et à qui le roi avoit permis d'aller à Rome pour être à portée d'y recevoir la qualité de doyen du sacré-collége lorsqu'elle viendroit à vaquer, prit des engagemens aussi intimes avec l'archevêque de Cambrai, et n'oublia rien de tout ce que la subtilité de son génie, son crédit personnel, celui de ses

amis et surtout des jésuites', pût lui fournir de
moyens ou pour éluder ou pour retarder du moins
la décision du saint siége.

Mais enfin le feu roi et le pape Innocent XII firent
voir que la droiture du cœur, quand elle est ferme
et sincère, vaut quelquefois mieux pour le gouvernement que la supériorité de l'esprit. Le roi pressa
tant le pape, et le pape la congrégation chargée de
l'examen du livre de l'archevêque de Cambrai, que
tous les détours et tous les subterfuges de ses partisans
furent inutiles. Le dernier qu'ils tentèrent fut de
proposer au pape de faire des canons de théologie
mystique qui prévinssent toutes les disputes et servissent de règle aux théologiens dans une matière si
subtile. Rien n'étoit plus adroitement imaginé que
ce détour, qui tendoit non-seulement à éterniser
l'affaire, mais à sauver le livre de l'archevêque de
Cambrai, qui n'auroit pas manqué de se soumettre
à ces canons, et de dire que c'étoit là le véritable
esprit de son ouvrage. Mais le saint père, malgré
sa simplicité naturelle, malgré le peu de capacité qu'il
avoit dans les matières théologiques, et le poids de
sa grande vieillesse, sentit d'abord le piége qu'on
lui tendoit, et se mettant en colère il déclara qu'il
vouloit absolument que l'affaire finît.

Elle fut donc terminée par une constitution en
forme de bref, qui condamnoit le livre des Maximes
des Saints et vingt-trois propositions qui en avoient
été extraites, avec des qualifications prononcées respectivement suivant le moderne et dangereux usage
de la cour de Rome; on n'y évita, ni la clause *motu
proprio*, ni d'autres clauses contraires à nos libertés.
Le bon pape ne pensoit qu'à finir promptement le
fond de l'affaire, et ceux sur qui il se reposoit du
soin de la forme, n'étoient peut-être pas trop fâchés
d'y semer des épines qui pussent faire naître des
difficultés sur la réception du bref dans ce royaume.

Le roi le reçut avec autant de joie que le pape
en avoit de le lui envoyer, et ne pensa plus qu'aux

voies dont il se serviroit pour le faire publier dans ses états.

Le premier président de Harlay fut consulté sur ce sujet; et il ouvrit l'avis d'assembler les évêques par provinces, et de faire accepter le bref dans ces assemblées pour le revêtir ensuite de lettres-patentes qui seroient enregistrées au parlement.

Cette forme nouvelle, plus régulière que celle qu'on avoit suivie dans les affaires du jansénisme, et à laquelle il ne manquoit pour la rendre entièrement canonique que de la convertir ou en de véritables conciles provinciaux ou en un concile national par l'adjonction du second ordre, fut approuvée par le roi. Et ce fut le premier président qui dressa le projet de la lettre circulaire, par laquelle Sa Majesté écrivit à tous les archevêques de son royaume d'assembler leurs suffragans pour délibérer avec eux sur l'acceptation du bref. Le style de cette lettre, comme tout ce qui sortoit de la plume du premier président, n'étoit pas aussi correct qu'il eût été à désirer. Et il pouvoit donner quelque prise, de part et d'autre, aux ennemis et aux défenseurs de nos libertés; mais le fond en étoit bon, et le clergé de France fut si charmé de voir renaître une forme d'assemblée qui approchoit fort d'un concile provincial, qu'on ferma volontiers les yeux sur des défauts légers d'expression qu'un critique exact auroit pu trouver dans cette lettre.

L'archevêque de Cambrai, qui avoit combattu comme un lion pour la défense de son ouvrage, tant qu'il avoit espéré de vaincre, ou du moins de n'être pas vaincu, prit, en homme d'un esprit supérieur, le parti de se soumettre d'abord *comme la plus humble brebis du troupeau;* ce fut l'expression dont il se servit dans l'acte de sa soumission. Il n'attendit pas même que le roi eût fait la moindre démarche pour autoriser le bref dans ses états: quoiqu'aucun décret de la cour de Rome ne puisse y être reçu sans l'aveu du souverain, il fit, en prévenant cet aveu, une de ces fautes heureuses, qu'il n'appartient qu'aux grands hommes de hasarder ; et, ne pouvant plus éviter la coudamnation de tous ses confrères, il se hâta de s'assurer au moins l'honneur de s'être condamné le premier. Son mandement, court et touchant, consola tous ses amis, affligea tous ses ennemis, et démentit la prédiction faite par l'évêque de Meaux dans la chaleur de la dispute, que si l'archevêque de Cambrai étoit condamné on verroit bientôt la distinction du fait et du droit et toutes les autres subtilités dont on ne fait que trop d'usages dans les discussions théologiques.

Les assemblées provinciales se tinrent successivement dans chaque province avec une parfaite uniformité, soit pour la condamnation du livre de l'archevêque de Cambrai, soit pour la conservation du droit des évêques dans les jugemens de doctrine et des libertés de l'église gallicane. Il s'excita, sur un dernier point, une louable émulation entre les différentes provinces ; chacune voulut avoir l'honneur d'avoir mieux soutenu le pouvoir attaché au caractère épiscopal, de juger ou avant le pape, ou avec le pape, ou après le pape, et le droit dans lequel les évêques sont de ne recevoir les constitutions des papes qu'avec examen et par forme de jugement. Ce qu'il y eut de plus remarquable dans ce témoignage solennel que l'église gallicane rendit à sa doctrine, c'est qu'il fut placé dans un temps où nous n'avions aucun démêlé avec la cour de Rome et où le roi vivoit dans une parfaite intelligence avec le pape dont il ne craignoit rien et n'avoit rien à craindre ; en sorte que ce fut à la vérité seule et non à la nécessité des conjectures, que l'on fut redevable d'une déclaration des sentimens du clergé si authentique et si unanime. Auroit-on cru, dans ce temps-là, qu'il ne se passeroit pas plus de six ou sept années, sans que ces mêmes maximes, qu'on publioit alors sur les toits fussent non-seulement attaquées à Rome mais presque abandonnées ou du moins déguisées et palliées en France ; mais nous sommes dans un pays où l'on peut moins que partout ailleurs hasarder des prophéties sur l'avenir le plus prochain.

Il fut dur à l'archevêque de Cambrai de se voir obligé d'assembler sa province pour prononcer, au milieu de ses confrères, une censure encore plus solennelle [contre lui-même que celle qu'il avoit fait paroître à la première nouvelle de sa condamnation. L'évêque de Saint-Omer, homme d'esprit, mais chaud comme un provençal qu'il étoit et chicaneur comme un normand, ne se contenta pas de lui voir avaler doucement ce calice ; il se plût à en augmenter l'amertume par les indignes tracasseries qu'il lui fit dans l'assemblée provinciale de Cambrai, où il vouloit non-seulement que ce prélat se soumît à sa propre condamnation, comme il l'avoit déja fait de si bonne grâce, mais qu'il avouât encore qu'il étoit véritablement tombé dans les erreurs que le pape avoit condamnées, faisant ainsi le procès à ses intentions mêmes en lui arrachant la foible consolation de pouvoir dire au moins qu'il avoit bien pensé s'il s'étoit mal exprimé. L'archevêque de Cambrai répondit à ses interpellations pressantes et odieuses, avec une sagesse et une modération dignes d'une meilleure cause. Les autres évêques de la même province, indignés du procédé de l'évêque de Saint-Omer, vinrent au secours de leur archevêque, et se contentèrent de la protestation qu'il réitéra en leur présence de sa soumission parfaite au jugement du saint siège.

Ce fut presque la seule province où l'on parla foiblement du droit des évêques et des clauses contraires à nos libertés qui étoient dans le bref ; il échappa même au saint et vénérable évêque d'Arras, qui n'a jamais pu se résoudre à prendre un parti décisif sur l'infaillibilité du pape, de parler en quelque manière contre lui-même, en disant : *A Dieu ne plaise que je veuille juger de nouveau ce que le saint siége a décidé.* Il a pourtant bien cru depuis pouvoir examiner ce que Rome avoit jugé, tant il est vrai que la diversité des faits et la différence des conjonctures influent dans l'esprit des hommes les plus sages, sur les maximes mêmes qui devroient être les plus indépendantes de la variété des circonstances.

Tous les procès-verbaux des assemblées provinciales ayant été envoyés au roi, il n'étoit plus question que de dresser les lettres-patentes qui devoient mettre le sceau de l'autorité royale aux délibérations des juges ecclésiastiques; et le premier président de Harlay fut encore chargé d'en faire le projet.

Il suivit d'abord trop fidèlement le modèle des lettres-patentes qui avoient été expédiées sur les bulles d'Innocent X et d'Alexandre VII contre le jansénisme. Le style de ces lettres-patentes étoit contraire à l'autorité du parlement, et ne convenoit pas mieux aux intérêts bien entendus du gouvernement. Le roi y marquoit qu'il avoit fait examiner ces bulles dans son conseil, et que, n'y ayant rien trouvé de contraire aux droits de sa couronne et aux libertés de l'église gallicane il ordonnoit qu'elles seroient enregistrées et publiées au parlement pour être exécutées selon leur forme et teneur. Par là, tout examen étoit interdit au parlement; le roi etoit censé l'avoir fait; et il n'étoit plus permis à cette compagnie d'ajouter aucunes modifications en enregistrant les bulles des papes, par rapport aux clauses ou abusives ou dangereuses qu'elles pourroient contenir. Cependant, le premier premier président de Harlay, trouvant ce style établi dans les derniers exemples, ou plutôt dans les seuls que l'on eût jusqu'alors des bulles reçues solennellement dans le royaume en matière de doctrine, crut, ou par prudence ou par timidité, devoir suivre le même style de peur de se compromettre en demandant qu'on le changeât et que l'on mit dans ces lettres-patentes la clause, *s'il vous appert qu'il n'y ait rien dans la bulle de contraire aux droits de notre couronne, libertés de l'église gallicane, maximes et usages de notre royaume:* clause qu'on a accoutumé de mettre dans les lettres-patentes qui

14*

s'expédient sur les bulles d'union de bénéfice et autres obtenues pour des intérêts particuliers.

Le chancelier Boucherat vivoit encore alors, c'est-à-dire, qu'il n'étoit pas mort; sa santé étoit tellement affoiblie par le nombre des années et par une longue défaillance, qu'il ne faisoit presque plus aucun exercice de sa charge si ce n'est qu'il honoroit encore quelquefois le conseil de la présence de son corps. M. de Pontchartrain, contrôleur-général, ministre et secrétaire-d'état, son successeur désigné dans l'esprit du roi, en exerçoit déja les fonctions par une espèce d'anticipation; ainsi ce fut à lui que le premier président de Harlay envoya le modèle des lettres-patentes que le roi étoit sur le point de donner sur le bref d'Innocent XII. Ce ministre qui avoit une grande estime pour mon père et qui m'honoroit aussi de sa confiance, voulut avoir son avis et le mien sur le projet du premier président de Harlay; il l'envoya donc à mon père et lui écrivit de m'en parler. Nous le lûmes ensemble, et, après avoir fait quelques observations légères sur des défauts de style et de clarté, nous fûmes également étonnés de voir qu'un premier président chargé de dresser des lettres-patentes sur une constitution du saint siége n'avoit pas profité d'une occasion si favorable pour demander que la clause *s'il vous appert* y fût employée pour mettre le parlement en état de conserver, selon son devoir, par de sages modifications, les maximes du royaume et les droits de l'église gallicane si c'eut été le ministre qui les eût dressées, nous n'aurions pas été étonnés qu'il eût suivi le style de la cour, et que, supposant, comme plusieurs de ceux qui ont été revêtus de ce caractère, que tout l'esprit et toute la raison du monde résident dans le conseil, il eût regardé comme une témérité de vouloir examiner ce qui y avoit passé; mais qu'un premier président à qui un ministre donne la carte blanche pour dresser un projet de lettres-patentes oublie ou abandonne le style du parlement pour prendre celui du conseil, c'étoit ce qui nous paroissoit si difficile à comprendre que nous

avions de la peine à en croire nos yeux, et que nous
soupçonnions presque le ministre d'avoir fait effacer
la clause *s'il vous appert*, pour y substituer celle
qui suppose l'examen fait par le roi même. Mon
père crut cependant qu'il falloit approfondir la chose
jusqu'au bout et pour cela envoyer un mémoire
à M. de Pontchartrain, qui contiendroit d'abord une
observation sur les défauts du style que nous avions
remarqués dans le projet dressé par le premier président de Harlay, mais où l'on insisteroit principalement sur la nécessité d'admettre la clause *s'il vous
appert*.

Je fus chargé par mon père de dresser ce mémoire
suivant les vues qu'il m'avoit expliquées; et je tâchai
d'y faire voir principalement qu'il étoit de l'intérêt
du roi même de préférer un style qui donnoit à son
parlement la liberté de prendre toutes les précautions
nécessaires pour prévenir tous les abus que l'on
pourroit faire d'un décret du saint siège contre l'ordre
public du royaume, et cela sans commettre ni la
personne ni l'autorité du roi même avec la cour
de Rome, ensorte que toute l'iniquité en retombât sur
le parlement et que tout ce qu'il y avoit de gracieux
et de favorable pour le pape fût toujours réservé au
roi.

M. de Pontchartrain, à qui ce mémoire fut envoyé
par mon père, saisit si bien ce principe par la bonté
et la beauté de son esprit, qu'il agit en premier
président comme le premier président avoit agi
de sa part en ministre, et qu'il persuada au roi que
la clause *que s'il vous appert*, bien approfondie,
lui étoit plus avantageuse que la clause, plus honorable
en apparence mais moins utile en effet, qui suppose
que l'examen d'une constitution du pape ayant été
fait par le roi, dans son conseil, il ne reste plus au
parlement que la gloire de l'obéissance.

M. de Pontchartrain n'eut point d'obstacle à vaincre
dans l'esprit du roi, soit parce qu'il traita cette affaire
tête à tête avec lui, soit parce que les partisans du
quiétisme étoient bien éloignés de vouloir s'opposer

à tout ce qui pouvoit faire naître des difficultés dans l'enregistrement d'un bref qui contenoit leur condamnation.

Le premier président de Harlay fut bien surpris quand il vit, par la réponse de M. de Pontchartrain, qu'on lui accordoit plus qu'il n'avoit demandé. Il n'avoit jamais su néanmoins à qui il en avoit l'obligation; je me gardai bien de m'en vanter auprès de lui, prévoyant que la reconnoissance seroit médiocre de sa part; et je n'en parlai même à personne qui pût le redire, de peur qu'il ne parût que ce n'étoit pas à lui que sa compagnie étoit redevable d'une autorité dont elle n'avoit pas joui dans les derniers exemples.

Il m'en parla le premier; car, comme la lettre de Madame de Pontchartrain lui marquoit que le roi désiroit de savoir par avance les modifications que le parlement pourroit employer en enregistrant le bref du pape, il voulut en dresser avec moi le projet; et il affecta de faire d'abord assez peu de cas, en ma présence, du pouvoir que le roi accordoit ou rendoit au parlement.

Nous convînmes sans peine des modifications qui seroient nécessaires en cette occasion; et il se prêta de fort bonne grace à tout ce que je lui proposai sur ce sujet. J'étois alors très-bien avec lui, son caractère étoit tel qu'il n'aimoit presque jamais une personne que par le contre coup de la haine qu'il avoit pour une autre, et, comme il haissoit fort M. de la Briffe, procureur-général, j'étois devenu depuis quelque temps l'objet de sa tendresse. Il me parloit sur toutes sortes de matières avec une ouverture et une cordialité dont j'étois moi-même surpris; et je dirai ici en passant, que je ne sais pourquoi il plaisoit à ce magistrat, qui avoit tant de qualités estimables, de se faire voir presque toujours avec un masque dans le public; il l'a souvent ôté devant moi, et j'ai vu en lui des sentimens de noblesse, de générosité, de grandeur d'âme don' j'ai été charmé, en sorte que ce qu'il cachoit valoit souvent beaucoup mieux que ce qu'il montroit.

Le projet des modifications fut envoyé à M. de Pontchartrain : le roi le vit et l'approuva, les lettres-patentes furent expédiées, adressées au parlement et enregistrées avec les mêmes modifications.

M. le premier président de Harlay qui avoit paru si indifférent sur la clause *s'il vous appert*, voulut néanmoins la faire valoir en finissant cette affaire; et il fit arrêter dans la compagnie, que les gens du roi iroient de sa part rendre grace à Sa Majesté de la bonté qu'elle avoit eue de laisser à son parlement, pour le bien de son service, l'examen de la forme extérieure de la constitution.

On nous fit entrer dans la grand'chambre, pour recevoir cette commission; le premier président, qui nous en fit part, l'accompagna des expressions les plus gracieuses pour nous sur le discours que je venois de prononcer en apportant ces lettres-patentes; et il me dit que la compagnie exigeoit de moi que je les misse dans ses registres. Je répondis le plus modestement et avec le plus de démonstration de reconnoissance qu'il me fut possible, à l'honneur que le parlement me faissoit; et je l'assurai au surplus que nous nous acquitterions incessamment avec joie de la commission dont il nous chargeoit par rapport au roi.

Ce fut le vendredi 14 août 1699, que cela se passa; et le dimanche suivant nous allâmes à Versailles, MM. de Fleury, Portail et moi, où, après avoir rendu à la dignité du chancelier Boucherat, que nous trouvâmes fort accablé, l'honneur qui lui étoit dû, nous eûmes celui de saluer le roi et de lui marquer la reconnoissance de son parlement.

Sa Majesté reçut notre compliment avec l'air le plus gracieux et le plus ouvert que je lui aie jamais vu. Elle nous parla aussi obligeamment sur notre compte que sur celui du parlement; et elle nous chargea de son estime et de sa confiance. Nous lui fîmes les excuses de M. le procureur-général, qu'une maladie de langueur et de chagrin, causée par les

dégoûts continuels que le premier président lui donnoit, avoit empêché de venir avec nous ; et nous nous
retirâmes

Un moment après un de ceux qu'on nomme les
garçons bleus chez le roi, qui vint nous conduire
dans l'appartement de Bontemps où nous allions nous
rafraîchir, nous dit en chemin que nous devions être
bien contens de nous mêmes, et qu'à peine étions-
nous sortis du cabinet du roi il avoit entendu Sa
Majesté faire notre éloge et dire qu'il n'avoit pas de
plus dignes magistrats dans tout son royaume. Il faut
si peu de chose pour repaître la vanité de l'homme,
que la nôtre ne laissa pas d'être assez flattée d'un
discours qui nous parut couler de source et partir
de l'abondance du cœur.

Je sus deux jours après, par mon père que le
roi avoit demandé au conseil comment se portoit
le procureur-général qui n'avoit pu venir avec les
avocats-généraux dans une députation que le parlement lui avoit faite le dimanche précédent ; et que,
sur ce qu'on lui répondit qu'il étoit toujours lan-
guissant, le roi dit ces propres paroles : *pour cela
il faut avouer que ce pauvre homme-là a été bien
tourmenté par le premier président.* Ceux qui en-
tendirent ce discours en tirèrent un mauvais augure
pour le premier président, par rapport à la place de
chancelier qu'on regardoit déja comme vacante et
sur laquelle bien des gens croyoient que le roi hésitoit
encore entre lui et M. de Pontchartrain.

Il ne restoit plus pour finir l'affaire du quiétisme,
que de faire imprimer les lettres-patentes et l'arrêt
d'enregistrement. Je ne pourrois me dispenser d'y
faire insérer mon discours, sur-tout après l'invitation
que le premier président m'avoit faite au nom de la
compagnie de le remettre dans les registres. Mais
je crus, suivant l'avis de mon père, que je devois
prendre auparavant la précaution de le faire voir au
roi, quand ce ne seroit que pour prévenir les com-
mentaires malins que le parti condamné ou le parti
victorieux, dont j'avois cependant ménagé l'un et

loué l'autre, pourroit en faire auprès de Sa Majesté,
si elle n'avoit pas été prévenue sur ce sujet; et la
suite justifia la bonté du conseil que mon père, qui
étoit encore plus mon oracle, m'avoit donné.

J'envoyai donc mon discours à M. de Pontchartrain; il le lut au roi en présence de Madame de
Maintenon. Sa Majesté y fit deux critiques. L'une, sur
quelques expressions qu'elle trouva trop flatteuses
pour l'archevêque de Cambrai. J'avois beaucoup
aimé ce prélat, avec lequel j'étois assez lié, avant
même qu'il fût à la cour : il faut avouer que son
commerce étoit délicieux. Affligé de son illusion,
que je n'attribuois qu'à une trop grande subtilité
d'esprit, j'avois cherché à adoucir par mes paroles, l'amertume de sa disgrace, et à le consoler
moi-même en quelque manière de ce que j'étois
obligé de faire contre lui. Je ne dissimulerai pas
non plus que, n'ignorant pas combien les révolutions
sont ordinaires à la cour et prévoyant que celui
qu'on venoit de flétrir par une censure rigoureuse
pourroit y revenir un jour pour y jouer un premier
rôle, j'avois cru qu'il étoit de la prudence de ne point
aigrir le mal par la dureté des expressions, et de faire
sentir à l'archevêque de Cambrai que, ne pouvant
approuver les pieux excès de son zèle, je n'avois
jamais cessé d'admirer ses talens et de respecter sa
vertu. Le roi trouva donc que j'en parlois un peu
trop favorablement; mais sa critique, toujours modérée comme son caractère, ne me coûta que le
retranchement d'une ligne d'écriture, et en laissa
assez dans mon discours pour remplir l'objet que
je m'étois proposé.

La seconde critique me fit voir jusqu'où le roi
portoit, de lui-même, sa grande délicatesse sur la
religion et sur son pouvoir dans les matières ecclésiastiques; il fut d'abord blessé de la qualité d'*évêque
extérieur* que je lui donnois dans mon discours. Il
craignit qu'elle ne fût trop forte; et il me fit écrire
par M. de Pontchartrain, que je prisse garde à ne
lui attribuer que ce qui lui appartenoit véritablement.

Mais, comme c'est le titre que les évêques de Nicée donnèrent à Constantin et que les assemblées du clergé ont souvent répété en parlant à nos rois, je répondis à M. de Pontchartrain qu'après avoir admiré le scrupule du roi je croyois pouvoir laisser dans mon discours une qualité si autorisée par l'église même, et elle y demeura en effet.

Au surplus, le roi donna à ce discours plus de louanges qu'il n'en méritoit; et Madame de Maintenon en fut si charmée qu'elle dit peu de jours après à l'archevêque de Paris, par qui je l'ai su, qu'elle trouvoit dans mon style je ne sais quoi de supérieur et comme une espèce de langage prophétique, caractère que je ne m'étois pas attendu qu'on m'attribuât.

Il fut imprimé avec l'arrêt (1). Il ne m'est pas revenu que les partisans du quiétisme s'en soient plaint; seulement quelques critiques du parti des jansénistes trouvèrent que j'y avois trop loué le roi.

Ainsi fut consommée la condamnation du livre de l'archevêque de Cambrai : exemple, peut-être unique dans l'église, d'une querelle de doctrine terminée sans retour par un seul jugement qu'on n'a cherché depuis ni à faire rétracter, ni à éluder par des distinctions spécieuses. La gloire en est due à la sagesse et à la supériorité de génie de l'archevêque de Cambrai, qui comprit tout d'un coup que le trop grand désir de se justifier nuit souvent plus qu'il ne sert, et que de toutes les manières d'effacer les torts qu'on nous impute la plus sûre et la plus efficace est de les laisser oublier et se perdre, pour ainsi dire, dans le silence; outre que l'expérience qu'il avoit faite des jugemens des hommes dans le cours de la dispute auroit dû lui faire sentir qu'il seroit toujours condamné par plus des trois quarts de ses juges, parce qu'il y en auroit toujours plus des trois quarts dont il ne seroit pas entendu.

Il se contenta donc de protester en un mot en

_____

(1) Voir le tome I de cette édition, page 258.

faveur de l'innocence de son cœur et de la droiture de ses intentions dans la lettre qu'il écrivit au pape; et il a gardé depuis un silence absolu sur sa condamnation, si ce n'est pour déclarer encore qu'il y acquiesçoit, quoique dans quelques écrits de piété qu'on a imprimés dans la suite les critiques aient observé encore quelques restes de ce levain du quiétisme dont on prétend qu'il est bien difficile de se purifier entièrement quand on en a été une fois infecté.

J'ajouterai ici, pour finir cette légère ébauche de l'histoire du quiétisme en France, que mon discours sur la constitution du pape, également exposé à la censure des protestans et à celle des ultramontains, fut mieux entendu des derniers que des premiers.

Le ministre Jurieu, malgré son goût pour la satyre, fut la dupe des éloges que j'avois donnés en le commençant, au pape, et ne sentit point le contre-poison de ces louanges répandu dans tout le reste du discours, où, après un encens qu'on ne pouvoit refuser dans de telles circonstances à un très-bon pape, j'avois placé en termes mesurés mais fort intelligibles les principes les plus favorables à l'autorité des évêques et les plus contraires aux prétentions modernes des papes.

Cependant, ce ministre crut avoir trouvé une occasion naturelle de triompher des variations de la cour de France, et d'insulter à la foiblesse des magistrats qui changeoient de maximes et de langage au gré du souverain. Il voulut même rendre le contraste plus sensible, en faisant réimprimer à la fin d'un ouvrage qu'il publia alors le discours que l'avocat-général Talon avoit fait en 1690 dans l'affaire des franchises, et en y joignant le mien, pour faire sentir par le parallele ou plutôt par l'opposition de ces discours, combien les maximes étoient peu durables en France, et combien la puissance romaine y faisoit de progrès.

Les ultramontains, plus fins en cette occasion que

le ministre protestant, démêlerent sans peine l'ancienne doctrine de ce royaume, au travers des louanges dont je l'avois assaisonnée, et peu s'en fallut qu'ils n'engageassent le pape à s'en plaindre hautement. J'ai su du moins qu'un jésuite italien, dont j'ai à présent oublié le nom mais qui avoit la confiance du pape Innocent XII, fit tout ce qu'il put pour l'irriter contre mon discours; mais le saint-Père étoit déjà si affoibli par l'âge et par les infirmités qui le conduisirent bientôt à sa fin, qu'il ne prit pas feu comme on le désiroit, outre qu'il étoit naturellement doux, ami de la paix et bien intentionné pour la France.

C'est ainsi que je fus attaqué d'un côté parce qu'on ne m'entendoit pas, et de l'autre parce qu'on m'entendoit. Mais au milieu des invectives du ministre Jurieu, il lui échappa un trait assez plaisant, qui étoit comme la morale qu'on pouvoit tirer de la scène qui venoit de se passer en France sur le quiétisme de l'archevêque de Cambrai. Pendant, disoit ce ministre, que l'évêque de Meaux et les plus grands prélats de France se déchaînent contre un confrère illustre qui n'est coupable tout au plus que d'avoir voulu exhorter les hommes à trop aimer Dieu, ils laissent en repos les jésuites qui les autorisent à ne pas l'aimer assez, ou plutôt qui les déchargent même entiérement de l'obligation de l'aimer; ils persécutent celui qui n'a péché que par un excès d'amour pour Dieu, et ils font la cour à ceux qui péchent par le défaut contraire. Le clergé de France se justifia en quelque manière de ce reproche, dans la censure qui fut faite par l'assemblée de l'année suivante, comme je le dirai dans un moment.

Le chancelier Boucherat ne survéquit guères plus de quinze jours à la fin de l'affaire du quiétisme, et il mourut dans les premiers jours de septembre 1699. Parvenu par degré au comble des honneurs, il entra dans la suprême magistrature avec plus de réputation qu'il n'en sortit; et on lui appliqua ce trait de Tacite sur Galba : *Major privato visus*,

dum privatus fuit, et omnium consensu capax impe-
randi, nisi imperasset. C'étoit un génie médiocre,
regardé pendant long-temps comme égal aux affaires,
jamais comme supérieur; une trop grande élévation
fit connoître qu'il y étoit même inférieur. Son plus
grand mérite étoit d'avoir appris par une longue
expérience à entendre assez bien le courant du conseil,
et beaucoup mieux qu'on ne l'entendoit lui-même.
Les paroles sortoient si confusément de sa bouche et
chargées de tant de parenthèses et de digressions,
que quand il avoit beaucoup parlé on cherchoit
ce qu'il avoit dit; bon homme d'ailleurs, ami de
la justice, vivant avec assez de dignité, sachant se
ménager à la cour, chancelier au-dessus du médiocre,
très-habile père de famille, il laissa à ses enfans
une fortune immense mais qui n'en a pas été plus
durable.

Si les paroles des rois étoient aussi irrévocables que
celles de Dieu, le premier président de Harlay auroit
été son successeur. Il a passé pour constant que le
roi le lui avoit promis; et ce n'étoit pas la première fois
que Sa Majesté avoit jeté les yeux sur lui pour lui
confier une dignité si éminente. Il avoit été sur les
rangs dès la mort du chancelier le Tellier, prédécesseur de M. Boucherat, dans le temps qu'il n'étoit encore que procureur général; mais on prétend que tout
le ministère, uni contre un homme dont on redoutoit
également l'ambition et la sévérité, en avoit détourné
le roi, prévenu d'ailleurs par le trait malin que le
chancelier le Tellier avoit lâché un jour contre lui, en
disant au roi que la cire ne seroit pas molle entre ses
mains. Depuis ce temps-là, il étoit parvenu à la dignité de premier président; et la foiblesse du chancelier Boucherat, qui d'ailleurs étoit absolument gou-
verné par Harlay de Bonneuil, son gendre, cousin
germain du premier président, avoit fait que le dernier exerçoit presque par avance les fonctions de
chancelier, consulté sur tout ce qui avoit rapport à
l'ordre de la magistrature et à l'administration générale de la justice, dressant presque toutes les lois qui

se faisoient sur cette matière, et regardé par le roi même comme un oracle.

Mais Sa Majesté vouloit mettre M. Chamillard à la tête de la finance, il falloit pour cela en ôter M. Pontchartrain; et le roi qui l'avoit fort goûté pendant long-temps et étoit content de ses services, ne pouvoit s'en défaire qu'en le faisant chancelier. Les engagemens du roi avec le premier président cédèrent donc au goût personnel qu'il avoit, non pour M. Pontchartrain, mais pour M. Chamillard, et ce fut par une espèce de disgrâce que le contrôleur général fut élevé à la dignité de chancelier. Le roi savant comme tous les princes dans l'art de parer et d'embellir ses faveurs, annonça à M. Pontchartrain, avec toute la grâce imaginable, qu'il lui donnoit la première dignité du royaume, et lui demanda s'il seroit content du changement qu'il faisoit dans son état. M. Ponchartrain, toujours libre et toujours décidé dans ses réponses, lui dit, *eh! sire, comment ne serai-je pas content de quitter la finance pour être chancelier, puisque je la quitterois avec joie pour n'être rien.* Le roi se mit à rire, et lui désigna en même-temps son successeur par un discours qui fit connoître au nouveau chancelier que Sa Majesté avoit pensé à trois personnes d'un caractère fort différent. « Pour ce qui est de votre » place, lui dit le roi, il y en a qui en voudroient » bien, mais dont je ne voudrois pas; il y en a que » je voudrois bien y mettre et qui n'en voudront point; » il y en a enfin qui pourront la vouloir, et que je » pourrois vouloir aussi y placer. » C'est à peu près ce qu'Auguste avoit dit en parlant de ceux à qui l'empire pourroit passer après lui. *Gallum Asinium avidum et minorem, Marium Lepidum, capacem sed aspernantem, L. Amentium non indignum, et si fors daretur non ausurum.*

On crut que le premier caractère marquoit dans l'esprit du roi M. Caumartin, conseiller d'état et intendant des finances; le second, mon père; et le troisième, M. Chamillard. Bien des gens avoient pensé qu'il seroit question du second, c'est-à-dire, de mon

père, pour la place de chancelier ; et il étoit certainement du nombre de ceux que la voix publique présente au premier ; car comme dit encore le même
Tacite, *si velis eligere, consensu monstratur.* La
manière dont il avoit été placé au conseil royal des
finances, sans l'avoir ni demandé ni même désiré,
l'avoit fait regarder, par bien des gens, comme successeur désigné du chancelier Boucherat, qui le croyoit
lui-même et qui par cette raison ne pouvoit souffrir mon père ; mais dans le goût singulier que le roi
avoit pour M. Chamillard, nul autre ne pouvoit être
chancelier que celui qui étoit en état de lui résigner la
finance ; et d'ailleurs, je suis persuadé que si le premier président n'avoit eu pour concurrent que mon
père, il l'auroit emporté sur lui dans l'esprit du roi.

M. Pontchartrain revint donc chez lui avec les
sceaux ; le roi envoya chercher M. Chamillard pour
lui remettre l'administration de la finance ; et le plus
content de tous fut mon père, dont la modestie et l'hu-
milité étoient si vraies, qu'à peine lui venoit-il dans
l'esprit que l'on pût jamais penser à lui pour les
grandes places.

Je reviens maintenant à la suite de la querelle du
jansénisme que celle du quiétisme avoit tenue comme
endormie pendant quelque temps, mais non pas de
telle manière qu'elle ne se réveillât quelquefois pour
donner de nouvelles scènes au public.

Telle fut celle du *problème ecclésiastique,* libelle
qui parut vers la fin de l'année 1698 ou au commencement de l'année 1699.

L'auteur, alors inconnu de ce libelle satyrique, opposoit Louis-Antoine de Noailles, évêque de Châlons,
à Louis-Antoine de Noailles, archevêque de Paris,
et demandoit malignement lequel des deux on devoit
croire, ou l'approbateur des réflexions du père Quesnel
sur le nouveau testament, ou le censeur du livre de
l'exposition de la foi du père de Gerberon (1).

(1) M. Barcos.

Il se jouoit avec assez d'esprit dans cet ouvrage, sur la contradiction qu'il croyoit trouver entre l'évêque et l'archevêque, entre l'approbation de ce qu'on appeloit le jansénisme dans le père Quesnel et la condamnation du même jansénisme dans le père Gerberon ; c'est ainsi qu'il fut donné, comme le premier signal de cette guerre fatale que le père Quesnel a depuis allumée dans l'église.

Le soupçon tomba d'abord sur les jésuites ; et le public ne croyoit pas se tromper quand il les regardoit comme les auteurs d'un libelle qui sembloit d'ailleurs avoir été répandu en France pour faire une espèce de diversion dans l'affaire du quiétisme. Le père Daniel, jésuite distingué dans la société par son génie et par sa capacité, eut le malheur d'en être plus accusé que les autres ; il chercha vainement à s'en justifier par une lettre écrite à l'archevêque de Paris, dans laquelle il attestoit par ce qu'il y a de plus saint qu'il n'avoit aucune part à cet ouvrage. Mais le public prévenu s'obstinoit malgré lui à l'en croire l'auteur : et, la doctrine des équivoques se tournant contre ses défenseurs, on vouloit en trouver à quelque prix que ce fût dans la lettre du père Daniel, comme si Dieu eût permis que ceux qui autorisent l'art de mentir en sûreté de conscience ne fussent pas crus lors même qu'ils disoient vrai.

Tout ce qui parut de plus certain alors, c'est que si les jésuites n'avoient pas eu de part à la composition de cet ouvrage, ils en avoient eu du moins à sa publication, et que c'étoit un père Soriastre, jésuite flamand, qui l'avoit fait imprimer à Liége.

Mais le véritable auteur de ce fameux ouvrage fut enfin démasqué quelques années après. Dom Thiery, bénédictin de la congrégation de Saint-Vannes, et janséniste des plus outrés, qui fut mis à la bastille par ordre du roi, avoua dans la suite que c'étoit lui qui avoit composé le *probléme* ; il l'avoit fait avec tant d'art, et l'enfant dont il étoit le véritable père avoit si fort l'air d'un jésuite, qu'on ne doit pas être surpris que le public s'y soit mépris ; et que quelques jésuites mêmes y aient été trompés, puisqu'ils s'étoient chargés de son éducation et du soin de le produire dans le monde.

Quoiqu'il en soit, la profondeur et la noirceur même du véritable père, s'il est vrai que dom Thiery ait voulu le supposer aux jésuites, eurent d'abord tout le succès qu'il en pouvoit attendre; et l'on vit en cette occasion, comme dans plusieurs autres, que la vraisemblance peut quelquefois l'emporter sur la vérité même.

L'archevêque de Paris ne crut pas devoir laisser une telle hardiesse impunie, et il craignit que son silence ne devînt une preuve de la contradiction qu'on lui reprochoit; mais en même-temps il ne jugea pas à propos d'éclater lui-même contre le libelle, et, après en avoir parlé au roi qui le traitoit encore fort bien et qui lui laissa le soin de venger son honneur, il excita le ministère public à prendre en main sa défense contre un ouvrage si impérieux. Il en parla à M. de la Briffe, alors procureur général; et, comme je remplissois alors la place d'ancien avocat général auquel la parole appartient dans des occasions de cette nature, il m'en parla aussi et il n'eut pas de peine à réveiller le zèle de ce magistrat ni le mien. Le premier président de Harlay y entra avec la même vivacité; nous convînmes tous que le libelle étoit digne du feu, et qu'en l'y condamnant par un arrêt du parlement sur le réquisitoire du procureur général, il falloit ordonner en même-temps qu'il seroit informé contre les auteurs, imprimeurs et distributeurs.

C'est ce qui fut exécuté par un arrêt du 29 janvier 1699, dans lequel le discours que je fis pour appuyer les conclusions par écrit du procureur général fut inséré; et le premier président, ancien ami de la maison de Noailles, fit remarquer à l'archevêque de Paris, avec quelque complaisance pour lui-même et quelque malignité pour les autres, les différences qu'il avoit mises avec art entre les conclusions et l'arrêt; la principale consistoit en ce que les conclusions portoient que le libelle seroit brûlé suivant l'usage ordinaire, dans la

cour du Palais au bas du degré de la Sainte Chapelle ;
au lieu que l'arrêt porte que l'exécution seroit faite
dans le parvis de Notre-Dame, afin que la réparation
qu'on ordonnoit par là en faveur de l'archevêque, fût
encore plus marquée par le lieu de cette espèce de
supplice. L'archevêque sentit avec plaisir cette différence, et je m'aperçus bien que le style du premier
président lui avoit parut meilleur que celui du parquet, quoique peut-être à sa place j'aurois autant
aimé que la punition de cet attentat eût paru accordée
encore plus au public qu'à ma personne.

On chercha dans la suite à empoisonner le discours
que j'avois prononcé en cette occasion ; et, soit par prévention contre l'archevêque, soit par une espèce de
malignité naturelle aux spectateurs contre les auteurs,
on voulut trouver du mystère dans mes paroles et deviner que j'y avois voulu faire un portrait satyrique de
l'archevêque ; comme si, étant obligé de développer
le venin du libelle dont je venois de requérir la flétrissure, et de ramasser en peu de mots les différens traits
répandus dans cet ouvrage contre l'archevêque, je
l'avois voulu peindre d'après la vérité plutôt que
d'après la calomnie. Je fus également surpris et affligé
lorsque j'appris le tour malin que l'on donnoit à mes
paroles et la mauvaise intention que des esprits malheureusement subtils vouloient m'attribuer. Je dé-
mentis hautement une interprétation si éloignée de
mes véritables sentimens, et heureusement la chose
n'alla pas plus loin, soit que ce soupçon n'ait pas été
porté jusqu'aux oreilles de l'archevêque, soit que me
connoissant comme il le faisoit et jugeant de mon
discours par mon discours même, il n'y eût donné
aucune attention.

Jusque là le crédit de l'archevêque de Paris se
soutenoit toujours, et ces premières escarmouches,
que de simples aventures commençoient de part et
d'autre, n'avoient pas encore engagé le combat. Le
roi, charmé des mœurs de son archevêque, s'étoit
porté avec plus d'ardeur à le faire revêtir de la pourpre
romaine, que l'archevêque même n'en avoit d'ajouter

ce nouvel éclat à sa personne et à sa maison. Ce fut, si je ne me trompe, en l'année 1700 qu'il reçut cet honneur par une promotion extraordinaire; mais une faveur si distinguée ne changea ni son cœur, ni celui des jésuites.

Une assemblée du clergé qui se tint cette année, et à laquelle il ne voulut pas assister pour laisser l'honneur entier de la présidence à l'archevêque de Rheims, et pour montrer qu'il n'étoit pas aussi jaloux de cette fonction que l'avoit été son prédécesseur, augmenta les sujets de défiance et de haine entre les jésuites et le cardinal.

On y entreprit de condamner également les jansénistes et les jésuites; les premiers, par rapport à leur affectation de traiter toujours le jansénisme de fantôme; les derniers, par rapport aux abus et aux relâchemens qu'on leur reproche dans la morale. Les premiers n'eurent point de défenseurs, et les partisans des derniers agirent sans succès, soit par le crédit supérieur du cardinal de Noailles soutenu de la faveur naissante de l'évêque de Chartres et de la capacité reconnue de l'évêque de Meaux, soit parce que les jésuites eux-mêmes craignirent de se déclarer ouvertement pour des opinions si décriées, soit enfin par cette droiture si naturelle au roi qui lui faisoit sentir la vérité et la justice comme par goût et par instinct, toutes les fois qu'on ne les lui présentoit point revêtues des couleurs du jansénisme.

Mais l'archevêque de Rheims s'étoit si mal conduit dans le cours de cette assemblée, que malgré des dispositions si favorables l'on craignit que ce dessein n'échouât par les intrigues sourdes et profondes de ceux qui avoient intérêt de le traverser. Il eut le bon esprit de sentir lui-même le besoin qu'il avoit de l'archevêque de Paris; et la dignité à laquelle ce prélat venoit d'être élevé, lui donnant un rang supérieur à tous les archevêques quoique plus anciens que lui, il ne restoit plus de difficulté qui pût empêcher que, suivant un usage souvent observé dans le clergé, on

15*

invitât le cardinal de Noailles, comme évêque diocésain, à venir prendre sa place dans l'assemblée. La proposition que l'archevêque de Rheims en fit, fut reçue avec applaudissement. Et le nouveau cardinal, nommé président avec l'archevêque de Rheims, mit aisément la dernière main à la condamnation des propositions que l'assemblée avoit examinées et à la défaite au moins apparente des jésuites.

La censure de la proposition où l'on traitoit le jansénisme de fantôme, n'adoucit point pour eux l'amertume du calice ; elle irrita les jansénistes sans appaiser les jésuites ; et, par un malheur inévitable à tous ceux qui veulent être véritablement justes, l'égalité de la justice qu'on exerça contre les deux partis ne servit qu'à les animer encore plus l'un contre l'autre, et à leur inspirer de nouvelles pensées de guerre qui n'attendoient que des conjonctures et des prétextes pour éclater.

Le fameux cas de conscience qui parut au commencement de l'année 1703, leur en fit naître une occasion favorable.

On y supposoit un confesseur embarrassé de répondre aux questions qu'un ecclésiastique de province lui avoit proposées, et obligé de s'adresser à des docteurs de Sorbonne pour guérir des scrupules ou vrais ou imaginaires ; un de ces scrupules rouloit sur la nature de la soumission qu'on devoit avoir pour les constitutions des papes contre le jansénisme ; et l'avis des docteurs portoit qu'à l'égard de la question de fait, le silence respectueux suffisoit pour rendre à ces constitutions toute l'obéissance qui leur étoit due.

Un très-grand nombre de docteurs à qui la consultation fut présentée, ne sentirent ni les piéges qu'on leur tendoit ni les conséquences de leur décision. Un seul, plus alerte que les autres, s'en défia et dit pour toute réponse qu'on n'avoit qu'à lui envoyer cet ecclésiastique si scrupuleux et qu'il lui remettroit l'esprit. Les autres souscrivirent sans beaucoup de réflexion à la décision qui leur fut présentée et qui devint bientôt publique, soit par l'imprudence des

jansénistes, ou par le zèle au moins indiscret des
sulpiciens, ou peut-être par l'habileté et l'industrie
des jésuites.

. Des ennemis du cardinal de Noailles répandirent
alors et l'ont souvent répété depuis, que ce cardinal
n'avoit ignoré ni la consultation ni la réponse des docteurs, et qu'il avoit approuvé ou toléré leur avis ; mais
j'ai toujours eu de la peine à croire que ce fait pût
être véritable, et, quelque grande que soit la sécurité
naturelle de ce prélat dont le caractère paisible est
rarement troublé par la prévoyance de l'avenir, il ne
paroît pas vraisemblable qu'il eût porté assez loin sa
tranquillité pour ne pas sentir dans le premier moment l'orage que le cas de conscience alloit exciter.
Il devoit y faire d'autant plus d'attention, qu'il n'i-
gnoroit pas que son crédit commençoit à baisser auprès
du roi, que l'évêque de Chartres prenoit le dessus, et
qu'ayant su s'attirer toute la confiance de madame de
Maintenon, il lui avoit, pour ainsi dire, arraché ses
propres armes pour le combattre plus sûrement.

Le cas de conscience ne pouvoit donc pas paroître
dans des circonstances plus désavantageuses au cardinal de Noailles ; et, comme on ne vit point qu'il se
donnât aucun mouvement pour en arrêter le débit
dans son diocèse ni pour le flétrir par une censure,
on ne manqua pas de lui faire un crime de sa lenteur,
qui passa d'abord pour une preuve de connivence.
Ses ennemis, attentifs à profiter de tous leurs avantages, empoisonnèrent aisément la chose dans l'esprit
du roi et lui firent entendre que, puisque son archevêque demeuroit dans le silence, il falloit faire parler
le pape et exciter les foudres du Vatican contre un
écrit qui, selon eux, alloit faire revivre le jansénisme.

Ils avoient besoin, en même temps, de lâcher quelques évêques sur le cas de conscience, pour pouvoir
dire qu'il y avoit des prélats qui veilloient pour arrêter
le cours de la mauvaise doctrine pendant que le
cardinal de Noailles dormoit.

. L'évêque d'Apt, peu connu jusqu'alors si ce n'est
par la mauvaise approbation qu'il avoit donnée aux

visions de Marie d'Agreda et qui n'avoit pas empêché la Sorbonne de les censurer, mais prélat entièrement dévoué aux jésuites, esclave de la cour de Rome,
grand partisan de l'infaillibilité et aussi hardi qu'ignorant, leur parut digne de marcher à la tête des enfans
perdus qui devoient commencer le combat. Tel fut
le premier prélat qui se signala, en condamnant le cas
de conscience par une ordonnance du 4 février 1703;
ordonnance aussi ridicule que tout ce qui est sorti depuis de la plume de ce prélat, mais qui eut au moins
auprès des jésuites et du roi même le mérite de la
diligence, quoique dans la suite ce mérite ait été assez
mal récompensé.

La cour de Rome, ordinairement plus lente dans
ses démarches mais sûre en cette occasion du crédit
des jésuites et de l'évêque de Chartres, suivit de près
les traces de l'évêque d'Apt; et le pape publia, dès
le 12 février de l'année 1703, un bref par lequel il
condamnoit *in globo* les propositions contenues dans
le cas de conscience, avec les qualifications telles que
les jésuites et les sulpiciens pouvoient le désirer.

Le cardinal de Noailles, instruit à l'avance de ce
qui se tramoit à Rome, et prévoyant qu'il ne pouvoit
se dispenser de suivre l'exemple du pape, crut apparemment qu'il lui seroit plus honorable de le prévenir; mais il ne prévint que l'arrivée du bref en France
et non pas le bref même, puisque le bref étoit du 12 et
que l'ordonnance du cardinal de Noailles n'étoit que
du 22; il y eut même des chronologistes trop exacts qui
prétendirent qu'il y avoit quelque erreur dans la date
de cette ordonnance, et que la nouvelle du bref qui
étoit sur le point d'arriver l'avoit fait rétrograder de
quelques jours, afin que cette censure parût l'ouvrage
d'un zèle libre et indépendant, plutôt que d'une complaisance forcée, et d'une espèce de servitude.

Quoi qu'il en soit, on vit paroître, presqu'en même
temps, et le bref du pape et le mandement du cardinal
de Noailles qui, sans en faire ici un plus long détail, eut
le sort presque de tous ses autres ouvrages, c'est-à-

dire, d'aliéner les jansénistes sans lui gagner leurs adversaires.

Le bref fut rendu au roi par le nonce Gualterio, avec un autre bref adressé à Sa Majesté par lequel le pape l'excitoit à se joindre à l'archevêque de Paris pour punir les docteurs qui avoient osé souscrire le cas de conscience.

Le roi fit une réponse fort gracieuse à ce bref et, en y marquant le plaisir qu'il avoit eu de le recevoir, il assuroit le pape qu'il étoit dans la résolution *de répondre en tout aux saintes exhortations de sa béatitude.*

Le style du bref auroit pu mériter une autre réponse, d'autant plus qu'il y en avoit un troisième adressé au cardinal de Noailles où le pape gardoit encore moins de ménagemens et commandoit en maître bien plus qu'il n'exhortoit en père.

Les esprits sages et véritablement amis de la paix furent effrayés de voir renaître un des troubles qui avoient autrefois causé tant d'agitation dans l'église de France. Le chancelier de Pontchartrain, qui conservoit encore un reste de crédit auprès du roi, en fut vivement touché; et il proposa à Sa Majesté de rendre un arrêt semblable à celui qu'elle avoit rendu en l'année 1668 à l'occasion de la paix de l'église, pour imposer de nouveau un silence absolu et rigoureux aux deux partis.

Tout le conseil fut du même avis; et il parut un arrêt, le 6 mars 1703, copié mot pour mot sur celui de 1668, mais qui n'eut pas le même succès comme on le verra dans la suite.

En même-temps, pour tenir la parole qu'on avoit donnée au pape et en punissant les docteurs qui avoient rompu le silence, le roi en exila quelques-uns, mais en assez petit nombre parce qu'ils se rétractèrent presque tous aussi aveuglément qu'ils avoient signé leur consultation; et on les vit aller en foule pour défaire ce qu'ils avoient fait chez un chanoine de Notre-Dame alors attaché au cardinal de Noailles qui, par une mauvaise plaisanterie, en a retenu le nom de maître à dessiner.

Ce qu'il y eut de plus singulier dans l'exil des docteurs fut celui de Dupin, aussi peu janséniste que ceux qui le faisoient exiler, et martyr d'une opinion qu'il ne suivoit pas lui-même. Mais on crut, non sans beaucoup d'apparence, que son plus grand crime étoit d'avoir soutenu plus d'une fois dans ses écrits les maximes de la France contre la doctrine des Ultramontains ; et le roi voulut tellement se faire un mérite auprès du pape de l'exil de Dupin, que le même jour que Sa Majesté l'exila, elle envoya un de ses gentilshommes ordinaires en faire part au nonce, auquel il eut ordre de dire que c'étoit pour faire plaisir à sa sainteté que le roi traitoit ainsi ce docteur. Le pape raconta lui-même ce fait à un agent du cardinal de Médicis, qui l'écrivit en France dans une lettre dont j'ai vu l'original.

Sa sainteté reçut cette nouvelle avec une si grande joie, qu'elle écrivit un bref au roi le 10 avril suivant, pour le congratuler d'avoir exilé un docteur que le pape appeloit dans ce bref un homme de doctrine perverse et capable d'avoir attenté plusieurs fois à la majesté du saint Siége. *Nequioris doctrinæ hominem, temeratæque pluries apostolicæ sedis reum.*

On comprend aisément qu'un pape fasse de tels remercimens ; on a plus de peine à croire qu'un roi de France puisse les recevoir. Mais notre histoire est pleine de pareils exemples. On y voit les défenseurs de nos libertés non-seulement sans récompense, mais souvent punis du service qu'ils ont rendu à la patrie et sacrifiés aux ressentimens de la cour de Rome, pendant que la faveur et les graces sont pour ceux qui trahissent ou qui attaquent nos maximes, en sorte que si elles se soutiennent toujours au milieu d'une conduite si bisarre, il semble que ce soit une espèce de miracle et comme par une protection singulière du ciel qui ne veut pas que la domination papale s'établisse entièrement dans l'église.

Je reviens de ces réflexions, qu'un bon citoyen ne sauroit presque se refuser à la suite de notre histoire.

Le cardinal de Noailles, plus embarrassé de sa réponse et de sa conduite à l'égard du pape que le roi ne l'avoit été de la sienne, prit le parti de bonne contenance et d'écrire une grande lettre au pape où, pour se justifier du reproche que sa sainteté sembloit lui faire de sa trop grande indulgence, il lui expliquoit les circonstances de cette affaire, la censure qu'il avoit prononcée, la soumission et la rétractation de presque tous les docteurs qui avoient eu l'imprudence de signer le cas de conscience, l'arrêt que le roi avoit rendu le 5 mars, et enfin la joie que le cardinal avoit de voir son jugement confirmé par celui du pape dont il avoit reçu le bref le même jour qu'il avoit publié sa censure.

Bien des gens crurent qu'il auroit pu renverser la phrase et dire *qu'il avoit publié sa censure le même jour qu'il avoit reçu le bref.*

L'affaire auroit pu paroître finie à ceux qui n'envisageoient que l'écorce des choses. On avoit répandu un écrit imprudent; l'archevêque de Paris et le pape l'avoient censuré; les docteurs qui avoient eu la facilité d'y souscrire s'étoient rétractés, et ceux qui résistoient encore avoient été exilés. L'arrêt du 5 mars imposoit un silence rigoureux, et sembloit rétablir la paix. Tout cela étoit plus que suffisant à n'envisager que le bien de la chose; mais tout cela n'étoit rien pour contenter la prévention ou la passion de ceux qui avoient part à cette affaire.

J'en fus averti de bonne heure; et je sus que l'on vouloit engager le roi à interposer son autorité pour faire recevoir solennellement le bref du pape dans son royaume.

Comme les abus et les entreprises de la cour de Rome sur nos libertés y éclatoient de tous côtés, je crus devoir prévenir le coup autant qu'il m'étoit possible, par deux mémoires que j'envoyai, l'un au chancelier de Pontchartrain pour le mettre pleinement au fait de cette affaire et lui développer tellement le venin caché dans ce bref qu'il fût en état d'empêcher le roi de se déclarer le protecteur d'un attentat de la cour de Rome sur nos maximes; il en sentit parfaitement toutes les conséquences, et il prit la peine, comme il me le dit dans la suite, d'en faire lui-même un précis et de le fortifier de ses propres réflexions pour détourner l'orage dont nous étions menacés.

Ceux qui l'excitoient le plus fortement prévirent bien qu'ils trouveroient le parlement en leur chemin, et que cette compagnie seroit plus difficile à persuader que le roi. Ainsi, craignant les obstacles qu'ils rencontreroient infailliblement s'ils suivoient la ligne droite, ils furent obligés de biaiser et de tendre à leur fin par une ligne oblique qui jusqu'alors n'avoit point eu d'exemple dans le royaume.

Ils évitèrent donc d'abord de proposer au roi de faire expédier des lettres-patentes adressées au parlement; et, au lieu de cette forme ordinaire, ils firent insinuer à Sa Majesté de faire seulement part aux évêques du bref du pape, en le leur envoyant avec un lettre signée d'un secrétaire d'état, dans laquelle on leur marqueroit en termes généraux ce que le pape et le roi avoient fait, combien la piété du roi s'accordoit avec le zèle de sa sainteté pour maintenir l'intégrité de la foi, le roi n'ayant rien plus à cœur que de *s'opposer fortement au renouvellement des troubles que les propositions condamnées de Jansénius avoient excités, et que Sa Majesté avoit si heureusement appaisés.*

Ce détour adroit fut proposé au conseil; et, s'il y réussit, ce ne fut pas moins sans résistance de la part du chancelier de Pontchartrain et de ceux qui avoient le plus de lumières et de zèle pour la conservation de nos maximes. Ils combattirent fortement une proposition si nouvelle et si mal imaginée, mais ils ne furent pas les plus forts. L'avis contraire, soutenu par des ministres peu instruits et prévenus, l'emporta sur la contradiction des premiers; et les secrétaires d'état eurent ordre d'écrire chacun une lettre circulaire aux évêques de leur département dans l'esprit que je viens de marquer et suivant le modèle uniforme qui leur en fut donné.

Ces lettres bien entendues ne disoient rien; elles ne prescrivoient aux évêques ni de recevoir le bref du pape, ni de le faire publier. Elles ne renfermoient qu'un témoignage du zèle du roi contre le jansénisme, dont personne ne doutoit; et, si tous les évêques du royaume avoient été bien sensés, ils se seroient contentés de répondre à ces lettres, qu'ils étoient remplis du même zèle contre les nouveautés, et qu'ils redoubleroient leur vigilance dans leur diocèse pour prévenir tout ce qui pourroit être une occasion de trouble dans l'église.

Mais ce n'étoit pas ce que les auteurs de cette forme nouvelle attendoient de la prévention ou de la complaisance d'un grand nombre d'évêques; ils ne doutoient pas qu'à la vue d'un bref du pape envoyé par un secrétaire d'état, la plupart de ces prélats ne crussent qu'on les excitoit par là à le publier, et quand cette démarche auroit été une fois faite, ceux qui l'excitoient se croyoient assez forts pour la soutenir auprès du roi et pour engager les évêques, plus judicieux ou plus lents à s'y conformer; en sorte que, sans avoir à combattre ni contre le chancelier pour avoir des lettres patentes ni contre le parlement pour les faire enregistrer, ils parviendroient par une route nouvelle à imprimer sur ce bref, sans aucune loi du prince, le caractère de loi ecclésiastique dans le royaume. Leurs espérances ne furent pas trompées, au moins de la part de quelques prélats.

Les plus ardens à faire leur cour crurent voir dans la lettre ce qui n'étoit pas, et se donnèrent eux-mêmes l'ordre qui y manquoit de publier le bref.

D'autres, plus prudens et courtisans plus habiles mais non pas plus heureux dans l'événement, crurent ne pouvoir mieux faire que de consulter le père de la Chaise; et, sur la foi de sa réponse favorable à la publication du bref, ils décidèrent ce cas de politique aussi imprudemment que les docteurs de Sorbonne avoient décidé le cas de conscience.

Le mandement de l'évêque de Clermont parut des

premiers, et le père de la Chaise le présenta à Sa Majesté avec éloge. Le roi, n'ayant pas fait encore toutes les réflexions que sa grande sagesse lui fit faire dans la suite sur les conséquences de ce mandement, le reçut d'abord favorablement; et plusieurs prélats, attentifs aux louanges que Sa Majesté donna au zèle de l'évêque de Clermont, furent affligés de n'avoir pas prévenu ce prélat et cherchèrent à se consoler en le suivant.

Les choses s'aigrissoient tellement de jour en jour que l'arrêt du 5 mars qui avoit été d'abord reçu du public avec applaudissement comme l'ouvrage de la sagesse du roi que le cardinal de Noailles avoit envoyé au pape et que le roi lui-même avoit adressé à tous les évêques de son royaume, commença à être regardé comme une pièce suspecte qui favorisoit indirectement le jansénisme. Le pape le fit assez entendre par le bref qu'il écrivit au roi le 10 avril au sujet de l'exil des docteurs; et il n'en fallut pas davantage pour autoriser les murmures de ceux qui étoient du parti contraire au jansénisme. Ils commencèrent donc à se plaindre hautement de ce qu'en imposant également silence aux deux partis, on traitoit la vérité comme l'erreur et l'on désarmoit la bonne cause sous prétexte de réprimer les efforts de la mauvaise.

Cette matière fut agitée dans un conseil qui se tint en ce temps-là; et peu s'en fallut que l'on ne se repentît d'avoir rendu un arrêt qui n'étoit que de pure police et qui ne défendoit que l'aigreur et les injures sans toucher au fond de la doctrine. Mais enfin les mouvemens de ceux qui attaquèrent cet arrêt furent dissipés par les remontrances du chancelier qui fit voir au roi que cet arrêt n'étoit que la fidèle copie de celui qui avoit attiré tant d'éloges à Sa Majesté en l'année 1668. Telle étoit la situation de cette affaire lorsque je crus, aussi bien que tout le parquet alors composé de MM. de Fleury, Portail et le Nain qui valoient tous beaucoup mieux que moi, qu'il ne nous étoit plus permis de garder le silence sur cette affaire plus importante par ses incidens qu'elle ne pouvoit l'être dans le fond, et qui tendoit ouvertement par les formes

inusitées qu'on y hasardoit à la subversion de l'ordre public et des maximes les plus inviolables du
royaume.

Tout ce que nous avions à faire se réduisoit à deux
points.

L'un, de montrer, par une action d'éclat l'irrégularité de la conduite des évêques qui, en publiant un
bref émané de la cour de Rome sans qu'il eût été
revêtu des lettres-patentes du roi, donnoient atteinte
aux principes du gouvernement politique en cette
matière.

L'autre, plus important encore, d'arrêter le progrès
d'une affaire qui alloit rallumer le feu dans l'église, et
d'empêcher qu'un bref, si contraire à nos libertés ne
fût revêtu de l'autorité du roi, qu'on vouloit y conduire par degré en l'engageant de telle manière par
des démarches peu méditées qu'il ne pût plus reculer
dans la suite et qu'il fût dans la nécessité de couvrir
par une forme plus régulière la précipitation de ses
premières résolutions.

Nous crûmes donc d'abord devoir nous expliquer
sur un sujet si important avec le premier président;
Achilles de Harlay, qui commença par nous témoigner qu'il avoit été surpris de ce que nous étions
demeurés jusque là dans l'inaction. J'aurois bien pu
me justifier si je l'avois voulu, et lui parler des mémoires que j'avois envoyés, il y avoit près de deux
mois, au chancelier; mais, connoissant son caractère
jaloux de tout ce que les autres pouvoient faire surtout quand on ne passoit pas par ses mains, je ne
jugeai pas à propos de lui en rien dire, de peur que
mes actions ne devinssent un plus grand crime auprès
de lui que mon inaction prétendue, outre que c'étoit
un homme souvent dominé par son humeur et qui,
quoique plein de grandes qualités, n'étoit pas souvent
d'accord avec lui-même. Enfin, comme je n'étois pas
alors en situation d'avoir une entière ouverture de
cœur pour lui, j'avois attendu qu'il me parlât. Il avoit
apparemment attendu la même chose de son côté;

mais le danger devenoit alors trop pressant pour s'attendre de part et d'autre, et le salut de l'affaire dépendoit de l'union de tous les magistrats qui devoient y courir. Aussi, depuis ce moment le concert devint parfait, et ce fut alors qu'il nous confia qu'il avoit parlé au roi de cette affaire et que Sa Majesté lui avoit ordonné de lui en donner un mémoire.

Le résultat de la conversation que nous eûmes avec lui fut, que notre grand objet consistoit à empêcher que le bref du pape ne fût reçu dans le royaume.

Nous comprîmes par là que le premier président ne croyoit guères qu'il fût possible d'engager le roi à reculer en quelque manière après la démarche qu'on lui avoit fait faire, et trouver bon que le parlement fît son devoir contre le mandement de l'évêque de Clermont qui avoit éclaté le premier dans le ressort du parlement de Paris; cependant nous crûmes devoir au moins faire l'impossible, pour obtenir la liberté d'agir dans une occasion où les premiers fondemens de l'ordre public étoient ébranlés.

Nous allâmes donc à Versailles, M. de Fleury, l'ancien avocat général, et moi. Nous descendîmes chez M. le chancelier que nous trouvâmes dans de bonnes dispositions, aussi scandalisé que nous du mandement de l'évêque de Clermont et non moins convaincu de l'importance de l'affaire, mais en même-temps persuadé que nous ne réussirions pas dans la démarche que nous allions faire parce qu'on avoit prévenu le roi et que Sa Majesté s'étoit déjà engagée en approuvant la conduite de ce prélat. Nous sentîmes comme lui la difficulté, mais nous ne perdîmes pas courage, et nous allâmes à l'attaque comptant bien que nous serions repoussés.

Il étoit l'heure du lever du roi; nous nous y présentâmes. Et après que Sa Majesté eût été habillée, nous la suivîmes dans son cabinet.

M. de Fleury, qui avoit sur moi la prérogative de la parole, lui dit d'abord que nous venions lui demander la permission de porter nos plaintes au parlement contre un mandement de l'évêque de Clermont, au sujet du cas de conscience, qui étoit directement opposé aux libertés de l'église gallicane et aux maximes du royaume.

Le roi parut surpris de la proposition, et nous répondit assez séchement : je ne vous le permets ni ne vous le défends, mais je verrai le parti qu'il y aura à prendre. Nous insistâmes pour lui faire connoître que ce mandement étoit contraire à toutes les règles. Le roi répliqua que l'évêque de Clermont n'avoit fait qu'exécuter ses ordres, qu'il lui avoit envoyé ce bref aussi bien qu'à tous les autres évêques avec une lettre pour les obliger à s'y conformer. Je pris la liberté de lui répondre que l'évêque de Clermont avoit au moins excédé les ordres de Sa Majesté en ordonnant la publication du bref dont la lettre qu'il avoit reçue ne parloit point. Cette réponse parut embarrasser le roi ; et, comme il ne disoit rien, nous lui demandâmes, apparemment avec plus de vivacité que nous le croyions nous-mêmes, s'il nous permettoit de revenir ? Le roi se sentit importuné de cette demande qu'il trouva sans doute trop pressante ; et nous répondit avec émotion : oh , messieurs, je vous le ferai savoir quand j'aurai pris quelques résolutions, et se retira avec un air de dureté qui ne lui étoit pas naturel.

Nous nous retirâmes de notre côté avec un air de tristesse qui convenoit beaucoup mieux au mauvais succès de notre première tentative, et nous allâmes en rendre compte au chancelier qui fut affligé d'avoir été si bon prophète et qui désespéra presqu'entièrement comme nous de la réussite de cette affaire.

Nous repartîmes de Versailles aussi promptement que tristement ; et, comme je devois aller dîner à Auteuil ce jour-là avec Despréaux, j'y menai M. de Fleury, et nous y essayâmes, sans beaucoup de succès, d'oublier pendant quelques heures le chagrin que nous donnoit un voyage si peu favorable.

Mais, pendant que nous étions occupés de ces tristes

réflexions, les choses changèrent de face par un révolution aussi prompte qu'inespérée, et ce fut une de ces occasions où l'on peut dire avec vérité que le salut vient du côté des ennemis.

A peine étions-nous partis de Versailles que le roi entra au conseil; le marquis de Torcy en ouvrant son portefeuille en tira un nouveau mandement que l'évêque d'Acqs avoit fait publier avec le bref du pape depuis la lettre du roi. Les termes bisarres dans lesquels il étoit conçu; les éloges ridicules qu'il y donnoit au pape, et la hardiesse avec laquelle il y répandoit la doctrine de l'infaillibilité, rallumèrent le zèle de tous ceux qui étoient au conseil; et les ministres mêmes, qui étoient les plus opposés aux jansénistes, convinrent qu'on ne pouvoit épargner une ordonnance si extravagante.

Le roi donna ordre sur-le-champ au chancelier d'écrire au procureur-général du parlement de provence d'interjetter appel comme d'abus de ce mandement et d'en faire un exemple. Le chancelier, qui a toujours eu une présence d'esprit admirable, prit l'occasion aux cheveux, pour faire connoître au roi que l'ordonnance de l'évêque de Clermont, moins singulière dans son style, n'étoit pas plus régulière dans le fond, et que l'abus étant égal dans les deux ordonnances il paroîtroit extraordinaire de tomber sur l'une et d'épargner l'autre. Ceux qui n'avoient pu s'empêcher de livrer ce mandement de l'évêque d'Acqs à l'indignation publique, voulurent trouver des distinctions favorables à celui de l'évêque de Clermont pour le faire excepter, s'il étoit possible, d'une loi qui sembloit devoir être commune. Il s'éleva dans le conseil une grande altercation, non sans beaucoup de chaleur de part et d'autre; mais enfin la justice naturelle du roi l'emporta sur toute autre considération. Sa Majesté se rendit aux bonnes raisons du chancelier, et sentit qu'il n'y avoit que de la subtilité dans la distinction qu'on vouloit faire entre les deux ordonnances. Ainsi, elle chargea le chancelier de m'écrire qu'elle trouvoit bon que j'interjettasse

appel comme d'abus du mandement de l'évêque de
Clermont; mais, sous cette loi expresse que nous nous
rendrions, M. de Fleury et moi, le mardi suivant à
Versailles pour lui rendre compte des termes dans
lesquels les conclusions, le discours de l'avocat général
et l'arrêt seroient conçus.

En arrivant d'Auteuil sur les sept heures du soir,
je trouvai une lettre du chancelier qui m'écrivoit
que depuis notre départ de Versailles les cieux s'é-
toient ouverts, et qu'il en étoit parti un rayon de
clarté qui avoit dissipé tous les nuages du matin;
il m'expliqua ensuite ce que je viens de raconter; il
m'exhorta à mettre à profit, par ma diligence, un
moment si favorable et si peu attendu.

Nous n'avions pas besoin d'y être excités. Dès le
lendemain matin nous informâmes nos deux collégues
et le premier président de ce qui s'étoit passé; et nous
convînmes que si le roi approuvoit ce que nous aurions
l'honneur de lui présenter le mardi, nous entrerions
à la grand'chambre dès le mercredi matin pour faire
rendre l'arrêt afin de prévenir les variations toujours à craindre dans les affaires où l'on a à combattre un grand crédit et le retour facile du maître à
sa première pensée.

Le discours de l'avocat général fut fait dans la
même matinée, ses conclusions dressées, et l'après
midi nous nous rassemblâmes tous quatre chez l'ancien
avocat général pour y mettre la dernière main.

Le mardi de grand matin nous nous rendîmes à Versailles, M. de Fleury et moi, chez le chancelier,
qui approuva le discours que nous avions concerté
ensemble et les conclusions qui en étoient une suite.
Nous montâmes ensuite chez le roi à qui nous présentâmes nos projets. Sa Majesté ordonna à M. de Fleury
de lui lire son discours, et, quand la lecture en fut
achevée, le roi nous dit que quoiqu'il n'eût pas une
connoissance parfaite de ces sortes de matières il lui
paroissoit néanmoins que ce discours ne contenoit rien
qui ne convînt au sujet. Nous lui fîmes ensuite des
excuses de ce que le dimanche précédent nous lui

avions peut-être parlé avec trop de chaleur. Il nous
répondit avec bonté, qu'il n'avoit pas à se plaindre,
qu'il étoit vrai qu'il n'avoit pas voulu se déterminer
sur-le-champ, mais que du moins il ne nous avoit pas
beaucoup fait attendre. Ainsi, en comparant ces discours du dimanche avec ceux du mardi, il étoit aisé de
juger que c'étoient les jésuites et les sulpiciens qui
nous avoient parlé le dimanche, et que c'étoit le roi qui
nous parloit le mardi.

Le lendemain 9 mai 1703, nous fîmes notre réquisition dans laquelle, sans nous contenter d'attaquer
le mandement de l'évêque de Clermont, nous prîmes
la précaution de renouveler la règle que cet évêque
avoit violée, en requérant des défenses générales de
publier dans le royaume aucuns brefs, bulles ou
décrets de sa sainteté sans qu'ils eussent été auparavant revêtus de lettres-patentes du roi enregistrées
au parlement. L'arrêt qui fut rendu le même jour étoit
entièrement conforme aux conclusions; et je le fis imprimer aussi-tôt qu'il eût été rendu.

On ne sauroit exprimer quelle fut la surprise de la
cour de Rome et de ceux de la cour de France
qui avoient engagé le roi dans une démarche que
le roi lui-même s'étoit cru obligé de condamner. L'arrêt du parlement fut pour eux comme un coup de
foudre dont ils se sentirent frappés avant que de
l'avoir vu partir; le coup fut même redoublé par les
arrêts que les parlemens de Provence et de Guyenne
rendirent contre les mandemens des évêques d'Acqs
et de Sarlat, qui, après avoir partagé la faute de
l'évêque de Clermont, en partagèrent aussi avec lui
la pénitence. D'autres prélats qui se préparoient à les
suivre et qui se reprochoient peut-être même avant
l'arrêt de ne les avoir pas précédés, furent si effrayés
de l'arrêt qu'ils firent retirer leurs mandemens qui
étoient déjà sous la presse et dont la perte fut peu re-
grettée du public.

Le pape voulut néanmoins user d'abord de la dis-
simulation italienne, et jugea sagement qu'il lui convenoit mieux de ne paroître point blessé que de le

paroître inutilement. Ainsi, dans une audience que sa sainteté donna le 2 juin à un agent du cardinal de Médicis, dont j'ai vu la lettre, elle lui dit qu'elle ne prenoit point pour une offense tout ce qui se faisoit ou qui se pourroit faire de la part des parlemens ou autres magistrats séculiers contre la publication de son bref, parce qu'elle ne l'avoit pas fait pour le rendre public en France où personne ne l'auroit vu si la cour ne l'avoit pas publié; qu'ainsi cela regardoit plus la personne du roi que celle de sa sainteté, puisque c'étoit Sa Majesté qui avoit jugé à propos d'en faire part aux évêques de son royaume; que la force et l'autorité de la condamnation du cas de conscience ne dépendoient pas de la publication qui s'en pouvoit faire en d'autres pays, celle qui en avoit été faite à Rome étant suffisante; qu'au surplus il n'écriroit point aux évêques contre lesquels les parlemens s'étoient élevés, (il falloit sans doute que quelque mauvais Français lui eût proposé de le faire) qu'il les louoit, à la vérité, de s'être conformés à son sentiment et à celui du roi; qu'il croyoit qu'ils avoient rempli leur devoir, mais que cela ne devoit pas l'engager à faire aucune démarche à leur égard qui pût troubler la paix qu'il vouloit conserver sur toutes choses, et que de son temps on ne verroit pas le saint siége faire des cardinaux pour encourager les évêques à se commettre avec leur prince.

Trois jours après, le même agent eut occasion de revoir le pape, mais il ne le trouva plus si tranquille; le cardinal de Janson venoit de lui parler et lui avoit donné apparemment l'arrêt du parlement. Le pape tenoit cet arrêt entre ses mains, et sa sainteté en lut les principaux endroits à l'agent du cardinal de Médicis, non sans beaucoup de chaleur, se plaignant de l'injustice du procédé et sur-tout du peu de retour que la droiture de ses intentions et ses ménagemens continuels trouvoient dans ce royaume. Le pape avoit tenu les mêmes discours au cardinal de Janson, mais ce cardinal lui avoit répondu assez séchement, qu'avant que le bref de sa sainteté pût être publié il

falloit que le parlement l'eût enregistré. C'étoit là
ce que le pape ne pouvoit comprendre, comme il
le dit à l'agent du cardinal de Médicis, parce que la
publication de son bref étant venue du roi et non
pas de sa sainteté, il lui paroissoit inconcevable que les
ordres souverains du roi ne pussent s'exécuter sous
prétexte d'un défaut de forme relevé par des tribunaux
soumis à l'autorité de Sa Majesté même.

Telle fut l'impression que l'arrêt du parlement fit
sur l'esprit du pape.

En France, les jésuites, les sulpiciens et tous ceux
qui étoient opposés aux jansénistes n'en étoient pas
plus contens. Ils furent d'abord étourdis d'un coup si
imprévu ; mais, reprenant bientôt leurs esprits , et
voyant qu'ils n'avoient pu vaincre le parlement par
surprise , ils se retournèrent d'un autre côté et prirent le parti de l'attaquer méthodiquement en persua-
dant au roi de donner des lettres-patentes adressées
à cette compagnie pour y faire enregistrer le bref
du pape, afin que les défenseurs de cas de conscience ne pussent plus se prévaloir d'un défaut de
formalité, et que, mettant ainsi les choses en règle, ce
fût le parlement même qui les obligeât à recevoir le
bref du pape.

Nous fûmes bientôt avertis des batteries qu'ils dres-
soient pour nous combattre avec nos propres armes,
en dissimulant au roi tout ce que le bref renfermoit de
contraire à nos libertés , en lui insinuant qu'il ne
s'agissoit que d'y suppléer pour ce qui lui avoit manqué
jusqu'alors du côté de la forme. Nous crûmes donc
qu'il étoit temps d'entrer dans le fond de l'affaire,
d'en instruire le roi et de lui faire ouvrir les yeux sur
les abus du bref qu'il ignoroit encore. Je l'avois déjà
fait par avance dans les mémoires que j'avois envoyés,
d'abord au chancelier; et le premier président en fit
aussi deux de sa part, dont il envoya le premier au roi
la veille de l'arrêt qui fut rendu contre le mandement
de l'évêque de Clermont. Le second ne fut fait que
quelque temps après. L'un et l'autre étoient excellens,
dans le fond remplis des vrais principes de l'ordre

public en cette matière et écrits avec un air de liberté
et de fermeté qui convenoit au nom, à la dignité, à
l'âge et à l'expérience de leur auteur. On auroit pu y
désirer plus d'ordre et de clarté dans la rédaction;
mais, quoiqu'il eût beaucoup d'esprit, une grande imagination et un sel singulier dans l'expression, son
plus grand talent n'étoit pas celui de bien écrire.

Pendant que les principaux magistrats se réunissoient ainsi pour soutenir nos libertés, un évêque
de France employoit le grand crédit qu'il avoit à
la cour pour les renverser sans les connoître, ou
plutôt parce qu'il ne les connoissoit pas et qu'il étoit
assez dans l'opinion de ceux qui avoient voulu persuader au feu roi que les libertés de l'église gallicane
n'étoient souvent qu'un vain nom et un prétexte
imaginé par les jansénistes pour ne pas obéir au pape.
On jugera aisément à ces traits, que c'est de l'évêque
de Chartres dont je veux parler; il ne se contentoit
pas de traiter tous les jours cette affaire avec madame
de Maintenon, sur laquelle il avoit pris un grand
ascendant; il lui envoyoit des mémoires pleins de
figures vives et pathétiques pour lui persuader, et
par elle au roi, que ne pas donner des lettres-patentes
c'étoit trahir la vérité et favoriser l'erreur, faire gémir
le bon parti et triompher le jansénisme, offenser le
pape et déshonorer Sa Majesté; que jamais la cour
de Rome n'avoit envoyé de bref plus innocent, plus
respectueux pour le roi, moins contraire aux maximes
de la France; qu'il étoit même à souhaiter que ce
bref servît de modèle à tous les décrets que les papes
pourroient nous envoyer dans la suite; qu'ainsi les
conseils des personnes qui étoient d'avis de ne le pas
recevoir, lui étoient très-suspects et ne paroissoient
fondés *en aucune raison solide*; « enfin, disoit-il
» dans ces mémoires, les choses ne sont plus entières
» après la lettre que le roi a écrite aux évêques
» en leur envoyant la constitution, (c'est ainsi qu'il
» appeloit ce bref), c'est offenser le saint père, c'est
» improuver sa censure, c'est mettre sa bonne doctrine
» en danger, c'est remettre la mauvaise cause en

» horreur , et au-dessus de la condamnation du
» premier siège de l'église. J'ajoute, madame, qu'après
» les démarches que le roi a faites , soit en répondant
» au pape sur son bref, soit en nous faisant écrire
» son intention, on ne peut lui conseiller de revenir
» sur ses pas, quand l'ordre qu'il nous a fait donner
» n'auroit pas dû être donné, et qu'aucune personne
» bien intentionnée ne dira jamais : il faut aujourd'hui
» que Sa Majesté l'autorise par ses lettres-patentes
» pour le mettre à exécution, puisqu'il en reviendra
» un grand bien et que la chose est fondée en exemple
» et dépend absolument de la volonté de Sa Ma-
» jesté ».

Telle étoit la véhémence avec laquelle cet évêque
pressoit la publication du bref de sa saintcté; ce ne
fut pas même assez pour lui d'avoir fait éclater à la
cour de France son zèle pour cette publication, il
voulut encore s'en faire honneur à la cour de Rome,
et l'on n'a de ces mémoires que parce que quelques
personnes les ayant vus à Rome, en envoyèrent une
copie en France sur laquelle j'ai fait faire celle que
je garde.

Nous avions donc à combattre en même-temps,
et le directeur de madame de Maintenon et le confesseur du roi, plus difficiles à vaincre que madame
de Maintenon et le roi même, si l'un et l'autre avoient
agi par leurs propres lumières. Ils ne laissoient pas
de redouter de leur part le chancelier, le premier
président et le parquet réunis contre eux en faveur
de nos libertés ; le combat fut long et le succès en
auroit été fort douteux, si le roi lui-même ne nous
eût fourni un moyen pour le désarmer.

Un jour que le chancelier, qui avoit soutenu le
bon parti dans toute la suite de cette affaire avec une
vigueur et une fermeté inflexible, eut une longue
conférence avec le roi sur ce sujet, et après que la
matière eut été long-temps agitée, il vint tout d'un
coup dans l'esprit du roi de dire au chancelier que,
pour se déterminer avec une entière connoissance de

cause, il vouloit que l'on fît par forme de simple projet les mêmes choses que l'on feroit effectivement si Sa Majesté prenoit la résolution de faire recevoir le bref, c'est-à-dire, que l'on dressât des lettres-patentes pour en ordonner l'enregistrement, des conclusions telles que nous croirions devoir les prendre avec le discours que nous ferions en les apportant à la grand'chambre, et, enfin, un arrêt tel que le premier président jugeroit que le parlement devroit en rendre un si le roi lui laissoit une entière liberté.

Le chancelier me fit savoir les intentions de Sa Majesté; il en écrivit en même temps au premier président, à qui je crois que le roi le dit aussi lui-même dans une audience particulière qu'il lui donna sur cette affaire, dans laquelle il espéroit peut-être le trouver de plus facile composition que le parquet; et sur tout que son procureur-général; car j'ai toujours cru que c'étoit en ce moment qu'on avoit commencé à jetter dans son esprit les premières semences de cette prévention qu'il a toujours conservée depuis contre moi sur tout ce qui avoit rapport au jansénisme. Mais le premier président lui parla avec tant de fermeté, que Sa Majesté vit bien que c'étoit la cause des maximes du royaume que nous soutenions tous également, et non pas celle du jansénisme. Elles seroient invincibles en effet, si les magistrats étoient toujours aussi unis pour les défendre que nous le fûmes en 'cette occasion.

Nous n'eûmes donc qu'à travailler sur le plan qui nous étoit tracé par le roi; nous convînmes d'abord avec le premier président que nos conclusions et le discours qui les accompagneroit devoient tendre à des remontrances que le parlement feroit au roi pour le supplier, premièrement, de trouver bon que le bref ne fût point reçu en France, et lui représenter ensuite que s'il vouloit absolument l'y faire publier le parlement ne pourroit se dispenser d'y opposer beaucoup de modifications qui blesseroient peut-être plus le pape que le défaut de publication, et qui ne seroient d'ailleurs qu'un remède assez foible et peu proportionné à la grandeur du mal.

Après avoir fixé ainsi de concert l'objet commun auquel nous devions tendre également, chacun se chargea du rôle qu'il avoit à jouer dans cette espèce de comédie.

Le mien fut de dresser le projet des lettres-patentes, suivant l'ordre particulier que le chancelier m'en avoit donné, le projet des conclusions et le précis des principaux points sur lesquels devoient rouler les remontrances du parlement.

L'ancien avocat-général eut pour son partage le projet du discours qui expliqueroit les motifs des conclusions; et le premier président se chargea de dresser le projet de l'arrêt.

Nous nous rassemblâmes quelques jours après pour examiner tous ces projets; et, après y avoir mis la dernière main, le premier président se chargea de les porter à Marly où il devoit les faire voir au roi, et j'en envoyai en même-temps le double au chancelier.

La conférence fut longue entre le roi et le premier président, modérée de la part du roi, forte de la part du premier président qui y remplit et y surpassa même nos espérances.

Sa Majesté lui ayant témoigné qu'elle vouloit autant qu'il se pourroit contenter le pape avec lequel elle souhaitoit de ne point se brouiller, et qui, de son côté, vivoit bien avec elle, le premier président lui répondit qu'il ne connoissoit point le pape et ne vouloit point le connoître, mais qu'il connoissoit les maximes de la cour de Rome et qu'il ne pouvoit se dispenser de dire à Sa Majesté que le même esprit y régnoit toujours; que par conséquent il falloit toujours en appréhender les mêmes suites qu'on en avoit vues autrefois, si l'on ne s'y opposoit fortement; que le roi toujours victorieux n'en avoit rien à craindre pour sa personne, mais que l'on pouvoit appréhender que les successeurs du pape ne voulussent faire exécuter un jour sur les descendans du roi ce que les papes précédens avoient osé entreprendre contre son aïeul.

On prétend que ce fut dans cette même conversation que le roi ayant dit au premier président qu'on ne pouvoit avoir trop d'égard pour les papes, le premier président répliqua plaisamment : oui, sire, il faut *leur baiser les pieds et leur lier les mains*; soit qu'il ait fait effectivement cette réponse, soit qu'on l'ait imaginée assez vraisemblablement d'après son caractère.

Il ne s'en fit pas au moins honneur auprès de nous, lorsqu'il nous rendit la conversation qu'il avoit eue avec le roi ; mais il nous parut, par ce qu'il nous en raconta, qu'il avoit prié le roi avec beaucoup de force et de dignité de ne lui pas donner le déplaisir, à la fin de sa carrière, de se voir obligé d'abandonner les maximes qu'il avoit soutenues pendant tout le cours de sa vie ; que le roi étoit le maître de faire ce qu'il plairoît à Sa Majesté, mais que pour lui il aimeroit beaucoup mieux quitter sa place et renoncer pour toujours à ses fonctions que de les déshonorer par une action qui effaceroit toutes celles qu'il pouvoit avoir eu le bonheur de faire dans sa vie passée pour la défense des droits de la couronne et des libertés de l'église gallicane.

Le roi parut un peu ébranlé, mais en même-temps fort surpris du parti que nous voulions prendre de conclure à lui faire des remontrances, aussi bien que de la liberté et de la force avec lesquelles nous nous expliquions dans nos projets. Le premier président lui répondit noblement, que si nous étions coupables il en devoit seul porter la peine, parce que c'étoit lui qui nous avoit conseillé de prendre cette voie ; mais que Sa Majesté seroit donc bien plus surprise si elle lisoit son mémoire, où il s'étoit expliqué dans des termes encore plus forts que ceux des gens du roi.

Le roi embarrassé dit au premier président qu'il vouloit l'entretenir encore une fois sur le même sujet ; mais le premier président le supplia de l'en dispenser, disant qu'il ne pouvoit pas changer de sentiment, et qu'il ne feroit qu'importuner une seconde fois Sa Majesté en lui répétant ce qu'il venoit de lui dire.

Il revint donc à Paris aussi peu content de son voyage, qu'il avoit sujet de l'être de lui-même.

Tous ces mouvemens ne furent pas si secrets que le nonce Gualterio n'en fût averti, et il ne s'en donna pas moins de son côté pour tâcher de faire recevoir le bref.

Mais enfin le roi prit le seul parti qui étoit digne de sa grandeur et de la protection qu'il a toujours donnée à la règle toutes les fois qu'il s'est déterminé par lui-même. Le chancelier frappa le dernier coup, et eut l'honneur de couronner l'ouvrage des autres magistrats par la résolution que le roi prit avec lui, le 8 juin 1703, de ne point faire recevoir le bref.

Ce fut dans le même temps que Sa Majesté trouva bon que j'interjettasse appel comme d'abus d'un mandement de l'évêque de Poitiers, semblable à celui de Clermont et qui avoit paru depuis ; mais le roi, par une précaution pareille à celle qu'il avoit prise par rapport au mandement de l'évêque de Clermont, voulut voir le projet de la requête que je devois donner sur ce sujet ; je l'envoyai au chancelier qui la porta au conseil où elle devint la matière d'une nouvelle délibération. Ceux qui n'avoient pu empêcher le premier arrêt firent de grands efforts pour détourner au moins le roi d'en laisser rendre un second ; mais Sa Majesté, suivant la pente de sa droiture naturelle, laissa rendre une justice égale sur des fautes égales, et voulut seulement, par ménagement pour l'évêque de Poitiers qui étoit fort bien auprès de madame de Maintenon, que l'arrêt ne fût pas imprimé.

C'est ainsi que se termina cette grande affaire, où le public put voir, comme je l'ai déjà dit, que l'union des magistrats est le plus ferme appui de nos maximes, et qu'il n'y avoit rien que l'on ne pût espérer de la justice et de la sagesse du roi

dès le moment qu'on seroit assez heureux pour lui
faire connoître la vérité.

Le premier président, qui avoit fait le plus beau
personnage du monde dans cette affaire, voulut mettre
pour ainsi dire la bordure à son tableau en profitant de l'occasion des discours qu'il fit à la saint
Martin suivante, à l'évêque qui célébra la messe
rouge, pour donner des avis généraux aux prélats
du royaume sur le zèle qu'ils devoient avoir pour
la conservation de nos libertés; dans le remercîment
qu'il fit à ce prélat dont j'ai oublié le nom, il dit
avec gravité que le parlement renouvelloit avec
joie, en ce jour, l'obligation qu'il avoit contractée
de faire révérer l'autorité légitime des évêques, mais
à condition que de leur côté ils n'oublieroient pas
les engagemens de leur naissance; qu'ils se souvien-
droient toujours de ce qu'ils devoient au roi dont
ils étoient nés sujets et qui les avoit accablés de ses
grâces; qu'ils s'acquitteroient en même-temps de ce
qu'ils doivent à leur pays, à l'église de France, à
leurs caractères, à eux-mêmes; et, que sans aspirer
à se faire valoir par des voies que leurs prédécesseurs
n'avoient pas connues, ils ne chercheroient point
d'autre grandeur que celle qui est propre à leur ministère et à laquelle ils ne pouvoient parvenir que
par leur fidélité à remplir également tous leurs
devoirs.

Personne ne doute qu'il n'ait voulu désigner par
ces traits, l'évêque de Chartres et les voies obliques
dont il s'étoit servi dans l'affaire du cas de conscience.
Le public lui sut bon gré d'avoir osé donner ainsi
des leçons publiques à un prélat qui étoit dans une
si grande faveur; et il y affecta même un ton et des
phrases antiques qui rappelèrent l'image de l'ancienne
gravité de ces magistrats des siècles passés, dont toute
la force et toute la grandeur consistoient en ce qu'ils
savoient dire la vérité.

Le mauvais succès des deux premières tentatives
que les jésuites et les sulpiciens avoient faites pour faire
recevoir le bref du pape dans le royaume, d'abord

par un chemin oblique et ensuite par la voie directe
et naturelle, ne les rebuta point; et, voyant que le
vice étoit dans le fond de la chose même, c'est-à-
dire, dans le jugement que le pape prononçoit en
première instance contre un écrit publié dans le
royaume, ils jugèrent à propos de ne plus parler du
cas de conscience, et d'engager le roi à obtenir une
nouvelle constitution du pape, qui, sans en faire
mention, ne paroîtroit donnée que pour faire exécuter les constitutions précédentes des papes contre
le jansénisme, en décidant que le silence respectueux
ne suffisoit pas pour rendre l'obéissance qui étoit
due à ces constitutions même dans la question de
fait.

Le prétexte qu'ils prirent étoit spécieux; ils dirent
au roi qu'il s'agissoit de forcer les jansénistes dans
leurs derniers retranchemens et de leur enlever une
ressource ou une défaite à la faveur de laquelle ils
éludoient encore les lois de l'église et justifioient au
moins en secret un auteur qu'elle avoit si expressément condamné. Ils intéresseroient la gloire du roi
au succès de cette entreprise et ils ne manqueroient
pas de dire à Sa Majesté que, comme c'étoit elle qui
avoit eu l'honneur d'avoir fait prononcer la première
condamnation du jansénisme, il falloit qu'elle eût
aussi celui d'achever son propre ouvrage, et de mettre
la dernière main à cette condamnation.

Je n'ai pas été assez instruit du secret de la négociation qui fut commencée et revue dans cette
année, pour en pouvoir expliquer le détail qui,
d'ailleurs ne me regardant pas personnellement, est
hors de l'objet de ces mémoires.

J'ai su seulement que le pape eut d'abord beaucoup
de peine à goûter la proposition de donner une nouvelle bulle, soit qu'il crût que les constitutions des
papes Innocent X et Alexandre VII étoient suffi-
santes, ou plutôt, parce que l'exemple de ce qui
s'étoit passé dans l'acceptation de la censure du livre
de l'archevêque de Cambrai feroit craindre au pape
qu'une constitution qui lui paroissoit peu nécessaire

ne lui attirât le même dégoût que la cour de Rome
avoit reçu par les dissertations importunes que les
évêques de France avoient faites dans leurs assemblées
provinciales sur le pouvoir attaché à leur caractère
d'être juges, comme le pape même dans les matières
de foi.

Pendant que le cardinal de Janson, qui étoit alors
chargé des affaires de France à la cour de Rome,
travailloit à vaincre ces difficultés, la faculté de théologie qui avoit gardé le silence depuis la naissance
de cette affaire le rompit enfin par une délibération
du 4 septembre 1704, où, après avoir censuré le cas
de conscience, elle arrêta que Petitpied et de Lan,
docteurs de cette faculté qui seuls des quarante ap-
probateurs du cas de conscience n'avoient pas encore
rétracté leur approbation, seroient exilés du corps de
la faculté et privés de tous les droits du doctorat si
dans un mois ils ne révoquoient sincèrement la souscription qu'ils avoient faite du libelle intitulé *Cas de
conscience*. De Lan, après quelques mois d'exil à
Périgueux, se soumit enfin à ce décret. Petitpied,
plus ferme et plus inflexible, aima mieux perdre sa
chaire de théologie et renoncer même à sa patrie,
que de se rétracter quoique persuadé de la justice
des décisions des papes contre le jansénisme, mais
retenu seulement par la crainte de reconnoître l'église
infaillible dans les jugemens des questions de fait,
comme il l'expliquoit lui-même dans une longue lettre
qu'il écrivit sur ce sujet.

Ce qu'il y eut de plus remarquable dans le décret
de la faculté de théologie par rapport à l'ordre public du royaume, fut l'attention louable qu'on y eut
de ne faire aucune mention du bref par lequel le pape
avoit condamné le cas de conscience. Si cette omission réfléchie et délibérée fut d'autant plus remar-
quée que ce décret énonçoit le bref du pape au roi
qui accompagnoit la censure du cas de conscience,
aussi l'expression de l'un servoit de contraste au silence que l'on gardoit de l'autre, et faisoit sentir toute
la force de ce silence improbatif.

Toute l'année 1704 se passa en négociation avec la cour de Rome, pour obtenir une nouvelle constitution.

Le pape prit enfin la résolution d'accorder cette constitution aux instances du roi et aux prières de plusieurs évêques, dont le zèle plus ardent qu'éclairé n'observa pas fort exactement les lois du royaume puisqu'ils s'adressèrent au pape par des demandes secrètes sans l'aveu et la permission expresse de Sa Majesté; mais, comme c'étoient eux qui faisoient agir le roi, ils ne craignoient point que le roi trouvât mauvais qu'ils agissent eux-mêmes.

La cour de Rome pesa avec une attention scrupuleuse toutes les expressions de la bulle qui devoit paroître. On y évita, plus pour l'honneur du pape que pour l'intérêt de l'église gallicane, toutes les clauses contraires aux libertés de cette église, afin de prévenir, s'il étoit possible, des modifications si odieuses au saint siége, que le zèle des parlemens leur fait opposer aux entreprises de la cour de Rome.

On se flatta aussi qu'après cette précaution le clergé de France n'en ayant plus à prendre pour la conservation de ses droits, souscriroit purement et simplement à la constitution du pape, ce qui étoit le grand objet de Sa Sainteté, et comme la condition inviolable sous laquelle il accordoit au vœu du roi une bulle qu'il sembloit qu'on arrachoit à sa complaisance; mais comme il arrive souvent aux politiques de s'abaisser par vanité, le pape porta sa défiance et son inquiétude sur ce point jusqu'à prendre une humiliante précaution de communiquer au roi le projet et la substance de la bulle qu'il méditoit; il est même assez vraisemblable que sa sainteté trouva bon que le roi fît voir ce projet aux magistrats qui sont principalement chargés de veiller à la conservation de nos libertés; afin d'être plus assurés, comme le pape le fit entendre un an après, dans un bref écrit au roi sur l'assemblée de 1705, qu'il n'y avoit rien dans sa bulle qui pût déplaire aux zélateurs les plus délicats des usages de la France.

En effet, vers la fin du mois d'avril de l'année 1705, je reçus une lettre que M. de Torcy m'écrivoit par ordre du roi, à laquelle étoit jointe une copie du projet que le pape avoit envoyé à Sa Majesté et qu'elle m'ordonnoit d'examiner pour voir s'il n'y avoit rien dans une constitution dressée sur ce modèle qui pût en empêcher la réception dans le royaume. Comme la lettre portoit que M. de Torcy envoyoit le même projet à M. le premier président pour avoir son avis, je crus que le secret inviolable que le roi exigeoit de moi sur cette affaire ne regardoit pas M. le premier président auquel Sa Majesté faisoit une pareille confidence. Ainsi, j'allai le trouver dès l'après-dîné du jour que j'avois reçu la lettre de M. de Torcy, et je lui demandai quel étoit son sentiment, auquel je souhaitois que le mien se trouvât conforme.

Il me dit fort naturellement, ce qui ne lui arrivoit pas toujours, qu'il n'y avoit rien que d'innocent dans le projet qu'on lui avoit communiqué, et qu'il étoit à souhaiter que la cour de Rome ne nous envoyât jamais de bulles plus dangereuses.

Je le priai néanmoins de remarquer qu'il ne paroissoit pas que l'on se disposât à faire mention dans cette bulle des instances que le roi avoit faites auprès du pape pour l'obtenir; que cependant il seroit important qu'on n'y oubliât pas cette circonstance essentielle, soit pour empêcher qu'il ne parût que le pape agît de son propre mouvement, soit pour couvrir les démarches trop publiques que certains évêques avoient faites auprès de la cour de Rome.

M. le premier président convint de la vérité de cette observation; il me parut disposé à faire réponse au roi dans cet esprit et encore plus, comme cela lui arrivoit quelquefois quand nous pensions de la même manière, à s'en rapporter à ce que j'écrirois.

J'envoyai le lendemain un mémoire à M. de Torcy, sur le projet de la constitution, dans lequel je remarquois d'abord que, par la déférence que le pape avoit pour le roi en cette occasion, Sa Majesté recueilleroit le fruit de la sagesse et de la fermeté avec laquelle

elle avoit refusé de recevoir le bref du 10 février 1703; qu'on n'avoit peut-être jamais vu d'exemple d'un concert pareil à celui que le pape vouloit avoir avec le roi dans cette affaire, en lui soumettant en quelque manière l'examen et le jugement de la forme de sa constitution; mais que, puisque le pape avoit cette déférence, il ne refuseroit pas sans doute de faire mention des instances que le roi avoit faites auprès de Sa Sainteté pour l'engager à faire ce décret, et que l'énonciation que le pape feroit de ces instances du roi couvriroit en même temps et le propre mouvement qu'on pouvoit trouver sans cela dans cette bulle et l'indiscrétion avec laquelle quelques évêques étoient entrés sans ordre dans cette affaire; qu'enfin, quoique l'on ne vît rien que d'innocent dans le projet que le pape avoit envoyé, il falloit toujours se défier jusqu'au dernier moment de ce qui viendroit d'une cour si jalouse de son autorité; et que, comme il y a souvent bien de la différence entre le projet d'une constitution et la constitution même, il supplioit le roi de trouver bon que je puisse voir la constitution aussitôt qu'elle seroit publiée à Rome, afin d'être en état de représenter alors à Sa Majesté ce qui pourroit exciter l'attention de mon ministère.

Le cardinal de Noailles à qui le roi fit communiquer le même projet qui m'avoit été envoyé, proposa d'ajouter à l'endroit de ce projet où il étoit fait mention des constitutions des papes Innocent X et Alexandre VII, que ces constitutions avoient été acceptées de toute l'église.

Le dessein de ce cardinal qui, sous la pourpre romaine, a toujours porté un cœur vraiment français, étoit de conserver par cette énonciation le droit des évêques contre les fausses maximes des ultramontains sur l'autorité et sur l'infaillibilité des jugemens du pape; mais la même raison qui engageoit M. le cardinal de Noailles à désirer cette addition, la faisoit craindre à la cour de Rome : ainsi, toute l'habileté de M. le cardinal de Janson ne pût obtenir du pape qu'il ajoutât une énonciation qu'il suffisoit en effet, que la France demandât par porter la cour de Rome à la rejeter.

Le cardinal de Janson crut cependant l'avoir enfin obtenue. On lui fit voir, par ordre du pape, un projet de la bulle où, en rappelant les premières constitutions des papes contre le jansénisme, on avoit mis ces mots qui eussent été reçus avec si grand applaudissement par toute l'église; *Quas tanto cùm applausu, tota excepit ecclesia*. Mais, lorsque la bulle eut été expédiée, le cardinal de Janson n'y retrouva plus ces mots qu'il avoit lus dans le projet. Il en fit du bruit, il s'en plaignit au pape même; mais sa Sa Sainteté lui répondit froidement, que ce n'étoit qu'une simple énonciation qui avoit paru nuisible lorsqu'on avoit relu le projet avant que de le mettre en forme; et qu'au surplus le fait de l'acceptation des premières bulles étoit si certain, que jamais personne ne le révoqueroit en doute.

Le cardinal de Janson, piqué d'avoir été ainsi la dupe du pape et le jouet de la supercherie italienne, fit ce qu'il put pour couvrir cet affront et pour sauver son honneur dans l'intérieur du royaume; et, ayant eu l'habileté de faire craindre au pape que l'omission des mots retranchés ne devînt un obstacle à la réception pure et simple de sa constitution, il engagea enfin le pape à consentir que les évêques de France y pussent suppléer ce qui y manquoit, en déclarant dans l'acceptation de la bulle que le pape Clément XI avoit justement condamné la témérité de quelques particuliers, parce qu'ils n'avoient pas voulu obéir aux constitutions des papes Innocent X et Alexandre VII, ses prédécesseurs, *que l'église avoit reçues avec vénération*.

L'approbation que le projet de la constitution avoit eu dans le royaume et l'assurance que Sa Sainteté reçut en même temps que si la constitution répondoit parfaitement au projet elle seroit acceptée avec applaudissement, firent croire au pape que les évêques de France ne feroient que souscrire unanimement à cette constitution; ou que, s'ils ajoutoient quelque chose à leur acceptation, ils se renfermeroient exactement dans les termes dont Sa Sainteté étoit convenue avec le cardinal de Janson.

L'attente publique dans laquelle on étoit de cette constitution qui devoit arriver vers le temps de l'assemblée du clergé en l'année 1705, fit que l'on proposa aux assemblées provinciales qui précédèrent l'assemblée générale, de donner à leurs deputés une procurasion absolue tant pour le spirituel que pour le temporel.

Toutes les provinces ecclésiastiques du royaume, à la réserve de celle de Narbonne, ne firent aucune difficulté d'accorder ce pouvoir à leurs députés; et dans celle de Narbonne même, il n'y eut que l'évêque de Saint-Pons qui s'y opposa après avoir représenté à l'assemblée provinciale combien il étoit dangereux d'accorder un pouvoir si étendu même pour le temporel, puisqu'on ne se serviroit de ce pouvoir que pour accabler le clergé par de nouveaux emprunts qui dégénéreroient à la fin dans de véritables aliénations. Après avoir fait voir le mal que ces emprunts excessifs causoient à l'église de France par l'anéantissement des petits bénéfices qui servoient à faire étudier de jeunes ecclésiastiques et à bannir l'ignorance, mère de l'erreur et souvent de l'hérésie; enfin, après avoir dit que la véritable manière de donner de grands secours au roi sans ruiner entièrement le clergé, étoit que chacun contribuât à proportion de ses revenus annuels sans s'embarrasser de la diminution de son train et de sa dépense dont il falloit faire un sacrifice à l'église et à l'état, il s'étendit encore plus sur ce qui regardoit le spirituel; rappela l'histoire de ce qui s'étoit passé dans l'église de France par rapport à la signature du formulaire et à ce que l'on appelle la paix de Clément IX; dit qu'il pouvoit assurer, comme témoin de cette paix, que le pape et le roi s'étoient contentés d'une soumission de respect pour ce qui regarde le fait de Jansénius; que cependant aujourd'hui plusieurs évêques et archevêques soutenoient dans leurs mandemens l'infaillibilité

de l'église dans ces sortes d'affaires. Et M. l'archevêque de Narbonne ayant pris la parole en cet endroit
pour dire qu'il étoit vrai que les évêques avoient été
trop loin et que ce n'étoit pas là le sentiment de
l'église, M. de Saint-Pons, continuant son discours,
ajouta qu'il avoit écrit en faveur de l'opinion contraire; et qu'ainsi il ne pouvoit pas donner une procuration absolue aux députés sur cette question qu'il
regardoit comme terminée par la paix de Clément IX,
non qu'il se défiât de la doctrine et de la vertu des
députés qu'il savoit être dans de très-bons sentimens,
mais que, comme la pluralité des voix l'emporte dans
les assemblées du clergé, il pouvoit arriver que,
quoique ces messieurs pussent penser et parler comme
lui et encore mieux, l'avis contraire prévaudroit;
ensorte qu'il paroîtroit que son sentiment seroit conforme à celui de l'assemblée, et qu'on le regarderoit
comme un malhonnête homme qui auroit été d'un
sentiment dans un temps et du sentiment contraire
dans un autre, ce qui pourroit l'engager à s'élever
contre le sentiment de l'assemblée pour soutenir son
avis qui y seroit contraire.

Par toutes ces raisons, il refusa de donner aux députés sa procuration pour ce qui regarde le spirituel;
il les exhorta à soutenir la doctrine et les libertés de
l'église de France, et à empêcher que les droits de
l'épiscopat ne fussent blessés par une constitution du
pape qui étoit sur le point de paroître et qui n'étoit
plus suspendue que par les négociations qu'on faisoit
sur la forme de la réception.

C'est ainsi que M. l'évêque de Saint-Pons commença dès lors à annoncer ce qu'il a depuis exécuté;
mais ses remontrances n'empêchèrent pas que la province de Narbonne ne suivit l'exemple des procura-
tions données par les autres provinces, tant pour le
spirituel que pour le temporel.

L'assemblée se tenoit à Paris en vertu de ces pro-
curations et de la permission du roi, lorsque l'on reçut
enfin la bulle si long-temps attendue et qui ne contenta aucun des deux partis; les uns trouvèrent

qu'elle en disoit trop, et les autres qu'elle n'en disoit
pas assez ; mais peut-être que les uns et les autres
faisoient par là, sans le vouloir, l'éloge de cette constitution.

Avant que de l'envoyer à l'assemblée du clergé,
le roi voulut qu'elle subît encore un nouvel examen;
et j'en reçus un exemplaire par M. de Torcy, avec
ordre de voir si elle ne contenoit rien de contraire
aux lois du royaume. M. le premier président reçut
un pareil ordre, et ce fut sans doute l'effet de la
prière que j'avois pris la liberté de faire au roi
lorsque j'envoyai mon avis sur le projet de la constitution.

Nous ne trouvâmes rien dans cette bulle, ni M. le
premier président ni moi, qui ne fût conforme au
projet ni qui dût en empêcher la réception. Je l'écrivis
à M. de Torcy ; mais j'ajoutai néanmoins dans ma
lettre, qu'il étoit important que dans les délibérations de l'assemblée du clergé et dans l'arrêt d'enregistrement des lettres-patentes par lesquelles Sa Majesté ordonnoit la publication de cette bulle, on prît
quelques précautions innocentes, et semblables à
celles que l'on avoit prises dans l'affaire de M. l'archevêque de Cambrai, pour conserver les droits des
évêques et prévenir l'effet de cet esprit généralement
répandu dans la bulle, que le pape seul et indépendamment du concours des évêques peut faire des
lois auxquelles toute l'église est obligée de se soumettre.

Après cet examen secret de la constitution du pape,
il ne restoit plus que de la faire recevoir publiquement, suivant les lois du royaume. Le roi suivit
la règle ordinaire en l'envoyant d'abord au clergé,
afin que la doctrine en étant approuvée par les évêques du royaume, le roi en ordonnât ensuite la publication, et je fus chargé de dresser la lettre que
Sa Majesté écrivit à l'assemblée du clergé en lui envoyant cette constitution. Le cardinal de Noailles
l'ayant reçue, la porta à l'assemblée, et crut qu'il convenoit de l'annoncer par un discours dans lequel on lui

reprocha d'avoir parlé trop foiblement contre les jansénistes, et trop fortement contre l'archevêque de Cambrai et quelques autres évêques fauteurs de la doctrine de l'infaillibilité de l'église sur les faits dogmatiques. On fut surpris en entendant son dis-cours, que lui seul n'eût pas aperçu le piége qu'il se tendoit à lui-même. Il le sentit à la fin, mais il n'étoit plus temps; et l'on verra dans la suite le dégoût que ce discours lui attira.

Le clergé, après l'avoir entendu, nomma des commissaires pour examiner la bulle, suivant la proposition que M. le cardinal de Noailles en avoit faite. L'archevêque de Rouen, le plus ancien des archevêques qui assistèrent à cette assemblée, fut choisi pour être à la tête de cette commission, qui fut composée d'évêques et d'ecclésiastiques du second ordre.

Le cardinal de Noailles auroit voulu d'abord en mettre l'évêque de Montpellier; le roi en fut averti par ceux qui avoient voulu rendre ce prélat suspect à Sa Majesté. Et le roi dit au cardinal de Noailles : « Eh bien, monsieur, vous mettez l'archevêque » de Rouen à la tête de la commission de la bulle, » et l'évêque Montpellier sera un des commissaires. » Voilà une commission qui ne fera pas grand peur » aux jansénistes ». Le cardinal de Noailles ayant voulu répondre quelque chose sur le sujet de l'é-vêque de Montpellier, le roi lui dit : « Si je parlois » à un autre que vous, je lui défendrois formel-» lement de mettre un tel sujet dans une commission » de cette nature; mais pour vous, je suis persuadé » qu'il vous suffit de savoir que cela ne me fait » pas de plaisir pour n'y plus penser ». On prétend que le cardinal insista encore, et que le roi lui dit une seconde fois plus séchement, qu'il ne convenoit nùllement de faire entrer l'évêque de Montpellier dans cette commission; ainsi il n'y eut plus d'autre parti à prendre que celui de l'obéissance, et il fallut nommer un autre évêque à la place de celui de Montpellier.

Le premier incident de la commission fut de
savoir si les commissaires du second ordre devoient
avoir voix délibérative dans l'acceptation de la constitution, comme dans toutes les autres matières qui
se traitoient dans l'assemblée. Des raisons fort apparentes sembloient appuyer leur prétention : il y avoit
des exemples pour et contre; mais enfin, quelques
abbés qui avoient une grande envie de passer du
second ordre dans le premier se regardèrent déjà
comme évêques, et, sacrifiant leur intérêt présent
à celui qu'ils se flattèrent d'avoir un jour, ils aban-
donnèrent la cause de leur ordre ; et engagèrent
les autres députés à ne plus insister sur cette difficulté.

On crut aussi dans ce temps-là qu'on avoit agité
si l'on appelleroit à la délibération qui se feroit dans
l'assemblée, les évêques non députés qui se trouvèrent alors à Paris ; et il sembloit que la même
raison qui faisoit refuser aux abbés la voix délibérative pour ce qui regardoit cette matière, moins
comme l'affaire de l'assemblée que comme celle des
évêques en général, devoit aussi engager les évêques
qui se trouvoient réunis dans l'assemblée du clergé
à appeler les prélats que d'autres affaires rassem-
bloient à Paris. On trouvoit d'ailleurs cet avantage
à joindre ces troupes auxiliaires, que par-là on faisoit
entrer dans l'assemblée un prélat (1) qui étoit regardé comme le grand mobile de toute cette affaire,
et dont on croyoit que la présence n'y seroit pas
inutile.

Mais, comme il y avoit aussi à Paris dans le même
temps d'autres évêques qu'on soupçonnoit de n'être
pas dans les mêmes sentimens, on crut apparemment
qu'il y avoit peut-être plus à perdre qu'à gagner
si on les appeloit tous, et que si on n'en appeloit que
quelques-uns l'exclusion et le choix seroient peut-
être également injurieux aux uns et aux autres; outre
que d'ailleurs il y auroit en cela une affectation

_____

(1) L'évêque de Chartres.

manifeste qui diminueroit un jour l'autorité de l'acceptation du clergé.

Je ne sais si le public se trompa dans ses conjectures; mais il crut au moins que ce fut par les raisons qu'on jugea à propos de n'appeler aucun évêque non député à la délibération de l'assemblée.

On tint plusieurs séances chez M. l'archevêque de Rouen pour examiner la constitution. Entre les différentes propositions qui y furent faites par les commissaires, un des députés du second ordre dit un jour qu'il croyoit qu'en recevant cette bulle il seroit à propos d'en ordonner la souscription à l'exemple de ce qui s'étoit fait à l'égard du formulaire. Qui n'auroit cru que cette proposition auroit été suivie tout d'une voix? Cependant il n'en eut aucune pour lui, ni dans la commission, ni même dans l'assemblée à laquelle il fit ensuite la même proposition : on crut au moins qu'il seroit évêque; cependant il ne l'est pas encore et il pourra bien ne l'être jamais

La matière et la forme de la constitution ayant été pleinement discutés par les commissaires, l'archevêque de Rouen dressa son rapport, qu'il lut à la commission avant que de le lire à l'assemblée; il y changea quelques endroits suivant les remarques des commissaires qui, après cela, parurent très-satisfaits de ce rapport. Cependant l'évêque d'Amiens, prélat qui avoit autant d'honneur que d'esprit, autant de sagesse que de science et autant de prudence que de zèle, s'aperçut que quelques-uns des commissaires murmuroient en secret contre quelques remarques que l'archevêque de Rouen faisoit dans son rapport sur les maximes de la cour de Rome contraires à nos usages, disant qu'on affoiblissoit par là l'autorité de la constitution, et que sans y penser on fournissoit des armes aux jansénistes pour la combattre : la chose alla même si loin, que plusieurs des commissaires dirent que si M. l'archevêque de Rouen faisoit son rapport à l'assemblée tel qu'il l'avoit résolu, ils déclareroient hautement que c'étoient ses sen-

timens qu'il expliquoit, mais que ce n'étoient pas
ceux de la commission. L'évêque d'Amiens en avertit
l'archevêque de Rouen, et lui conseilla de rassembler
encore une fois les commissaires chez lui pour s'expliquer avec eux et donner la dernière main à son
rapport. Cette révision, qui fut faite suivant l'avis
de l'évêque d'Amiens, se termina à retrancher les
maximes qui regardoient la cour de Rome, et, après
ce retranchement, on ne trouva plus rien dans le
rapport qui ne fût conforme au vœu commun de
la commission.

Le résultat du rapport et l'avis uniforme de la
commission portoient, qu'après avoir fait quelques
réflexions sur le droit que les évêques ont par institution divine de juger des matières de la doctrine,
sur ce que les constitutions du pape obligent toute
l'église lorsqu'elles ont été acceptées par le corps
des pasteurs, et sur ce que cette acceptation de
la part des évêques se fait toujours par voie de
jugement, l'avis de la commission étoit que l'assemblée reçut la constitution avec respect et soumission,
comme conforme à la doctrine et à la pratique de
l'église dans tous les temps, et qu'elle écrivît deux
lettres, l'une au pape en forme de congratulation
et de remerciment, l'autre aux évêques absens pour
les exhorter à recevoir la bulle avec uniformité. L'avis
de la commission étoit encore de remercier le roi
au nom de l'assemblée, de prier Sa Majesté de faire
expédier ses lettres-patentes pour la publication de
la bulle, et de vouloir bien y insérer une clause
pour interdire la connoissance de cette matière aux
prétendus exempts qui se disent ordinaires.

L'assemblée délibéra ensuite pendant deux jours
sur l'acceptation de la bulle; et, après avoir loué
et approuvé les maximes expliquées par MM. les
commissaires, elle se conforma en tout à leur avis,
à l'exception de la clause qui regardoit les exempts,
dont la première édition de la délibération du clergé
qui fut montrée au roi le dimanche suivant ne faisoit
aucune mention,

Pendant que cette délibération se faisoit, j'avois dressé, par un ordre secret du chancelier, un projet de lettres-patentes pour ordonner la publication de la constitution; et j'y ajoutai, par un article séparé, la clause que la commission établie pour l'examen de la bulle avoit été d'avis qu'on le demandât au roi contre les exempts.

Lorsque ce projet fut lû à Sa Majesté dans son conseil, le roi voulut que dans l'endroit où j'avois fait mention des contestations que le livre *de Jansénius* avoit fait naître, on ajoutât ces mots, *les erreurs du livre de Jansénius;* ce fut le seul changement que Sa Majesté y désira.

On examina ensuite si l'on y inséreroit la clause qui regardoit les exempts; mais on observa que, quoique l'avis des commissaires eût été de demander cette clause, cependant la délibération de l'assemblée, conforme dans tout le reste à l'avis des commissaires, gardoit le silence sur cet article; et l'on crut, dans ce premier conseil, qu'il ne convenoit pas d'accorder aux évêques plus qu'ils ne demandoient eux-mêmes, d'autant plus qu'ils n'y avoit rien dans la bulle qui fût sujet à être exécuté par voie de juridiction; ce qui la distinguoit de celle d'Alexandre VII, qui ordonnoit la signature du formulaire et dont le roi jugea à propos de ne confier l'exécution qu'aux évêques et non aux exempts.

Un des ministres du roi s'éleva même fort contre cette clause, prétendant que c'étoit choquer Rome sans nécessité, et que nous avions reçu plusieurs bulles, dont l'adresse avoit été faite aux ordinaires sous le nom desquels les exempts sont compris.

Il vrai que cette forme d'adresse se trouve dans la constitution d'Innocent X contre les cinq propositions, et dans la première bulle d'Alexandre VII sur la même matière, sans que les lettres patentes qui ont été expédiées sur ces deux bulles contiennent aucune restriction en faveur des évêques.

Mais on pouvoit répondre à cela, qu'il est toujours permis d'ajouter aux précautions prises par nos pères;

et que d'ailleurs le dernier état de la jurisprudence étoit pour les évêques, suivant les lettres-patentes du mois........ 1664.

Quoi qu'il en soit, comme les évêques avoient manqué de vigueur sur cet article, on crut qu'ils devoient s'imputer à eux-mêmes le défaut d'une clause que la nature de la constitution qu'il s'agissoit de recevoir rendoit d'ailleurs peu nécessaire.

La clause, *s'il vous appert*, *etc.* par laquelle le parlement devoit être rendu juge de la forme de la constitution, souffrit aussi d'abord quelques contradictions ; et, comme j'avois été averti que cela pourroit arriver, j'avois pris la précaution d'envoyer un mémoire sur ce sujet, pour montrer de quelle importance il étoit d'insérer cette clause dans les lettres-patentes, et de permettre même au parlement d'insérer dans l'arrêt d'enregistrement quelque modification générale qui fut une espèce de préservatif contre l'esprit général de la constitution.

Ce ne fut pourtant pas le ministre que je craignois le plus en cette occasion, qui releva cette difficulté ; au contraire, il approuva la clause et fut d'avis de la laisser dans le projet. Mais, comme on avoit pris soin apparemment de faire remarquer au roi que cette clause n'avoit pas été insérée dans les lettres-patentes par lesquelles Sa Majesté avoit ordonné la publication des autres bulles faites contre le jansénisme, elle parut d'abord incliner à ne la pas employer dans les nouvelles lettres-patentes dont on examinoit le projet, afin que le style fût uniforme dans cette matière.

Mais le chancelier lui représenta que depuis les premières lettres-patentes expédiées sur les affaires du jansénisme, Sa Majesté avoit cru devoir changer ce style dans celles qu'elle avoit données sur la condamnation du livre de M. l'archevêque de Cambrai, où la clause, *s'il vous appert*, avoit été insérée après une mûre délibération, que ces lettres établissoient le dernier droit et l'usage présent en cette matière ; qu'indépendamment même de cet exemple, il étoit de l'intérêt du roi que cette clause fût insérée dans toutes les lettres-patentes de pareille nature : que ceux qui ne jugeoient que sur les apparences, pourroient d'abord croire que le roi se conservoit une plus grande autorité en se réservant à lui seul l'examen des constitutions du saint siège; mais que c'étoit tout le contraire, parce que quand le roi agit par lui-même il lui est bien plus difficile de résister aux pressantes sollicitations de la cour de Rome, que lorsqu'il renvoie cet examen à un tribunal qui, ne connoissant que la rigueur de la règle et faisant gloire d'ignorer les ménagemens de la politique, étoit toujours en état de défendre l'autorité du roi, les droits de la couronne et les libertés de l'église gallicane, avec cette fermeté inflexible qui convient à son devoir, et à son être; qu'ainsi il étoit de la sagesse du roi de mettre toujours son parlement entre lui et la cour de Rome, afin de pouvoir dire qu'il a fait tout ce que le pape lui a demandé en accordant des lettres-patentes; mais que pour ce qui regarde la forme et l'intérieur de la constitution de Sa Sainteté, il s'en est reposé sur la vigilance de son parlement; que c'est à la cour de Rome de dresser ses décrets, de telle manière que le parlement n'y trouve rien qui blesse les maximes du royaume; et que si elle n'a pas eu cette intention, elle ne doit pas trouver étrange que cette compagnie veille à la conservation du dépôt qui lui est confié.

Le Roi, ayant approuvé l'avis du chancelier, ajouta tout de suite : *mais au moins qu'il n'y ait point de tracasseries ;* voulant dire que la bulle étant innocente, il ne falloit y apporter aucunes modifications qui eussent un air de chicane et de mauvaise volonté; qu'il avoit tout sujet d'être satisfait de la conduite que le pape avoit tenue à l'égard de Sa Majesté dans cette affaire; qu'il devoit y répondre de sa part, en prevenant tout ce qui pourroit faire de la peine à Sa Sainteté; que, d'ailleurs, il ne voyoit pas sur quoi pourroient tomber les modifications du parlement; qu'il avoit pris la précaution

de faire communiquer le projet de la constitution
au premier président et au procureur-général qui
l'avoient approuvé; que lorsque la constitution étoit
arrivée, il la leur avoit encore fait envoyer pour
l'examiner; que dans ce second examen, ils n'y
avoient rien trouvé non plus que dans le premier,
qui pût en empêcher la réception. Où pouvoit donc
être après cela le sujet d'y mettre des réserves et
des restrictions? Sur cela, le premier président M. de
Torcy, dit au roi qu'il avoit entre ses mains les lettres
par lesquelles le premier président et le procureur-
général lui avoient écrit, conformément à ce que Sa
Majesté venoit de dire. Il lui échappa apparemment
de relever en cet endroit la fin de ma lettre, par
laquelle je lui marquois qu'il seroit important d'user
de quelques modifications générales dont on pourroit trouver le modèle dans ce qui s'étoit passé en
enregistrant la condamnation du livre de M. de
Cambrai. Quoi qu'il en soit, il parut au conseil
que le roi ne goûteroit aucune modification, après
l'honnêteté que le pape avoit eue de concerter sa
constitution avec Sa Majesté.

Le chancelier ayant ensuite reçu ordre du roi de
faire voir le projet des lettres-patentes au premier
président, il le lui montra le jeudi 27 août. Je vis
aussi le chancelier le même jour, et il me dit que le
premier président, qui sortoit de chez lui, ne croyoit
pas qu'il fût nécessaire d'apporter aucunes modifications dans l'enregistrement des lettres-patentes et
de la constitution. Je convins avec lui qu'en effet il
n'y avoit pas une nécesstié absolue de le faire, surtout après les termes dans lesquels les lettres-patentes
étoient conçues; mais je persistai à croire que si cette
précaution n'étoit pas absolument nécessaire, elle
pouvoit au moins être fort utile; le chancelier me
dit d'en parler à M. le premier président, après que
nous en aurions conféré au parquet, MM. les avocats-
généraux et moi.

Cela fut exécuté dès le lendemain. Nous nous trouvâmes tous dans les mêmes sentimens au parquet;

mais nous ne pûmes y faire entrer le premier président. Il demeura ferme dans sa première pensée. Il
ajouta que depuis long-temps il n'avoit vu en France
de constitution du pape plus sage, plus mesurée,
moins contraire à nos libertés; qu'il falloit savoir gré
à la cour de Rome d'une si grande modération; qu'à
la vérité le pape ne disoit pas tout ce qu'il en avoit
pu dire dans sa constitution, puisqu'il n'y parloit pas
de l'acceptation des évêques et du consentement de
l'église universelle, mais qu'il ne disoit rien de contraire. Enfin, que s'il y avoit dans cette bulle quelques expressions peu conformes au style dont on se
sert dans ce royaume, il ne falloit pas être surpris
de voir des Romains parler le langage de Rome,
d'autant plus que rien ne nous empêchoit de parler
le langage de la France et de conserver par là les
libertés de l'église gallicane dans toute leur pureté.

Il nous parut ensuite fort blessé, et avec raison,
de la pensée de quelques évêques de l'assemblée du
clergé qui croyoient représenter toute l'église de
France dans l'acceptation de la constitution du pape,
comme si une assemblée du clergé, qui n'est, à
proprement parler, qu'une chambre des comptes
ecclésiastique pouvoit jamais passer pour un concile
national.

Nous fûmes parfaitement d'accord avec lui sur ce
point; mais à l'égard de la réserve générale que
nous croyions qu'on devoit faire en enregistrant la
constitution, nous nous séparâmes sans rien conclure.

Ayant ensuite délibéré entre nous sur ce que nous
avions à faire, nous crûmes que, quoiqu'il n'y eût
pas lieu d'espérer que le roi nous permît de proposer
aucune modification, surtout nous voyant abandonnés par le premier président, nous devions cependant faire la démarche d'en demander la permission à Sa Majesté, afin que s'il nous la donnoit nous
fissions ce que nous croyions que le zèle de notre
ministère nous inspiroit, et que s'il nous la refusoit
nous eussions notre décharge à l'égard du public.
Nous résolûmes en même-temps, de ne proposer que

la réserve la plus générale de toutes ; c'est-à-dire, *sans préjudice des droits de la couronne et des libertés de l'église gallicane*. Réserve qui nous parut en même temps, et si innocente qu'elle ne pouvoit effrayer personne, et si étendue qu'elle prévenoit pleinement l'abus que l'on pourroit faire de quelques omissions affectées et de quelques expressions équivoques qu'on remarquoit dans la constitution du pape.

Nous allâmes à Versailles le dimanche suivant, M. Portail, l'ancien avocat-général, et moi ; et, après avoir rendu compte au chancelier de tout ce qui s'étoit passé et de la résolution que nous avions prise sous son bon plaisir, il l'approuva et nous encouragea à l'exécuter quoique sans espérance de succès.

Nous montâmes ensuite chez le roi ; nous eûmes l'honneur de lui parler après son lever et de lui proposer la modification dont nous étions convenus avec le chancelier, en lui marquant en même-temps que nous la proposions non comme absolument nécessaire mais comme utile et convenable.

Le roi reçut la poposition sans aucune peine ; il nous dit d'abord que nous pouvions faire sur cela tout ce qui étoit du devoir de notre ministère ; il nous demanda ensuite s'il étoit d'usage d'insérer ces sortes de réserves dans l'enregistremeut des bulles du pape.

Nous lui répondîmes qu'on n'en enregistroit presque jamais sans prendre une semblable précaution, et qu'on avoit même employé des modifications plus fortes et plus expresses dans l'enregistrement de la censure du livre de M. l'archevêque de Cambrai.

Enfin, le roi nous dit, avec beaucoup de bonté, qu'il ne nous empêchoit point de faire sur cela ce que nous croirions être le plus avantageux pour la défense des libertés de l'église gallicane, pourvu que nous eussions une grande attention à nous renfermer dans ce qui seroit absolument nécessaire pour la fin que nous nous proposions.

Le chancelier, à qui nous rendîmes compte de cette conversation en sortant de chez le roi, ne fut pas moins étonné que nous l'avions été du succès de notre proposition. Nous lui donnâmes par écrit la clause que nous devions requérir, qu'on inséra dans l'arrêt d'enregistrement. Il la porta avec lui au conseil où il alloit, afin que si le roi demandoit à la lire il fût en état de le satisfaire sur le champ.

Il se passa deux choses singulières dans ce conseil.

La première regardoit la clause que les commissaires du clergé avoient proposée que l'on insérât dans les lettres-patentes contre les exempts, et qui avoit été rejetée au conseil, principalement parce que l'assemblée ne l'avoit pas demandée au roi.

Il est assez difficile de concevoir par quel motif l'assemblée ayant approuvé unanimement la proposition de cette clause lorsqu'elle fut faite par les commissaires, on n'avoit pas jugé à propos d'en faire mention dans le résultat de la délibération de cette assemblée qui fut remis entre les mains du roi.

Mais ce qui avoit été dit sur ce sujet dans le conseil ne fut pas tellement secret, que plusieurs personnes n'en fussent informées, quelques évêques de l'assemblée se réunirent. Le président qui, à ce que l'on prétend, avoit eu peur de la cour de Rome, reprit courage; d'autres dirent, qu'il avoit toujours eu intention de demander au roi qu'il lui plût de faire insérer cette clause dans ses lettres-patentes; mais que par prudence il avoit cru devoir employer pour cela des offices secrets pour ne pas compromettre l'assemblée à un refus public et formel.

Quoi qu'il en soit, nous sûmes depuis que ce cardinal que nous avions laissé dans le cabinet du roi, avoit fort pressé Sa Majesté d'accorder cette clause aux souhaits des évêques.

En effet, le chancelier, à qui il en avoit aussi parlé, ayant dit au roi qu'il y avoit deux difficultés à régler au sujet des lettres-patentes que Sa Majesté lui avoit ordonné de sceller, dont la première regardoit la clause demandée par les évêques, le roi parut disposé à faire ce qu'ils désiroient, et la chose passa sans aucune contradiction.

La seconde difficulté, dont le chancelier voulut parler, étoit la proposition que nous avions faite; le roi lui dit que nous avions eu l'honneur de l'en entretenir; et ceux, qu'on soupçonne d'avoir plus de penchant pour la cour de Rome qu'il ne convient à des ministres du roi, crurent sans doute que nous étions venus proposer à Sa Majesté des modifications fort extraordinaires sur la bulle du pape. Ce fut peut-être à cette prévention que nous fûmes redevables de la facilité avec laquelle ils reçurent notre proposition. A peine le chancelier eut-il expliqué de quoi il s'agissoit, et lu le projet qui étoit entre ses mains, qu'il parut que ceux dont on pouvoit craindre la contradiction s'estimoient heureux apparemment d'en être quittes pour si peu de chose, en sorte que la réserve que nous proposions fut approuvée unanimement.

Il étoit question après cela, de faire entrer M. le premier président dans ce tempérament qu'il n'avoit pas paru approuver.

Le chancelier se chargea de lui écrire ce qui s'étoit passé dans le conseil; et comme il me montra sa lettre, je vis qu'après lui avoir dit un mot sur ce qui regardoit la clause des exempts, il lui marquoit la proposition que nous lui avions faite et ajoutoit que, quoique ni lui ni nous ne crussions la clause que nous proposions absolument nécessaire, cependant, soit pour entretenir le roi dans l'usage de laisser quelques libertés à son parlement, soit pour montrer à Rome que nous veillions toujours sur ses maximes, il avoit consenti que nous fissions cette proposition au roi; que Sa Majesté l'avoit ensuite proposée au conseil; et qu'il avoit passé, que M. le premier président feroit mettre dans l'arrêt d'enregistrement, comme une clause de pur style, *sans préjudice des droits de la couronne et des libertés de l'église gallicane*; à quoi le chancelier ajoutoit, qu'il comptoit que ce n'étoit pas peu gagner pour le parlement, que d'avoir gagné cette clause quoiqu'inutile en cette occasion, après avoir gagné celle *s'il vous appert.*

Nous ne pûmes nous dispenser d'aller le lendemain informer le premier président de ce que nous avions fait le dimanche à Versailles.

Quoiqu'il en parût peu satisfait, il ne témoigna plus aucune répugnance à mettre le *sans préjudice*, etc., dans l'arrêt d'enregistrement. Il dit seulement que cette réserve étoit du nombre des choses qui ne faisoient ni bien ni mal, en quoi il n'étoit pas du sentiment de Dumesnil, célèbre avocat-général du seizième siècle, qui a dit dans quelqu'un de ses mémoires qu'il n'y avoit point de modification plus étendue ni plus efficace que la réserve générale des libertés de l'église gallicane.

Dans la conversation que nous eûmes avec le premier président sur ce sujet, il lui échappa plusieurs mots entrecoupés, qui marquoient qu'il avoit envie de prendre des précautions dans l'arrêt d'enregistrement contre l'imagination de quelques évêques qui transformoient une assemblée du clergé en concile national.

Comme il ne s'étoit expliqué sur cela que d'une manière ambiguë, il fallut presque deviner sa pensée, et nous fûmes assez heureux pour y réussir.

Nous crûmes donc entrevoir que son dessein étoit de faire un arrêté en enregistrant la constitution, par lequel il seroit dit que le roi seroit très-humblement supplié d'envoyer cette constitution avec ses lettres-patentes à tous les évêques de son royaume, afin que par l'acceptation qu'ils en feroient elle reçût l'authenticité qu'elle ne pouvoit avoir sans cela selon les usages et les maximes de la France.

Mais en même-temps que nous jugions que c'étoit-là sa pensée, nous crûmes qu'il étoit bon de la lui faire expliquer plus précisément. M. Portail se chargea de le voir pour cela, et alors le premier président lui parla très-clairement et lui dit qu'il ne savoit pas si nous ferions cette ouverture dans nos conclusions; mais que pour lui il étoit bien résolu de ne pas oublier une chose si importante dans l'arrêt d'enregistrement.

Après un discours si affirmatif, il sembloit que nous pouvions, sans craindre, hasarder cette requisition; nous eûmes peur néanmoins qu'il ne nous abandonnât; et ce qui augmenta notre inquiétude, ce fût l'incertitude avec laquelle il parla sur le même sujet à M. Portail et à moi, lorsque je lui portai les lettres-patentes la veille de l'enregistrement.

Il nous parla de ces lettres comme s'il ne les avoit jamais vues, disant que tout se faisoit sans lui; que nous étions dans un temps où l'on ne pouvoit compter sur rien; que ce que l'on avoit proposé à l'égard de l'envoi de la constitution à tous les évêques en particulier, étoit bon; mais qu'il ne pouvoit savoir si cela seroit approuvé. Il porta même sa mauvaise humeur et son incertitude affectée jusqu'à ne vouloir pas s'ouvrir avec nous sur le jour auquel il assembleroit les chambres pour l'enregistrement des lettres-patentes. Il demanda froidement à M. Portail, qui avoit une raison particulière de savoir ce jour parce que c'étoit lui qui devoit porter la parole, s'il ne venoit pas tous les jours au palais? Et celui-ci ayant répondu qu'oui; cela étant, lui dit-il, nous vous enverrons chercher quand la chose conviendra; il le fit néanmoins dès le lendemain, et l'avocat-général se trouva bien de s'être préparé d'avance.

Ne ferai-je point un jugement téméraire, si je soupçonne ici qu'outre qu'il n'étoit pas content de ce que nous avions fait sans lui, il supportoit avec une secrète impatience la grande union qu'il voyoit régner dans le parquet. Ce qui peut autoriser en quelque manière ce soupçon, est ce qu'il avoit fait peu de jours auparavant à l'égard du même avocat-général, qu'il sembloit avoir une grande envie de désunir d'avec moi. Il crut apparemment en avoir trouvé l'occasion dans le secret que j'avois gardé (comme

j'y étois obligé) à l'égard de M. Portail, sur la lettre
par laquelle M. de Torcy m'avoit demandé un avis
sur le projet de la constitution. M. le premier président
étoit le seul auquel j'en eusse parlé, parce que la lettre
de M. de Torcy me marquoit qu'on le consultoît en
même temps que moi; il demanda donc à M. Portail,
si je lui avois fait part de cette consultation; et
M. Portail lui ayant répondu que je ne lui en avois
pas parlé, il lui dit en parlant de moi : *Monsieur
il vous croit mort, il fait tout sans vous, et ne
vous compte pour rien.* Ce discours, qui étoit tout
propre à indisposer M. Portail contre moi, fit une
impression toute contraire sur lui; il eut le bon
esprit d'en découvrir le motif, et il m'en fit la confidence sans en paroître ému en aucune manière. Je
me justifiai aisément auprès de lui, par le secret
inviolable que l'on m'avoit prescrit, et il ne m'a pas
paru dans la suite de sa conduite, à aucun égard,
que ce fait ait augmenté l'estime qu'il pouvoit avoir
pour le premier président ni diminué l'amitié qu'il
avoit pour moi.

Mais peut-être encore une fois, ce jugement que
je fis alors sur M. le premier président étoit-il téméraire; ce qu'il y a de certain, c'est qu'on pouvoit
dire de lui ce que Tacite a dit de Tibere : *Natura
seu assuetudine, suspensa semper et obscura verba,
tum verò nitenti, ut sensus suos penitus abderet; in
incertum magis implicabantur.* Et quoique M. Portail
ni moi ne fussions pas comme les pères conscrits du
sénat romain, *quibus unus metus, si intelligere vi-
derentur;* cependant nous sortîmes de chez lui fort
embarrassés; et, après y avoir fait plusieurs réflexions
avec MM. les avocats-généraux le Nain et de Fleury,
nous convînmes que, comme il falloit toujours aller
au bien sans s'inquiéter des événemens qui n'étoient
pas en notre pouvoir, M. Portail proposeroit dans
son discours sur la constitution du pape, de faire
l'arrêté tel que je l'ai expliqué ci-dessus; mais que,
comme cette proposition ne pouvoit faire que la
matière d'un arrêté séparé de l'arrêt d'enregistrement,

18*

je n'en insérerois rien dans mes conclusions par écrit.

Cela fut exécuté le lendemain; M. Portail fit la proposition de l'arrêté dans un discours qu'il prononça sur la bulle, et dans lequel il prouva très-éloquemment qu'on avoit grand tort de l'accuser d'être janséniste. L'arrêt d'enregistrement fut rendu conformément à mes conclusions, avec la clause *sans préjudice*, etc. L'arrêté qui suivit cet arrêt répondit pleinement à ce que nous devions attendre, et surpassa même ce que nous attendions. Il portoit, que « le roi seroit très-humblement remercié par M. le » premier président, de ce qu'il avoit bien voulu » laisser à la compagnie la liberté d'examiner s'il » n'y avoit rien dans la constitution de contraire » aux saints décrets, constitutions canoniques, et aux » droits et libertés de l'église gallicane, beaucoup » moins pour aucun intérêt de la compagnie que pour » le service que cette liberté lui peut donner lieu » de rendre audit seigneur roi en d'autres occa- » sions ».

« Et outre que ledit seigneur roi seroit supplié » par mondit sieur le premier président, d'ordonner » que ladite constitution soit envoyée au plutôt à » tous les archevêques et évêques de son royaume, » afin que l'acceptation qu'ils en feront et la publi- » cation qui en sera faite dans leurs diocèses en » exécution de leurs mandémens, puissent attirer » l'obéissance qui est due à ladite constitution; ce » qui est nécessaire pour éteindre la division de » sentimens qui a paru trop long-temps sur cette » matière dans l'église de France, et y rétablir la » paix et la charité qui y auroient dû régner ».

On verra dans la suite que ce fut cet arrêté qui fut en quelque manière notre salut dans l'enregistrement des lettres-patentes sur la constitution *Unigenitus*.

Nous crûmes, peut-être sans sujet, remarquer encore quelques suites du chagrin que M. le premier président avoit eu contre nous, en ce qu'il ne nous fit point charger par la compagnie d'aller porter au roi ses remercimens et ses prières, comme cela s'étoit fait après l'enregistrement du bref par lequel le pape avoit condamné le livre de M. l'archevêque de Cambrai.

Nous nous donnâmes donc à nous-mêmes, comme nous le pouvions faire, la mission de rendre aussi compte au roi de ce qui s'étoit passé au parlement, et nous le fîmes, M. Portail et moi, le dimanche suivant.

Le roi approuva l'arrêté de la compagnie; et sa majesté envoya à tous les évêques la constitution du pape et les lettres patentes enregistrées au parlement, avec une lettre de cachet que je fus aussi chargé de dresser.

On avoit fait chez le comte de Pontchartrain, une faute grossière dans la lettre de cachet qui fut enregistrée au parlement avec des lettres patentes, et dans celle qui, comme je le dirai dans un moment, fut adressée à la faculté de théologie.

On y faisoit dire au roi, que la constitution du pape avoit été faite contre l'écrit intitulé : *Cas de conscience*, quoique le cas de conscience n'y soit pas seulement pas nommé; ainsi, l'on y mettoit par là un abus qui n'y étoit pas, en supposant que le pape avoit exercé une juridiction immédiate sur un écrit composé par des docteurs français dans ce royaume, sans que la cause eût été portée devant lui suivant les formes canoniques observées en France. Je fis remarquer cette faute au chancelier et à son fils. Ils prirent sur-le-champ les mesures nécessaires pour la réparer, en faisant retirer les lettres de cachet qui avoient été envoyées, à la place desquelles on en substitua de plus régulières.

La constitution du pape fut aussi envoyée à la faculté de théologie, comme je l'ai déjà fait entendre, avec une simple lettre de cachet par laquelle le roi marquoit à la faculté que l'assemblée du clergé ayant reçu la constitution du pape, et Sa Majesté voulant que

cette constitution fût suivie et qu'il ne fût rien ensei-
gné de contraire à ce qu'elle contenoit, il exhortoit
la faculté et lui enjoignoit de tenir la main à ce que
dans les lectures de théologie ou dans les thèses, il
ne fût enseigné ni avancé aucune proposition contraire aux décisions contenues dans *cette bulle.*

La faculté reçut cette lettre de cachet le premier
jour de septembre, et elle accepta la bulle le même
jour, avec un consentement unanime. La délibération
portoit, que dorénavant on feroit souscrire aux bache-
liers le formulaire d'Alexandre VII, confirmé par la
nouvelle constitution du pape, au lieu de celui dont
la faculté s'étoit servi jusqu'alors, et qui diffère en quelques termes peu importans de celui d'Alexandre VII;
mais on ajouta à cet article de la délibération que l'exécution en seroit suspendue, jusqu'à ce que l'on ait su
la volonté du roi par M. le cardinal de Noailles. Je
n'ai pas su si ce cardinal en avoit parlé au roi, et je
crois que les choses sont encore dans le même état à
cet égard.

La faculté fit ensuite demander au roi la permission
de l'aller remercier de l'honneur qu'il lui avoit fait;
le roi le trouva bon, et le doyen Joïsel, avec le syndic
et six autres docteurs, entre lesquels il y en avoit un
régulier, furent présentés au roi par le cardinal de
Noailles pour lui rendre leurs actions de grâces. On a
mis dans les registres de la faculté, que le doyen avoit
fait un discours au roi dont on a même inséré la substance dans ses registres. Mais un des six docteurs qui
l'assistoient m'a assuré que le roi ne lui avoit pas
laissé le temps de faire sa harangue, et que Sa Majesté
lui ayant coupé la parole dès la première phrase leur
dit à tous, qu'il étoit bien aise de les voir; qu'il avoit
toujours été très-satisfait d'eux dans tout ce qu'ils
avoient fait pour l'église et pour la religion; qu'ils
étoient d'une science, d'une piété et d'une vertu qui
lui persuadoient qu'ils étoient en état de rendre à l'une
et à l'autre de très-grands services; que s'il s'élevoit
parmi eux, ou ailleurs, quelques esprits inquiets qui
voulussent avancer des nouveautés contre l'ancienne

doctrine de l'église et les maximes de la France, il les exhortoit à avoir recours à son autorité quand ils le jugeroient à propos ; *soyez bien assurés, ajouta-t-il, qu'elle ne vous manquera pas, et que je ne crois pas en pouvoir faire un meilleur usage pour le bien de l'état et de la religion.*

Le cardinal de Noailles, ayant pris la parole, dit au roi : voilà M. le doyen, qui étoit à Rome à la naissance du jansénisme, et qui vient en voir la fin devant votre Majesté. Le roi demanda sur cela au doyen, quel âge il avoit ? Il répondit qu'il avoit 86 ans. L'évêque de Bayeux, qui étoit présent, dit au roi, je serois le successeur de M. le doyen après lui ; et le roi se tournant vers le doyen, lui dit : *M. le doyen, ne laissez pas de vous bien porter ; je suis persuadé que personne ne remplira votre place avec plus de capacité et de mérite que vous.*

M. le cardinal de Noailles dit ensuite quelque chose en faveur de Vivant, syndic, et du P. Frassen, cordelier, qui étoient présens ; le roi ne répondit rien, et les docteurs se retirèrent. Ils allèrent ensuite recommander à M. Chamillard les intérêts de la faculté, au sujet des amortissemens ; et l'un des docteurs, pour faire sa cour à ce ministre et le mettre dans leurs intérêts, eut l'habileté de lui rappeler agréablement le souvenir du temps dans lequel il portoit si pieusement les chandeliers à Saint-Nicolas du Chardonnet. Je n'ai pas ouï dire cependant que la taxe de ces docteurs ait été modérée en faveur du judicieux compliment.

Pendant que la faculté de théologie se signaloit par ses démarches, les esprits s'aigrissoient tous les jours de plus en plus dans l'assemblée du clergé. On y avoit cependant arrêté, avec assez de concert, le projet de la lettre qui seroit écrite au pape par l'assemblée et le modèle d'un mandement uniforme qu'on enverroit à tous les évêques, avec une lettre circulaire pour éviter leur paresse et exciter leur prudence à s'en servir ; mais, soit par des mouvemens intérieurs, soit par des impressions étrangères, l'union des corps commença à s'altérer ; il y eut des membres qui s'élevèrent hautement contre le chef et contre l'archevêque de Rouen qui tenoit le second rang dans l'assemblée. On répandit, sur toutes leurs paroles, un venin que ni l'un ni l'autre n'y avoient voulu mettre ; ils prirent, à la vérité, la résolution humiliante de conjurer l'orage, en supprimant, l'un, le discours par lequel il avoit annoncé à l'assemblée la constitution du pape ; l'autre, le rapport qu'il avoit fait de l'examen de cette constitution ; mais en fuyant un inconvénient, ils tomboient dans un autre. Il se trouva des évêques d'un caractère d'esprit plus ferme et plus roide que les autres, qui remontrèrent que l'usage perpétuel et inviolable du clergé étoit d'insérer ces sortes de discours dans les procès-verbaux de ses assemblées ; que c'étoit surtout en retrancher une partie essentielle et intégrante, que d'en ôter le rapport des commissaires nommés pour l'examen de la constitution ; qu'un procès-verbal ainsi mutilé seroit la honte et l'opprobre du clergé, et que ses ennemis ne pourroient lui faire plus de mal qu'il s'en faisoit à lui-même, par une suppression non moins injurieuse à toute l'assemblée qu'aux commissaires mêmes.

Les remontrances de ces évêques ne furent point écoutées ; mais comme il y en eut quelques-uns qui ne purent se rendre à l'avis contraire, qui étoit celui du parti dominant, ils refusèrent de souscrire le procès-verbal, et se retirèrent dans leurs diocèses sans l'avoir signé.

A peine l'assemblée fut-elle séparée, que l'on vit éclater les plaintes de deux sortes de personnes, contre ce qui s'y étoit passé dans l'acceptation de la bulle. Les plus zélés anti-jansénistes voulurent trouver, soit dans l'acceptation même de la constitution, soit dans le modèle du mandement uniforme, un dessein caché de favoriser les novateurs et de leur fournir des prétextes spécieux pour éluder les foudres de l'église tant de fois lancées contre le jansénisme.

Ils répandoient dans le public, que ce n'étoit pas sans mystère qu'on avoit dit dans le résultat de la commission dont l'assemblée avoit approuvé les maximes,

que les constitutions des papes contre les hérétiques
obligent toute l'église lorsqu'elles sont acceptées par
le corps des pasteurs ; qu'on avoit voulu insinuer par
là, qu'il falloit que l'église assemblée, et ne compo-
sant qu'un seul corps, eût accepté de semblables constitutions pour leur imprimer le caractère de loi ; et
que ce dessein paroissoit d'autant plus visiblement,
que dans le modèle du mandement uniforme on avoit
ajouté que les constitutions des papes sur le jansénisme devoient être regardées comme le jugement et
la loi de toute l'église, *après l'acceptation solennelle
qui en avoit été faite par le corps des pasteurs.* Qu'il
n'en falloit pas davantage pour renouveler toutes les
erreurs de Jansénius, et pour mettre en sûreté tous
ceux qui voudroient les renouveler, puisqu'ils ne manqueroient pas de dire, d'un côté, qu'il étoit constant
dans le fait que le corps des pasteurs n'auroit pas accepté solennellement les constitutions des papes sur le
jansénisme ; et de l'autre, qu'il n'étoit pas moins certain dans le droit, suivant les maximes du clergé de
France, que de semblables constitutions n'obligeoient
tous les fidèles que lorsqu'elles auroient été acceptées
solennellement par le corps des pasteurs ; d'où les jansénistes, meilleurs dialecticiens que théologiens, se
croiroient en droit de conclure qu'il n'y avoit encore
rien de décidé contre eux d'une manière qui obligeât
tous les fidèles à s'y soumettre : et voilà, disoit-on, à
quoi se réduiront plus de cinquante ans de peine et
de travaux, que l'on a employés à étouffer cette hérésie naissante. La délibération du clergé de France
efface et anéantit par un seul mot tout ce qui s'est
fait pendant tant d'années ; et, relevant l'espérance d'un
parti qui alloit recevoir le coup mortel, remet l'église
dans un état encore plus fâcheux qu'elle n'étoit au
commencement des disputes.

Telle étoit à peu près la substance d'un écrit qu'on
prétend avoir été composé sur ce sujet par un ecclésiastique du séminaire de Saint-Sulpice, et qui fut présenté à M. le cardinal de Noailles, avec un appareil de
douleur et d'inquiétude sur les maux qui menaçoient

l'église, dont ce cardinal ne fut néanmoins que médiocrement touché.

D'un autre côté, les partisans de la cour de Rome
se plaignoient encore plus amèrement de la conduite
du clergé de France ; les plaintes de cette cour avoient
deux prétextes différens : la régularité du procédé
blessé par la France, étoit le premier ; l'autorité du
pape violée par les évêques, étoit le second.

On disoit à l'égard du premier, que le pape, hési-
tant encore sans nécessité sur une erreur si pleinement foudroyée, et, craignant l'exemple de ce qui
s'étoit passé dans la réception de la censure du livre
des Maximes des Saints, avoit eu beaucoup de peine à
se résoudre à faire une nouvelle constitution sur le jansénisme, que la France lui avoit arrachée, pour parler
ainsi, à force de prières et de sollicitations, mais sous
la promesse faite au nom du roi, par son ministre
auprès du pape, que cette constitution seroit acceptée
purement et simplement, sans aucune modification
qui pût blesser l'autorité du saint Siége ; qu'il sembloit que pour affermir encore plus cet engagement,
la Providence eût permis que l'on eût insisté en France
à demander que le pape fît mention de l'acceptation
de l'église, en parlant des constitutions des papes ses
prédécesseurs sur le jansénisme ; que c'étoit donc à
ce point seul que les plus zélés défenseurs des libertés
de l'église gallicane avoient réduit toute leur délicatesse ; et qu'enfin, après avoir négocié sur ce point,
le cardinal de Janson étoit convenu avec le pape, de
l'agrémement du roi, que Sa Sainteté trouveroit bon
seulement que, quoiqu'il ne fût fait dans ces bulles
aucune mention de l'acceptation de l'église, les évêques
de France pouvoient en parler en recevant cette bulle ;
mais qu'ils ne le feroient que par une simple énonciation ; que c'étoit sur la foi de cet engagement que la
constitution avoit été accordée aux prières de plusieurs
évêques et aux pressantes instances du roi ; mais que
lorsque l'on avoit enfin obtenu cette constitution si
ardemment désirée, on avoit oublié à quel prix le
pape avoit bien voulu l'accorder ; qu'on l'avoit fait

examiner pendant long-temps par un petit nombre
d'évêques, dont on avoit composé une commission
particulière pour juger si la constitution devoit être
reçue ou non ; et que, quoiqu'ils eussent été d'avis de
la recevoir et que l'assemblée eût adhéré à leurs sentimens, on avoit mis à la tête de cette acceptation des
principes qui renfermoient le pouvoir du pape dans
des bornes si étroites, qu'en recevant la bulle avec
une démonstration apparente de respect on affoiblissoit réellement, ou plutôt on énervoit entièrement
son autorité.

Cette autorité ainsi violée étoit le second signe des
plaintes de la cour de Rome ; outre qu'elle ne reconnoît que dans le pape un véritable pouvoir d'être
juge de la doctrine et de la foi, elle soutenoit encore
plus fortement que, lorsque le pape a une fois prononcé, les évêques n'ont plus d'autre fonction dans
l'église que d'écouter la voix du souverain pasteur et
de s'y soumettre ; examiner si cette voix s'accorde
avec les anciens oracles de l'église, c'est lui faire injure ; et délibérer si on lui obéira, c'est être déjà coupable de désobéissance. Il ne s'agit donc plus de juger
le jugement du pape, il ne s'agit que d'exécuter ce
qu'il lui a plu d'ordonner. L'acceptation des évêques
est un acte de soumission et non pas de juridiction,
plus utile pour rendre publics les décrets du saint
Siége que pour les rendre irrévocables. Ainsi parle
Rome moderne : car l'ancienne Rome tenoit un langage bien différent, et l'on peut juger par-là de l'impression que les paroles, dont le clergé s'étoit servi
en recevant la constitution du pape, devoient faire
sur Sa Sainteté.

Aussi reçut-elle avec indignation la lettre de l'assemblée, dans laquelle elle ne trouva qu'un faux respect et une soumission apparente.

Elle ne fit aucune réponse à cette lettre, et l'on
crut d'abord que le ressentiment du pape se termineroit à cette espèce de mépris du clergé qui lui avoit
écrit, et qu'il ne le condamneroit que par son silence.

Mais avant que de dire combien cette espérance se trouva fausse dans la suite, je dois placer ici le changement qui arriva dans le parlement peu de temps avant que la jcolère du pape éclatât dans le royaume.

Le président du Harlay, après avoir hésité pendant long-temps de céder aux fréquentes attaques d'apoplexie qui rendoient sa langue plutôt que son esprit inhabile aux fonctions de sa place, prit enfin, dans les fêtes de pâques de l'année 1707, la résolution d'y renoncer entiérement, et de passer le reste de ses jours dans une retraite que l'état de sa santé rendoit nécessaire, et à laquelle il fut principalement déterminé par le maréchal de Villeroy, son parent, qui se montra encore plus son ami par la liberté et la sagesse du conseil qu'il lui donna.

Il déposa donc cette grande magistrature et sortit du parlement. Sa démission ayant fait vaquer la place de premier président, le choix du roi fut suspendu durant quelques jours entre deux hommes d'un caractère différént et d'une faveur presqu'égale. Le président Pelletier étoit l'un, et M. Voisin, alors conseiller-d'état, et depuis secrétaire-d'état et chancelier de France, étoit l'autre ; le premier, appuyé par la cabale alors dominante des sulpiciens, et non moins agréable aux jésuites ; le dernier, porté par les vœux et le crédit de madame de Maintenon à tout ce qu'il pouvoit y avoir de plus grand. Je ne crois pas devoir me mettre sur les rangs, et je ne prétends pas en faire honneur à ma foible vertu. J'ai toujours pensé, à la vérité, qu'on ne devoit jamais briguer les grandes places, et que la plus solide consolation que puisse avoir un homme de bien quand il y est appelé, est de pouvoir se dire sincèrement à lui-même que c'est la main seule de la providence qui l'y a conduit. J'avois appris cette grande maxime par les instructions et encore plus par les exemples de mon père ; mais qui sait jusqu'à quel point elle m'auroit soutenue, si Dieu n'avoit permis que le peu d'apparence de réussir dans les dispositions où je savois qu'on avoit mis le roi à mon égard depuis l'affaire du cas de conscience,

vint au secours de ma modestie : Je demeurai donc
en repos pendant que les deux principaux concur-
rens se donnoient des mouvemens mieux fondés que
n'auroient pu être les miens ; et ce qu'il y eut de singulier, c'est que pendant les huit jours que l'incertitude dura, l'un des compétiteurs devint presque
malade par la crainte de ne pas réussir ; et la femme
de l'autre ne fut guère moins agitée de l'inquiétude
que son mari ne fût préféré : ils furent tous deux contens. Le président Pelletier obtint la place de premier président ; et M. Voisin parvint dans la suite
à la place de ministre et secrétaire-d'état, objet de
l'ambition de sa femme ; mais ce qui marqua bien
l'imprudence des vœux humains, M. le Pelletier n'é-
prouva dans sa place que des peines de corps et d'esprit, qui l'obligèrent à en sortir bientôt avec plus de
joie qu'il n'y étoit entré ; et la fortune de M. Voisin
devint une source d'amertumes pour sa femme, qui
trouva dans son élévation même la cause de sa
mort.

Cependant le tonnerre n'avoit pas cessé de gron-
der à Rome, et le coup partit enfin à peu près dans le
même temps que le changement du parlement, c'est-
à-dire, vers le carême de l'année 1707. L'on dit alors
que ce coup étoit lancé il y avoit près de dix-huit
mois, sans porter néanmoins jusque sur nous, parce
que le crédit du cardinal Gualterio, qui étoit encore
nonce auprès du roi, en avoit suspendu l'éclat. Ce cardinal, qui aïmoit la France et qui n'y étoit pas moins
aimé ne voulant point être le canal des vengeances
du pape, l'avoit prié instamment d'attendre pour
les exercer, que son successeur fût arrivé dans ce
royaume. Comme le départ du cardinal Gualterio et
l'arrivée de son successeur furent différés pendant long-
temps, on avoit presque oublié en France que le pape
étoit en colère lorsqu'elle commença à éclater.

Le nouveau nonce, à qui la comparaison de son
prédécesseur n'étoit pas favorable en France et qui
vouloit éviter qu'on ne crût à Rome qu'il lui ressem-
bloit, se chargea, peu de temps après son arrivée, de

révéler le mystère de la colère du pape; il alla d'abord
trouver le cardinal de Noailles, et il lui dit d'un air
assez embarrassé qu'il étoit porteur de deux brefs du
pape; l'un pour le roi, auquel il auroit l'honneur de le
présenter incessamment; l'autre, pour les évêques de la
dernière assemblée du clergé; et que, comme son éminence avoit été le président de cette assemblée, il ne
pouvoit s'adresser qu'à elle pour lui rendre ce bref.

Le cardinal de Noailles l'arrêta dès le commencement de ce discours; il lui dit qu'il n'y avoit plus ni
assemblée ni par conséquent de président; qu'ainsi
ce bref s'adressoit à un corps qui n'existoit plus, et
qu'à son égard il n'étoit, par rapport à la matière dont
il s'agissoit, qu'un particulier, ou pour parler plus
correctement, qu'il n'étoit que l'archevêque de Paris
et non le président d'une assemblée avec laquelle son
pouvoir étoit expiré. Le nonce insista, et dit au cardinal de Noailles que si cela étoit, il réduiroit le
pape à ne pouvoir plus trouver d'évêque dans le
royaume en état de recevoir ce bref. Le cardinal demeura ferme dans la première réponse, et répliqua
que c'étoit un malheur que le pape n'eût pas expliqué
ses sentimens à l'assemblée pendant qu'elle se tenoit,
mais que cet inconvénient paroissoit à présent irrépa-
rable; ainsi, il refusa toujours de recevoir le bref. Le
nonce ne laissa pas de lui faire entrevoir les plaintes
que ce bref contenoit contre l'assemblée du clergé. Le
cardinal de Noailles n'oublia pas aussi, de son côté,
à faire entrer indirectement dans la conversation
tout ce qui pouvoit servir à y répondre. Le nonce se
retira, paroissant être dans la résolution de présenter
au roi le bref dont il étoit chargé pour Sa Majesté.
Un voyage que le roi fit à Marly dans ce temps-là,
donna le loisir au nonce de faire plusieurs réflexions
sur les conséquences de la démarche qu'il avoit ordre
de faire. On croit même qu'il avoit consulté le cardinal
d'Estrées, qui, connoissant également la cour de Rome
et celle de France, lui conseilla de se faire donner un
nouvel ordre avant que d'exécuter le premier.

Soit qu'il eût suivi ce conseil, soit pour d'autres

raisons qui ne me sont pas connues, il est certain que le nonce différa de rendre le bref au roi, et qu'enfin la cour de Rome a pris le parti de ne le point faire présenter.

Cependant elle en laissa échapper des copies à Rome; on en eut bientôt en France. Le chancelier m'en donna une, sur laquelle je crus qu'il pouvoit y avoir de l'indiscrétion à parler et peut-être un grand inconvénient à se taire; mais le chancelier, à qui je m'en ouvris, me conseilla d'attendre que le nonce eut fait la démarche de rendre le bref au roi, démarche qu'on croyoit alors qu'il alloit faire incessamment.

Je demeurai donc encore quelque temps dans le silence; mais pendant que le nonce hésitoit, on faisoit semblant d'hésiter à faire paroître ce bref; une main inconnue le répandit imprimé en latin et en français. On soupçonna le nonce d'avoir fait faire secrétement cette impression, par laquelle, sans se commettre personnellement avec le roi, il rendoit le bref public, et faisoit toujours par là une espèce de protestation en faveur de l'autorité du pape; on n'a jamais eu néanmoins qu'un simple soupçon sur ce fait.

Il ne m'étoit plus permis, après cela, de demeurer dans le silence; mais comme le roi étoit à Marly, je ne pus avoir l'honneur de lui parler, parce qu'on n'y alloit point sans ordre, et je fus obligé d'écrire au chancelier, pour demander au roi, par son canal, la liberté d'agir contre ce bref suivant le devoir de mon ministère. Le nouveau premier président écrivit aussi au chancelier, à peu près dans les mêmes termes que moi.

Le chancelier me fit réponse le premier juin, après avoir rendu compte au roi de nos lettres dans le conseil, que le *roi goûtoit fort mon zèle et mes raisons contre l'imprimé et le débit du bref; mais qu'il se croyoit trop près de finir cette affaire par accommodement pour vouloir rien faire, avant qu'il sût décisivement à quoi s'en tenir, et que c'étoit ce qu'il attendoit tous les jours d'ordinaires, par les lettres du cardinal de la Tremoille* et l'abbé de Polignac;

ainsi, monsieur, demeurez encore en repos, (c'étoient les termes de la lettre) *je demande la même chose à M. le premier président*; et comme le roi revient ici samedi, et qu'apparemment vous le verrez incontinent après, vous vous en expliquerez encore davantage avec lui.

J'allai en effet à Versailles le dimanche suivant, avec feu M. le Nain, devenu l'ancien avocat-général par la promotion de M. Portail à la place de président à mortier. Le premier président y étoit aussi le même jour, et il parla au roi, avant nous, au sujet du bref; il en reçut à peu près la même réponse qu'il avoit déjà reçue par M. le chancelier,

Nous eûmes l'honneur de lui en parler ensuite, M. le Nain et moi. Nous insistâmes autant que le respect nous pût le permettre, sur l'inconvénient qu'il y avoit à garder le silence sur un bref à présent si répandu. Nous représentâmes au roi, que non-seulement les libertés de l'église gallicane mais l'honneur même de Sa Majesté y étoient intéressés; qu'il étoit fort extraordinaire qu'un bref qui lui étoit adressé, fût public avant que de lui avoir été rendu; que si l'on ne faisoit rien qui pût apprendre un jour à la postérité que le roi n'avoit pas en effet reçu ce bref, personne ne douteroit que Sa Majesté ne l'eût reçu, et que la réception présumée d'un tel bref en emporteroit l'approbation dans les siècles à venir.

Cette dernière raison parut faire impression sur l'esprit du roi, surtout lorsque nous eûmes ajouté qu'on pouvoit agir contre ce bref d'une manière si innocente que cela ne troubleroit en aucune manière la suite de la négociation qui se faisoit à Rome; qu'on pouvoit douter encore de la vérité de ce bref, et, sans l'attaquer directement, supprimer les imprimés qu'on en distribuoit par une précipitation contraire à toute sorte de bienséance, et que le pape n'auroit garde d'avouer.

Le roi nous dit qu'il y feroit de nouvelles réflexions, et nous ordonna d'en parler au chancelier et au marquis de Torcy. Nous le fîmes, sans espérer non plus qu'eux un grand succès de cette nouvelle tentative.

On en parla au conseil qui fut tenu dans la même matinée; et il y fut résolu que nous suivrions le tempérament dont nous avions fait l'ouverture au roi, mais sous deux conditions.

La première, que l'on verroit et le discours de M. l'avocat-général et le dispositif des conclusions, et celui de l'arrêt avant que cette nouvelle résolution pût être exécutée.

L'autre, que l'arrêt ne paroîtroit pas et ne seroit point imprimé jusqu'à nouvel ordre. Le chancelier et le marquis de Torcy nous ayant expliqué l'après-midi les intentions du roi, nous en fîmes part dès le soir même au premier président qui étoit revenu dîner à Paris et qui ne se délioit point de ce changement.

Dès le lendemain matin, les projets du discours de l'avocat-général, de nos conclusions et de l'arrêt furent dressés; et je les envoyai le soir au chancelier.

Le discours portoit en substance le sujet du bref, l'impression et la distribution qu'on en avoit faite dans Paris, l'intention où nous étions que cette pièce qui n'étoit revêtue d'aucune forme authentique, fût véritablement émanée de Sa Sainteté; que nous savions même et que nous pouvions en assurer la cour qu'elle n'avoit point été présentée au roi, et par conséquent qu'on ne pouvoit regarder l'impression téméraire qui en avoit été faite que comme l'ouvrage de quelques esprits inquiets et ennemis de la paix qui cherchoient à troubler cette heureuse intelligence que nous souhaitions de voir toujours régner entre le sacerdoce et l'empire : qu'ainsi, sans vouloir faire *un examen prématuré des maximes répandues dans cet écrit contre les droits de l'épiscopat et les libertés de l'église gallicane*, nous nous contenterions de nous plaindre quant à présent de la contravention faite à la police extérieure du royaume par l'impression et le débit de ce libelle, et demander que les exemplaires en fussent supprimés, qu'il fût informé contre ceux qui les avoient publiés, et qu'il fût fait des défenses générales d'imprimer ni débiter aucuns brefs ou bulles du pape jusqu'à ce

qu'il ait plu au roi de les autoriser par des lettres patentes enregistrées au parlement.

Le projet de mes conclusions et celui de l'arrêt
répondoient exactement à ce qui étoit dans ce discours.

Le roi s'en étant fait rendre compte par le chancelier dans son conseil, fit rayer les mots que j'ai souli-
gnés, dans lesquels M. l'avocat-général parloit en
général des maximes répandues dans le bref contre les
droits de l'épiscopat et les libertés de l'église gallicane ; et le chancelier écrivit en apostille, à côté du projet que j'ai entre mes mains, *le roi m'a fait rayer au
crayon devant lui ce qui se trouve rayé, et ajouter le
mot de contenu au lieu de ce qui est raturé.*

A la fin du projet des conclusions dans lequel j'avois
mis suivant le style ordinaire, que l'arrêt seroit lu, publié et affiché par tout où besoin seroit, le chancelier
écrivit ces mots, *à condition toutefois que l'arrêt
ne sera ni répandu, ni imprimé, ni publié, jusqu'a
nouvel ordre.*

· *Le roi m'a dicté lui-même cette condition, et me
l'a fait écrire devant lui au crayon.*

M. de Lamoignon, avocat-général, qui fut reçu le
mardi et qui alla le mercredi saluer le roi dans sa
nouvelle qualité, rapporta l'après dîner le projet
que le chancelier avoit aussi apostillé le même jour
par ordre du roi. Le premier président en fut aussi
informé par lui ; mais, comme le lendemain étoit le
jour de la fête du Saint-Sacrement, la chose ne put
être consommée que le vendredi matin ; et ce fut en ce
jour que, suivant les projets approuvés et corrigés
par le roi, le parlement rendit un arrêt secret pour
supprimer un bref public, ensorte qu'à proprement
parler c'étoit l'arrêt qu'on supprimoit et non pas le
bref : mais il fallut se consoler de cette espèce de suppression, en regardant cet arrêt comme un titre qui
seroit plus d'usage pour la postérité que pour le siècle
présent.

J'ai eu l'honneur de témoigner deux ou trois fois

au roi depuis ce temps-là, combien cette suppression étoit pénible aux magistrats qui aimoient sincèrement sa gloire et l'honneur de l'épiscopat : mais
il m'a toujours répondu que le temps n'étoit pas encore
venu de faire paroître cet arrêt, et qu'il m'en donneroit l'ordre selon les nouvelles qu'il recevroit de
Rome. On continuoit en effet de négocier auprès du
pape. Le cardinal Fabroni, alors ennemi secret et depuis ennemi déclaré du cardinal de Noailles, étoit
cependant celui que le pape honoroit de sa confiance
dans cette occasion ; le cardinal de la Tremoille, ministre du roi à la cour de Rome, avoit chargé l'abbé
de Polignac, auditeur de Rote, de travailler à cette
affaire avec Fabroni.

La commission étoit délicate et digne des talens de
cet abbé ; il falloit justifier le procédé de la cour
de France, et adoucir l'amertume des maximes du
clergé.

L'abbé de Polignac représentoit sur le premier
point, que le roi avoit pleinement satisfait à tous les
engagemens qu'il avoit pris avec le pape, puisque la
constitution de Sa Sainteté avoit été reçue avec vénération, soumission, unanimité ; que le roi n'avoit pu
empêcher que des évêques assemblés ne fissent des
réflexions entr'eux sur le pouvoir attaché à leur caractère ; mais que ces réflexions n'avoient produit aucun
effet contraire à la promesse du roi, puisque la conclusion de toutes les observations qu'on avoit faites
dans l'assemblée du clergé, avoit été d'accepter la
constitution du pape purement et simplement, sans
que cette assemblée y eût ajouté la moindre modification.

Que si le roi avoit tenu sa parole avec une exacte
fidélité, la doctrine du clergé n'étoit pas moins innocente.

Qu'on lui faisoit un crime, premièrement, d'avoir
fait entendre, soit dans le résultat de l'avis des commissaires, soit dans le modèle du mandement circulaire
envoyé aux évêques, que les constitutions des papes

n'obligeoient les fidèles que lorsqu'elles avoient été acceptées solennellement par le corps des pasteurs.

Secondement, d'avoir approuvé expressément cette autre maxime également contraire à l'autorité du saint Siége, que *lorsque les évéques acceptent les constitutions qui en sont émanées, ils procèdent toujours par voie de jugement.*

L'abbé de Polignac répondoit au premier reproche, qu'on changeoit la proposition du clergé pour la rendre criminelle; que le clergé n'avoit jamais avancé, par forme de proposition négative universelle, que les constitutions des papes n'obligent les fidèles que lorsqu'elles ont été acceptées solennellement par le corps des pasteurs, mais qu'il avoit dit seulement que les constitutions des papes obligent toute l'église lorsqu'elles ont été acceptées par le corps des pasteurs; à quoi l'on avoit ajouté à la vérité, dans le mandement circulaire, les termes d'*acceptation solennelle;* mais qu'il y a une extrême différence entre ces deux manières de s'exprimer : que la première tend à refuser tout pouvoir aux décrets du saint Siége, jusqu'à ce qu'ils aient été solennellement acceptés; au lieu que la seconde explique seulement une vérité certaine, également reconnue de tous ceux qui sont soumis à l'autorité de l'église malgré la diversité de sentimens qui règne sur certains points entre les docteurs français et les docteurs ultramontains, que les constitutions du pape qui sont acceptées par le corps des pasteurs, obligent toute l'église.

Qu'il ne s'agissoit point dans l'assemblée du clergé, de faire un traité dogmatique ou une dissertation générale sur l'étendue du pouvoir du pape et du corps des évêques comparés l'un avec l'autre; que s'il en eût été question, on n'auroit pas manqué d'accompagner la proposition de tous les correctifs et de tous les adoucissemens nécessaires pour en renfermer l'usage dans ses bornes légitimes; mais que l'unique objet de l'assemblée avoit été d'assurer en toutes manières la condamnation des jansénistes; que c'étoit ce qu'elle avoit voulu faire en mettant cette maxime à la tête de sa délibération, que les constitutions des papes obligent toute l'église lorsqu'elles sont acceptées par le corps des pasteurs; il n'étoit pas nécessaire d'en dire plus par rapport aux jansénistes, ni d'examiner si les constitutions des papes sont des lois pour toute l'église indépendamment de l'acceptation des évêques, puisqu'il est certain que tous les pasteurs ont accepté celles que les papes ont faites sur le jansénisme. Il ne falloit pas non plus en dire moins, parce que sans cela les jansénistes auroient eu encore un prétexte de désobéissance, en soutenant que les constitutions qui les condamnent n'étant pas acceptées par le corps des pasteurs n'obligeoient pas toute l'église. Le clergé a donc évité toute discussion superflue; et il s'est renfermé dans ce qui étoit absolument nécessaire pour confondre l'opiniâtreté des novateurs, qu'il falloit forcer jusques dans leurs derniers retranchemens.

Que s'il avoit employé le terme de corps des pasteurs, ce n'étoit pas dans la vue de faire entendre qu'il falloit que l'église entière fût assemblée pour accepter une constitution du pape. Le corps des pasteurs ne subsiste pas moins lorsqu'ils sont séparés que lorsqu'ils sont assemblés. Et cette expression ne signifie autre chose, si ce n'est que lorsque tous les pasteurs ont accepté les constitutions des papes, elles obligent tous les fidèles.

Enfin, que si le terme d'acceptation solennelle s'étoit glissé, non dans la délibération du clergé mais dans le modèle de mandement circulaire, il étoit visible que l'on n'avoit entendu par cette expression qu'une acceptation notoire et connue de tout le monde, puisqu'on ne pouvoit pas présumer que le clergé de France eût voulu dire contre la vérité que les constitutions des papes contre le jansénisme avoient été acceptées par un décret exprès et solennel de toute l'église.

A l'égard du second reproche qui tomboit sur cette proposition, que l'acceptation des évêques se fait toujours par voie de jugement, l'abbé de Polignac disoit que ceux qui avoient voulu abuser de ces

Tremoille, contenant des explications approchantes de celles de l'abbé de Polignac; mais il avoit pris la précaution d'y mettre des préservatifs contre l'abus que la cour de Rome pourroit faire de ce qui sembloit favoriser les prétentions du pape dans cette exposition des sentimens du clergé.

Le pape parut encore plus adouci par ce mémoire; mais il désira deux choses pour finir cette grande affaire.

L'une fort aisée, qui étoit que comme ce mémoire n'étoit signé de personne, le cardinal de Noailles écrivit au pape une lettre dans le même esprit, lettre dont le saint Père voudroit bien se contenter, n'y ayant point alors d'assemblée du clergé convoquée qui pût effacer par une explication favorable la première impression que la délibération de l'assemblée de 1705 avoit faite sur l'esprit de Sa Sainteté.

L'autre, beaucoup plus difficile, étoit que le cardinal de Noailles ne fît pas entrer dans cette lettre tout ce qu'il avoit insinué dans son mémoire pour mettre à couvert les libertés de l'église gallicane, en accordant au pape une satisfaction que Sa Sainteté à la rigueur n'avoit pas droit d'exiger.

Le cardinal Fabroni comparoit ce mémoire à une mine où il y avoit beaucoup d'or, mais aussi beaucoup de terre; et quand il y lisoit ce qui étoit pour le pape, il s'écrioit, *voilà l'or*: mais lorsqu'il tomboit sur ce qui étoit pour les évêques de France, il disoit, *voilà la terre*: il vouloit donc que pour épurer entièrement l'or de cette mine, et le séparer de ce mélange de terre qui en altéroit le pureté, le cardinal de Noailles le remît au creuset pour en faire sortir une lettre qui fût toute d'un or pur et digne d'entrer dans le sanctuaire du souverain pontife.

Le pape étoit dans la même disposition. A quoi bon, disoit-il, me faire une exposition odieuse de tout ce que les évêques de France prétendent contre le pape? Si l'on veut sincèrement terminer ce différend, il suffit de marquer ce qu'ils ne prétendent pas. Pourquoi compiler tous les monumens de l'antiquité, et me remettre devant les yeux tout ce que les papes ont pu dire en faveur de l'autorité des évêques? Pourquoi me répéter ce que les évêques de France ont autrefois écrit à saint Léon, et me dire que les mêmes évêques écrivant à saint Martin, pape, pour recevoir une de ses constitutions, se sont servi des termes de *consentientes* et de *confirmantes?* Ou l'on veut disputer, ou l'on cherche sérieusement et de bonne foi à s'accommoder: si l'on ne veut que disputer, on ramassera d'un côté tout ce qui est pour le pape, et de l'autre tout ce qui est pour les évêques; on combattra long-temps, on ne décidera rien, et les esprits seront plus aigris que jamais: mais si c'est un accommodement que l'on cherche, il faut éviter toute matière de dispute, et se renfermer dans ce qui est absolument essentiel pour lever l'équivoque des propositions du clergé.

Le cardinal de la Tremoille et l'abbé de Polignac rendirent compte au roi des dispositions du pape, et se chargèrent presque du succès de la négociation, pourvu qu'on leur envoyât une lettre du cardinal de Noailles telle que le saint Père le désiroit.

Pendant qu'on attendoit cette lettre à Rome, un moine obscur et inconnu vint de lui-même, ou suscité par d'autres, dénoncer au saint Office le nouveau testament du père Quesnel, livre approuvé par le cardinal de Noailles.

Dès que l'abbé de Polignac en eut avis, il alla trouver le cardinal Fabroni, pour lui dire que la condamnation de ce livre seroit fort mal placée dans la conjoncture présente; que le cardinal de Noailles la regarderoit comme une injure personnelle et recherchée avec affectation; qu'il n'en faudroit peut-être pas davantage pour empêcher ce cardinal d'écrire la lettre qu'on attendoit de lui, et pour rompre un accommodement auquel l'honneur du saint Siége, et le bien général de l'église étoit si fort intéressé.

Le cardinal Fabroni sentit tout le contretemps

de cette condamnation, et il assura l'abbé de Polignac, ou que le livre ne seroit point condamné,
ou que s'il l'étoit on marqueroit dans la condamnation que le poison de ce livre avoit été caché avec
tant d'art, sous le voile de plusieurs expressions arti-
ficieuses, qu'il avoit été impossible de le découvrir
si l'auteur ne s'étoit trahi lui-même par des ouvrages postérieurs qui fixoient tellement le véritable
sens de ses réflexions sur le nouveau testament,
qu'il avoit lui-même dévoilé ce mystère d'iniquité,
ensorte qu'après cette préface l'approbation du cardinal de Noailles seroit à couvert de tout reproche,
et son honneur en sûreté.

Les choses étoient dans cette situation, et les
esprits paroissoient entièrement disposés à la paix,
lorsque la lettre du cardinal de Noailles arriva.

Cette lettre fut faite en peu de jours suivant la
maxime présente de la France *sat benè, si sat citò*.
Le cardinal de Noailles en donna le projet au marquis
de Torcy qui le lut au cardinal, où il fut approuvé
et même applaudi. Tout cela se passa pendant les
fêtes de la Pentecôte de l'année 1708. J'étois alors
à la campagne, et j'appris à mon retour ce qui s'étoit
passé pendant mon absence, par le cardinal de
Noailles qui me donna une copie de sa lettre.

Je la trouvai trop foible pour la France et trop
forte pour Rome, peu propre à terminer l'affaire;
mais je crus au moins qu'elle n'y gâteroit rien.

L'événement m'apprit que j'en avois mal jugé,
au moins dans le dernier point. Cette lettre, beaucoup trop longue pour un homme qui ne vouloit ni
mentir ni dire la vérité, renvoyoit le pape à ce
mémoire que le cardinal de Fabroni appeloit une
mêlée d'or et de terre; et par conséquent elle laissoit
subsister entièrement tout ce qui étoit or en France,
mais terre et terre très-grossière à Rome; elle y
ajoutoit seulement la signature de l'archevêque de
Paris, qui attestoit comme président de l'assemblée
de 1705, et comme principal témoin de ce qui s'y
étoit passé; que les sentimens du clergé de France

étoient entièrement conformes à ce mémoire dout
la substance étoit répétée dans la lettre du cardinal
de Noailles.

Mais, quoiqu'on n'eût pas suivi en cela les intentions du pape ni les vues des négociateurs, ce
ne fut pas là néanmoins la plus grande raison du
mauvais succès de cette lettre.

Elle commençoit par ces mots : (*Non sinè intimo
doloris sensu accipi, quod inimicus homo, qui non
cessat sincero ecclesiæ tritico superseminare zizania,
consuetis artibus uteretur*) etc. Le cardinal Fabroni,
mal prévenu en faveur du cardinal de Noailles, et
qui croyoit en être haï parce qu'il le haïssoit, saisit
d'abord les premiers mots de la lettre aussi promptement qu'un français l'auroit pu faire, et aussi pro-
fondément qu'un italien ; il s'imagina que c'étoit lui
qu'on avoit désigné par le terme d'*inimicus homo*,
il se récria, *c'est donc moi qui suis le diable*, et
il le devint en effet. Irrité par ce seul mot, et devenu comme furieux, il jura qu'il n'y auroit plus
de paix, et il en vint à bout : le premier acte d'hos-
tilité fut la condamnation du nouveau testament
du père Quesnel. En vain l'abbé de Polignac tâcha
de l'appaiser, en lui représentant qu'il se scanda-
lisoit mal-à-propos d'une expression vague et générale
du cardinal de Noailles, qui n'avoit pensé qu'à faire
une phrase pour commencer sa lettre, sans songer
à l'attaquer dans un temps où il savoit bien qu'on
ne concluroit l'accommodement que par lui ; Fabroni
lui répéta toujours, *je suis le diable, et puisque cela
est*, le père Quesnel sera condamné *avec toutes ses
sauces*, et le nom de l'approbateur n'y sera pas
oublié. L'abbé de Polignac voulut insister, mais
le cardinal le quitta en disant toujours ces mots :
inimicus homo, inimicus homo, qui avoient percé
jusqu'au vif et qui avoient fait dans son cœur une
plaie incurable.

Si l'église étoit périssabble, il y a long-temps que
de semblables raisons l'auroient fait périr ; mais Dieu
la soutient contre les passions de ses ministres, et

malgré le cardinal Fabroni et ses semblables, le bon grain se conserve sous l'ivraie que l'homme ennemi y a semé et semera toujours.

Le pape, ou entraîné par les conseils violens de Fabroni, ou ne trouvant pas dans la lettre du cardinal de Noailles tout ce qu'il en avoit attendu, fut plus irrité qu'appaisé par cette lettre qu'il ne voulut pas même paroître avoir reçue et qui ne lui fut pas rendue en effet, le cardinal de la Trimoille n'en ayant montré qu'une copie pour pressentir les dispositions du pape avant que de la rendre.

Cependant des affaires plus pressantes, les allemands maîtres de l'Italie et à la porte de Rome, des projets impuissans d'une ligue avec la France et le temporel toujours plus intéressant que le spirituel, tinrent cette affaire en suspens; en sorte que le reste de l'année 1708 et toute l'année 1709 s'écoulèrent sans qu'on en entendit presque parler; et il sembloit qu'elle prît le chemin de se terminer de la meilleure manière dont il étoit possible de la finir, c'est-à-dire, par le silence et par l'oubli, lorsque le retour de l'abbé de Polignac en France la ranima et lui fit prendre une nouvelle face.

Cet abbé, déja désigné dans l'esprit du roi et dans les conjectures du public, pour faire la fonction de plénipotentiaire dans la négociation de la paix, partit de Rome vers la fin de l'année 1709 pour revenir en France.

Le pape le chargea de travailler, autant qu'il seroit possible, à l'accommodement qu'il avoit commencé de négocier à Rome sur l'affaire de l'assemblée du clergé de 1705; il marqua à cet abbé que les cardinaux lui reprochoient tous les jours sa lenteur, et qu'ils le pressoient continuellement de finir cette affaire par une condamnation éclatante de la délibération du clergé. Il répéta encore, qu'il étoit bien sûr que cette condamnation seroit approuvée par tous les évêques des autres nations, et que ceux de France qui se donneroient pour le corps des pasteurs seroient bientôt réduits à n'être qu'un très-petit troupeau menacé d'être traité comme schismatique, s'il ne souscrivoit comme le reste de l'église à sa propre condamnation ; enfin, il recommanda fortement à l'abbé de Polignac de presser le roi et ceux qui avoient le plus de pouvoir dans le clergé de prévenir des extrémités si fâcheuses, auxquelles le pape se porteroit à regret, mais auxquelles il se porteroit néanmoins infailliblement si la France ne lui accordoit enfin une satisfaction juste et nécessaire.

L'abbé de Polignac rendit fidèlement en France ce qu'il avoit reçu à Rome. Les jésuites, qui craignirent une seconde condamnation du pape sur les affaires de la Chine, plus claire et plus expresse que la première, cherchèrent à se faire un grand mérite auprès de Sa Sainteté en s'attribuant l'honneur d'avoir engagé le roi à terminer le différend du clergé au gré de la cour de Rome ; ainsi ils profitèrent de la conjoncture du retour de l'abbé de Polignac, pour faire leur affaire en paroissant faire celle du clergé.

On représenta au roi, que l'honneur et la réputation de Sa Majesté étoient engagés à procurer au pape une satisfaction raisonnable dans cette affaire. Que, quoique Sa Majesté pût dire avec vérité que la bulle ayant été reçue purement et simplement, elle avoit rempli tous les engagemens contractés avec le saint Père sur ce sujet, il étoit toujours fâcheux que le pape, qui s'étoit livré si absolument au roi dans cette affaire, pût se plaindre qu'on eût reçu cette dernière bulle d'une manière plus dure que les précédentes, qui cependant n'avoient point été concertées avec le roi comme celle-ci : on ajouta que, quoique les intentions du clergé eussent été bonnes, il falloit avouer que ceux qui avoient eu le soin de rédiger les actes de l'assemblée auroient pu mesurer leurs expressions avec plus d'exactitude et de ménagement ; qu'au fond le mal étoit encore aisé à réparer ; qu'on étoit même déja convenu des articles les plus essentiels ; qu'il ne restoit presque plus que

de retrancher quelques expressions, vraies en elles-
mêmes, mais odieuses à la cour de Rome, et peu
nécessaires pour conserver les maximes de la France;
que c'étoit donc au roi d'examiner si dans la situation où étoient alors les affaires, environné d'ennemis de toutes parts, voyant toute l'Europe conjurée
contre lui et la fortune même passer du côté de
ses ennemis, il lui convenoit, par des expressions
presqu'indifférentes, de s'attirer encore un nouvel
ennemi dans la personne du pape, dont les armes
spirituelles répandroient au moins le trouble et la
division dans un royaume déja assiégé de toutes
parts par les armes temporelles des princes ligués
contre la France.

Enfin, une dernière raison peut-être plus puissante
encore que toutes les autres sur l'esprit du roi et
surtout entre les mains d'un confesseur, étoit le
prétendu triomphe des jansénistes qu'on représentoit
à Sa Majesté comme ceux qui avoient dicté en
quelque manière les termes de la délibération de
l'assemblée, et qui avoient prétendu effacer par un
trait de plume tout ce qui avoit été fait jusqu'alors
contr'eux à Rome ou en France, en établissant un
principe par lequel les premières constitutions des
papes contre le jansénisme pourroient être aisément
renversées. On représentoit donc au roi le jansénisme
comme une hydre que des premiers coups avoient
affoiblie et réduite presqu'aux abois, mais que le
dernier avoit ranimée et comme ressuscitée, en sorte
que ce monstre, dont la destruction lui avoit coûté
tant de soins et faisoit tant d'honneur à sa religion,
alloit lui échapper s'il n'y prenoit garde par une surprise qui lui feroit perdre en un jour l'ouvrage de
plus de cinquante années.

Il n'est pas difficile de concevoir l'impression que
de pareils discours pouvoient faire sur l'esprit d'un
prince religieux et prévenu dès son enfance contre
ceux qu'on appelle jansénistes. Le confesseur, par
esprit de parti et par intérêt; l'évêque de Chartres,
par prévention et par défaut de lumière; l'abbé de

Polignac, soit par le désir naturel à tout négociateur de terminer à quelque prix que ce soit la négociatio dont il est chargé, soit par les influences secrètes de la pourpre qu'il espéroit et qui sont toujours plus dangereuses pour celui qui l'attend que pour celui qui l'a reçue; tous par des motifs différens concouroient à faire entrer Sa Majesté dans les vues du pape, et le roi étoit peut-être le seul qui ne cherchoit en cette occasion comme en toute autre que le bien de la religion et la paix de l'église.

On chargea donc l'abbé de Polignac d'élaguer, pour ainsi dire, la lettre du cardinal de Noailles, d'en retrancher les branches inutiles et nuisibles même au corps de l'arbre, c'est-à-dire, au succès d'un accommodement dont la France n'avoit nullement besoin, et qu'elle désiroit cependant plus que le pape même auquel il étoit de la dernière importance d'avoir quelqu'acte qu'il pût opposer à la délibération de l'assemblée du clergé.

Le but de l'abbé de Polignac, en faisant l'extrait des principales propositions de la lettre du cardinal de Noailles au pape, étoit d'en former une nouvelle plus simple que la première, qui, ménageant la délicatesse des oreilles romaines, pût être au goût de Sa Sainteté et mettre la dernière main à l'accommodement proposé par la réponse favorable qu'elle attireroit au cardinal de Noailles.

Mais un événement important donna un nouveau tour à cette affaire, soit qu'on espérât qu'une simple déclaration de sentimens du cardinal de Noailles pourroit la terminer en France, sans pousser plus loin la négociation avec la cour de Rome; soit, comme il est plus vraisemblable, qu'on ne pensât à engager toujours de plus en plus le cardinal à lui faire faire tant de pas vers le pape qu'il ne pût plus refuser de faire le dernier.

L'abbé de Montboissier, agent du clergé, lié avec l'archevêque de Cambrai, grand ami des jésuites, et, par là, peu favorable au cardinal de Noailles avec lequel il avoit eu d'ailleurs plusieurs prises désagréables pour l'un et pour l'autre, cet abbé, dis-je, avoit toujours différé sous divers prétextes de faire imprimer le procès-verbal de l'assemblée du clergé de 1705.

Enfin, pressé une infinité de fois par le cardinal de Noailles de faire paroître un procès-verbal à la publication duquel le clergé de France paroissoit intéressé, l'abbé de Montboissier ayant épuisé toutes les défaites imaginables prit le parti de présenter un mémoire au roi, signé de lui, que j'ai vu et dans lequel en qualité d'agent du clergé il demandoit à Sa Majesté s'il devoit publier ce procès-verbal, attendu les contestations que l'assemblée de 1705 avoit fait naître, entre l'église de France et le saint Siége.

On fit en même-temps par des voies souterraines insinuer au roi, qu'à la vérité il étoit diffi ile sans deshonorer le clergé de cacher plus long-temps le procès-verbal dont on répandoit déjà que le pape avoit obtenu la suppression ; que, d'un autre côté, il étoit fort dangereux de le laisser paroître, parce que Sa Sainteté, déjà mal disposée, en regarderoit la publication comme un acte qui mettroit le dernier sceau à l'injure qu'il prétendoit avoir reçue, et qu'il n'attendoit peut-être que cette occasion pour éclater sans retour comme depuis long-temps il menaçoit de le faire ; mais qu'entre les deux extrémités on pouvoit trouver un juste milieu pour contenter, d'une part, le clergé en laissant paroître le procès-verbal, et de l'autre, satisfaire le pape en y joignant une déclaration signée du cardinal de Noailles et des prélats de cette assemblée qui se trouvoient alors à Paris, déclaration qui, en expliquant le véritable esprit des termes qui accompagnoient l'acceptation de la dernière bulle, pût être comme le contre-poison d'une délibération trop crue, pour ainsi dire, et trop indigeste. C'étoit, disoit-on, l'unique moyen de contenter en même-temps le cardinal de Noailles et le pape, l'un par la publication du procès-verbal, l'autre par l'explication qui l'accompagneroit.

Le premier pouvoit-il refuser au roi de rendre témoignage publiquement à une vérité qu'il avoit déja attestée dans une lettre écrite au pape? et le dernier devoit être encore plus satisfait de cette voie de conciliation que de celle qui avoit été proposée, parce qu'une déclaration faite en fraude ou sans aucun concert apparent avec la cour de Rome pouvoit paroître moins suspecte et auroit un plus grand poids dans l'opinion publique qu'une lettre écrite à Sa Sainteté, à laquelle le ménagement, la complaisance, la politique auroient pu avoir plus de part que la vérité.

Il fut donc résolu d'en faire la proposition au cardinal de Noailles, et ce fut le roi même qui s'en chargea; il lui donna un projet des propositions que la déclaration devoit contenir, et le cardinal crut y reconnoître la main ou du moins le génie du père Letellier.

Il ne sentit pourtant pas d'abord toutes les conséquences de cette démarche; et, comme la prévoyance de l'avenir n'a jamais été sa vertu favorite, peu effrayé du présent dans lequel il ne croyoit voir qu'une exposition publique des sentimens qu'il avoit effectivement dans le cœur, il fit peu ou peut-être point de difficulté sur la chose en elle-même; et il se réduisit à demander du temps pour examiner attentivement les termes dans lesquels le projet de déclaration avoit été conçu, voulant sans doute se jeter sur les branches pour détruire le tronc, dont il ne laissoit pas d'appréhender le coup par un sentiment confus qu'il ne démêla bien que lorsqu'il ne fût plus temps de l'éviter.

Fidèle à l'audience que le roi lui donnoit les vendredis ou les mercredis, il recevoit chaque semaine une nouvelle semonce de la part du roi, pour savoir si ses réflexions étoient faites, ou s'il avoit pris son parti. Ses réponses rouloient toujours sur le détail des expressions, et jamais sur le fond même de la chose; mais d'ailleurs, la nécessité de concerter la déclaration avec les prélats de l'assemblée de 1705, qui se trouvoient à Paris et qui devoient y souscrire avec lui, fournissoit un beau champ à un homme accoutumé à combattre en fuyant, et qui a plus fait dans sa vie de belles retraites que de belles défenses.

Le hasard fit qu'un des prélats qui étoient dans la confidence me vint voir lorsque la chose étoit déjà fort engagée et qu'on avoit accordé au cardinal de Noailles plusieurs changemens qu'il avoit proposés.

Comme ce prélat étoit fort de mes amis et qu'il avoit assez d'esprit pour sentir les inconvéniens et même le ridicule de la démarche qu'on vouloit lui faire faire avec le cardinal de Noailles, il vint à moi comme au seul homme qui, soit par la place qu'il occupoit et dans laquelle la curiosité est non-seulement permise mais recommandée dans tout ce qui peut intéresser le droit public, soit par le crédit qu'il s'imaginoit que j'avois sur l'esprit du cardinal de Noailles qui détournoit le coup dont il étoit menacé, il me confia donc son secret et m'avertit en même-temps que le cardinal s'affoiblissoit absolument; que la conciliation de l'affaire étoit fort avancée; qu'elle pourroit bien être finie sans retour le mercredi suivant dans l'audience que le cardinal de Noailles devoit avoir du roi, etc., etc.

Je sentis bien l'inconvénient de m'ingérer dans une affaire de cette nature, sur laquelle ni les parties intéressées, c'est-à-dire, ni le cardinal ni le roi ne m'avoient demandé mon avis, affaire d'ailleurs qui étoit déjà gâtée par l'imprévoyance ou la foiblesse du principal acteur, et dans laquelle je ne pouvois presque que me nuire à moi-même sans être utile au public; mais, comme j'ai toujours eu pour maxime de faire mon devoir autant que je l'ai pu et d'abandonner à Dieu le soin des événemens; que d'ailleurs, les affaires les plus désespérées peuvent avoir quelquefois des révolutions imprévues et inespérées, il est du zèle de ceux qui sont chargés des intérêts du public d'imiter les médecins affectionnés qui n'abandonnent le malade que lorsqu'ils lui voyent rendre les derniers

soupirs, je pris la résolution hasardeuse d'essayer de
profiter du peu temps qui restoit pour faire ouvrir les
yeux au cardinal de Noailles, pour aller même jusqu'au roi s'il le falloit pour essayer de lui faire
sentir s'il étoit possible les suites fâcheuses de la
démarche qu'on alloit faire.

C'étoit un lundi après dîner que l'avis m'en fut
donné; et le cardinal, qui étoit à Conflans ce jour-là,
devoit aller coucher le lendemain à Versailles. Je fus
donc obligé d'aller le mardi matin à son audience, où
n'ayant pas trouvé moyen de lui parler en particulier,
je lui dis ce que j'avois appris la veille, sans lui
nommer l'auteur de l'avis qui avoit exigé de moi
un secret inviolable. Mais je lui expliquai si nettement les circonstances de l'affaire, qu'il vit bien que
j'étois pleinement au fait et que celui qui m'avoit
parlé étoit un homme presqu'aussi instruit que lui-
même. Il parut d'abord fort embarrassé, il devint
plus rouge que la pourpre dont il étoit revêtu; mais
enfin il m'avoua que tout ce qu'on m'avoit dit étoit
vrai, excepté que l'affaire n'étoit pas aussi avancée
qu'on m'en avoit assuré. Il me promit qu'il ne la
finiroit pas le lendemain, et qu'il feroit si bien que
nous aurions tout le loisir d'en parler plus particulièrement à son retour.

Je le vis le lendemain au soir; il me conta tout le
détail de ce qui s'étoit passé, son refus, sa résistance,
ses difficultés qui, comme je l'ai déja dit, avoient
beaucoup plus roulé sur le détail que sur le corps de
l'affaire, enfin sa défaite presqu'entière, en sorte que
je compris qu'il étoit bien tard de vouloir commencer à redresser cette négociation.

Je lui demandai si Rome entroit dans cette affaire.
Il me répondit qu'elle n'y entroit pour rien; et je
pris occasion de sa réponse pour lui conseiller de
chercher du secours chez ses ennemis, et tâcher de
faire en sorte que le nonce se plaignît de ce qu'on
vouloit finir une si grande affaire sans lui ordonner
une satisfaction à son maître, sans consulter le pape
qui devoit la recevoir.

Il m'exhorta de son côté à entrer dans cette affaire, et je lui dis que je ne demandois pas mieux;
mais que c'étoit à lui d'en faire naître l'occasion, sans
quoi il n'étoit pas naturel que je voulusse m'ingérer
de moi-même dans une négociation qui se passoit
entre le roi et lui, et forcer en quelque manière le
secret de Sa Majesté; que d'ailleurs, on ne manqueroit pas de soupçonner non sans beaucoup de vraisemblance que c'étoit lui qui m'avoit révélé le secret,
et que s'appercevant trop tard du piége qu'on lui
avoit tendu il m'avoit appelé à son secours pour l'en
retirer, ce qui passeroit dans l'esprit du roi pour un
mauvais procédé et pour une tracasserie de la part
du cardinal qui n'empêcheroit pas que l'affaire ne
finît sur le pied dont on étoit presque d'accord; ce
qui y ajouteroit seulement la circonstance désagréable
pour le cardinal de paroître faire de mauvaise grâce
et peut-être de mauvaise foi ce qu'il ne croyoit plus
pouvoir refuser au roi après les engagemens qu'il
avoit pris avec Sa Majesté.

Je ne laissai pas après cela d'entrer en matière avec
lui sur la manière dont la déclaration qu'il devoit
signifier avoit été dressée, il me fit valoir les changemens qu'il avoit déja arrachés; mais je ne fus pas assez
ébloui de ces prétendus avantages pour ne pas voir
et ne lui pas faire sentir malgré tous ces changemens,
qu'outre le vice général qui étoit dans le fond de la
chose, il restoit encore plusieurs expressions dans le
projet de déclaration dont les suites étoient également-
ment dangereuses pour l'église gallicane, pour les
maximes du royaume, pour son éminence même.

Il me promit d'y faire de nouvelles réflexions, de
retourner encore à la charge pour faire changer ce
qui me faisoit de la peine, et de ne rien négliger de
tout ce qui pourroit rendre cette déclaration moins
mauvaise s'il ne lui étoit pas possible d'éviter de la
faire.

J'allai peu de temps après à Versailles. C'étoit le
jour de sainte Geneviève de l'année 1710. Je le

trouvai dans l'antichambre de monseigneur le dau-
phin, fils du roi, où j'entrai avec M. de Fleury,
avocat-général; il me répéta en particulier ce qu'il
m'avoit dit à Paris, et ajouta, qu'il avoit envie
aussi de s'en ouvrir à M. l'avocat - général pour
nous engager l'un et l'autre à agir ensemble auprès
du roi; il me dit encore qu'il en avoit parlé à M. de
Torcy qui approuvoit assez sa pensée; et en effet, ce
ministre que je vis, ou le jour même ou quelque
temps après, me confirma ce que j'avois su de ses
sentimens par le cardinal de Noailles.

M. de Fleury sentit, ainsi que moi, toutes les
conséquences du piége qu'on alloit tendre au cardinal de Noailles; mais il trouva aussi comme moi
qu'il étoit bien tard par rapport au fond de la
chose d'y chercher un remède, et bien dangereux
pour nous d'en faire la tentative sans espérance de
succès.

Le chancelier que je consultai sur ce sujet, me
dit que tout ce que je pourrois dire ou faire ne serviroit de rien; que cependant je pouvois hasarder
d'agir, mais qu'il étoit à craindre que le cardinal ne
m'engageât dans une démarche bien délicate dont il
seroit un assez mavais garant.

Je continuai cependant, après ce voyage de Versailles, d'avoir diverses conférences avec le cardinal,
à l'une desquelles M. de Fleury assista; je m'échauffai
même une fois assez vivement contre lui, et sur le
fond et sur la forme de ce qui se passoit. La seule
chose que je gagnai dans toutes ces conférences, ce
fut quelque changement dans le projet de déclaration
que je tâchois de ruiner pièce à pièce; à chaque conférence j'avois la foible consolation de la rendre un
peu moins mauvaise, sans pouvoir parvenir à la rendre
bonne.

Pendant que ces conférences durèrent, c'est-à-dire,
pendant plusieurs semaines, le cardinal alla plusieurs
fois à Versailles. Le roi lui parloit à chaque voyage,
mais il éludoit toujours ou retardoit du moins la conclusion sous divers prétextes, disant tantôt que tous

les évêques qu'on attendoit pour une assemblée extraordinaire qui alloit se tenir et dont une partie avoit été de celle de 1705, n'étoient pas encore arrivés, tantôt qu'il y avoit encore quelque chose à réformer dans le projet de déclaration.

Cependant, dans le fond il étoit rendu ; et, ne pouvant gagner sur lui-même ni de rompre ses premiers engagemens ni de les suivre, il attendoit le bénéfice du temps et le secours de mon ministère.

D'un côté, quand il alloit à Versailles, il se sentoit entraîné par le même poids qui d'abord l'avoit fait pencher du côté de la déclaration, et je dois dire à sa décharge que je crois qu'il le faisoit de bonne foi, parce que dans le fond la déclaration lui paroissoit innocente quant à la doctrine, et il cherchoit à se mettre l'esprit en repos en se disant à lui-même, et il me le répétoit souvent, que c'étoit au roi et à son conseil de juger si cela étoit convenable par rapport à la politique et à la conduite que l'on devoit tenir à l'égard de la cour de Rome ; mais que, dès le commencement que le roi n'exigeoit de lui qu'une explication sincère de ses véritables sentimens, il ne pouvoit jamais la lui refuser.

D'un autre côté, quand il revenoit à Paris et qu'on lui faisoit toucher au doigt, d'une manière sensible, la nullité ou l'irrégularité de cette déclaration et les abus qu'on en pouvoit faire dans la suite, il sentoit bien le tort qu'il avoit eu de s'y prêter dans les commencemens ; mais il ne voyoit pas de moyen par lequel il pût se dégager.

Il m'écrivit même une fois, qu'on l'avoit en quelque manière surpris en lui faisant entendre d'abord que ce n'étoit que pour la satisfaction du roi qu'on lui demandoit la déclaration de ses sentimens ; que cette déclaration ne paroîtroit point en public ; qu'elle ne serviroit qu'à mettre l'esprit et la conscience du roi en repos ; qu'après cela, le pape pouvoit encore se plaindre s'il le vouloit, et menacer, mais que le roi demeureroit ferme et n'exigeroit plus rien du cardinal de Noailles à cet égard.

Je me servis de cette confession qu'il me fit pour lui faire sentir toute l'indignité du procédé de ceux à qui il avoit à faire, en lui montrant par quel degré, de son aveu même, on l'avoit conduit d'une déclaration secrète qui ne devoit être que pour le roi, à une déclaration publique qui devenoit la condition nécessaire de laquelle on faisoit dépendre la publication du procès-verbal de l'assemblée de 1705; et enfin, il demeura tellement convaincu de la vérité de toutes mes réflexions, qu'il convint avec moi de faire les derniers efforts pour se dispenser de signer cette déclaration, en faisant sentir au roi l'inutilité, l'irrégularité, le danger d'une telle déclaration; et que si malgré ces raisons le roi insistoit toujours, il lui diroit, que comme elle n'avoit été proposée que pour faciliter la publication du procès-verbal de l'assemblée de 1705, il n'y avoit qu'à suspendre cette publication et attendre que l'affaire fût finie avec la cour de Rome, moyennant quoi la déclaration deviendroit inutile; qu'enfin, pour dernière ressource, il tâcheroit de mettre en jeu et qu'il diroit au roi, que la chose étoit assez délicate pour mériter que Sa Majesté prît la précaution de consulter ceux qui étoient chargés par leur ministère de défendre les libertés de l'église gallicane et les maximes du royaume.

Il alla à Versailles plein de ses pensées, et je n'ai jamais su bien exactement le détail de ce qui s'étoit passé dans ce voyage entre le roi et lui, si ce n'est que le contre-temps d'une médecine que le roi avoit prise ce jour là déconcerta toutes les mesures du cardinal. Il ne laissa pas de parler au roi, mais foiblement et en peu de mots; et il se servit à son retour de l'excuse de la médecine du roi pour se justifier auprès de moi de ce qu'il n'a pas parlé aussi fortement qu'il me l'avoit promis.

Cependant il arrivoit tous les jours des évêques constitutionnaires qui disoient hautement au roi, ou au père Letellier, ou à l'évêque de Chartres, qu'ils ne trouvoient aucune difficulté à signer la déclaration proposée, et qui offroient d'eux-mêmes ce que le

cardinal de Noailles différoit de faire depuis si long-
temps; en sorte que le roi dit un jour à ce cardinal,
que les autres évêques ne demandoient pas mieux
que de souscrire à cette déclaration en faisant tomber
par là, sur lui seul, tout le reproche d'un refus ou
d'un retardement qui devenoit de jour en jour plus
suspect à Sa Majesté.

Je fis encore néanmoins tout ce que je pus en cet
état pour engager le cardinal de Noailles à demeurer
ferme; mais je vis bien, au retour d'un voyage qu'il
fit à Versailles au commencement du carême, qu'il
n'y avoit plus rien à espérer et que les derniers engagemens étoient pris; en sorte qu'il ne restoit plus
d'autre ressource que celle de mon ministère qu'il
étoit assez difficile et encore plus inutile de faire
entrer si tard dans cette affaire.

Cependant, dans la seule vue de n'avoir rien à
me reprocher et de sauver l'honneur de mon ministère, ce qui se passoit étant devenu si public qu'il
ne m'étoit plus permis de l'ignorer, je pris la résolution de faire un mémoire qui pût être lu au roi
dans son cabinet, et qui, soutenu par quelques-uns
de ses ministres dont je savois les dispositions, pût
faire ouvrir les yeux sur l'absurdité et les inconvéniens de la déclaration qu'on alloit faire.

Je fis d'abord ce mémoire fort ample, où je dis-
cutois exactement les quatre propositions dont la déclaration devoit être composée; j'y faisois voir que
de ces quatre propositions, la première, par laquelle
on faisoit déclarer aux évêques, que *l'assemblée de*
1705 avoit prétendu recevoir la constitution Vineam
Domini Sabaoth, *dans la même forme et dans les*
mêmes maximes que les autres bulles contre le livre
de Jansénius avoient été reçues, étoit la seule qui fût
entièrement innocente.

Que la seconde où l'on disoit, *que l'assemblée n'a*
point voulu établir qu'il soit nécessaire que l'accep-
tation des pasteurs soit solennelle, pour que de sem-
blables constitutions du saint Siége soient des règles

des sentimens des fidèles; et la quatrième, où l'on déclaroit, au nom de la même assemblée, qu'elle n'avoit point prétendu *que les assemblées du clergé aient droit d'examiner les jugemens dogmatiques des papes, pour s'en rendre les juges et s'élever un tribunal supérieur, étoient équivoques ou imparfaites;* que la troisième, qui portoit que l'assemblée, *étant persuadée qu'il ne manque aux constitutions contre Jansénius aucune des conditions nécessaires pour obliger toute l'église, et que les évêques souscripteurs croyant qu'elle auroit eu le même sentiment sur les bulles contre Bayus, contre Molina et contre le livre des Maximes des Saints s'il en eût été mention, étoit très-dangereuse;* et qu'enfin, elles étoient toutes également inutiles pour finir l'affaire du clergé de France avec la cour de Rome sur l'acceptation de la dernière bulle, et capables, au contraire, de donner aux papes de nouveaux avantages pour terminer cette affaire au préjudice de l'autorité des évêques, de l'autorité des maximes que nous suivons dans ce royaume.

Mais, après avoir fait bien des réflexions sur la nature du personnage que je devois faire en cette occasion, je crus qu'il ne convenoit pas à la situation de cette affaire et à la mienne de paroître si instruit du fond des difficultés que le projet de déclaration pouvoit souffrir, et qu'ayant affaire à des esprits défians qui ne manqueroient pas de me soupçonner de n'être que l'instrument dont le cardinal de Noailles se servoit pour se tirer d'affaire, je ne devois faire rouler mon mémoire que sur ce que j'avois appris par la voie publique d'une déclaration que quelques prélats devoient signer, ce qui me paroissoit d'une si grande conséquence que je croyois devoir supplier le roi de trouver bon qu'elle me fût communiquée, pour lui représenter à lui-même ce que je croirois être de mon devoir pour remplir les obligations du ministère qu'il m'avoit confié.

Je réduisis donc mon mémoire, où j'exposois

d'abord le bruit qui se répandoit dans le public au sujet
de cette déclaration. Je faisois voir :

En premier lieu, que si le bruit étoit vrai, ou si
la démarche que les évêques alloit faire n'étoit pas
concertée avec le pape, comme le public prétendoit
qu'elle ne l'étoit pas en effet, les conséquences m'en
paroissoient fort dangereuses; parce qu'une telle déclaration faite sans concert avec Sa Sainteté, n'étoit
propre qu'à renouveler ses plaintes sur la conduite
qu'on tenoit à son égard, et qu'on lui fourniroit par
là des couleurs spécieuses pour les appuyer; qu'il ne
manqueroit pas de dire qu'il étoit contre toutes sortes
de bienséances que, pendant qu'on traitoit une affaire
avec lui et au milieu d'une négociation commencée
depuis long-temps, on fît paroître tout d'un coup
une déclaration dont il n'avoit pas seulement entendu
parler, et par laquelle cependant on vouloit lui donner la loi en quelque manière en l'obligeant à s'en
contenter.

Secondement, que comme il n'étoit pas possible
de se flatter que le pape prît pour satisfaction suffisante la déclaration de quelques évêques qui agissoient
sans aucun concert avec lui, il arriveroit certainement
que le pape ne s'en tiendroit pas à cette déclaration,
et qu'il demanderoit quelque chose de plus, et qu'il
se serviroit même avantageusement de la déclaration
des évêques pour l'obtenir; qu'il diroit sans doute que
ces prélats avoient reconnu d'eux-mêmes, que les expressions de l'assemblée étoient équivoques ou peu correctes, puisque d'eux-mêmes ils s'étoient crus obligés de
les expliquer; que par là ils avouoient la faute, mais
qu'ils en commettoient une seconde dans la manière
de la réparer, soit parce que cette réparation se faisoit sans savoir si le pape la trouveroit suffisante, soit
parce qu'elle n'étoit pas suffisante en effet.

Que fera donc Sa Sainteté? Elle divisera, pour ainsi
dire, la satisfaction. Elle en prendra ce qui peut lui
convenir; elle en rejettera ce qui ne lui conviendra
pas. Comme on prétend que les deux objets de cette

déclaration sont d'exclure d'un côté la nécessité de l'acceptation solennelle des constitutions des papes, et de l'autre, de prouver que les évêques ne croient point être juges des jugemens du saint Siége, le pape voudra qu'on aille plus loin, il exigera qu'on se serve d'expressions qui fassent moins sentir la nécessité d'une acceptation expresse ou tacite, et qui écartent en les affoiblissant l'idée d'un jugement porté par les évêques, en acceptant les constitutions des papes. On ne peut pas douter des intentions de Sa Sainteté ; elle ne les a que trop déclarées par les brefs qu'elle a écrits au roi et aux évêques de l'assemblée de 1705. Or, il n'y a personne qui, en comparant les brefs avec ce qui s'est répandu dans le public sur le projet de déclaration, puisse présumer que le pape soit content d'une satisfaction si peu proportionnée à la vaste étendue de ses prétentions.

Ce seroit donc vouloir se flatter que d'espérer qu'une telle déclaration pût finir entièrement l'affaire ; mais ce qu'il y a de plus fâcheux, c'est qu'elle la mettra dans une situation plus mauvaise qu'elle n'étoit auparavant : le pape regardera tout ce qui sera porté par cette déclaration comme un droit acquis sans aucun effort de sa part, puisque nos évêques le lui abandonnent d'eux-mêmes, et par conséquent cela ne nous tiendra lieu de rien dans la négociation ; il demandera donc quelque chose de plus pour finir l'affaire ; et cependant, si ce qu'on dit du projet de déclaration est véritable, on doit la regarder en France comme le dernier terme, et, pour se servir d'une expression usitée dans les négociations, comme l'*ultimatum* de la France et de la complaisance même du clergé pour le pape.

Ainsi, ou il faudra se brouiller avec Sa Sainteté, par l'écrit même par lequel on veut se rapprocher d'elle, ou il faudra aller au-delà de ce dernier terme, et prendre l'accommodement sur le vif, si l'on peut parler ainsi, et sur la substance même de l'épiscopat.

Mais comme toutes ces raisons qui pouvoient suffire pour faire voir qu'il ne convenoit nullement de faire faire cette déclaration, ne suffisoient pas pour faire sentir par quelles raisons je demandois qu'elle me fût communiquée, j'ajoutai deux choses dans mon mémoire.

L'une, qu'il y avoit une liaison si étroite entre le pouvoir des évêques comparé avec celui du pape et les maximes fondamentales de nos libertés, qu'on ne pouvoit attaquer l'un sans quelque préjudice à l'autre, c'est-à-dire à nos libertés; et que, comme la défense en résidoit principalement dans le ministère qui m'étoit confié, je croyois qu'il m'étoit permis d'intervenir, en quelque manière, dans cette cause pour y conserver les maximes inviolables du royaume.

L'autre, que, par ce qui avoit transpiré du projet de cette déclaration, il y avoit lieu de craindre qu'elle ne confirmât des propositions ou imparfaites ou équivoques et même dangereuses sur le pouvoir du pape et des évêques dans le jugement des matières de doctrine.

Que l'on prétendoit, par exemple, qu'il y avoit une des propositions de ce projet dans laquelle, après avoir dit que les constitutions des papes sur le jansénisme ont toutes les conditions nécessaires pour obliger l'église, ce qui n'est pas révoqué en doute, on ajoutoit que l'assemblée de 1705 *auroit eu le même sentiment sur les bulles contre Bayus et contre Molina et contre le livre des Maximes des Saints, s'il y avoit été question de l'autorité de ces bulles;* qu'il paroissoit bien extraordinaire que dans un temps où il n'est nullement question de ces bulles, huit ou dix évêques particuliers qui n'ont aucun caractère pour représenter l'assemblée de 1705, voulussent s'attribuer une espèce de science conjecturale pour deviner ce que cette assemblée auroit pensé sur une question qui n'y avoit pas seulement été proposée.

Que cependant, s'il étoit permis de juger de l'intention de ceux qui ont dressé le projet de cette déclaration, il y auroit lieu de penser que l'exemple de ces bulles n'y étoit employé que pour faire voir qu'il peut suffire qu'une bulle ait été acceptée tacitement par l'église, pour y devenir une loi irrévocable.

Mais qu'outre que le bref du pape Innocent XII contre le livre des Maximes des Saints n'avoit pas été fort heureusement placé entre les exemples d'une acceptation tacite, puisqu'il n'y a point de constitutions des papes qui aient été reçues d'une manière plus solennelle, il suffisoit de s'attacher à ce que l'on dit dans la déclaration sur la censure d'Innocent XI contre Molinos, pour faire sentir tout le danger d'une proposition d'ailleurs si peu réfléchie.

Qu'en effet on ne pouvoit affirmer qu'il ne manquoit à cette censure aucune des conditions nécessaires pour obliger toute l'église, que parce qu'il s'étoit écoulé un temps considérable, c'est-à-dire, de vingt-deux ans ou environ depuis que cette constitution avoit été publiée à Rome, sans qu'aucune église particulière eût réclamé contre sa décision.

Mais, que si ces principes étoient une fois admis, la cour de Rome seroit en droit d'en conclure que, suivant la doctrine du clergé de France attestée par ses principaux évêques, toute constitution contre laquelle on n'auroit rien dit pendant vingt ans ou environ est une loi qui oblige toute l'église.

Que de cette conséquence générale, on ne manqueroit pas de conclure ensuite qu'un grand nombre de bulles que nous ne connoissons point, que nous n'avons jamais eu la moindre pensée de recevoir, que nous ne recevrions même pas si le pape nous les envoyoit, sont néanmoins devenues par le seul laps de temps des lois de toute l'église. Combien y a-t-il de bulles qui ont été faites en faveur des immunités ecclésiastiques, pour décider que les clercs sont exempts de toute autre puissance que celle de l'église, et cela de droit divin? Combien y en a-t-il qui sont directement contraires à la doctrine de la France, à l'autorité des rois, aux droits de la couronne, à la sûreté même des personnes sacrées qu'on n'a point reçues dans ce royaume, parce qu'elles regardoient des faits qui s'étoient passés dans d'autres états? Et cependant, par cette seule raison, que toutes les bulles n'ont souffert aucune contradiction ouverte et publique, elles seront regardées comme autant de lois auxquelles toute l'église s'est soumise, et l'on réduira désormais les évêques à la dure nécessité de réclamer hautement contre toutes les constitutions des papes qu'ils n'approuveront pas, à peine de passer pour avoir reçu tacitement tout ce qu'ils n'auroient pas rejeté expressément.

Il est vrai que l'acceptation tacite peut suffire; mais pour prouver cette espèce d'acceptation, le simple silence, ou, si l'on peut s'exprimer ainsi, la seule réclamation des évêques n'est pas suffisante, il faut qu'un fait de cette importance puisse être établi par des preuves positives, et que si la solennité extérieure ne s'y trouvoit pas, on fasse voir au moins par la conduite de l'église qu'elle a porté un jugement intérieur conforme à celui du pape, et que ce jugement soit prouvé par les choses mêmes, s'il ne l'est pas par les paroles expresses d'une acceptation solennelle.

Je conclus mon mémoire qui contenoit des réflexions encore plus étendues, en disant qu'on pouvoit juger par les exemples combien il étoit nécessaire de peser exactement toutes les expressions d'une déclaration si importante, et que cette seule observation paroissoit suffisante pour justifier la très-humble prière que je croyois devoir faire au roi de vouloir bien que j'eusse connoissance de toutes les propositions contenues dans cette déclaration avant qu'elle fût revêtue de sa dernière forme.

Comme la chose pressoit, et que j'aurois eu de la peine à trouver le temps de donner moi-même ce mémoire au roi, je profitai d'une occasion que j'avois d'écrire au marquis de Torcy sur une matière à peu-près semblable, pour lui envoyer mon mémoire, et ce canal moins suspect que celui du chancelier contre lequel on avoit fort prévenu le roi, me parut d'autant plus convenable que la déclaration dont il s'agissoit pouvoit être regardée comme un incident de la négociation qui se faisoit avec la cour de Rome et dont la conduite regardoit le marquis de Torcy.

Il en rendit compte au roi dans le conseil d'état; Sa Majesté lui ordonna de lire mon mémoire; il le fit non sans peine, à cause des fréquentes interruptions du duc de Beauvilliers qui revenoit toujours au procédé quand il étoit question du fond. On disoit que puisque le cardinal de Noailles étoit content, il n'y avoit plus rien à examiner; ensorte que je vis bien que l'attention que j'avois eue de choisir la bulle contre Molinos pour le sujet de mes réflexions, comme celle à laquelle il devoit prendre moins d'intérêt, n'avoit pas été d'une grande utilité.

Le chancelier soutint mon mémoire autant qu'il lui fut possible, mais inutilement; le roi chargea le marquis de Torcy de me faire savoir qu'il approuvoit mon zèle, mais que la chose étoit trop avancée pour la mettre en délibération, et que sa résolution étoit prise sur ce point.

En effet la déclaration fut signée peu de jours après par le cardinal de Noailles, et onze autres évêques. Le procès-verbal du clergé de 1705 parut en même-temps, avec cette déclaration placée dans un lieu postiche, qui cependant comme l'égide de Pallas devoit le mettre à couvert de tous les traits de la cour de Rome, et le rendre entièrement invulnérable.

J'avois lieu de craindre qu'on n'eût fort empoisonné auprès du roi la démarche que j'avois faite dans cette occasion; cependant il ne me parut pas qu'elle eût fait aucune impression fâcheuse sur l'esprit de Sa Majesté; et le duc de Noailles ayant eu occasion de me nommer peu de temps après que mon mémoire eût été lu au conseil, le roi lui parla de moi avec bonté, ensorte que cette affaire m'a fait penser, comme plusieurs autres, que l'on risque souvent beaucoup moins qu'on ne croit en faisant son devoir, pourvu qu'on le fasse avec la prudence et la modération dont le zèle doit toujours être accompagné.

Telle est la véritable histoire de la déclaration de 1710, où le cardinal de Noailles fut dupe de sa facilité et de son peu de prévoyance, où il fit ce que le roi vouloit sans plaire au roi, où il chercha la paix et ne la trouva pas, puisqu'il fut obligé dans la suite de faire auprès du pape les mêmes démarches que s'il n'avoit point fait sa déclaration, et dont par conséquent le pape sut tirer avantage comme je l'avois prédit.

A mon égard tout ce que je pus y gagner fut le changement de plusieurs expressions dans la déclaration qui la rendirent, comme je l'avois dit, non pas meilleure, mais moins mauvaise qu'elle n'étoit d'abord, par quelques additions qui pourroient y servir de correctifs toutes les fois que la cour de Rome voudra en abuser contre la France; comme, par exemple, ce qui est marqué dans la dernière proposition, que les évêques de France n'ont point prétendu s'élever un tribunal supérieur à celui des papes : d'où il est aisé de conclure qu'ils ont aussi un tribunal comme le pape en matière de foi, et que la seule chose qu'ils ne prétendent point, et qu'en effet ils ne sauroient prétendre, c'est que le tribunal soit supérieur à celui du pape, ce qui n'appartient qu'à l'Eglise universelle.

Avant que de reprendre la suite des négociations de la cour de Rome sur l'affaire de l'assemblée du clergé de 1705, l'ordre des temps demande que je place en cet endroit ce qui s'est passé sur un mandement de M. l'évêque de Saint-Pons, et sur le traité de l'origine de la régale composé par Audout, avocat au conseil.

L'évêque de Saint-Pons étoit un des plus saints évêques que l'église de France ait eue dans les derniers temps. Il marchoit sur les traces des évêques d'Aleth et de Pamiers : la pureté de ses mœurs, la simplicité de sa vie, l'ardeur de son zèle et son application infatigable aux besoins du troupeau qui lui étoit confié, le rendoient digne d'être né dans les premiers siécles de l'église ; mais la piété qui réforme les mœurs ne corrige pas toujours les défauts du tempérament, elle agit plus sur le cœur que sur la tête, et elle laisse souvent à chacun le caractère d'esprit qu'il a reçu de la nature.

L'évêque de Saint-Pons paroissoit être du nombre de ceux qui lisent plus qu'ils ne digèrent, qui pensent plus qu'ils n'expriment, et qui par le défaut d'ordre et de clarté, par l'embarras et l'obscurité de leurs expressions, paroissent même dire ce qu'ils ne pensent souvent pas.

Il passoit pour janséniste et ne l'étoit pas, au moins dans le sens exact de ce terme : non-seulement il croyoit les cinq propositions bien condamnées dans le droit ; mais dans le fait, il ne faisoit aucune difficulté de les attribuer à Jansénius. Et il est peut-être celui de tous les évêques de France qui a rendu le témoignage le plus précis de l'exactitude avec laquelle le clergé avoit examiné la question de fait que le jansénisme avoit fait naître.

Mais il ne croyoit pas en même temps que l'on pût exiger une soumission égale sur le fait et sur le droit. Il avoit été du nombre des dix-neuf évêques qui avoient écrit au roi cette lettre célèbre pour la défense des évêques d'Aleth, de Pamiers, d'Angers et de Beauvais, qui eut tant de part à la paix de l'église sous Clément IX ; et il passoit pour être le zélé défenseur du silence respectueux qui avoit été le lien de cette paix, et qui est devenu depuis la cause d'une nouvelle guerre.

D'ailleurs ses liaisons avec ceux qu'on regardoit comme jansénistes, ses querelles avec les jésuites et les récollets, qui, par le crédit des premiers, avoient fait donner beaucoup de dégoût à l'évêque de Saint-Pons par la cour de Rome ; enfin, l'éloignement que ce prélat avoit témoigné pour la bulle *Vineam Domini Sabaoth* avant même qu'elle parût, et les précautions qu'il avoit prises dans l'assemblée provinciale de Narbonne par rapport à l'assemblée générale de 1705, tout cela le faisoit passer auprès du roi pour un esprit dangereux dans le temps où il auroit été plus sûr pour sa fortune d'avoir les sentimens de janséniste que d'en avoir la réputation.

La cour étoit donc fort inquiète sur le parti que cet évêque prendroit par rapport à la bulle *Vineam Domini*, et il augmenta lui-même cette défiance par la longue attente dans laquelle il tint toute l'église de France sur ce sujet.

Enfin, on vit paroître en 1706, un mandement prolixe de ce prélat qui trompa également l'opinion que l'un et l'autre parti en avoient conçue. Son intention avoit été de les contenter tous, et l'effet en fut tel que l'est ordinairement celui de ces sortes de projets. Ce mandement ne contenta personne.

Les jansénistes rigoureux trouvoient mauvais qu'on l'eût fini par l'acceptation de la dernière bulle, l'accusant de détruire ce qu'il avoit lui-même édifié, de rejeter le silence respectueux dont il avoit été le zélé défenseur, et de préférer la décision obscure de Clément XI sur le silence, à la paix glorieuse de Clément IX, dont le même silence avoit été le fondement.

Les jésuites, au contraire, les sulpiciens, et tout ce qui avoit du crédit à la cour, contens de la conclusion de M. l'évêque de Saint-Pons puisqu'elle tendoit à l'acceptation de la bulle, ne pouvoient digérer les principes sur lesquels il l'appuyoit; ils l'opposoient lui-même à lui-même; ils prétendoient que les principes devoient produire une autre conséquence, ou que la conséquence démentoit les principes; que, condamnant en apparence le silence respectueux, il le justifioit en effet; qu'il ne faisoit que changer le sens de ce terme, substituer une signification forcée à la place de la signification naturelle, et, sous prétexte de concilier Clément IX avec Clément XI, entre lesquels il s'étoit formé comme une nouvelle guerre papale, donner tout l'avantage à Clément IX, et réduire le sens de la bulle de Clément XI à un galimatias inexplicable.

Quoi qu'il en soit, l'évêque de Saint-Pons augmenta encore plus les soupçons et la haine du parti dominant, par trois lettres qu'il écrivit en l'année 1707 à l'archevêque de Cambrai devenu l'idole des jésuites, dans lesquelles il réfutoit le nouveau système que cet archevêque avoit inventé pour soutenir l'opinion de l'infaillibilité de l'église dans les faits dogmatiques.

Quoique l'évêque de Chartres n'osa pas se déclarer ouvertement encore pour cette opinion, il avoit néanmoins une grande pente à la suivre; et toutes sortes de raisons concourant pour l'animer contre l'évêque de Saint-Pons, il ne fut pas difficile aux jésuites, dont le jeu consistoit depuis quelque temps à faire dire par l'évêque de Chartres tout ce qu'ils pensoient eux-mêmes, d'engager ce prélat à se mettre à la tête des ennemis de l'évêque de Saint-Pons.

Il ne fut pas plus difficile à ce prélat d'échauffer le roi sur ce sujet; mais, comme on ne crut pas pouvoir se passer du cardinal de Noailles dans cette occasion, Sa Majesté l'engagea à tenir une assemblée chez lui avec l'évêque de Chartres et quelques autres prélats, où le mandement de l'évêque de Saint-Pons fut examiné rigoureusement; mais cette assemblée n'eut aucun effet. Le cardinal de Noailles déclara qu'il ne l'approuvoit pas, mais qu'après tout il n'étoit pas le juge de l'évêque de Saint-Pons, et que s'il y avoit lieu de lui faire son procès c'étoit l'archevêque de Narbonne et les coprovinciaux qui devoient en être les juges.

L'évêque de Chartres ne se rebuta pas par le mauvais succès de cette première tentative, qui se passa vers le commencement du carême de l'année 1708; et, croyant mieux réussir auprès du roi même, il fit à Sa Majesté plusieurs propositions sur les différentes voies qu'il croyoit que l'on pouvoit prendre contre l'évêque de Saint-Pons:

La première étoit d'assembler les évêques de la

21*

province de *Narbonne pour examiner le mandement de celui de Saint-Pons, et pour en juger;*

La seconde, d'assembler pour le même effet les évêques qui se trouveroient à Paris;

La troisième, de s'adresser au pape, d'avertir Sa Sainteté du mandement donné par l'évêque de Saint-Pons, et de s'en rapporter à elle pour réparer, comme elle le jugeroit à propos, le préjudice que ce mandement faisoit à la dernière constitution;

La quatrième, de lui demander des commissaires dans le royaume pour juger de cet écrit.

Tels étoient les termes mêmes de la lettre que le marquis de Torcy m'écrivit par ordre du roi le 4 avril 1708, pour me demander mon avis sur ces différentes propositions qui avoient été faites à Sa Majesté.

Le nom de l'évêque de Chartres n'étoit pas marqué dans cette lettre, mais il étoit aisé de l'y suppléer, par tout ce que l'on savoit d'ailleurs de cette affaire.

La même lettre me marquoit *que l'affaire étant pressante, Sa Majesté s'attendoit que je ne perdrois pas de temps à lui faire savoir ce que j'en pensois.* C'étoit alors le style ordinaire de la cour; on aimoit mieux être servi promptement que d'être bien servi. A mesure que l'autorité croît, le prince voudroit devenir créateur.

Le premier président reçut dans le même temps une lettre semblable du marquis de Torcy; mais comme elles arrivèrent l'une et l'autre dans la semaine sainte, il étoit à sa campagne et moi à la mienne; nous ne pûmes donc conférer ensemble sur ce sujet, et nous envoyâmes nos avis séparément sans aucun concert.

J'examinai dans le mien les différentes propositions qui avoient été faites à Sa Majesté.

J'y rejetai celle d'assembler les évêques qui se trouveroient à Paris pour prononcer un jugement sur M. de Saint-Pons, comme la plus irrégulière de

toutes ; comme également contraire aux maximes du
droit canonique romain et aux règles du droit canonique français, plus capable d'émouvoir les esprits
par son irrégularité que de les calmer par une décision si peu canonique ; et je fis sentir que l'effet
de toutes ces voies nouvelles et extraordinaires se
réduisoit presque toujours, surtout en matière de
religion, à augmenter les troubles au lieu de les
appaiser.

L'idée de *s'adresser au pape, de s'en rapporter
à Sa Sainteté pour réparer le préjudice que le mandement de l'évêque de Saint-Pons avoit causé à la
dernière constitution,* étoit la suite de celles qu'on
avoit inspirées au roi, et elle n'avoit pas besoin d'une
plus longue réfutation.

Le marquis de Torcy l'avoit bien senti par avance,
puisqu'il m'avoit marqué par sa lettre qu'entre ces
propositions il y en avoit de *contraires à nos maximes ;*
et le chancelier, que je vins voir à Paris pendant les
fêtes de Pâques, plus vif et plus ouvert que le marquis de Torcy, m'en parut encore plus blessé.

Je n'eus donc pas de peine de faire sentir dans
mon mémoire que cette voie, aussi nouvelle qu'in-
soutenable, seroit regardée en France comme un
sacrifice que le roi feroit contre l'exemple de ses prédécesseurs, contre le sien même, des maximes les
plus inviolables du royaume, à l'idole de la grandeur
romaine ; qu'il étoit inoui qu'on eût déféré au pape
le pouvoir de juger à Rome des évêques français ;
que Rome même ne s'attendoit pas à une si grande
foiblesse de notre part ; et qu'il n'y avoit aucun bon
serviteur du roi qui ne fût alarmé d'une pareille proposition.

Je réduisis donc toute la difficulté de cette affaire
dans la forme qui étoit mon unique objet, à la discussion de la première et de la dernière proposition.
L'une, de renvoyer le jugement de l'évêque de Saint-
Pons à la province de Narbonne ; l'autre, de demander des commissaires au pape pour le juger dans le
royaume.

Je fis voir que la première étoit la seule qui fût conforme à l'ancienne discipline, et que les libertés de l'église gallicane n'étant autre chose que la possession dans laquelle cette église s'étoit conservée, de suivre le droit commun et de se régler par les canons plutôt que par la volonté des papes, on y avoit toujours regardé comme un principe certain, que les évêques devoient y être jugés en première instance par les prélats de leur province au nombre de douze; que s'il ne s'en trouvoit pas assez dans la province même pour former le nombre, il falloit en appeler des provinces voisines; et que si le pape pouvoit prendre connoissance du procès criminel d'un évêque, ce n'étoit qu'en cas d'appel, suivant la disposition du concile de *Sardique* qui étoit à cet égard le droit commun de la France; que si ces maximes avoient souffert quelque obscurcissement à l'occasion des fausses décrétales qui, pendant quelque temps, avoient donné de la réalité aux chimères ultramontaines, on étoit bientôt revenu en France de cette erreur, depuis qu'on eût découvert l'imposture et la vanité de ces titres; que nos rois, qui avoient senti de bonne heure combien l'intérêt des évêques étoit lié dans cette matière à celui de l'état, avoient souvent réclamé l'autorité du droit commun en faveur de l'épiscopat; qu'il y avoit même eu des papes d'assez bonne foi pour reconnoître le droit des évêques sur ce point; qu'à la vérité, il étoit arrivé quelquefois dans les derniers siècles que, par le crédit d'un ministre qui faisoit prévaloir sa haine ou son ambition aux maximes et à l'intérêt de l'état, on avoit eu la foiblesse de demander au pape des commissaires pour faire le procès à des évêques et de faire rendre même des jugemens contr'eux par cette voie; mais que l'on s'en étoit bientôt repenti, que les règles avoient repris le dessus, que le clergé entier avoit réclamé contre ces exemples particuliers, et que la mémoire étoit encore récente de cette protestation solennelle que le clergé assemblé en 1650 fit signifier à la personne même du

nonce pour venger les droits de l'épiscopat et rétablir la pureté des anciens canons ; qu'on étoit tellement persuadé en France de la vérité de ces maximes,
qu'on ne trouveroit peut-être point d'évêques qui
voulussent perdre leur propre privilége, en se chargeant
d'une commission du pape contre leur confrère ; ou
que s'il y en avoit d'assez complaisans pour le faire,
ils seroient tellement déshonorés par cette démarche,
que leur jugement ne seroit plus capable de faire
aucune impression sur l'esprit du public.

Qu'ainsi, on ne voyoit de tout côté que des écueils
inévitables dans cette affaire ; qu'il falloit pour l'entreprendre, ou se brouiller avec le pape en la faisant
juger dans la province de Narbonne, ou, ce qui
étoit encore plus fâcheux, faire violence à la règle
et sacrifier l'intérêt de l'état à celui de la cour de
Rome si l'on vouloit la traiter pardevant des commissaires du pape.

Que la pensée de la renvoyer à l'assemblée du
clergé qui devoit se tenir dans deux ans (c'étoit une
nouvelle idée que je savois que l'on avoit donnée au
roi), paroissoit d'abord plus spécieuse, parce que
suivant l'usage présent il n'y avoit pas de corps plus
respectable et plus autorisé dans le clergé de France
que ces sortes d'assemblées ; mais qu'au fond l'assemblée du clergé, quoique plus nombreuse et plus
auguste si l'on veut, ne pourroit jamais avoir en ce
point l'autorité canonique qui réside dans les seuls
évêques de la province ; et que d'ailleurs, cette forme
nouvelle et sans exemple n'étoit pas plus convenable
aux prétentions de la cour de Rome ; que par conséquent en prenant une telle voie, on ne contenteroit
pas le pape et l'on blesseroit toujours presqu'également la règle, en sorte que par cette nouveauté,
nous ne serions d'accord ni avec le saint Siège ni
avec nous mêmes.

Je concluois de toutes ces réflexions, que dans
une affaire si difficile le plus sûr étoit de ne rien
précipiter ; d'attendre quelque chose du bénéfice du

temps; d'essayer de faire entendre raison à l'évêque
de Saint-Pons; de l'engager à s'expliquer; de tenter,
suivant l'esprit du ministère ecclésiastique, toutes les
voies de douceur et de conciliation avant que de
passer aux partis de rigueur et de sévérité; qu'on
pourroit même se servir de l'assemblée de 1710,
non pour rendre un jugement contre l'évêque de
Saint-Pons, mais pour prendre des précautions capables de prévenir le mal que l'on craignoit et
auxquelles l'évêque de Saint-Pons se rendroit peut-
être lui-même vaincu par l'autorité de l'assemblée;
qu'enfin, si tous les ménagemens étoient inutiles
ou si le mal paroissoit assez grand pour mériter
qu'on eût recours à des remèdes plus forts, il seroit
toujours temps de revenir à la seule voie canonique,
qui étoit de faire juger l'évêque de Saint-Pons par
les évêques de sa province.

Je n'ai pas vu l'avis que le premier président envoya
de son côté, et je souhaite, pour son honneur, que
ce qu'on m'en a rapporté ne soit pas véritable; car
on prétend que, sentant comme moi les inconvéniens
des différens partis que l'on pouvoit prendre dans
cette affaire, il concluoit à la traiter par la voie
de l'autorité et à envoyer une lettre de cachet à
l'évêque de Saint-Pons, soit pour demeurer dans
son diocèse, ce qui ne lui auroit pas fait beaucoup
de peine puisqu'il n'en sortoit jamais que pour les
états auxquels même on souffroit assez récemment
qu'il assistât, soit pour l'envoyer ailleurs; je n'ai pas
daigné approfondir la vérité du fait que je savois
déjà trop, pour l'honneur de la magistrature et même
de l'humanité.

Les deux avis furent lus au roi d'abord après
Pâques; et Sa Majesté qui prenoit toujours le bon
parti quand elle étoit instruite et qu'elle agissoit par
ses propres lumières, trouva tant de difficultés ou
d'inconvéniens dans les différentes propositions
qu'on lui avoit faites, qu'elle prit la résolution de
ne rien faire et de dire seulement que ce seroit

une affaire à traiter dans la première assemblée du clergé, où cependant il n'en fut pas fait la moindre mention.

Qui auroit dit à l'évêque de Chartres et aux jésuites, dans le temps qu'ils étoient si animés contre l'évêque de Saint-Pons et qu'ils se croyoient sur le point de lui faire son procès, que non-seulement ils ne pourroient en venir à bout, mais que le roi même, dont ils croyoient pouvoir disposer absolument, deviendroit le vengeur de l'évêque de Saint-Pons contre le pape auquel on lui avoit conseillé peu de temps auparavant de le livrer. L'évêque de Chartres et les jésuites l'auroient-ils jamais voulu croire? et fiers de leur crédit, n'auroient-ils pas même traité cette proposition d'extravagante?

Ce fut cependant ce qui arriva avant la révolution de deux années, passée par un effet de la même droiture qui avoit rendu la modération du roi supérieure à toute la chaleur de ceux qui l'animoient contre l'évêque de Saint-Pons.

Seroit-ce former un jugement téméraire de soupçonner que, n'ayant pu réussir auprès du roi, ils s'étoient tournés du côté du pape pour faire flétrir en quelque manière l'ouvrage et la personne de l'évêque de Saint-Pons et engager peut-être le roi dans la suite à adopter l'ouvrage de la cour de Rome. Je n'oserois affirmer la vérité de cette conjecture, mais personne au moins n'en révoquera en doute la vraisemblance.

On vit donc paroître, le 18 janvier 1710, un décret du pape, dans le préambule duquel on annonçoit le mandement de l'évêque de Saint-Pons et trois lettres que le même prélat avoit écrites à l'archevêque de Cambrai; et, parce que l'inquisition les avoit déjà notées, le pape y marquoit qu'il avoit appris que malgré cette première condamnation ces ouvrages se répandoient principalement en France avec l'indignation des bons et le scandale des foibles et un péril évident pour le salut des ames.

La censure, fondée sur ces motifs, condamnoit les écrits de l'évêque de Saint-Pons, comme contenant des propositions *respectivement fausses, pernicieuses, scandaleuses, séditieuses, téméraires, schismatiques, erronnées, sentant l'hérésie et tendantes à éluder ouvertement la dernière constitution donnée pour extirper l'hérésie jansénienne.*

Plusieurs clauses contraires à nos maximes, un style méprisant et des expressions injurieuses à l'épiscopat se faisoient également sentir dans tout ce décret où la cour de Rome selon l'usage des poltrons qui se croient les plus forts avoit cru pouvoir abuser impunément de la foiblesse de son adversaire.

Je reçus de Rome un exemplaire de ce décret vers le commencement du mois de février; et je fis un mémoire dans lequel j'expliquois en détail les différens abus qu'il étoit aisé de découvrir dans cette pièce et le préjudice qu'elle feroit aux libertés de l'église gallicane, si l'on dissimuloit une pareille entreprise.

Je distinguai deux choses dans ce mémoire, qui avoient été toutes deux l'objet de la démarche que le pape venoit de faire; d'un côté, la doctrine, et de l'autre, la personne de l'évêque de Saint-Pons.

J'observai sur la première;

Premièrement, que le pape, par son décret, jugeoit en première instance et de son propre mouvement une affaire qui étoit née dans le royaume;

2.º Qu'il y condamnoit la doctrine d'un évêque français, sans avoir entendu cet évêque et sans lui avoir donné le temps et les moyens de se faire entendre.

3.º Qu'il prononçoit cette condamnation d'une manière vague et indéterminée, qui pouvoit tomber autant sur les maximes communes à toute l'église gallicane qui se trouvoient dans le mandement de l'évêque de Saint-Pons, que sur les opinions particulières de ce prélat.

4.º Que le style entier de ce décret étoit rempli de clauses et d'expressions également contraires à nos mœurs et à la dignité épiscopale, comme l'affectation de ne donner au mandement d'un évêque que le titre de *Libelle*, la mention d'un décret d'inquisition qu'on y supposoit être une condamnation suffisante contre les ouvrages d'un évêque et d'un évêque français; la juridiction des inquisiteurs énoncée dans ce décret; l'autorité immédiate que le pape vouloit exercer dans ce royaume, en ordonnant que les exemplaires des écrits condamnés seront supprimés et même livrés au feu; nulle adresse de ces décrets aux archevêques et évêques, comme si le pape étoit évêque universel et le pasteur immédiat de toutes les églises particulières; déclaration précise, au contraire, que la publication faite à Rome auroit le même poids, que si elle avoit été faite dans tout le monde chrétien; enfin, la Majesté royale attaquée par la clause qui comprenoit les personnes mêmes qui doivent être désignées par une note expresse et spéciale, ce qui regarde principalement les rois, comme les papes eux-mêmes l'ont souvent reconnu. Tels furent les principaux abus que je relevai plus au long dans mon mémoire, par rapport à la partie du décret qui regardoit la doctrine de l'évêque de Saint-Pons.

Sur ce qui regardoit sa personne, j'observai non-seulement qu'il étoit très-irrégulier, mais encore plus difficile de séparer, à l'égard d'un auteur vivant et sur-tout d'un évêque, le jugement de la personne de celui de la doctrine.

Que si le décret du pape pouvoit subsister, les évêques de la province de Narbonne, seuls juges en première instance de l'évêque de Saint-Pons, n'auroient plus rien à faire dans le jugement de leur collègue; qu'il étoit certainement l'auteur des écrits condamnés, et il ne les nioit pas; que ces écrits étoient même condamnés par le pape, comme étant de lui, et que la doctrine en étoit flétrie avec les notes les plus infamantes; qu'ainsi il faudroit, ou que les évêques de la province de Narbonne se commissent avec Sa Sainteté en jugeant ce qu'elle avoit déjà décidé et en le jugeant peut-être autrement qu'elle; ou que, soumis aveuglément à la décision du pape, ils n'en fussent que ses simples exécuteurs contre la personne de l'évêque de Saint-Pons; que ce seroit en vain qu'on voudroit excuser la conduite du pape en disant que son décret ne portoit encore que sur la doctrine de ce prélat, parce que la condamnation de la doctrine une fois prononcée devenoit un préjugé certain contre la personne, et jetoit du moins un embarras dans le jugement des évêques de France qui faisoit sentir de quelle importance il étoit de ne point s'écarter des règles et de ne pas souffrir que, sous prétexte de ne prononcer que sur la doctrine, le pape se mit en possession de la première et de la principale partie du jugement qu'on peut prononcer contre la personne d'un évêque.

J'ajoutai à cette première réflexion générale, qu'il n'étoit pas même vrai que le pape se contentât dans son décret de statuer sur la doctrine, qu'il y étendoit évidemment son pouvoir sur la personne, et que, s'il n'y condamnoit pas encore l'évêque de Saint-Pons, il y déclaroit au moins qu'il avoit le pouvoir de le condamner puisqu'il y marquoit que son intention étoit de procéder contre cet évêque.

Qu'à la vérité il paroissoit qu'on avoit voulu nous donner le change, en ajoutant que le pape *procéderoit suivant les dispositions canoniques;* mais que l'équivoque étoit trop grossière pour éblouir des yeux éclairés et attentifs, puisqu'il étoit évident que ces dispositions canoniques dont la cour de Rome avoit voulu parer son décret n'étoient autre chose que le concile de Trente qui réserve au pape seul le pouvoir de juger les évêques, et qu'il n'étoit pas possible d'en douter dès le moment que le pape déclaroit dans son décret, qu'il entendoit *procéder lui-même* contre l'évêque de Saint-Pons; au lieu qu'il auroit dû se contenter de dire qu'il feroit procéder contre lui selon les canons, s'il avoit voulu que ces termes fussent entendus des canons, qui sont reçus dans le royaume.

Je conclus de toutes ces réflexions que le roi devoit permettre à ses officiers de faire éclater leur zèle en cette occasion, par une précaution d'autant plus nécessaire que leur silence pourroit encourager le pape à aller plus loin et à pousser son entreprise jusqu'à citer l'évêque de Saint-Pons ou à nommer lui-même des commissaires pour lui faire son procès, ce qui deviendroit le sujet d'une affaire beaucoup plus sérieuse avec la cour de Rome.

Quant au surplus, on ne devoit pas craindre que l'arrêt qui seroit rendu par le parlement donnât un nouveau poids au mandement de l'évêque de Saint-Pons et à ses autres écrits, dont la doctrine avoit paru suspecte à plusieurs autres prélats du royaume; qu'il étoit aisé de tourner l'arrêt de telle manière qu'il ne fît que repousser les entreprises de la cour de Rome sur la forme extérieure de l'affaire, sans autoriser dans le fond la doctrine de l'évêque de Saint-Pons, en laissant la cause toute entière pour être examinée par ceux qui en étoient les juges compétens dans le royaume; et qu'en un mot, le parlement trouvoit dans ses registres un exemple qui pouvoit lui servir de règle en cette occasion, puisqu'il n'y avoit qu'à y suivre les principes de l'arrêt célèbre qu'il avoit rendu en 1563, dans le procès du cardinal de Châtillon dont je citois les termes à la fin de mon mémoire.

Je l'envoyai au marquis de Torcy qui avoit parlé au roi de son côté du nouveau décret de Sa Sainteté, et qui m'avoit écrit que le roi verroit avec plaisir les observations que je ferois sur cette pièce.

Je lui adressai en même-temps un mémoire séparé, qui comprenoit aussi ce qui regardoit le livre d'Audoul sur la régale, dont je parlerai dans la suite; et j'y marquois, que si le roi laissoit au parlement le libre exercice de son autorité contre les deux brefs qui avoient flétri les ouvrages de l'évêque et de l'avocat, on pourroit prendre trois voies pour en réprimer l'entreprise.

L'une, de déclarer ces deux brefs abusifs sur l'appel que j'en interjetterois.

L'autre, de m'en recevoir seulement appelant comme d'abus, et cependant ordonner par provision que les exemplaires en demeureroient supprimés.

La dernière, de paroître douter encore de la vérité de ses décrets et de se contenter d'ordonner la suppression des exemplaires qui s'en répandoient dans le royaume.

J'observai que de ces trois voies les deux premières étoient les plus régulières mais les plus fortes, et que la dernière étoit plus douce mais non pas moins utile dans le fonds quoiqu'on y gardât plus de mesures avec la cour de Rome, et que j'attendois les ordres de Sa Majesté pour me déterminer à celle des trois formes différentes qni lui paroîtroit la plus convénable dans la conjoncture présente.

Je crus devoir user de toutes ces précautions pour faciliter le succès d'une démarche si nécessaire en elle-même, mais sur laquelle je craignois la prévention du roi contre l'évêque de Saint-Pons et l'habileté des ennemis de ce prélat à profiter, ou pour mieux dire, à abuser de la religion du prince pour servir leurs amis ou pour nuire à leurs ennemis.

Le premier président, avec qui j'avois conféré de cette affaire, envoya aussi au roi un mémoire fort sec et fort décharné, qui pouvoit être regardé comme la table d'une partie des chapitres du mien; au fond, il y prenoit le même avis que moi, et insistoit principalement à ce que l'arrêt qui ordonneroit la suppression du bref marquât en meme-temps que c'étoit *sans approuver le mandement de l'évêque de Saint- Pons, qui tend à rendre inutiles les constitutions du saint Siége adressées au roi, acceptées par les évêques, et confirmées par des déclarations et lettres patentes enregistrées en la cour ; sans quoi les novateurs ne manqueroient pas d'abuser de l'arrêt pour en induire par une condamnation du bref une approbation tacite du mandement et des libelles.*

Avant que de parler du succès de ces mémoires sur l'affaire de l'évêque de Saint-Pons, il faut reprendre ici ce qui regarde le livre d'Audoul sur la régale, parce que ces deux affaires furent jointes ensemble dans la délibération du conseil et dans celle du parlement.

Audoul, homme de bien, zélé pour la défense des droits de la couronne, plus savant qu'il ne faut pour être un bon avocat au conseil, mais beaucoup moins qu'il n'est nécessaire pour être bon auteur, après avoir fait des recherches plus longues qu'heureuses sur l'origine de la régale, jugea à propos d'en faire part au public par un assez gros volume plus propre à faire douter de la justice du droit de régale qu'à la démontrer, comme l'auteur s'en étoit flatté.

Au seul nom de Traité du droit de Régale, la cour de Rome prit feu ; et elle fut d'autant plus blessée de celui d'Audoul, qu'il y prétendoit que, malgré la grande opposition que le pape Innocent XI avoit fait paroître contre l'extension du droit de régale dans tout le royaume, les successeurs de ce pape en avoient approuvé l'universalité.

Le pape jugea donc à propos de le condamner par un décret du même jour que celui qu'il avoit publié contre les écrits de l'évêque de Saint-Pons ; les épithètes et les qualifications de *faux, d'injurieux, de contraire à l'immunité ecclésiastique établie par l'ordre de Dieu et par les saints canons, d'impie, de téméraire, d'erroné, même se sentant de l'hérésie*, n'y furent point épargnées, avec un *respective* qui, suivant le style moderne de la cour de Rome, laissoit au lecteur l'embarras de chercher, non sans peine, les endroits auxquels on avoit voulu appliquer des notes si étonnantes pour un pareil livre ; et au surplus, on y avoit prodigué les mêmes clauses que j'ai

expliquées par rapport au décret qui regardoit l'é-
vêque de Saint-Pons.

Cette entreprise du pape étoit encore plus évidemment intolérable à des magistrats, que celle qui avoit
été faite contre cet évêque. Les droits du Roi étoient
attaqués; il étoit impossible de demeurer dans le silence; je n'eus pas de peine à le faire voir dans le
mémoire que j'envoyai au marquis de Torcy sur ce
sujet. Je pris la précaution d'y marquer que, comme
l'ouvrage d'Andoul pouvoit nuire à la cause de la
régale plutôt que lui être utile par le vice des fondemens sur lesquels il étoit appuyé, je croyois qu'il
seroit bon d'observer expressément dans le discours
des gens du roi sur cette affaire, que c'étoit la matière
ou la cause en elle-même et non pas les principes de son
défenseur que nous soutenions en ce moment contre les
entreprises de la cour de Rome. Le premier président
prit une semblable précaution dans l'écrit qu'il donna
comme moi sur le même décret; au surplus, je m'en
rapportai à cet égard, comme sur ce qui regardoit l'é-
vêque de Saint-Pons, à la volonté du roi sur le choix
qu'il lui plairoit faire entre les trois différentes manières d'agir contre les deux décrets du pape que
j'avois proposés.

Le marquis de Torcy rendit compte au roi, dans
le même conseil, des mémoires de M. le premier président et des miens sur l'une et sur l'autre affaire.
J'ai eu lieu de soupçonner dans la suite, qu'un des
ministres qui assistoient à ce conseil eût bien souhaité
dans le fond de son cœur que le Roi ne livrât à la
justice de son parlement que le décret qui condamnoit le livre d'Andoul à quoi personne ne prenoit
intérêt dans le royaume, et que l'on pût passer sous
silence la condamnation des écrits de l'évêque de Saint-
Pons à l'égard de laquelle les jésuites et les sulpiciens
croyoient que le fond devoit l'emporter sur la forme;
mais l'abus de cette condamnation étoit si sensible
et l'entreprise de la cour de Rome si manifeste, que,
malgré ses pieuses intentions, ce ministre ne put rien
opposer aux raisons solides que nos mémoires conte-

noient, et qu'il passa tout d'une voix à laisser agir le
zèle des officiers du roi, contre l'un et contre l'autre décret, sans que le roi parût y faire la moindre difficulté.

Il n'est pas mal-aisé de deviner quelle fut celle des
trois voies que j'avois proposées, à laquelle Sa Majesté donna la préférence : on jugera aisément que ce
fut la plus douce qui, en laissant subsister une espèce
de doute volontaire sur la volonté des décrets du pape,
n'empêchoit pas que les coups que nous devions lui
porter ne fussent aussi certains que si nous n'avions
pas affecté cette incertitude apparente.

Telle fut la substance de la délibération du conseil, dont le marquis de Torcy me fit part par une
lettre du 25 mars 1710, dans laquelle il insistoit principalement sur la nécessité des précautions que nous
avions proposées de prendre pour empêcher que la
condamnation des décrets du pape ne pût être regardée comme une approbation de la doctrine de l'évêque
et des principes de l'avocat.

Mais ce qu'il y eut de plus important dans cette
lettre, fut l'ordre que je reçus, aussi bien que le premier président à qui le marquis de Torcy écrivit une
lettre semblable, de faire voir au Roi le précis de nos
conclusions et celui de l'arrêt dont elles seroient suivies ; précaution que les ennemis de l'évêque de Saint-
Pons qui ne l'étoient guères moins des libertés de l'é-
glise gallicane et qui, les uns par intérêt, les autres
par simplicité ou par ignorance, devenoient tous les
jours plus hardis à favoriser ou du moins à excuser
les entreprises de la cour de Rome, avoient sans doute
inspirée au roi, mais qui ne leur réussit pas dans
cette occasion.

Je communiquai à mes collègues les ordres que j'a-
vois reçus. M. de Fleury, ancien avocat-général,
travailla à faire le discours qui devoit expliquer et accompagner mes conclusions ; il le tira presque tout
entier du mémoire que j'avois envoyé à M. de Torcy ;
et nous le revîmes ensemble avec une extrême attention, pour n'y employer que des expressions assez
mesurées et assez douces pour ne point offenser la

délicatesse des ultramontains français, mais en même
temps assez fortes et assez énergiques pour faire
sentir toute la force de nos maximes.

Nous crûmes avoir eu le bonheur d'y réussir, et
ayant porté à Versailles, le dimanche suivant, le discours de l'avocat-général, qui y vint avec moi, le
projet de mes conclusions et celui de l'arrêt, le roi,
à qui nous eûmes l'honneur de les remettre, nous dit
que le discours étoit trop long pour être lu dans ce
moment, mais qu'il le feroit lire dans son conseil : on
l'y lut le même jour, avec les projets qui l'accompagnoient ; et M. le marquis de Torcy, en nous les ren-
dant l'après dîner, nous dit que le tout avoit reçu une
approbation unanime, à un endroit près du discours
de l'avocat-général où l'on avoit relevé une seule expression très-peu importante et qui fut réformée
sur le champ.

Etoit-ce bien sincérement que tous les ministres
du roi avoient approuvé ce discours ? c'est ce que la
suite fera voir. Quoiqu'il en soit, nous revînmes à
Paris le jour même avec un plein pouvoir et une entière autorisation du roi, qui nous mirent en état de
consommer la chose deux jours après par l'arrêt qui
est joint à cette relation, et dont, par cette raison, il
seroit inutile d'expliquer ici en détail les dispositions.

Je me disposois à faire imprimer cet arrêt suivant
l'usage ordinaire, lorsqu'un scrupule ou né dans mon
propre fonds, ou qui me fut inspiré d'ailleurs, ou qui
pouvoit être fondé sur ce qu'on nous avoit empêché de
faire imprimer l'arrêt qui avoit été rendu environ trois
ans auparavant contre le bref du pape au roi sur l'assemblée de 1705, me fit penser que le parti le plus sûr
pour n'avoir rien à se reprocher dans une matière aussi
délicate étoit d'en écrire au marquis de Torcy : je le
fis néanmoins de telle manière, qu'il parut que cette
consultation n'étoit qu'un excès et une surabondance
de précaution. Il la regarda du même œil, et il me
répondit qu'*il n'avoit vu aucun doute dans l'esprit
du roi sur l'impression et la publication de l'arrêt,*

et qu'il ne croyoit pas qu'il fut nécessaire de deman-
der un nouvel éclaircissement à Sa Majesté qui pa-
roissoit avoir suffisamment expliqué ses intentions,
qu'il ne lui en parleroit donc qu'en cas qu'il reçût la
lettre de M. le premier président, qu'il n'avoit pas
encore reçue : et c'est ce qui me fait croire, lorsque
je me rappelle les circonstances de cette affaire, que
le scrupule qui m'avoit arrêté venoit du premier
président ; il ne le suivit pas néanmoins ; il n'écrivit
pas au marquis de Torcy, ou il s'en rapporta à ce qu'on
avoit écrit : ainsi l'arrêt fut imprimé et publié.

Il n'est pas surprenant que la cour de Rome n'ait
pas été contente d'un pareil arrêt ; mais ce qui est
plus difficile à comprendre, c'est que ce fut la France
qui voulut exciter d'abord la vivacité de cette cour,
et l'animer en quelque manière contre la France
même.

Non-seulement les jésuites toujours plus fidèles au
pape qu'au roi, mais les sulpiciens appuyés du crédit
de l'évêque de Chartres et du duc de Beauvilliers,
s'unirent à la cour de Rome pour attaquer les principes qui avoient servi de fondement à l'arrêt.

Je crus d'abord que ce mouvement se termineroit
à des plaintes sourdes, à des murmures impuissans,
tout au plus à de mauvais offices plus dangereux,
mais non pas plus éclatans contre les gens du roi.

Mais je fus bien surpris, lorsqu'un jour que j'étois
à Versailles après que j'eus rendu compte au roi des
affaires qui m'y amenoient, Sa Majesté me dit qu'elle
avoit aussi à me parler ; qu'on se plaignoit beaucoup
d'une proposition qui étoit dans le discours de l'a-
vocat-général au sujet du décret du pape contre l'é-
vêque de Saint-Pons ; le roi me dit tout de suite :
Je n'entends pas trop bien ces sortes de matières ;
mais on m'a donné des mémoires dans lesquels on
fait voir que M. de Fleury a été trop loin, et qu'il
s'est écarté des maximes que vous avez vous-même
établies par rapport à la condamnation du livre de
l'archevêque de Cambrai. On y a cité les termes
de votre discours, qui sont fort contraires à ce que

22 *

M. de Fleury a avancé dans le sien. Sa Majesté
ajouta qu'elle savoit que M. de Fleury avoit beaucoup d'égards pour moi, que je visse donc avec lui
comment il seroit possible de réparer la chose ; et le
roi me fit entendre qu'il pourroit entrer en la grand'-
chambre, pour expliquer et pour adoucir ce qu'il y
avoit d'excessif dans son discours.

Je répondis au roi que j'étois fort surpris de ce que
Sa Majesté me faisoit l'honneur de me dire, que j'a-
vois lu avec une grande attention le discours de M. de
Fleury, et avant qu'il fût prononcé et depuis qu'il
avoit été imprimé ; que je n'y avois rien remarqué
qui pût blesser la délicatesse des esprits élevés dans
nos maximes ; que j'étois bien sûr que M. de Fleury
n'en avoit point d'autres que moi sur les libertés de
l'église gallicane ; et s'il lui étoit échappé quelque expression peu correcte sur ce sujet, j'avouois que je
n'avois pas assez d'esprit pour la découvrir, mais que
ce qui me persuadoit que je n'avois point été trompé,
c'étoit que Sa Majesté avoit bien voulu examiner elle-
même le discours de M. de Fleury, et qu'elle l'avoit
fait lire dans son conseil où il avoit reçu une approbation générale, à la réserve d'une expression qui
avoit paru équivoque et qu'on avoit expliquée sur
le champ. Le roi m'interrompit en cet endroit, et
me dit qu'il n'avoit pas une connoissance assez exacte
de ces sortes de matières pour s'en rapporter à son
seul jugement, et que d'ailleurs une attention plus
sérieuse découvroit souvent ce qui pouvoit avoir
échappé dans une première lecture. Je lui répondis
que, pour en mieux juger, il falloit lire le mémoire
qui avoit été donné à Sa Majesté ; qu'après cela je
serois en état de lui en dire mon sentiment avec plus
de connoissance et avec une entière sincérité ; mais
que, comme cela regardoit directement M. de Fleury
dont le discours étoit attaqué, j'espérois que Sa Majesté trouveroit bon que je lui communiquasse ce mémoire, et que je n'espérois pas moins que lorsqu'il auroit
eu la liberté d'y répondre, Sa Majesté trouveroit qu'il
étoit également d'accord avec les maximes de la France

et avec moi-même. Je fis sentir aussi au roi de quelles conséquences étoient les démarches qu'on feroit en cette occasion, et combien il étoit important de ne pas donner lieu à la cour de Rome de triompher de cette espèce de guerre intestine entre les officiers du parquet, et de se vanter d'avoir obligé un avocat-général de se rétracter.

Le roi me parut désirer que cette affaire se traitât promptement, à cause du bruit qu'elle commençoit à faire à Rome. Je lui demandai s'il suffiroit que j'eusse l'honneur de lui rendre une réponse le dimanche suivant; Sa Majesté l'agréa, et me dit qu'elle ne demandoit pas plus de diligence.

Au sortir du cabinet du roi, je lus le mémoire que Sa Majesté m'avoit donné; et je sus, en réunissant bien des circonstances dont le détail seroit trop long, que c'étoit le duc de Beauvilliers qui l'avoit remis à Sa Majesté. J'eus de la peine à comprendre que le génie étoit des S..... eût imaginé un détour aussi adroit que celui de me commettre avec M. de Fleury, de me prendre pour leur auteur, et de m'opposer à cet avocat-général comme un homme qui n'étoit pas suspect de favoriser le pape et qui cependant en avoit parlé plus modérément que lui. Je soupçonnai l'adresse et la subtilité jésuitiques d'être venues au secours de la simplicité sulpicienne; et sans être la dupe des louanges que le roi m'avoit dit que les auteurs du mémoire me donnoient, je me ressouvins de ce que dit Tacite : *Pessimum inimicorum genus, laudantes.*

Il falloit en effet que toute la force de la mine que nos ultramontains vouloient faire jouer en cette occasion, consistât dans cette opposition de sentimens qu'ils affectoient de faire paroître entre M. de Fleury et moi, puisque c'étoit la seule chose que le roi eût retenue du mémoire qu'on lui avoit donné, quoiqu'il en contînt beaucoup d'autres dont Sa Majesté ne dit pas un seul mot.

Au surplus, il ne fallut pas beaucoup d'attention pour reconnoître que ce mémoire ne rouloit que sur une mauvaise équivoque, ou sur ce que ceux qui l'avoient composé n'entendoient ni les maximes de France ni le discours même qu'ils vouloient critiquer.

La proposition qu'ils relevoient, étoit qu'*il suffisoit, pour s'élever contre le décret du pape, de considérer que Sa Majesté y prononçoit ma condamnation contre des ouvrages imprimés dans le royaume, sans que la connoissance en eût été dévolue au saint Siège, par la voie de l'appel, sans qu'elle lui eût été déférée, ni par le roi ni par les évêques.*

Ils opposoient à cette proposition quelques endroits tirés des procès-verbaux des assemblées tenues par provinces dans l'affaire de l'archevêque de Cambrai, où les évêques avoient reconnu que dans les jugemens des questions de foi ou de doctrine on ne suivoit pas toujours les degrés ordinaires de la juridiction ecclésiastique, et que les papes en avoient souvent rendu avant les évêques des lieux où les questions s'étoient formées ; mais pour rendre la chose plus touchante, ils y ajoutoient que j'avois reconnu la même chose dans mon discours sur la même affaire, par ces mots qu'ils en avoient tirés avec beaucoup d'art ; *soit enfin que la diligence du saint Siège prévienne celle des autres églises, comme on l'a souvent remarqué dans ces derniers temps. La forme de la décision peut être différente, quand il ne s'agit que de censurer la doctrine et non pas la personne de son auteur.*

Ainsi, en ne prenant qu'une proposition détachée du discours de M. de Fleury et une proposition détachée du mien, retranchant d'un côté tout ce qui faisoit voir dans le discours de M. de Fleury que ce qu'il refusoit au pape n'étoit pas le droit de rendre un simple jugement doctrinal mais seulement le pouvoir de se donner de son propre mouvement une juridiction immédiate sur le royaume, retranchant de l'autre tout ce qui faisoit voir dans mon discours que le droit commun étoit pour le premier jugement des évêques sur les questions de doctrine mues dans leur pays ; et que quand même le pape

les auroit prévenus ils n'en perdroient pas pour
cela le caractère de juges; et qu'il falloit toujours
que leurs suffrages se réunissent au jugement du
saint Siège. Ils avoient trouvé le moyen de présenter
au roi l'image d'une contrariété peu convenable
entre deux magistrats qui auroient paru parfaitement
d'accord, si l'on avoit rendu à chacun d'eux ce qu'on
leur avoit ôté pour les faire paroître contraires l'un
à l'autre.

Ce fut, en effet, ce que fit M. de Fleury pour se
justifier auprès du roi. À mon retour de Versailles,
je lui appris le mauvais office qu'on lui avoit rendu,
et je lui annonçai en même temps qu'il sortiroit avec
honneur de cette affaire. Il sentit comme moi toute
la malignité et en même-temps toute la foiblesse
du coup qu'on avoit voulu lui porter, et il n'eut
pas besoin de beaucoup de temps pour se mettre en
état de le faire sentir au roi.

Il fit pour cela deux mémoires.

Le premier n'étoit qu'une espèce de parellèle des
deux discours, mais un parallèle exact et sincère où
il remettoit devant les yeux du roi tout ce qu'on
avoit retranché de part et d'autre. Et, comme l'art
par lequel on avoit séparé de nos deux propositions
tout ce qui en déterminoit le véritable sens y avoit
fait naître une contradiction apparente, la fidélité
avec laquelle il restitua des deux côtés ce qu'on
en avoit retranché y rétablit bien-tôt une parfaite
conformité.

Le second mémoire, qui n'étoit presque pas nécessaire après le premier, ne servoit qu'à faire
sentir par raisonnement une vérité qui sautoit aux
yeux d'elle-même, par la seule comparaison des
deux discours rapportés. Il finissoit ce second mémoire par représenter plus amplement au roi ce que
je ne lui avois dit d'abord qu'en passant ; *qu'outre*
qu'il seroit très-difficile, pour ne rien dire de plus ;
de faire quelque changement dans les discours
insérés dans les registres du parlement devenus pu-
blics par l'impresssion, il seroit d'ailleurs d'une

conséquence bien dangereuse, sur-tout dans la conjoncture présente, de faire aucune démarche publique qui pût affoiblir l'autorité du dernier arrêt, et faire croire que la France commence à varier sur l'observation des anciens canons qui sont les fondemens de ses maximes, d'autant plus que toute explication qui pourroit satisfaire le pape, seroit contraire aux premiers principes de nos libertés, et que toute explication qui seroit conforme à ces principes offenseroit le pape au lieu de le satisfaire.

Mais, comme pour obtenir ce que l'on demande il faut souvent accorder ou paroître accorder quelque chose de sa part, nous conçumes, M. de Fleury et moi, qu'une simple apologie ou une défense sèche quelque juste qu'elle fût, ne seroit peut-être pas entièrement victorieuse si nous ne semblions entrer en quelque manière dans l'esprit du roi, en lui proposant quelques précautions innocentes pour arrêter les démarches de la cour de Rome, qu'on lui faisoit craindre par politique ce qu'il craignoit de lui-même par religion; ce fut dans cette vue qu'il proposa au roi, à la fin de son mémoire, d'envoyer un précis de ses raisons au cardinal de la Trémoille, afin que ce ministre pût *instruire le pape* du véritable esprit des gens du roi et empêcher qu'on n'abusât de ses préventions contre les maximes de France, *en attribuant* aux officiers du parquet *une opinion outrée que toutes les expressions de leurs discours désavouoient.*

La chose réussit comme nous l'avions espéré; nous allâmes le dimanche suivant à Versailles, M. de Fleury et moi; nous eûmes l'honneur de présenter au roi les mémoires qu'il avoit faits pour sa justification, et dont nous lui expliquâmes la substance; Sa Majesté les reçut d'un air assez ouvert, et nous témoigna qu'elle seroit fort aise que l'on pût aisément terminer cette affaire. Elle nous promit de faire examiner les mémoires dans son conseil, où ils furent lus en effet ou le jour même ou peu de jours après; on y trouva la justification de l'avocat-général entièrement complète; la prétendue discorde des gens du roi s'évanouit, le fantôme disparut; et le ministre qui avoit été ou l'auteur ou plutôt le porteur du mémoire où l'on avoit élevé ce fantôme, n'eut rien à dire contre une vérité claire dont tout le conseil demeura convaincu.

Le roi n'exigea donc rien d'avantage, et il se contenta d'envoyer à Rome, comme nous l'avions proposé, le mémoire de l'avocat-général, afin que le cardinal de la Tremoille fût en état d'informer le pape des véritables sentimens des gens du roi, et de fixer les fausses couleurs qu'on avoit voulu répandre sur leurs discours. Sa Majesté fit écrire en même-temps, qu'elle avoit été fort satisfaite des éclaircis-semens que l'avocat-général lui avoit donnés, et qu'elle avoit donné les ordres nécessaires pour les faire passer jusqu'à Sa Sainteté.

Le cardinal de la Tremoille s'acquitta, sans doute, de sa commission. Le pape demeura dans le silence, ou du moins il ne laissa exhaler sa colère que par la foible vengeance de faire mettre l'arrêt du par-lement à l'*Index* où nous le crûmes honorablement placé avec tant d'autres arrêts qui ont été rendus pour la défense de nos maximes et que Rome cano-nise lorsqu'elle les condamne Nous crûmes donc devoir ignorer cette démarche, et ne nous en venger que par le mépris. C'étoit l'ancienne maxime de la France, qui auroit cru faire trop d'honneur à la congrégation de l'*Index* si elle s'étoit élevée hau-tement contre les décisions de ce conciliabule; on se met presque toujours de niveau de ceux que l'on combat; et c'est reconnoître en quelque manière un tribunal que d'en attaquer ses decrets : a-t-on bien fait depuis de changer de maximes? C'est ce que nous examinerons dans la suite, lorsque nous serons venus à ces temps de troubles et de divisions dont les faits que j'écris n'étoient encore que les foibles préludes.

Tout ce qui s'étoit passé au sujet de l'évêque de Saint-Pons n'étoit guère propre à rendre les esprits capables des voies de conciliation qu'on avoit tentées depuis long-temps pour finir le différend que l'assemblée de 1705 avoit fait naître, et dont la plaie saignoit encore malgré le remède aussi mal conçu que mal exécuté, de la déclaration faite par le cardinal de Noailles et onze autres prélats, en 1710.

Mon avis étoit de ne rien faire de plus (et je croyois même qu'on en avoit déja trop fait), de se tenir sur la défensive, de déclarer au pape qu'après l'explication que le cardinal de Noailles avoit donnée des sentimens du clergé. Sa Sainteté devoit être pleinement satisfaite; et en un mot, de lui marquer une telle sécurité et une si grande fermeté par rapport à ses menaces, que le pape comprendroit qu'il se commettroit inutilement s'il hasardoit un coup d'autorité qu'il seroit aisé à la France de repousser.

L'abbé de Polignac, qui suivoit toujours cette affaire et pour qui elle ne pouvoit pas bien finir si elle se finissoit sans lui, eut plusieurs conférences avec moi, pour me persuader que rien n'étoit plus innocent que la démarche qu'on pressoit le cardinal de Noailles de faire en écrivant une lettre au pape, qui ne seroit à proprement parler que sa déclaration de 1710 traduite en latin et tournée en forme de lettre; que cette déclaration étoit sans doute suffisante dans le fait, pour lever toutes les difficultés de cette affaire; mais que dans la forme, il y manquoit toujours un air de respect et de déférence pour le pape, sans quoi il ne croiroit jamais avoir reçu une satisfaction suffisante; et qu'après tout, quand on étoit d'accord sur le fond, il ne convenoit pas de se rendre difficile sur la forme, ni de refuser au pape un simple compliment.

Je ne pus goûter toutes ces raisons, et j'écrivis même dans ce temps-là une espèce de mémoire, en forme de lettre, dont je n'ai pas gardé de minute, où je faisois voir à un ami de l'abbé de Polignac qui m'en avoit écrit, que c'étoit précisement le fond de cette affaire et non pas seulement la forme qui me paroissoit en faire la véritable difficulté; que ceux qui l'avoient traitée avec le pape sembloient y avoir voulu faire les honneurs du clergé de France, et être convenus trop facilement que le pape pouvoit avoir quelque sujet de s'en plaindre, au lieu qu'il auroit fallu d'abord lui déclarer nettement que le clergé n'avoit rien fait dont Sa Sainteté dût être blessée; qu'il avoit parlé le même langage que les évêques de France avoient toujours tenu dès le temps de saint-Léon; qu'on n'effaceroit jamais du cœur des Français cette maxime, que les évêques étoient aussi bien que le pape les juges de la foi, et que par conséquent ils ne recevoient les décrets du saint Siège que parce qu'ils les trouvoient conformes à la tradition dont ils étoient tous solidairement les dépositaires et les témoins; que, quoique le pape ne convienne pas de cette maxime, il n'oseroit jamais la condamner ouvertement, parce qu'il seroit bien sûr de révolter par là toute l'église de France sur un point sur lequel il n'étoit pas possible au pape même de ne pas sentir la foiblesse de sa cause; qu'il auroit été à souhaiter qu'on n'eût jamais tenu d'autre langage à Rome, et qu'une fermeté si bien fondée auroit bien-tôt fait tomber cette affaire dans l'oubli; mais qu'après la démarche qu'on avoit fait faire au cardinal de Noailles par la déclaration de 1710, déclaration qui donnoit au pape tout ce qu'il pouvoit prétendre et peut-être au-delà, il étoit encore plus essentiel que jamais de se confiner dans le dernier retranchement auquel on s'étoit réduit et de ne pas faire un pas au-delà, ce qu'il seroit bien difficile d'éviter dès le moment que l'on recommenceroit à négocier avec le pape; que la cour de Rome, toujours avantageuse, ne manqueroit pas d'expliquer en sa faveur la lettre la plus innocente que le cardinal de Noailles pourroit lui écrire; qu'elle en triompheroit comme d'une satisfaction que la France avoit cru ne pouvoir refuser après la déclaration même; que quelques défauts qu'on pût trouver dans cette dé-

claration; elle avoit au moins l'avantage de paroître
faite librement et dans la seule vue de rendre témoignage à la vérité, sans penser d'accorder au
pape une espèce de réparation qu'il n'avoit pas droit
d'exiger ; que nous perdrions donc le seul mérite
que pouvoit avoir cette déclaration, si par le style
soumis et obséquieux d'une lettre postérieure nous
donnions lieu à la cour de Rome de dire non sans
fondement que tout avoit été exigé, et d'imprimer
par là et sur la déclaration et sur tout ce qui l'avoit
suivie un caractère humiliant pour nous et honorable
pour le pape; qu'enfin, nous étions bien les maîtres
de faire la lettre qui seroit envoyée à Rome, mais
que nous ne les serions pas de la réponse qui en
viendroit et dans laquelle le pape ne manqueroit
pas sans doute d'aggraver autant qu'il le pourroit
notre servitude, et de le faire d'autant plus librement
que la chose seroit alors finie, et qu'il ne craindroit
point que nous voulussions recommencer la querelle
en répliquant à une lettre qui ne seroit qu'une dernière réponse pour terminer l'affaire.

Je pouvois avoir raison ; et il me semble que ma
délicatesse n'étoit pas mal fondée. Mais l'abbé de
Polignac étoit pressant et séduisant, le roi inquiet
et tremblant au seul nom du pape, le cardinal de
Noailles simple et facile; des ministres dont Sa
Majesté pouvoit prendre conseil, il y en avoit qui
étoient livrés à la cour de Rome, et c'étoient ceux
qui avoient le plus de crédit ou par eux-mêmes
ou par des voies souterraines ; un troisième bien intentionné en général, capable de goûter et de soutenir
nos maximes, mais trop occupé d'une matière plus
embarrassante et plus difficile pour donner une attention suivie à une démarche qui, en elle-même,
paroissoit d'abord assez indifférente ; les deux autres,
ou foibles ou suspects, et l'un deux ébloui en ce
temps-là et comme enchanté par l'insinuation et les
talens de l'abbé de Polignac que j'avois surnommé
la Sirene ecclésiastique : en cet état, le pape avoit

beau jeu; et comme il ne l'ignoroit pas, il ne lui fut pas difficile d'en profiter.

On fit donc plusieurs projets de la lettre que le cardinal de Noailles écriroit au pape. Je les vis malgré moi et les condamnai tous, parce qu'ils me paroissoient tous mauvais; et les uns moins que les autres, parce qu'il y en avoit en effet quelques-uns de moins mauvais, et que le moindre mal devient un bien quand il préserve du plus grand.

Enfin, le roi et son conseil se déterminèrent à l'un de ces projets; mais avant que d'en faire usage leur prudence leur inspira de l'envoyer à Rome, pour savoir si le pape en seroit content; et malgré toute l'attention qu'on avoit eue en France pour n'y rien laisser qui pût blesser le très-superbe jugement des oreilles romaines, Sa Sainteté n'en fut pas encore satisfaite et y fit beaucoup de changemens dont la minutie peut servir à faire connoître parfaitement le caractère de la cour de Rome.

Le Marquis de Torcy me communiqua dans ce temps-là le projet de lettre tel qu'il avoit été envoyé de Paris, et le même projet tel qu'il avoit été réformé à Rome.

La première différence que j'y remarquai rouloit sur l'exposition du fait qui étoit le sujet de la lettre.

Le cardinal de Noailles disoit dans son projet, qu'il avoit appris avec une profonde douleur qu'on avoit rapporté à Sa Sainteté que la constitution *Vineam Domini Sabaoth* n'avoit pas été reçue dans l'assemblée de 1705 avec la *vénération et l'obéissance convenables;* il ajoutoit *que ce fait étant entièrement éloigné de la vérité, il avoit cru que son devoir l'obligeoit à expliquer au pape ce qui s'étoit passé en effet dans cette assemblée, dont il avoit été président et le principal témoin.*

On ne devineroit peut-être pas aisément ce qui avoit pu scandaliser le saint Père dans un exposé si simple: le voici néanmoins tel que je l'ai tiré d'un mémoire italien que le pape avoit fait joindre au projet réformé, pour expliquer les raisons des changemens qu'on y avoit faits à Rome.

Le Cardinal de Noailles ne se contente pas, dit le pape dans ce mémoire, *de défendre et d'exécuter l'intention des évêques français, ce qui est le plus que Sa Sainteté puisse tolérer ; mais il veut encore soutenir la chose comme bonne en elle même, c'est-à-dire en un mot, qu'il veut traiter de déraisonnable la plainte que Sa Sainteté en a faite, et lui marquer clairement qu'elle s'est trompée lorsqu'elle a jugé, non sur le rapport d'autrui, mais par la lecture qu'elle a faite elle-même des actes de l'assemblée, et qu'elle a cru après les avoir lus que le clergé de France avoit manqué à ce qu'il lui devoit.*

Toute la délicatesse du pape, jaloux presque à l'excès de son autorité, rouloit donc sur ces deux expressions ; l'une, *qu'on avoit rapporté* à Sa Sainteté, par laquelle il croyoit qu'on avoit voulu faire entendre qu'elle ne savoit rien de cette affaire que sur le rapport d'autrui ; l'autre, *que cela étoit entièrement éloigné de la vérité*, par laquelle Sa Sainteté s'imaginoit qu'on lui reprochoit de s'être trompée grossièrement dans le jugement qu'elle en avoit porté.

Pour réformer la première, le pape vouloit que le cardinal de Noailles dit, *qu'il avoit appris avec une profonde douleur que la manière dont le clergé de France en avoit usé dans l'assemblée de 1705, à l'occasion de la constitution donnée par Sa Sainteté contre l'erreur jansénienne, qui commençoit par ces mots* Vineam Domini Sabaoth *, avoit paru à Sa Sainteté différente de celle que les évêques ses prédécesseurs avoient suivie à l'occasion des constitutions données par les papes Innocent X et Alexandre VII sur la même matière.*

Pour réformer la seconde, le pape vouloit que l'on dit ; *ce qui avoit été très-éloigné de l'esprit du clergé*, au lieu de dire, *très-éloigné de la vérité.*

La même délicatesse influoit sur l'article suivant :

Le cardinal de Noailles y disoit qu'il attestoit en premier lieu que les évêques de l'assemblée avoient reçu ladite constitution *avec le même respect et dans le même esprit que leurs prédécesseurs avoient reçu les premières bulles données contre Jansénius.*

Mais le pape exigeoit qu'on se contentât de justifier l'intention de l'assemblée, et que pour cela on se réduisît seulement à dire que le clergé avoit eu intention, *vere in animo habuisse, de recevoir la dernière constitution dans le même esprit,* etc. Enfin, le pape avoit substitué en cet endroit le terme d'*obéissance* à celui de *respect,* et avoit mis *eadem obedientiâ* au lieu de *eodem obsequio.*

La différence des deux projets sur l'article 2 étoit plus considérable et plus importante.

Le projet envoyé de Paris portoit que quand le clergé français avoit dit que *les constitutions des papes acceptées par le corps des évêques obligeoient toute l'église, sa pensée n'étoit pas qu'elles eussent besoin d'une acceptation solennelle pour être regardées par tous les catholiques comme des règles de la créance et du langage, quoiqu'il puisse y avoir des cas où la solennité ne soit pas d'une médiocre utilité dans les lieux où l'erreur est née.*

La cour de Rome avoit trouvé, sans doute, que ce *tous* faisoit entendre trop clairement la nécessité d'une acceptation en général ou expresse ou tacite, et par un raffinement digne de sa subtile politique, elle avoit imaginé une période construite avec tant d'art, que ce que le cardinal de Noailles avoit bien voulu dire pour exclure la nécessité de l'acceptation solennelle pouvoit s'étendre jusqu'à exclure même la nécessité de toute espèce d'acceptation ; c'est dans cette vue qu'elle désiroit que le cardinal de Noailles s'expliquât en ces termes :

2.° *Lorque le clergé a dit que les constitutions des papes acceptées par le corps des pasteurs obligent toute l'église, sa pensée n'a pas été que la solennité de cette acceptation fût nécessaire pour les faire regarder par tous les catholiques comme des règles de la créance et du langage, quoiqu'il puisse y avoir des cas où cette solennité ne soit pas d'une médiocre utilité dans les lieux où l'erreur est née.*

Mais, malgré cette involution artificieuse de paroles, la subtilité de la cour de Rome n'étoit pas difficile à découvrir. On voyoit bien qu'elle avoit recherché avec effort une expression qu'elle put faire tomber quand elle voudroit sur l'une et sur l'autre espèce d'acceptation; c'est pour cela qu'elle avoit évité de joindre le terme de *solennelle* à celui d'*acceptation* comme on l'avoit fait dans le projet envoyé de Paris, et qu'elle avoit affecté de mettre dans le projet réformé à Rome que le clergé de France n'avoit pas cru *que la solennité de l'acceptation fût nécessaire*; qu'à la vérité dans notre langue le terme de solennité renferme l'idée de quelque chose d'extérieur et de public, mais qu'en latin cette expression ne signifie souvent que ce que nous appelons en français *forme, formalité, usage, observation;* qu'ainsi la cour de Rome se préparoit sans doute les moyens de pouvoir conclure un jour, de cette lettre du cardinal de Noailles, que le clergé de France avoit déclaré par la bouche du cardinal qu'il ne croyoit pas que l'usage ou la pratique de l'acceptation fût *nécessaire* pour imprimer aux constitutions des papes le caractère de règle inviolable, ce qu'elle ne manqueroit pas alors d'appliquer à l'acceptation expresse et à l'acceptation tacite.

Ce qu'il y a de plus remarquable et qui fait voir avec combien de profondeur la cour de Rome avoit tourné cet article, c'est que dans le mémoire qui accompagnoit le projet envoyé de Rome on y expliquoit bien les autres changemens, mais on n'y faisoit pas la moindre mention de celui-ci. La même politique qui l'avoit inspiré ayant fait croire au pape que le changement étoit si léger, si imperceptible, et tourné d'une manière si délicate que les yeux des

Français, moins pénétrans que ceux des Italiens, n'en apercevroient pas seulement la différence, outre que la mèche auroit été d'abord découverte si l'on avoit voulu entrer en explication des motifs de ce changement.

La correction proposée sur le troisième article rouloit à peu près sur le même principe, qu'on avoit eu cependant l'habileté de cacher dans la note qui en marquoit la raison.

Le cardinal de Noailles avoit dit dans son projet que le clergé de France *ne s'étoit point arrogé de soumettre les décrets du pape à son examen pour les juger, mais qu'il avoit voulu que les sentimens de sa foi y fussent reconnus*, sed in ipsis fidei suæ sensum recognoscendum esse voluit, *ainsi que les évêques de France l'avoient écrit à Léon le grand.*

Ces expressions faisoient trop comprendre que c'étoit la conformité de la décision du pape avec la tradition de l'église qui servoit de fondement à l'acceptation du clergé pour échapper à l'attention jalouse et inquiète de la cour de Rome ; mais heureusement pour ses intérêts, elle trouva que les termes mêmes de la lettre des évêques de France à saint Léon lui étoient plus favorables, ou, pour mieux dire, moins contraires que l'application qu'on en faisoit à l'assemblée de 1705 dans le projet du cardinal de Noailles ; et elle eut l'habileté de profiter de ce bonheur, ensorte que pour toute note sur cet endroit elle proposa avec une simplicité apparente d'insérer les termes mêmes de la lettre des évêques de France à saint Léon dans celle que le cardinal de Noailles écrivoit au pape ; et le mémoire envoyé de Rome avec le projet réformé portoit seulement que l'on avoit *redressé, agguistato,* l'article 3, *avec les expressions précises de la lettre écrite à saint Léon par les évêques de France, attendu que sur le projet envoyé de Paris il paroissoit que c'étoit*

*de cette lettre que le clergé avoit tiré ses senti-
mens.*

Voici donc de quelle manière la cour de Rome
proposoit de tourner cet endroit :

« 3.º Le clergé de France ne s'est point arrogé
» le droit de soumettre les décrets des papes à son
» examen pour le juger ; mais (comme les évêques
» de France l'écrivoient autrefois à Léon le grand)
» il y a reconnu avec plaisir, avec une joie sensible,
» les sentimens de la foi, et il s'est applaudi d'avoir
» toujours pensé, conformément à ce que votre apos-
» tolat a exposé. » *Sed in ipsis (quod olim scribe-
bant Leoni magno, episcopi gallicani) gaudens et
exultans, fidei suæ sensum recognovit, et itá se
semper sensuisse, ut vester apostolatus exposuit,
lætatus est.*

Par là ce qui, dans le projet de Paris, pouvoit
établir le droit des évêques, ne devenoit plus qu'un
simple fait dans le projet renvoyé de Rome, d'où cependant nous conservions toujours la liberté de tirer
une induction en faveur du pouvoir des évêques.

Après l'application que le cardinal de Noailles faisoit dans son projet de la lettre des évêques de
France à saint Léon, il y avoit ajouté une phrase qui
faisoit sentir encore le droit des évêques, où il disoit
que le clergé de France, *en joignant unanimement
sa doctrine à celle du pape, avoit voulu porter un
coup mortel à l'erreur proscrite par le saint Siége,
de peur que les novateurs ne puissent dire qu'ils
avoient été condamnés plutôt par le silence respectueux des évêques que par leur déclaration expresse.*

Cette phrase n'embarrassoit pas beaucoup la cour
de Rome, soit parce que la proscription et la défaite
de l'erreur y étoient attribuées au pape, ensorte qu'il
sembloit que les évêques ne s'en mêloient que pour
lui donner, comme on le dit, vingt coups après sa
mort, soit parce qu'on avoit évité de s'y servir du

terme de *sentence*, de *jugement* ou de *censure* et qu'on avoit si bien pallié la chose par l'expression foible et vague de déclaration, que le cardinal de Noailles sembloit réduire par là tout le droit des évêques à la seule manifestation ou publication de la volonté du pape, et à *déclarer* simplement que l'erreur étoit proscrite.

Le pape se donna donc à peu de frais un air de modération et de condescendance, lorsqu'il dit dans le mémoire qui accompagnoit le mémoire réformé, *qu'il laissoit au choix et à la prudence de celui qui devoit écrire la lettre d'y insérer ou de n'y pas insérer cette période.*

On disoit à la fin de ce mémoire que les autres changemens que l'on avoit faits dans le projet envoyé de Paris étoient ou si justes ou si peu importans, qu'ils ne méritoint pas qu'on en fît une mention expresse pour les justifier ; *et qu'enfin, après toutes les facilités, toutes les condescendances que Sa Sainteté avoit eues dans cette affaire qui duroit depuis six ans, on espéroit qu'elle se termineroit à la fin comme Sa Sainteté le désiroit autant que Sa Majesté même.*

Je me suis peut-être trop étendu sur le détail de ces différentes observations qui, comme je l'ai déjà dit, dégénèrent dans une espèce de minutie ; mais c'est cette minutie même qui fait comprendre jusqu'à quel point la cour de Rome porte la profonde délicatesse de ses réflexions, et combien on doit avoir d'attention quand on traite avec une cour si subtile et si adroite à prendre tous les avantages possibles sur la bonne foi, ou, pour parler plus juste, sur la négligence et la sincérité française.

Je reprends à présent la suite des faits ; le marquis de Torcy, que j'étois allé voir un soir à Paris, me remit entre les mains le mémoire du pape avec les deux projets, et me pria de les examiner pour lui faire savoir ensuite ce que j'en pensois. Je ne me souviens plus s'il me dit que c'étoit par ordre du roi

qu'il me faisoit cette consultation, ou si elle n'étoit
qu'un effet de son amitié et de sa confiance personnelle.

J'y répondis par un mémoire que je lui envoyai
le 19 juin 1711, où je fis les observations que je viens
d'expliquer sur la différence des deux projets.

Le premier changement me parut peu suppor-
table, et je fus d'avis qu'on rétablît le projet dans
l'état où il étoit lorsqu'on l'avoit envoyé à Rome, ou
que si l'on avoit la complaisance pour le pape de
suivre le tour assez barbare et peu intelligible qu'il
avoit imaginé, on y rétablît du moins le terme d'*acceptation* qu'il sembloit qu'on en eût retranché avec
affectation comme une expression trop odieuse à la
domination romaine.

Je ne crus pas que le terme d'*obéissance*, substitué dans l'article *testor igitur primò* au terme de
respect, fût une raison suffisante pour rompre un
accommodement que le roi vouloit faire absolument,
parce que cette expression avoit été souvent employée
en pareil cas, et que d'ailleurs elle étoit suffisamment
restreinte dans l'endroit où on l'avoit placée, puisqu'elle y étoit employée relativement à la disposition
dans laquelle les évêques de France avoient accepté
la bulle d'Innocent X et d'Alexandre VII contre le
jansénisme.

J'insistai beaucoup, au contraire, sur la nécessité
de ne pas donner dans le piége que la cour de Rome
nous avoit tendu, en tournant l'article *secundò testor*
de telle manière qu'elle en pourroit conclure un jour,
que le clergé de France avoit reconnu que l'acceptation expresse ou tacite n'étoit pas nécessaire pour
donner force de loi dans l'église à une constitution
du pape, et mon avis fut qu'il falloit mettre dans le
projet *que l'esprit du clergé n'avoit pas été que la
solennité fût nécessaire dans l'acceptation;* necessariam esse in ejus modi acceptatione solemnitatem;
ou que l'acceptation solennelle fût nécessaire, necessariam esse acceptationem solemnem.

Le changement fait dans l'article *tertiò*, où l'on avoit substitué les termes mêmes de la lettre des évêques à saint Léon, dont le cardinal de Noailles s'étoit contenté de prendre l'esprit, me parut fait si habilement et d'une manière si spécieuse, qu'il étoit bien difficile de s'y refuser, quoique le tour du cardinal de Noailles fût meilleur en lui-même pour la conservation du droit des évêques, et j'entrai d'autant plus facilement dans cette pensée, que je crus que si le pape nous réduisoit par là au seul fait nous n'y perdrions rien néanmoins, parce qu'en pareil cas le fait infirme le droit, surtout quand il s'agit d'une expression employée dès le cinquième siècle par les évêques de France écrivant au pape.

A l'égard de la phrase qu'on laissoit au cardinal la liberté d'ajouter ou de retrancher, je fus pour le retranchement par les raisons que j'ai marquées en expliquant la note de la cour de Rome sur ce point; et il me parut que, quoiqu'il y eût dans cette phrase des expressions qui pouvoient nous être favorables, cependant, comme il y en avoit d'autres encore plus avantageuses au pape, il y avoit plus à gagner qu'à perdre pour nous en les retranchant, et c'étoit, selon les apparences, le jugement intérieur que la cour de Rome en avoit porté; elle n'auroit eu garde de laisser un choix libre au cardinal de Noailles, à cet égard, si elle n'avoit pensé qu'à tout prendre la période dont il s'agissoit étoit plus favorable que contraire aux prétentions ultramontaines.

Je finis mon mémoire en disant qu'au surplus on ne pouvoit s'empêcher de remarquer et sur le projet envoyé de Paris et sur le projet renvoyé de Rome, qu'il étoit triste et humiliant, non-seulement pour l'église gallicane, mais pour toute la France, de voir que l'on fût obligé de s'expliquer d'une manière si tremblante et si peu digne de la candeur épiscopale et de l'honneur de la nation sur le pouvoir le plus incontestable des évêques et le plus inséparablement attaché à leur caractère.

Mais quelle impression pouvoient faire ces paroles qui échappoient à un cœur vraiment français, *inter infirmos, aut obnoxios?* Tous ceux que le roi pouvoit consulter étoient ou livrés à la cour de Rome et ennemis de nos libertés, ou d'un caractère foible et accoutumé à une longue servitude. Le chancelier seul conservoit encore quelques restes de l'ancienne liberté; mais on l'avoit tellement décrié dans l'esprit du roi, que son opposition même devenoit souvent une raison de décider contre son avis.

OBSERVATIONS (1)

Sur le bref du 12 février 1703, par lequel le pape a condamné un écrit intitulé : Lettre de M......
chanoine de..... sur le Cas de Conscience, *etc.*

La première réflexion qui se présente d'abord à l'esprit, lorsque l'on examine ce bref, est que l'on ne doit point le considérer comme une loi de la doctrine, si l'on peut s'exprimer ainsi, et comme un décret de religion.

La forme extérieure de ce bref et la substance de sa disposition concourent également à établir cette vérité.

Dans la forme, on n'y remarque ni les clauses ni les solennités qui doivent accompagner les constitutions générales par lesquelles le pape prononce sur une question de foi. On n'y voit point l'adresse aux archevêques et aux évêques. Il n'y a rien dans l'extérieur de cette constitution qui marque qu'elle doive être envoyée à toutes les églises qui sont dans la communion du saint Siége.

Dans le fond, le pape n'y condamne aucune proposition en particulier; l'on y lit une condamnation, mais on ignore le crime sur lequel elle tombe. Le bref ne contient aucune qualification; le Cas de Conscience, dont ce bref condamne la lecture, n'est déclaré ni hérétique, ni erroné, ni téméraire, ni scandaleux; c'est cependant ce que l'on doit trouver

(1) Les observations, avec le mémoire qui suit, sont relatifs au mémoire précédent, où l'on trouve le récit de l'affaire du Cas de Conscience, jusqu'à la bulle *Vineam Domini Sabaoth*, 1703 jusqu'en 1705.

dans toutes les ordonnances , qui sont les véritables décrets de religion émanés du souverain pontife , comme chef de l'église pour la conduite et pour l'instruction de tous les fidèles.

Il ne s'agit donc point ici d'une constitution de foi et de doctrine ; et, si cela est, on ne peut regarder ce bref que comme une ordonnance de police faite par le pape, pour les lieux dans lesquels il exerce une juridiction ordinaire et immédiate ; c'est un décret de discipline qui n'a pour but que la paix et l'union de l'église. Le pape a cru qu'elle pourroit être troublée par un écrit capable de renouveler les anciennes disputes que la condamnation de Jansénius avoit excitées ; il juge à propos de supprimer cet écrit et d'en défendre la lecture , sans ajouter que cet écrit blesse la pureté ou l'intégrité de la foi. Il n'y a rien en cela qui ne soit du ressort de la police et de la discipline , même séculière. Le roi a fait, par l'arrêt qu'il a rendu le 9 de ce mois, ce que le pape a fait par le bref du 12 février dernier. La seule différence qu'il y a entre ces deux ordonnances ne tombe que sur la diversité des peines que chaque puissance a imposées par rapport à la différente nature de leur pouvoir ; le reste est absolument uniforme, et l'une et l'autre ordonnances ne sont que de simples décrets de police.

La conséquence naturelle que l'on doit tirer de cette première réflexion est que l'on ne peut recevoir le bref du pape dans le royaume, sans donner atteinte à nos libertés.

Quelque respect que nous ayons pour le saint Siége , nous ne craignons point de dire qu'il n'a aucun droit de faire des lois de police et de discipline qui nous obligent. Chaque église a ses mœurs, et c'est aux évêques de chaque nation qu'il appartient de les régler. Rien n'est plus opposé, en plusieurs points, que notre discipline et celle qui s'observe dans les lieux immédiatement soumis à l'autorité ordinaire du pape. Si nous pouvons suivre d'autres lois que les siennes, en ce qui regarde la discipline, nous ne sommes point obligés de les reconnoître; les recevoir, c'est avouer tacitement qu'elles sont faites pour toute l'église, c'est fournir aux ultramontains des armes contre nous-mêmes pour nous prouver quand il leur plaira que nous reconnoissons comme eux l'autorité ordinaire et immédiate du pape, puisque nous faisons publier en France une ordonnance de police qui ne porte que le caractère d'une autorité ordinaire et immédiate.

Si cet exemple est une fois reçu, les papes ne manqueront point d'exiger que nous ayons toujours la même déférence pour toutes les constitutions qu'ils jugeront à propos de fixer, et les lettres-patentes du roi ne seront plus considérées que comme des lettres d'attache, c'est-à-dire, comme des lettres de style qu'on ne pourra refuser que lorsque les constitutions des papes contiendront des dispositions formellement opposées aux droits de la couronne ou aux prérogatives de l'église gallicane.

Nos libertés, dont nos pères ont été si justement et si saintement jaloux, ne consistent pas seulement à ne pas recevoir des lois contraires à nos mœurs, mais encore à n'avoir point d'autres lois que les nôtres dans ce qui regarde la police de la discipline. Tout ce qu'une puissance étrangère veut entreprendre de faire dans le royaume doit être toujours suspect, quand même dans le fond on n'y trouveroit rien que d'innocent; ainsi le bref du pape sera, si l'on veut, une ordonnance juste, nécessaire, avantageuse à la paix de l'église; mais c'est toujours l'ouvrage d'une puissance étrangère, qui n'a point d'autorité immédiate parmi nous pour tout ce qui est de police et de discipline. Il n'en faut pas d'avantage pour s'abstenir de la recevoir. Nous devons vivre sous l'autorité, sous le gouvernement immédiat de nos évêques. Laissons aux romains l'usage d'un bref qui ne doit avoir été fait que pour Rome. Le pouvoir des évêques n'est plus qu'un titre vain et inutile, si le pape a droit de venir faire ici leurs fonctions, si nous allons, pour ainsi dire, au-devant d'une constitution qu'il ne nous a pas adressée, et si nous lui attribuons indirectement les droits d'ordinaire des ordinaires, pendant que nous lui en refusons la qualité.

La réception du bref du 12 février n'autoriseroit pas seulement cette fausse maxime, elle tendroit encore à en établir une autre que quelques ultramontains ont osé avancer; ils ont soutenu qu'il suffisoit qu'une constitution du pape eût été lue et publiée à Rome pour être observée comme loi dans toute l'église. C'est apparemment par cette raison que l'on a affecté, dans une partie des constitutions que les papes ont faites depuis quelque temps, de retrancher l'adresse aux évêques, en supposant que la seule parole du pape forme loi, pourvu qu'elle soit entendue dans Rome, et que tout le monde chrétien est obligé de s'y soumettre. C'est favoriser en quelque manière cette prétention, que de recevoir dans le royaume une ordonnance qui suppose ou plutôt qui contient formellement une si dangereuse proposition, puisqu'elle porte que la publication faite au champ de Flore aura le même effet que si elle avoit été signifiée à chacun de ceux qu'elle concerne : *In acie campi Floræ publicentur et sic publicatæ, omnes et singulos quos concernunt perindè afficiant ac si unicuique illorum personaliter notificatæ et intimatæ fuissent.*

Que si l'on oppose à ces raisons que le bref par lequel Innocent XII a prononcé la condamnation du livre de M. l'archevêque de Cambrai est reçu dans le royaume, quoique la forme de sa constitution fût précisément la même que celle du bref par lequel le pape a condamné le cas de conscience, il est aisé de répondre à cette objection :

1.º Que le bref donné contre le livre de M. l'archevêque de Cambrai regardoit certainement la doctrine et la foi; il condamnoit vingt-trois propositions particulières; il appliquoit à ces propositions des qualifications graves et pertinentes ; c'étoit, en un mot, un décret de religion, et non pas une simple ordonnance de police. Or, les formalités extérieures se suppléent bien plus aisément dans ce qui est de foi que dans ce qui appartient à la discipline, parce que dans l'un il ne s'agit que des sentimens intérieurs, au lieu que dans l'autre il faut, outre cela, avoir un pouvoir et une autorité extérieure ;

2.° Que le saint Siége étoit saisi du jugement du livre de M. l'archevêque de Cambrai, par la soumission de ce prélat, par le consentement de l'église gallicane qui avoit déclaré par la bouche de ses principaux évêques qu'elle attendroit la décision du saint Siége, et enfin par la prière que le roi avoit faite au pape, de prononcer sur les erreurs contenues dans ce livre ;

3.° Que quoique ce jugement eût été prononcé par M. l'archevêque de Cambrai, attendu par l'église gallicane, sollicité par le roi même, cependant on n'a pas jugé à propos de le recevoir qu'après l'assemblée expresse et solennelle des évêques assemblés par provinces.

Il ne faut donc point confondre le bref dont il s'agit avec celui d'Innocent XII. Un grand nombre de défenses essentielles distinguent ces deux brefs et ne permettent que l'on tire aucune conséquence de l'un à l'autre.

Telles sont les réflexions que l'on peut faire sur ce dernier bref, si l'on le regarde comme une simple ordonnance de police et de discipline.

Mais, quand même on voudroit lui attribuer une qualité qui ne lui convient pas et le considérer comme un véritable décret de religion, on ne pourroit pas conclure de là qu'il doit être reçu dans le royaume.

Il semble, au contraire, qu'il y ait trois grandes raisons pour en empêcher la réception.

La première est que s'il est vrai qu'en matière de foi, l'on n'ait pas toujours observé à la rigueur la règle qui veut que le jugement en appartienne aux évêques en première instance, cependant il faut convenir que cette règle est le droit commun dont ou ne doit s'écarter que pour des raisons importantes et dans des conjonctures singulières, surtout quand il s'agit de favoriser une puissance qui sait profiter de tout, qui acquiert tous les jours, et qui ne perd jamais rien, et qui a su plusieurs fois établir un droit sur un seul acte de possession.

Il n'est pas aisé de déterminer précisément quelles sont ces raisons importantes et ces conjonctures singulières dans lesquelles on peut sortir de la voie ordinaire, et déférer au pape le premier jugement des causes de la foi.

Mais on peut au moins décider en général qu'on ne le doit jamais faire que lorsque les évêques eux-mêmes le désirent, ou lorsque le prince, comme protecteur de l'église, juge que cette voie est plus courte et plus sûre pour terminer les disputes et pour rétablir l'union et la paix.

C'est ainsi que dans l'affaire des cinq propositions, les évêques de France s'étant eux-mêmes adressés au pape pour lui demander une décision, on n'a dû faire aucune difficulté de recevoir le jugement du saint Siége, puisque les évêques s'étoient démis de leur droit entre les mains du pape en le consultant sur les cinq propositions.

C'est encore par une suite du même principe qu'on a pu recevoir sans peine le bref d'Innocent XII sur le livre de M. l'archevêque de Cambrai, parce que ce prélat s'étoit soumis à la décision du pape, et que le roi l'avoit lui-même demandée.

Mais on ne trouve rien de semblable dans l'affaire présente. Les évêques du royaume n'y ont fait aucune consultation au saint Siége comme dans l'affaire de Jansénius. Le roi n'a point interposé sa médiation et ses offices pour obtenir une décision. Au contraire, M. l'archevêque de Paris, juge naturel de la doctrine d'un écrit signé par des docteurs de son dio-

cèse, l'a censuré d'une manière authentique avant
que d'avoir pu savoir que le pape l'avoit condamné ;
le roi a rendu un arrêt qui en ordonne la suppression ; on n'a donc ni désiré ni attendu la décision
du saint Siége. Or, si cela est, comme on n'en peut
douter, on ne peut recevoir le décret du pape sans
donner indirectement atteinte au droit des évêques.

Car, s'il est vrai qu'ils soient juges en première
instance des causes de la foi, pourquoi recevoir le
jugement du pape lorsqu'une fois les évêques ont
prononcé ? En quelle qualité recevroit-on ce jugement ? Seroit-ce comme jugement de première instance ? Mais il y en a déjà un prononcé par l'ordinaire. Seroit-ce comme un jugement rendu par le
supérieur ? Mais, outre qu'il n'y a point d'appel du
jugement de l'ordinaire, ce ne seroit pas au pape
qu'il faudroit avoir recours, ce seroit au supérieur
immédiat dans le royaume ; ainsi il est vrai de dire
qu'en cette occasion la décision du pape ne peut avoir
aucun nom, aucun caractère certain dans l'ordre hié-
rarchique, et par conséquent qu'il est contraire à ce
même ordre de la recevoir.

Quelle idée le peuple pourroit-il avoir de cette
réception ? Et, sous le nom de peuple, il faut entendre ici non-seulement ceux qui portent ordinairement ce nom, mais une infinité de prêtres et de
religieux ignorans, prévenus, mal intentionnés. Ne
pourra-t-il pas dire avec raison qu'on a cru que le jugement du pasteur ordinaire et immédiat étoit foible
et impuissant par lui-même, qu'il avoit besoin d'être
appuyé de l'autorité du pape ; et, si cela est, n'aura-
t-il pas raison d'en conclure que le pape est l'ordinaire
des ordinaires, et qu'il est le seul juge véritable de
la foi ?

La seconde raison est que le bref du pape ne condamne aucune proposition particulière. Il ne contient
point de qualification précise et certaine. Le saint
Siége s'est contenté d'envelopper l'écrit dont il défend la lecture dans une condamnation générale.

Tant qu'on ne considèrera cette censure que comme un jugement de police et de discipline, on ne peut que louer la prudence et la sagesse du saint Père. Il suffit, pour défendre la lecture d'un livre, qu'il contienne quelques passages dangereux dont on pourroit abuser.

Mais il n'en est pas de même si l'on considère cette censure comme un jugement de doctrine et un décret de religion ; alors on aura sujet de se plaindre de la manière vague et générale dans laquelle on a prononcé cette condamnation.

Le cas de conscience contient un grand nombre de maximes parmi lesquelles on ne peut nier qu'il n'y en ait plusieurs qui sont au-dessus de toute suspicion d'erreur et de singularité. On ne peut pas dire que la condamnation tombe sur ces maximes ; il faudra donc, en recevant le bref du pape, entrer dans un grand nombre d'explications pour ne pas confondre ce qui peut mériter la censure, avec ce qui est digne d'approbation. Mais ce discernement est aussi difficile qu'il est nécessaire ; les avis des évêques pourront se trouver partagés ; Rome se plaindra de ce qu'on a soumis son décret à leur examen, et la déférence que l'on a eue pour le pape, en recevant sa constitution, blessera nos libertés et ne contentera pas le saint Siége.

Cette réflexion, qui seule pourroit être suffisante pour se déterminer à ne pas recevoir ce bref, est d'autant plus importante qu'il y a des maximes dans le cas de conscience qui sont fondées sur nos usages et sur les libertés de l'église gallicane, et auxquelles néanmoins la cour de Rome ne manquera pas d'appliquer un jour la condamnation prononcée en général contre cet écrit.

Tel est, par exemple, le principe que les docteurs supposent, lorsqu'ils disent, à l'occasion des Heures de M. Dumont, *que le décret de l'inquisition qui les a défendues vient d'un tribunal qui n'oblige point et qui n'est point reconnu en France.*

Qui sait encore si la cour de Rome n'appliquera pas la même condamnation générale à la décision par laquelle les docteurs établissent qu'il est permis de lire les traductions de l'Écriture Sainte en langue vulgaire.

On ne pourroit prendre trop de précautions pour empêcher que l'on n'abusât contre nos maximes et contre la vérité même d'une condamnation aussi générale que celle que le pape a prononcée ; et ces précautions feront plus de peine à la cour' de Rome que la réception du bref ne pourra lui donner de satisfaction.

La troisième raison est que quand la censure dont il s'agit seroit un décret de religion , quand le roi et les évêques l'auroient demandée, quand elle n'auroit besoin d'aucune explication , on ne pourroit pas la recevoir avec moins de formalité que l'on en a apporté pour la réception des brefs des papes sur les cinq propositions et sur le livre de M. l'archevêque de Cambrai. Les évêques ont porté leur jugement sur ces brefs; ils les ont acceptés solennellement avant que le roi les ait autorisés par ses lettres-patentes ; il faudroit donc assembler les évêques par province, suivant le dernier exemple de ce qui s'est passé par rapport à la censure du livre de M. l'archevêque de Cambrai. Et , qui osera répondre des suites que pourront avoir des assemblées tenues sur une matière aussi délicate que celle dont il s'agit et sur laquelle on a eu tant de peine à apaiser les troubles que les premières disputes avoient excités ?

Ainsi , le fruit des démarches que l'on fera pour la réception de la censure de Rome ne sera peut-être que de bannir cette paix et cette tranquillité qui sont néanmoins l'ame et le fondement de la censure de Rome et de celle de Paris.

Enfin , la seule inutilité de la réception de ce bref seroit une raison décisive pour s'y opposer ; jamais censure ne fut plus inutile dans le royaume ; elle y

arrive lorsque tout est jugé, lorsque le supérieur ecclésiastique a consommé son pouvoir, lorsque le roi
lui a prêté le secours de son autorité. Ainsi on peut
dire que ce bref ne feroit aucun bien, puisque l'écrit
qu'il condamne a été censuré plus fortement par l'ordinaire que par le pape, et qu'au contraire ce bref
pourroit faire un très-grand mal par l'atteinte qu'il
donneroit à nos libertés que nous ne saurions conserver avec trop d'attention.

MÉMOIRE

Sur le bref par lequel le Pape a condamné l'écrit intitulé : Cas de Conscience *, etc.*

Quoique ce bref ait été dressé avec beaucoup de prudence et d'habileté, qu'on ait pris la précaution de n'y pas insérer la clause *motu proprio* contre laquelle on s'est élevé de nos jours aussi bien que du temps de nos pères, et qu'enfin on ait affecté de le rendre si court et si simple qu'il ne pût donner aucune prise aux défenseurs des libertés de l'église gallicane, on ne peut néanmoins l'examiner sérieusement sans découvrir les piéges qui sont cachés sous cette simplicité apparente, et sans être persuadé qu'il est également de l'intérêt de l'église et de l'état de ne point recevoir ce bref dans le royaume.

Si on l'envisage d'abord dans sa forme, il est vrai, comme on vient de le dire, qu'on n'y trouvera point la clause *motu proprio* exprimée en termes formels; mais, loin de se laisser éblouir par ce ménagement de la cour de Rome, ceux qui la connoissent véritablement remarqueront sans peine qu'il est peu important au saint Siége d'exprimer cette clause dans ses brefs, pourvu qu'elle se trouve dans la chose même, et que l'église de France reçoive comme un oracle infaillible ce que le pape décide de son propre mouvement sans être consulté par nos évêques ou par le roi.

Ce ne sont point précisément les termes *motu proprio*, ce n'est point un vain son de paroles qui a effrayé nos pères, lorsqu'ils se sont élevés contre cette clause, ils agissoient par des principes plus solides; c'étoit la chose qu'ils craignoient, et non pas l'expression. Ils croyoient que l'autorité sacrée des évêques et le pouvoir attaché de droit divin à leur caractère seroient bientôt anéantis si le pape, décidant de son propre mouvement toutes les questions qui appartiennent à la foi ou à la discipline, pouvoit exiger ensuite que sa décision fût reçue par l'église gallicane ; que le seul cas où le pape avoit droit de le demander, étoit lorsqu'il n'avoit décidé qu'à la prière et sur la relation de nos évêques ; mais que toutes les fois que la France n'avoit ni désiré ni demandé la décision du pape, elle devoit être en garde contre toutes les démarches que l'on faisoit pour parvenir à faire publier dans le royaume une telle décision, parce qu'en effet toutes ces démarches ne tendent qu'à faire regarder le pape comme le seul juge des causes de la foi, ou comme l'ordinaire des ordinaires, et à établir qu'il peut, quand il lui plaît, sans attendre ni le suffrage ni la consultation des évêques, faire de son propre mouvement une loi qui oblige toute l'église.

Voilà, si l'on ose le dire, le véritable abus de la clause *motu proprio*, abus qui consiste, comme on l'a déjà dit, non dans l'expression mais dans la chose même.

On le tolère quelquefois lorsqu'il ne se trouve que dans l'expression, ou du moins on se contente de protester contre les conséquences qu'on en peut craindre : nous avons plusieurs exemples célèbres de cette tolérance, et surtout dans ce qui s'est passé à l'égard du bref par lequel le pape Innocent XII a condamné le livre de M. l'archevêque de Cambrai.

Les plus savans prélats de l'église gallicane remarquèrent alors dans les assemblées provinciales qui furent tenues par ordre du roi, que, quoique la clause *motu proprio* se trouvât dans ce bref, il n'y avoit néanmoins aucun inconvénient à le recevoir, parce qu'une décision demandée par l'auteur du livre condamné, désirée par nos évêques, excitée par le roi même, ne pouvoit jamais passer pour un décret émané du propre mouvement du pape, et qu'ainsi il n'étoit pas juste que la forme l'emportât sur le fond, et qu'une clause inutile et mal appliquée fît perdre à la France le fruit d'une décision que la France elle-même avoit demandée.

Ce n'est donc point par l'expression seule que l'on doit décider si un bref est l'ouvrage du propre mouvement du pape, c'est par l'examen de toutes les circonstances qui l'ont précédée. Le pape peut agir de son propre mouvement sans déclarer expressément qu'il le fait, et c'est la conduite qu'il a jugé à propos de tenir dans la condamnation du *Cas de Conscience;* ni le roi, ni les évêques ne lui ont déféré le jugement. Bien loin d'attendre sa décision, M. l'archevêque de Paris, juge naturel de cet écrit, l'a condamné par une censure publiée avant que l'on eût aucune connoissance de celle de Rome. On n'a donc jamais vu le propre mouvement du pape plus clairement marqué dans aucune constitution que dans celle-ci, et c'est peut-être par cette raison qu'on ne l'a point exprimé, afin de nous engager par le retranchement spécieux de quelques expressions qui nous blessent à autoriser, sans y faire réflexion, la chose même que ces expressions signifient.

Mais il y a lieu d'espérer que la sagesse du roi et les lumières de l'église gallicane sauront rejeter cet appas qu'on leur présente, et qu'au lieu qu'on a reçu le bref de condamnation du livre de M. l'archevêque de Cambrai, parce que le propre mouvement ne se trouvoit pas dans la chose et qu'il n'étoit que dans l'expression, on évitera au contraire d'autoriser le bref dont il s'agit, parce que le propre mouvement se trouve véritablement dans la chose encore qu'il ne se trouve pas dans l'expression.

Ce défaut, quelque grand qu'il soit, n'est pas néanmoins le seul qui se remarque dans la forme extérieure du bref.

Une partie des évêques et tous les parlemens du royaume s'élevèrent, en 1699, contre la clause par

laquelle le pape Innocent XII déclaroit qu'il entendoit comprendre dans la défense de lire le livre de
M. l'archevêque de Cambrai les personnes mêmes
qui doivent être nommément et expressément désignées.

On remarqua alors que l'abus de cette clause consistoit en ce qu'elle donnoit atteinte à une maxime
qu'on ne sauroit soutenir avec trop de fermeté pour
l'intérêt des rois et de leurs états. Cette maxime, approuvée par les conciles et par les papes mêmes, est
que les autres personnes élevées par leur rang et
par leur autorité ne sont point comprises dans les
censures et dans les autres lois de police ecclésiastique, quelque générales que soient ces lois,
si elles n'y sont formellement et nommément désignées.

On représenta que la clause insérée dans le bref
d'Innocent XII rendoit cette sage précaution nécessaire, puisque si cette clause étoit une fois approuvée
en France, les personnes les plus élevées et les rois
mêmes seroient censés compris dans les monitions et
dans les censures générales, sous prétexte que l'on
auroit dit que ces monitions et ces censures publiques
s'étendroient à ceux mêmes qui doivent être spécialement désignés.

Malgré tout ce que l'on a pu représenter sur ce
sujet à l'occasion du bref d'Innocent XII, on n'a pas
laissé d'insérer la même clause dans le nouveau bref
du pape qui règne aujourd'hui; et si on la tolère
encore en cette occasion, elle passera enfin en style
perpétuel, et elle l'emportera sur toutes les protestations des défenseurs des libertés de l'église gallicane.

Un troisième défaut que l'on peut observer encore
dans la forme du même bref, est l'omission de l'a-
dresse aux archevêques et aux évêques. Ce n'est pas
sans mystère que l'on affecte à présent de retrancher
cette clause du style des brefs, les papes semblent
éviter aujourd'hui ce qui faisoit autrefois la consolation et la sûreté de l'église, c'est-à-dire de juger avec

les évêques ; on veut insinuer par cette conduite, que la parole du pape seul est une loi et un oracle infaillible, et qu'il suffit que sa voix se fasse entendre dans Rome pour mettre tout le monde chrétien dans l'obligation de s'y soumettre. Mais si l'intérêt de la cour de Rome l'engage à établir cette maxime, l'intérêt de l'église gallicane, ou, pour mieux dire, celui de l'église universelle doit porter la France à y résister.

On est d'autant plus obligé de le faire dans cette occasion, que le bref dont il s'agit suppose ouvertement, comme une maxime certaine, qu'il suffit qu'une constitution du pape soit lue et publiée à Rome pour être observée comme loi dans toute l'église.

C'est le quatrième défaut, ou le quatrième abus que l'on découvre dans l'extérieur de ce bref ; il porte expressément *que la publication qui en sera faite au champ de Flore aura le même effet que si ce bref avoit été signifié à chacun de ceux qu'il concerne.*

Il est aisé de prévoir toutes les conséquences de cette clause. L'examen des constitutions des papes, les formalités qu'on observe en France avant que de les recevoir, la nécessité de les revêtir de l'autorité du roi, et de les faire publier dans le royaume pour leur imprimer le caractère d'une véritable loi, toutes ces précautions si sages et si salutaires sont entièrement abolies, ou plutôt elles deviennent absolument inutiles, s'il est vrai que la publication qui s'en fait à Rome soit suffisante, et que les particuliers mêmes que ces brefs concernent soient assez avertis de leur disposition par l'affiche qui s'en fait dans une des places de la ville de Rome.

Enfin, on peut ajouter comme un dernier défaut qui se trouve dans le bref du pape, que ce bref oblige tous ceux qui ont des exemplaires du Cas de Conscience à les remettre entre les mains des inquisiteurs de la foi et des ordinaires. Le seul nom d'inquisiteur a toujours paru si odieux à la France, que, quoiqu'elle eût désiré avec empressement la constitution par laquelle le pape Innocent X condamna les propositions de Jansénius, cependant le roi n'autorisa cette constitution par ses lettres-patentes qu'en prenant de sages précautions contre une clause semblable à celle dont il s'agit.

On répondra peut-être à toutes ces observations que les mêmes défauts que l'on vient de relever se trouvoient dans plusieurs constitutions des papes que nous avons reçues en France, et qu'ainsi il est vrai de dire qu'on a supposé, en les recevant, que, quoique les clauses que l'on a remarquées soient vicieuses en elles-mêmes, elles ne suffisent pas néanmoins pour rendre vicieux l'acte entier dans lequel elles se trouvent, ni pour faire rejeter la substance d'une décision juste et salutaire, parce que la forme extérieure en paroît abusive.

Pour répondre à cette objection, il suffit de réfléchir sur les principes qui ont déjà été expliqués, et de considérer qu'on peut distinguer deux sortes de constitutions du pape.

Les unes sont accordées aux vœux de la France et à la prière du roi, pour le bien de l'église gallicane ou pour celui de l'état.

Les autres, au contraire, n'ayant été ni désirées ni demandées par la France, doivent être regardées comme des décrets émanés du propre mouvement du pape.

Dans les premiers, l'on s'attache au fond et à l'essence même de la décision beaucoup plus qu'à la forme extérieure dont elle est revêtue. Le bien public qui a obligé la France à solliciter ces sortes de bulles, doit l'emporter sur un vice particulier qui les feroit rejeter dans d'autres circonstances; on distingue alors dans ces bulles ce qui est l'ouvrage du chef de l'église consulté par un de ses membres, ce qui ne peut être que l'ouvrage des officiers de la cour de Rome. On retranche le mauvais pour s'attacher uniquement à ce qui est bon; et, en embrassant avec joie le fond de la décision, on se contente de prévenir sur des modifications salutaires , l'abus que l'on pourrroit faire de la forme dans laquelle cette, décision est prononcée.

Mais il n'en est pas de même des constitutions que nous n'avons ni désirées ni demandées , et qui ne sont nécessaires ni à l'église ni à l'état.

On examine ces décrets à la rigueur, on les considère comme les ouvrages d'une puissance étrangère toujours attentive à étendre les bornes de son pouvoir et à entreprendre sur nos libertés ; ces sortes de constitutions n'étant point favorables comme les premières, on les envisage plutôt par rapport à la forme que par rapport au fond ; et la moindre clause contraire à nos maximes suffit pour en empêcher la publication , parce qu'en un mot, comme nous n'en avons aucun besoin, nous ne pouvons que perdre en les recevant.

Aussi ne voit-on point que l'on ait encore reçu en France aucuns décrets semblables, lorsque la France elle-même ne les a point demandés ; et il seroit d'autant plus dangereux de donner cet exemple à l'occasion du bref dont il s'agit, que le fond de sa disposition n'est pas moins contraire aux libertés et aux maximes de ce royaume que la forme dont il est revêtu.

En effet, lorsqu'après avoir pénétré cette écorce qui l'environne on cherche à découvrir la véritable nature de cette constitution , on n'y trouve aucun caractère d'une loi de doctrine et d'un décret de religion , on n'y remarque que le style et les dispositions d'une simple loi de police et de discipline.

Sans répéter ici ce qui a déjà été observé, que ce bref ne contient ni une adresse aux archevêques et aux évêques, ni aucune des solennités qui doivent accompagner une loi de doctrine, on se contentera de faire remarquer que le pape ne condamne, par sa constitution, aucune erreur, aucune proposition particulière. Les maximes contenues dans l'écrit intitulé : *Cas de Conscience* n'y sont déclarées ni hérétiques, ni erronées, ni téméraires; elle ne sont flétries d'aucune censure, d'aucune qualification précise et expresse.

A quoi se réduit donc la constitution du pape? A une simple ordonnance de police, par laquelle, condamnant en général cet écrit sans en marquer le venin, il se contente d'en défendre la lecture sans déterminer précisément la nature et les dégrés de l'erreur qui y est enseignée.

De cette première observation, tous ceux qui ont du zèle pour la défense des libertés de l'église gallicane ne manqueront pas de tirer d'abord cette conséquence, que la constitution dont il s'agit n'est point du nombre de celles qui peuvent et qui doivent être reçues dans ce royaume.

La foi est une dans toutes les églises, mais la discipline n'est pas la même ; chaque église a ses mœurs, et c'est aux évêques de chaque nation qu'il appartient de les régler. Le pape ne peut entreprendre de le faire que dans les lieux où l'on reconnoît sa puissance ordinaire et immédiate. Laissons donc aux Romains l'usage d'une loi de discipline, qui, par sa forme extérieure, ne paroît pas avoir été faite que pour Rome. Le pouvoir de nos évêques n'est plus qu'un titre vain et inutile, si le pape a droit de venir faire ici leurs fonctions, si nous allons, pour parler ainsi, au-devant d'une constitution qu'il ne nous a pas adressée, et si nous lui attribuons indirectement le pouvoir et les droits d'ordinaire des ordinaires, pendant que nous lui en refusons la qualité.

Les libertés de l'église gallicane, dont nos pères ont été si justement et si saintement jaloux, ne consistent pas seulement à ne pas recevoir des lois contraires à nos mœurs, mais encore à ne point suivre d'autres lois que les nôtres dans ce qui regarde la police et la discipline.

Tout ce qu'une puissance étrangère veut entreprendre de faire dans le royaume est toujours suspect, quand même dans le fond la chose paroîtroit innocente. C'est par cette raison que nous nous sommes contentés de recevoir les constitutions des papes en ce qui regarde la foi, après le jugement et l'acceptation de nos évêques; mais jamais on n'a prétendu que cette acceptation pût être tirée à conséquence, pour nous obliger à recevoir de la même manière les brefs des papes qui ne regardent que la discipline.

Autrement toutes les fois qu'il plaira à la cour de Rome d'ordonner qu'un écrit demeurera supprimé, d'en défendre, d'en condamner la lecture, il faudra que l'église de France souscrive à cette ordonnance de police; ainsi l'Index deviendra bientôt une loi du royaume; et, si le pape juge à propos de mettre son nom à la tête des décrets de l'inquisition, ou de les autoriser par un bref, nous serons assujettis à une infinité de condamnations qui n'ont souvent pour fondement que les opinions inventées par les flatteurs de la grandeur romaine, et qui tombent ordinairement sur les maximes auxquelles nous sommes le plus inviolablement attachés.

Il est donc de l'intérêt de l'église, il est encore plus, si l'on ose le dire, de l'intérêt de l'état, de ne s'écarter jamais de cette distinction solide des lois qui regardent la foi et de celles qui n'appartiennent qu'à la discipline, d'accepter les unes avec le consentement des évêques, et de regarder les autres comme des lois qui ne sont point faites pour nous, et qui n'obligent que ceux qui vivent sous l'autorité immédiate du souverain pontife.

C'est à ces sortes de lois qu'on doit appliquer encore plus fortement qu'à celles qui regardent la doctrine, les maximes qui nous défendent de recevoir en France, comme une loi véritable, ce qui est émané du propre mouvement du pape.

Quand il s'agit de la foi, on supplée beaucoup plus aisément toutes les formalités extérieures, parce qu'alors il n'est question que des sentimens, et que ce qui est de la foi n'est pas toujours astreint à l'ordre des juridictions.

Mais lorsqu'il ne s'agit que de la police et de la discipline, le pape, selon nos mœurs, ne peut rien faire que suivant les règles de la hiérarchie et suivant les usages et les priviléges de chaque nation.

Quand même on pourroit supposer pour un moment que la constitution du pape renferme, au moins implicitement, quelque décision de doctrine, on trouveroit encore dans cette supposition même de plus grands obstacles à la publication de ce bref.

Premièrement, cette décision n'a point été demandée, c'est une vérité qu'on ne sauroit trop répéter; et par conséquent on ne peut la recevoir, sans donner indirectement atteinte au droit qui appartient de droit divin aux évêques, d'être les premiers juges des causes de la foi, et sans donner lieu au peuple et à une infinité de religieux et de prêtres peu instruits des plus grandes maximes de l'ordre hiérachique, de dire publiquement qu'on a cru que le jugement du pasteur ordinaire et immédiat étoit foible et impuissant par lui-même, qu'il avoit besoin d'être appuyé et fortifié par celui du pape, et qu'ainsi ce n'est pas sans raison que la cour de Rome soutient que le jugement des causes de la foi est réservé au saint Siége.

Secondement, dans tous les cas où l'on a fait publier en France les constitutions du pape, les évêques n'avoient rien prononcé sur la question décidée par les constitutions; et ils n'avoient eu garde de le faire, parce qu'ils attendoient la décision du saint Siége, qu'ils avoient eux-mêmes demandée. Ici, tout au contraire, M. l'archevêque de Paris a prononcé; et, ce qu'on ne peut se dispenser de faire remarquer, il a prononcé d'une manière plus expresse, plus forte, plus instructive que le saint Siége. Ainsi la publication de la constitution du pape, bien loin d'augmenter le poids de la décision du supérieur ordinaire, ne pourroit qu'en diminuer la force et en affoiblir l'impression; en un mot, c'est un remède extraordinaire qui survient après la guérison du malade, et qui, par conséquent, est ou inutile ou même dangereux.

Enfin, ce qu'on ne sauroit représenter avec trop de force et trop d'étendue, c'est que cette constitution est non-seulement une décision que nous n'avons point demandée et que nous avons même prévenue ; c'est encore une décision vague, générale et indéterminée, qui peut être exécutée comme une loi de police dans les lieux où le pape exerce immédiatement sa puissance, mais qu'on ne peut jamais recevoir dans ce royaume comme loi de doctrine sans tomber dans de très-grands inconvéniens.

Pour établir cette proposition, la plus essentielle de toutes celles que l'on a tâché de prouver dans ce mémoire, il faut supposer ce que personne ne révoque en doute, que le Cas de Conscience renferme plusieurs maximes saines et orthodoxes dont il y en a même quelques-unes qui sont regardées comme de premiers principes par tous ceux qui se sont appliqués à l'étude de nos libertés.

Telle est, par exemple, la maxime avancée par l'auteur du *Cas de Conscience*, *que le décret de l'inquisition* par lequel les Heures de M. Dumont ont été défendues *vient d'un tribunal qui n'oblige point et qui n'est pas reconnu en France*.

Tel est encore ce qui est dit ensuite, que les plus saints papes ont reconnu eux-mêmes *qu'ils n'étoient pas exempts de surprise ;* maxime dont on s'est servi tant de fois dans les dernières disputes que la France a été obligée de soutenir contre la cour de Rome.

Voilà deux exemples de maximes fondamentales de nos libertés, qui se trouvent dans le Cas de Conscience.

Il n'est pas plus difficile d'y en remarquer d'autres, qui sont regardées comme certainement orthodoxes par les plus grands théologiens du royaume.

Telle est celle qui autorise les traductions de l'Ecriture Sainte en langue vulgaire, maxime autrefois combattue, mais aujourd'hui tellement constante en France, que les deux partis se sont enfin accordés sur ce point, et que les uns et les autres ont donné au public des traductions d'une partie de l'Écriture en langue vulgaire.

Telle est enfin, sans entrer dans un plus long détail, la décision qui est écrite dans le même Cas de Conscience, sur plusieurs livres imprimés avec privilége du roi, avec approbation des docteurs et même des évêques, et que l'auteur du Cas de Conscience suppose avec raison qu'il n'est point défendu de lire.

Quelque certaines que soient ces maximes, le bref du pape n'en fait aucune acceptation; il les envelopppe toutes également dans une condamnation générale, que la cour de Rome fera tomber ensuite selon ses intérêts et suivant la diversité des conjonctures, sur telle maximes qu'elle jugera à propos.

Il n'y a donc point de bon citoyen et de fidèle serviteur du roi qui puisse proposer aujourd'hui d'approuver purement et simplement un bref qui confond le bon avec le mauvais, et qui par conséquent peut faire beaucoup plus de mal que de bien par les conséquences arbitraires que l'on en tirera un jour.

On peut dire même qu'on ne sauroit faire voir par aucun exemple que jamais la France ait reçu ces sortes de condamnations vagues, générales, et, si l'on ose le dire, captieuses.

Mais si, malgré toutes ces raisons, on vouloit aujourd'hui donner cet exemple à la postérité, il faudroit au moins commencer par examiner de nouveau le Cas de Conscience, pour savoir sur quel point tombe précisément la condamnation.

Or, comment fera-t-on cet examen, et à quels inconvéniens ne s'expose-t-on point en le faisant?

1.º Il faudra d'abord fixer le discernement de tout ce qu'il y a de bon et de mauvais dans le Cas de Conscience, indépendamment de ce qui regarde le droit ou le fait de Jansénius, et par conséquent entrer dans la discussion des questions tant de fois agitées sur la grâce, la prédestination, l'amour de Dieu, l'attrition, le culte de la sainte Vierge, les traductions en langue vulgaire;

2.º Il faudra entrer dans l'examen de ce qui regarde le droit ou le fait de Jansénius ; et, dans ce point-là même, il faudra commencer par examiner très-sérieusement s'il n'y a point de précautions à prendre contre les conséquences que la cour de Rome pourra tirer un jour de ce qui se passe aujourd'hui pour appuyer la prétendue infaillibilité du pape ; il ne faut pas douter qu'elle n'envisage dès à présent les avantages qu'elle se flatte d'en recevoir, et il est de la prudence et de la sagesse du roi de les prévenir. Ne seroit-il pas même nécessaire de distinguer les faits sur lesquels on doit déférer à l'autorité du pape, ou par une foi véritable, ou par une autre espèce d'acquiescement, de ceux sur lesquels il n'a aucune autorité ; car si l'on prend cette précaution, qui osera nous assurer que l'on n'abusera pas un jour contre la paix et la sûreté du royaume, contre la majesté du roi même, contre le pouvoir qu'il n'a reçu que du ciel, de cette autorité signalée et si étendue que le pape se donne sur les faits ?

3.º Enfin, il sera nécessaire ou d'excepter de la condamnation prononcée par les papes tous les livres que l'auteur du Cas de Conscience a cru pouvoir faire passer pour livres non suspects, ou bien il faudra examiner ces livres, et voir si l'église gallicane se trompa lorsqu'elle en souffrit publiquement la lecture, ou si, au contraire, nos évêques ont eu raison de les approuver ou expressément ou tacitement.

4.º Pour faire toutes ces distinctions, il faudra assembler les évêques ; car la piété et la religion du roi ne lui permettront pas de vouloir juger par lui-même des points sur lesquels tombe la condamnation du pape et de ceux sur lesquels elle ne tombe pas, si on a pris cette précaution avant que d'accepter la constitution du pape Innocent XII sur le livre de M. l'archevêque de Cambrai qui contenoit une censure claire, précise, déterminée. Combien sera-t-elle aujourd'hui plus nécessaire pour recevoir un bref qui a besoin de tant d'explications, de correctifs et d'adoucissemens !

Or, qui peut prévoir quel sera l'événement de toutes ces assemblées ? Il n'y a presque aucun des points traités dans le Cas de Conscience qui ne puisse exciter une espèce de guerre civile dans l'église. Nous verrons peut-être revivre les anciennes disputes du fait et du droit qui ont déjà partagé une fois l'épiscopat, et que toute la puissance du roi et l'autorité du saint Siége ont à peine terminées dans le temps de la paix de l'église.

. Pourquoi se jeter sans nécessité, sans utilité, dans un embarras volontaire ? Tout est tranquille, tout est apaisé ; un écrit signé avec imprudence, et publié avec encore plus d'indiscrétion, a excité la vigilance d'un grand archevêque. Il l'a condamné comme il a cru le devoir faire. Le roi a appuyé cette condamnation du secours de son autorité. Le bref du pape, dans une telle conjoncture, ne serviroit qu'à exciter les troubles que le saint Siége a voulu prévenir.

5.º Enfin, de quel œil le pape regardera-t-il toutes ces assemblées, si nécessaires dès le moment qu'on voudroit recevoir sa constitution, mais en même temps si contraires aux prétentions de la cour de Rome ? Aussi jaloux de son autorité qu'il le paroît, verra-t-il avec indifférence les évêques juger de l'étendue du véritable sujet de la condamnation qu'il a prononcée, donner des bornes à sa censure, faire des distinctions où il n'a pas jugé à propos d'en faire aucune, et, par des modifications salutaires mais peu agréables à la cour de Rome, lui apprendre en quelque manière avec quelles précautions et quels ménagemens il devoit porter son jugement.

Ainsi l'on reconnoîtra peut-être par une fâcheuse expérience, que la réception de ce bref aura eu un effet tout contraire à celui qu'on en attendoit. On ne propose de le recevoir que pour affermir la paix de l'église, et il ne servira qu'à y allumer la guerre. On veut faire plaisir au pape en lui donnant cette marque de notre déférence, et cependant les précautions dont la publication de ce bref doit être nécessairement accompagnée, s'il nous reste encore quelque souvenir de nos libertés , feront infiniment plus de peine au pape qu'il n'aura de satisfaction de voir son décret publié dans le royaume.

Il n'y a cependant que trois partis à prendre : le premier, de recevoir un bref purement et simplement, ce qu'aucun bon Français ne sauroit envisager sans émotion ; le second, de le recevoir avec sa modification et sur la forme et sur le fond , ce qui est sujet à une infinité d'inconvéniens ; le troisième, de demeurer dans le silence, et de nous contenter du jugement de notre archevêque et de l'arrêt qu'il a plu au roi de rendre pour étouffer la voix d'une discorde renaissante ; et l'on peut dire que ce dernier parti est en même temps le plus simple et le plus sûr, le seul, en un mot, qui, conciliant les règles de notre discipline avec celles de la prudence, confirme véritablement l'union et la paix , et ne nous brouille ni avec la cour de Rome ni avec nous-mêmes.

RELATION

*Au sujet de l'assemblée du clergé de 1705, sur
l'acceptation de la bulle contre le J.....*

LE 12 février je fus averti que le bref du pape
contre les délibérations et la lettre de cette assemblée, dont on nous menaçoit depuis long-temps, et
dont la prudence et la dextérité du dernier nonce
avoient fait distraire l'envoi depuis près de dix-huit
mois, étoit enfin arrivé, mais que personne ne l'avoit
encore vu.

Je crus ne pouvoir mieux faire pour en avoir des
nouvelles certaines, que d'en aller demander à M. le
cardinal de Noailles.

Il me raconta tout ce qu'il en savoit, et il me dit
qu'ayant été à Versailles le mardi précédent, M. de
Torcy lui avoit confié que M. le nonce demandoit
une audience au roi pour lui rendre un bref de Sa
Sainteté sur ce qui s'étoit passé contre l'autorité du
pape dans la dernière assemblée du clergé; qu'outre
ce bref il y en avoit encore un entre les mains du
nonce adressé à cette assemblée, ou du moins à ceux
dont elle avoit été composée, à quoi M. de Torcy
avoit ajouté que, suivant l'usage ordinaire, M. le
nonce lui avoit remis entre les mains une copie du bref
adressé au roi, et qu'il devoit recevoir incessamment
les ordres de Sa Majesté sur ce sujet; qu'à l'égard
du bref adressé aux archevêques et aux évêques de
l'assemblée de 1705, M. le nonce ne lui en avoit
point donné de copie.

M. le cardinal de Noailles me dit ensuite que le
jour même que j'allai chez lui M. le nonce l'étoit
venu voir, et qu'après une assez longue conversation
sur des sujets indifférens il avoit enfin commencé à

lui parler du bref dont il étoit chargé pour les députés de l'assemblée de 1705, et, que, pour entrer en matière, il lui avoit dit qu'il avoit un bref à rendre à Son Eminence de la part du pape ; que, sur cela, M. le cardinal de Noailles lui avoit répondu : à moi, Monsieur ! et de quoi s'agit-il donc ? Que M. le nonce lui ayant répondu que c'étoit un bref écrit à l'assemblée du clergé de 1705, qu'il devoit rendre à Son Eminence, comme ayant été président de cette assemblée, M. le cardinal lui dit que si cela étoit, ce n'étoit plus à lui que le bref étoit adressé, puisque n'y ayant plus d'assemblée il n'y avoit pas non plus de président. M. le nonce insista, et lui dit qu'il devoit se tenir incessamment une nouvelle assemblée du clergé, à laquelle le bref pourroit être rendu. Mais M. le cardinal lui répartit que cette assemblée ne seroit point la même que celle de 1705, et qu'ainsi elle ne seroit pas plus en état que lui de recevoir un bref qui étoit adressé aux prélats de l'assemblée de 1705.

M. le nonce en demeura là par rapport à la remise du bref, qu'il ne fit pas même voir à M. le cardinal ; mais il entra dans le fond de la matière. Il parut, par ce qu'il dit sur les sujets des plaintes du saint Père, que le pape avoit trouvé mauvais que les évêques se fussent attribué le droit de juger des décrets du saint Siége, et qu'il croyoit être d'autant mieux fondé dans ses plaintes, qu'une partie du clergé de France n'avoit pu être d'avis de suivre le sentiment qui avoit prévalu par le nombre dans l'assemblée.

M. le cardinal lui répondit en peu de paroles qu'il est très-difficile de concevoir que le pape commençât à se plaindre d'une chose qui a toujours été pratiquée dans ce royaume, et que les papes, ses prédécesseurs, n'avoient jamais condamnée.

Que le clergé de France avoit déclaré dans l'affaire de Jansénius, qu'il y procédoit par voie de jugement ; et que ce qu'il avoit fait en cette occasion lui avoit attiré, non les reproches, mais les éloges des souverains pontifes.

Que le même clergé en avoit usé de la même manière dans l'acceptation de la condamnation du livre des Maximes des Saints, prononcée par le pape Innocent XII; que les évêques s'étoient même expliqués alors dans les assemblées provinciales qui furent tenues sur ce sujet d'une manière beaucoup plus forte qu'ils ne l'avoient fait dans la dernière assemblée.

Que le pape, qui remplit à présent le saint Siége, étoit alors secrétaire des brefs; que par conséquent il étoit mieux instruit que personne de ce qui s'étoit passé dans cette affaire, dans laquelle il n'avoit point paru que le feu pape eût blâmé la conduite des évêques de France.

Qu'au surplus, le pape n'avoit pas été bien informé si l'on avoit exposé à Sa Sainteté que les sentimens du clergé de France, dans la dernière assemblée, n'avoient pas été uniformes sur ce point; que s'il y avoit eu entre eux à la fin de l'assemblée quelque diversité d'avis, elle tomboit sur une question toute différente; mais qu'il n'y avoit eu aucun de tous les évêques présens à cette assemblée qui eût assez oublié le pouvoir attaché de droit divin à son caractère, pour avoir douté un moment du droit qui appartient aux évêques de joindre leurs suffrages à celui du saint Père, en acceptant la constitution; et qu'ainsi, il espéroit que lorsque le pape auroit été mieux instruit des véritables sentimens du clergé de France, et qu'il auroit fait plus de réflexion à ce qui se seroit pratiqué dans de semblables occasions, il ne donneroit que des éloges à la conduite des évêques de l'assemblée de 1705, par rapport à l'acceptation de sa constitution.

M. le nonce ayant trouvé M. le cardinal de Noailles dans ces sentimens, se retira sans insister davantage à lui remettre le bref.

Je compris, par ce que M. le cardinal de Noailles me dit ensuite, que le mardi ou mercredi suivant le roi pourroit prendre une résolution sur la réception de ces brefs; et il crut en devoir écrire le soir même à M. le chancelier, pour le prier de trouver bon que ces brefs, supposé qu'il les eût, me fussent communiqués.

M. le chancelier me répondit le dimanche, qu'il n'avoit encore aucune connoissance de ces brefs; qu'il me feroit part de ce qu'il en apprendroit, et qu'il me prioit de lui rendre compte aussi de tout ce que je saurois sur ce sujet.

Trois jours après il m'écrivit une seconde lettre, dans laquelle il me marquoit qu'il étoit vrai que ces brefs étoient arrivés, mais qu'on n'étoit pas bien au fait du véritable sujet des plaintes du saint Père; qu'il y avoit même des gens qui croyoient qu'il falloit recevoir ces plaintes favorablement, parce qu'en cela il agissoit autant et plus pour le roi, que pour lui-même, et pour ôter toute espèce de retour au jansénisme.

Je répondis à M. le chancelier, que je croyois que les mouvemens que le pape faisoit dans cette affaire n'étoient causés que par la prévention dans laquelle sont les partisans de la fausse puissance du saint Siége, qu'il n'appartient qu'au saint Père d'être juge en matière de doctrine, et que les évêques ne sont que de simples exécuteurs de ses décrets.

Qu'au surplus, je ne pouvois concevoir comment on pouvoit prétendre qu'il restoit encore au jansénisme une porte pour rentrer dans le royaume, puisqu'ayant été condamné, et par le pape et par nos évêques, il ne pouvoit plus revenir en France suivant l'opinion même de ceux qui tiennent avec raison que le jugement du pape ne nous oblige véritablement que lorsqu'il est accepté par les évêques.

J'appris quelques jours après le dénouement de cette énigme.

Mais, pour suivre l'ordre des temps, je dois marquer ici qu'ayant eu occasion de revoir M. le cardinal de Noailles, il me dit que le roi avoit cru ne pouvoir se dispenser avec bienséance de recevoir le bref du pape, parce qu'on ne refuse point d'ouvrir la lettre d'un ami sans être bien résolu de se brouiller avec lui.

Qu'ainsi, Sa Majesté feroit dire à M. le nonce, qu'il pouvoit lui présenter le bref du pape quand il le jugeroit à propos.

Mais qu'après avoir lu ce bref, le roi feroit dire au nonce, que Sa Majesté ne croyoit pas y devoir faire réponse elle-même; que M. le cardinal de la Tremoille recevroit ses ordres sur ce sujet, et rendroit compte au pape des raisons qui déterminoient le roi à le prier de ne pas pousser plus loin cette affaire.

J'allai le dimanche suivant à Versailles.

J'y appris, par M. le chancelier, la solution du problême qu'il n'avoit fait que m'exposer en un mot par sa seconde lettre; et voici sur quoi roule toute la subtilité de ceux qui prétendent que le bref du pape peut être avantageux au roi, dans le dessein qu'a Sa Majesté d'extirper les moindres restes du jansénisme.

Ce n'est point sur la question de l'étendue du pouvoir des évêques dans le jugement des matières de foi ou de doctrine, que se fondent précisément les partisans du bref. Tout leur système porte uniquement sur le terme *de solennelle*, employé dans le mandement uniforme dressé par les ordres de la dernière assemblée du clergé.

Ce mandement porte que les constitutions données par les papes contre le jansénisme, sont devenues les lois de toute l'église par l'*acceptation solennelle* qui en a été faite *par le corps des pasteurs*.

D'où l'on conclut que l'assemblée du clergé a posé pour principe que les jugemens du saint Siége ne sont regardés comme des lois dans l'église, qu'après l'acceptation solennelle que le corps des pasteurs en fait.

Or, dit-on, le corps des pasteurs n'a point accepté solennellement les bulles des papes contre le jansénisme.

Car, premièrement, ce corps n'a point été assemblé pour faire cette acceptation.

Et secondement, il est encore faux que tous les évêques aient accepté solennellement les décisions des papes sur le livre de Jansénius; au contraire, il est certain que le plus grand nombre des évêques ne les a acceptées que tacitement.

Ainsi, ces constitutions ne sont donc point encore des lois pour toute l'église; et par conséquent il est vrai que l'église entière n'a pas encore condamné les erreurs de Jansénius.

Ce raisonnement, qui n'est qu'un pur sophisme, tombe de lui-même si l'on considère,

1.° Que l'expression sur laquelle on appuie ce raisonnement n'est point dans la délibération du clergé, par laquelle il accepte la bulle du pape.

Elle ne se trouve que dans un projet de mandement, qu'il a été libre de suivre ou de ne pas suivre, et que les évêques même n'ont pas suivi;

2.° Qu'il paroît, à la vérité, que ceux qui ont dressé ce modèle de mandement ont employé, peut-être abusivement, le terme d'acceptation solennelle; mais que, s'ils ont péché contre les lois de la grammaire, ils ont eu néanmoins un sens fort correct dans l'esprit; et que ce qu'ils ont voulu dire, est que l'acceptation a été constante, notoire, connue de tout le monde.

Il n'en faut pas d'autre preuve que ce qu'ils ont dit eux-mêmes, que les constitutions du pape sur le livre de Jansénius étoient devenues des lois pour toute l'église.

Ils savoient pourtant bien que ces constitutions n'avoient été reçues dans une grande partie de l'église que par une acceptation tacite.

Ils n'ont donc pas cru que l'acceptation dût être expresse et solennelle, pour imprimer aux constitutions du pape le caractère d'une loi universelle et irrévocable.

Ce fut à peu près ce que je proposai à M. le chancelier, de vive voix, sur cette difficulté, convenant néanmoins avec lui qu'il auroit été à souhaiter que

l'auteur du mandement uniforme eût choisi une expression plus correcte et plus exempte de toute critique que celle qu'il a employée dans ce modèle de
mandement.

Il me dit ensuite, que quoiqu'il eût été arrêté le
mercredi précédent que le roi ne répondroit au
pape que par l'instruction que Sa Majesté enverroit
à M. le cardinal de la Tremoille, cependant M. de
Torcy devoit en reparler encore au conseil qui alloit
se tenir, et que bien des gens prétendoient, et entre
autres le cardinal de Janson, que le roi devoit répondre mais en termes généraux et en se déchar-
geant du détail sur M. le cardinal de la Tremoille.

Cet avis prévalut en effet sur le premier, comme
je l'appris le dimanche après midi de M. de Torcy;
il me montra le bref écrit au roi, et il me dit que
Sa Majesté n'y répondroit que pour marquer qu'il
l'avoit reçu, et qu'on enverroit une instruction très-
ample à M. le cardinal de la Tremoille, qui contiendroit les raisons que le roi avoit de prier le pape de
ne point insister à faire rendre le bref écrit aux évêques
de l'assemblée de 1705.

Je sus aussi, ou par lui ou par M. le chancelier,
que M. le cardinal de Noailles avoit été chargé du
soin de dresser cette instruction.

M. le chancelier me donna le même jour une copie
du bref écrit au roi, qui prouve clairement que le
dessein véritable du pape est d'établir son opinion sur
le défaut de pouvoir des évêques, et de se servir du
prétexte de l'ancienne destruction du jansénisme pour
engager le roi à ne pas défendre, en cette occasion,
le droit des évêques de son royaume et le fondement
des libertés de l'église gallicane.

On ne doutoit point à Versailles lorsque j'en
partis ce jour-là, que le mardi suivant le nonce ne
présentât ce bref au roi. Cependant il ne le présenta
point, et l'on prétend que M. le cardinal d'Estrées,
auquel il demanda conseil sur ce qu'il avoit à faire,
l'en détourna; et qu'il lui dit que, comme le roi devoit aller incessamment à Marly pour près de quinze

jours, il feroit sagement de présenter qu'il étoit incommodé pour ne point aller à Versailles le mardi, et pour se donner par là le temps de recevoir de nouveaux ordres, et de délibérer sur ceux qu'il avoit déjà reçus jusqu'au retour de Marly.

Le nonce a pris ce parti; et cependant il est arrivé, ou par ostentation ou par imprudence, et le dernier est le plus vraisemblable, qu'il s'est répandu dans Paris beaucoup de copies de ce bref.

L'avis que j'en reçus me fit douter si je ne devois point demander au roi la permission d'agir suivant l'exemple de mes prédécesseurs dans des cas approchans de celui-ci, et de requérir que ces copies fussent apportées au greffe, etc.

Je crus devoir consulter M. le chancelier sur la conduite que je devois tenir en cette occasion, et lui expliquer les raisons pour et contre dans une lettre que je lui écrivis, le 10 de ce mois.

Il m'a fait réponse de vive voix à ma lettre, aujourd'hui 13 mars 1707, et il m'a dit qu'il ne croyoit point qu'il convînt de faire encore aucune démarche sur ce sujet; que le bref ne seroit peut-être pas présenté; et que si cela étoit, ce seroit le pape et non le roi qui se trouveroit commis par l'indiscrétion de ceux qui en avoient répandu des copies; et que si au contraire le nonce portoit le bref, alors on suivroit la route qui avoit été résolue au conseil; et qu'à mon égard, je devois ignorer ce bref jusqu'à ce que le roi me le fît remettre entre les mains, surtout n'y en ayant point encore de copie imprimée.

J'ai su d'ailleurs qu'il y avoit beaucoup d'apparence que le bref ne seroit point présenté, au moins jusqu'à ce que le nonce ait reçu de nouveaux ordres du pape, auprès duquel M. le cardinal de la Tremoille a ordre de faire de grandes instances pour le porter à étouffer cette affaire, pendant que, d'un autre côté, M. le cardinal d'Estrées, avec l'agrément du roi, fera encore agir des amis qu'il a à Rome, et contre lesquels on croit que le pape pourra être moins en garde que

contre ce qui lui sera dit par le cardinal de la Tremoille.

Mais ce qui est plus fâcheux que tout le reste, c'est
que l'on prétend que le pape a une constitution toute
dressée sur ce sujet, qu'il fera peut-être paroître s'il
voit que l'on ne veuille pas recevoir ses brefs.

Quoiqu'il en soit, il paroît jusqu'à présent, dans
tous les esprits et même dans quelques communautés
suspectes d'opinions ultramontaines, un soulèvement
général contre les mauvaises maximes que le pape
suppose ou établit dans le bref qu'il a écrit au roi.
13 mars 1707.

MÉMOIRE POUR LE ROI,

Sur le projet de déclaration des douze évêques en 1710, pour expliquer l'acceptation de la bulle Vineam Domini, etc., dans l'assemblée du clergé de 1705.

Personne n'ignore que le pape s'est plaint publiquement de la forme de l'acceptation que la dernière assemblée du clergé de France a faite de la constitution de Sa Sainteté sur le jansénisme; qu'il a écrit un bref au roi sur ce sujet, dont le parlement a ordonné la suppression; qu'il en a écrit un autre aux évêques de cette assemblée; que ces brefs n'ont pas été rendus, à la vérité, mais qu'ils n'en sont pas moins publics, et qu'on n'y reconnoît pas moins toute l'amertume des plaintes du pape, et l'excès où il porte ses prétentions contre les droits les plus incontestables de l'épiscopat : il est notoire encore que l'on a cru pouvoir terminer cette affaire par une lettre que M. le cardinal de Noailles a écrite au pape pour lui expliquer les sentimens du clergé et effacer les mauvaises impressions qu'on en avoit données à Sa Sainteté; que cette lettre, dont le sort a été à peu près semblable à celui des brefs du pape, ayant été vue sans être reçue, n'a fait qu'aigrir les esprits, quoiqu'elle allât au moins aussi loin qu'il est possible de le faire, sans abandonner ce qui est essentiellement attaché au caractère des évêques; que depuis ce temps-là la négociation s'est refroidie; que des affaires plus pressantes ayant occupé la France et la cour de Rome, les choses sont demeurées en suspens, et que c'est pour cette raison que le roi a donné ordre, il y a quelque temps, aux agens du clergé de suspendre la publication du procès-verbal de l'assemblée de 1705.

Mais le bruit se répand depuis quelques jours dans le public, que M. le cardinal de Noailles ayant réitéré plusieurs fois ses instances auprès du roi pour faire lever cette suspension, on a proposé le tempérament de faire paroître ce procès-verbal avec une déclaration par laquelle M. le cardinal de Noailles et plusieurs évêques qui ont assisté comme lui à l'assemblée de 1705 annonceront les sentimens de cette assemblée, et expliqueront quelques termes équivoques dont la cour de Rome a paru blessée et dont on craint que les novateurs ne veuillent abuser.

Cette démarche, considérée en elle-même et indépendamment des propositions contenues dans le projet de cette déclaration dont quelques personnes ont eu connoissance, paroît d'une si grande et d'une si dangereuse conséquence, que l'on a cru être obligé à la prévenir en prenant la liberté d'exposer au roi, par avance, ce qu'il seroit peut-être trop tard de lui représenter après la signature de la déclaration.

En effet, si cette démarche n'est point concertée avec le pape, comme on a sujet de croire qu'elle ne l'est pas en effet, peut-on douter que non-seulement il ne l'approuve pas, mais qu'il ne s'élève hautement contre la conduite du clergé de France?

Il dira sans doute (et n'aura-t-il pas même raison de le dire) qu'il est contraire non-seulement au respect qui est dû au chef de l'église, mais à toute sorte de bienséance et de procédé, que pendant qu'une négociation qui roule sur le procès-verbal de l'assemblée du clergé de 1705, est encore indécise, après qu'on a proposé de part et d'autre plusieurs tempéramens pour terminer une affaire de cette importance et avant qu'on en ait accepté aucune, on fasse paroître tout d'un coup ce même procès-verbal dont le pape se plaint, et qu'on croie fermer la bouche à Sa Sainteté par une déclaration dont elle n'a point agréé le tempérament, qui n'a été ni proposée par le pape ni concertée avec lui.

Ces plaintes sont d'autant plus fortes, que par rapport au fond de la difficulté, le pape se servira avantageusement de la nouvelle déclaration des évêques, ces prélats reconnoissant tacitement mais évidemment que le pape a eu raison de se plaindre des expressions peu correctes de l'assemblée du clergé, puisque d'eux-mêmes ils expliquent ces expressions, ils les corrigent, ils les retranchent en quelque manière ; mais ce tort qu'ils avouent par là avoir eu à l'égard du saint Siége, ils prétendent le réparer sans sa participation, sans son aveu, sans savoir si le saint Siége trouvera la réparation suffisante, et s'il sera satisfait de leur explication : ainsi, en convenant qu'ils ont eu un premier tort, ils s'en donnent un second dans la manière de réparer le premier, puisqu'ils règlent eux-mêmes la mesure et le degré de leur satisfaction apparente et qu'ils la font plutôt en supérieurs qu'en inférieurs.

Que fera donc le pape en cet état ?

Il divisera cette satisfaction, il en prendra ce qui lui est avantageux, et il en conclura avec certitude que les évêques de l'assemblée de 1705 ont reconnu qu'ils avoient excédé les justes bornes de leur pouvoir ; mais il rejettera le surplus de leur déclaration, soit comme injurieux au saint Siége dans la forme par le défaut de concert, soit comme insuffisant dans le fond.

En effet, quand même le pape auroit pu s'en contenter si cette déclaration avoit été concertée, il suffit qu'elle ne l'ait pas été pour lui donner lieu de dire qu'il n'est pas pleinement satisfait ; mais d'ailleurs, indépendamment de la forme et du procédé, il est évident que le pape ne regardera point cette déclaration comme une réparation suffisante.

On assure que les propositions qu'elle contient se réduisent à exclure la nécessité de l'acceptation solennelle des évêques, et à décider qu'ils ne prétendent point être juges des jugemens du saint Siége.

Mais ce n'est point là précisément ce qui est contesté entre le pape et les évêques. Il s'en faut bien que les prétentions du souverain pontife soient réduites à ces deux points.

Non-seulement il soutient qu'il n'est pas nécessaire que l'acceptation des évêques soit solennelle, pour imprimer à ses décisions la force et l'autorité d'une loi qui oblige toute l'église, mais il prétend que ni l'acceptation solennelle ni l'acceptation tacite des évêques ne sont nécessaires; que quand le premier évêque a parlé, il faut que les autres évêques, qui par rapport au pape sont selon lui plutôt ouailles que pasteurs, suivent avec une soumission aveugle la voix du pasteur universel; que la suprême puissance de l'église réside en sa seule personne; et qu'en cette matière, il ne reste aux évêques que la gloire de l'obéissance. Voilà ce qu'il pense sur ce premier point.

A l'égard du second, non-seulement il prétend que les évêques ne peuvent être juges de ses jugemens; mais il ajoute que dès le moment qu'il a jugé, ils ne peuvent plus même être juges de la question qu'il a décidée par son jugement, et que tout leur pouvoir se réduit en ce cas à être les simples exécuteurs des décrets du saint Siége.

On ne peut pas douter que ce ne soient là les sentimens du pape; car, outre que c'est la doctrine constante de tous les ultramontains, le pape lui-même l'a déclaré en termes formels dans les brefs qu'il a écrits au roi et aux évêques de l'assemblée de 1705.

Que les évêques, dit-il, se contentent de la portion de la sollicitude pastorale qui leur a été accordée dans l'église, mais qu'ils n'entreprennent jamais d'usurper la plénitude de puissance qui de droit divin est attachée à la seule chaire de saint Pierre; qu'ils apprennent non à examiner ni à juger les décisions sur la foi catholique, mais à les respecter avec vénération et à les exécuter; et qu'ils sachent que quand le pape a prononcé, il n'attend pas des évêques un jugement, mais il exige leur obéissance : *Non expectare sententiam sed obedientiam injungere.*

Ainsi, selon le pape, juger d'une matière qui regarde la foi, c'est excéder les bornes de la solitude épiscopale; c'est faire un acte de plénitude de puissance qui est réservé au saint Siége. Il n'appartient point aux évêques d'examiner les décisions émanées de la chaire apostolique; ils ne doivent que les respecter et les exécuter. On ne leur demande pas leur sentiment, mais on leur commande d'obéir. C'est donc inutilement qu'ils distingueront entre l'acceptation expresse et l'acceptation tacite, et qu'ils se borneront à soutenir la nécessité de la dernière en convenant que la première n'est pas nécessaire. Le pape rejette également la nécessité de toute sorte d'acceptation expresse ou tacite; il enseigne que les évêques ne peuvent être juges non-seulement des jugemens du saint Siége, mais de la matière même sur laquelle le pape a une fois prononcé. Il est donc évident que la déclaration qu'on veut faire signer à quelques évêques ne tombe point sur le véritable nœud de la difficulté; qu'elle le laissera subsister tout entier, et par conséquent que le pape n'en sera point satisfait.

Cette déclaration aura le même effet que la lettre que M. le cardinal de Noailles a écrite au pape. On sait quel en a été le succès: la cour de Rome auroit voulu la diviser, mettre à profit tout ce qui lui étoit avantageux dans cette lettre, et retrancher tout ce qui étoit favorable aux évêques, et la réduire s'il avoit été possible à la doctrine contenue dans les brefs du pape.

C'est précisément ce qui arrivera à l'égard de la déclaration qu'on propose d'ajouter au procès-verbal de l'assemblée de 1705; la cour de Rome y regardera tout ce qui est dit en faveur du pape, comme un droit acquis qui ne peut pas lui échapper; et comptant pour rien des préliminaires si avantageux, par ce qu'ils lui auront été accordés sans qu'elle s'en soit mêlé, elle entrera en négociation comme si les choses étoient entières, et que le clergé n'eût encore fait aucunes avances pour se rapprocher du pape.

Ainsi, ou il faudra se brouiller entièrement avec le pape, ou il faudra aller au-delà de ce qui est contenu dans la déclaration ; c'est-à-dire, au-delà de ce qui est au moins le dernier terme de la déférence du clergé de ce royaume pour le pape, supposé même qu'il n'ait pas déjà passé ce terme dans le projet de cette déclaration.

On ne peut pas dire, pour répondre à cet inconvénient, que ce n'est point par rapport au pape qu'elle sera faite, et que ce sera uniquement contre les novateurs qui peuvent abuser de quelques expressions dont l'assemblée du clergé s'est servi en acceptant la constitution du pape.

Quoique l'on ne fasse cette déclaration que dans cette vue, il ne faut pas croire néanmoins que la chose en demeure là. Cette déclaration sera imprimée à la fin du procès-verbal. Elle sera répandue dans le public. On ne peut pas empêcher qu'elle ne soit vue à Rome, qu'elle n'y soit examinée avec des yeux critiques et prévenus, qu'elle n'y excite d'abord les plaintes du pape, qu'il ne la tourne ensuite à son avantage, et qu'il n'en fasse enfin tout l'usage que l'on vient de marquer.

Si le pape porte son attention jusqu'à condamner un livre qui ne contient que d'assez mauvaises conjectures d'un avocat sur l'origine de la Régale, combien sera-t-il plus attentif à examiner une déclaration des principaux évêques de l'église de France, qui, par des propositions méditées avec soin, entreprennent d'expliquer la doctrine d'une assemblée du clergé. Ainsi, se flatter que le pape fermera les yeux sur cette déclaration parce qu'elle ne s'adresse pas directement à lui et qu'elle n'est point faite expressément par rapport à Sa Sainteté, ce seroit vouloir se tromper soi-même. Cette déclaration ne servira au contraire qu'à réveiller son attention sur ce qui s'est passé dans l'assemblée du clergé de 1705 ; elle renouvellera une affaire qui seroit peut-être enfin tombée d'elle-même, qui se seroit effacée par un silence réciproque ; et elle la renouvellera d'une manière d'autant plus fâcheuse, qu'après avoir épuisé d'abord tout ce qui pouvoit servir à la terminer, le clergé de France ne pourra plus la finir qu'en prenant, si l'on ose parler ainsi, sur le vif et sur la substance même de l'épiscopat.

Il semble donc que rien ne seroit plus simple et plus convenable, que de s'en tenir à la première résolution que le roi avoit prise de suspendre la publication du procès-verbal de l'assemblée du clergé de 1705, jusqu'à ce que Sa Majesté soit convenue avec le pape de la manière de terminer cette affaire, soit par la voie d'une déclaration des évêques, ou par tel autre expédient que le roi jugera plus convenable. Mais en cas que l'on s'arrête à celui de la déclaration, il paroîtroit absolument nécessaire de la rendre plus forte qu'on dit qu'elle ne l'est en faveur du droit des évêques avant que de la communiquer à la cour de Rome, afin qu'il y ait au moins de quoi y faire quelques retranchemens innocens pour satisfaire le pape dans le cours de la négociation.

Il n'est nullement nécessaire que le procès-verbal d'une assemblée du clergé soit imprimé. Il y en a plusieurs qui n'ont jamais été imprimés; et quand on différera pendant quelque temps de faire paroître celui de 1705, cet inconvénient n'a rien de comparable à ceux que l'on a représentés dans ce mémoire.

Par là, les choses demeureront dans le même état que si l'on n'avoit point fait d'instance auprès du roi pour faire paroître ce procès-verbal. L'expédient de la déclaration qu'on propose à présent d'ajouter, n'a été imaginé que pour en faciliter la publication. Dès le moment que l'on prendra le parti de la suspendre, cet expédient devient inutile; il tombe de lui-même avec l'occasion qui l'avoit fait proposer.

Si néanmoins, par des raisons supérieures, Sa Majesté juge à propos que les évêques de l'assemblée de 1705, qui se trouvent à Paris dès-à-présent, fissent une déclaration des sentimens de cette assemblée sans que cette déclaration soit concertée avec le pape, le procureur-général ose la supplier très-humblement de trouver bon que le projet de cette déclaration lui soit communiqué avant qu'elle soit signée pour représenter ensuite à Sa Majesté ce qui sera du devoir de son ministère sur les termes dans lesquels on dit que ce projet est conçu.

Il y a une liaison si étroite entre les droits de l'épiscopat et les maximes fondamentales de nos libertés, qu'on ne sauroit donner la moindre atteinte à l'un sans faire un préjudice sensible à l'autre ; et, comme la défense de ces libertés est particulièrement confiée au ministère que le procureur général a l'honneur d'exercer, il manqueroit à une de ses principales obligations, s'il ne prenoit pas la liberté de demander au roi la permission de faire ses réflexions sur une déclaration qui peut avoir de si grandes suites.

Il se croit d'autant plus obligé à prendre cette précaution, que, par ce qui se répand dans le public du projet de cette déclaration, il semble qu'elle contienne des propositions ou imparfaites, ou équivoques, ou même dangereuses sur le pouvoir du pape ou des évêques dans le jugement des matières de doctrine.

On prétend par exemple qu'il y a une des proposition de ce projet, dans laquelle après avoir dit que les constitutions des papes sur le jansénisme ont toutes les conditions nécessaires pour obliger toute l'église, on ajoute que l'assemblée de 1705 avoit eu le même sentiment sur les bulles contre Baïus, contre Molinos et contre le livre des Maximes des Saints, s'il y avoit été question de l'autorité de ces bulles.

Il n'y a rien de plus certain que la première partie de cette proposition ; c'est-à-dire, que les constitutions des papes sur le jansénisme ont toutes les conditions nécessaires pour obliger toute l'église. Quelque équivoque que l'on ait voulu trouver dans les expressions de l'assemblée de 1705, l'intention de cette assemblée est néanmoins si évidente, et il y auroit une mauvaise foi si déclarée à vouloir la révoquer en doute que rien ne seroit plus facile que de confondre les subtilités des novateurs, s'il s'en trouvoit d'assez téméraires pour donner une interprétation fausse et calomnieuse aux termes dans lesquels l'assemblée de 1705 a expliqué ses sentimens.

Mais on ne comprend pas pourquoi on veut ensuite que, dans la seconde partie de cette proposition, les évêques qui la signeront exercent une espèce de science conjecturale pour deviner quel auroit été le sentiment de l'assemblée du clergé si l'on y avoit fait mention des bulles des papes contre Baïus, contre Molinos et contre le livre des Maximes des Saints.

Plus il paroît extraordinaire et étranger à la question de vouloir juger par conjectures de ce que l'assemblée de 1705 auroit pensé sur une question qui n'y a pas été seulement proposée, plus on a de sujet de craindre qu'il n'y ait quelque mystère caché sous ces termes.

Après y avoir bien réfléchi, on ne conçoit qu'une seule raison de cette addition singulière ; on a voulu, sans doute faire voir par des exemples certains, que l'acceptation solennelle n'est pas nécessaire pour donner force de loi à un decret du saint Siége.

Mais outre que dans cette vue on n'auroit pas dû employer en cet endroit l'exemple de la condamnation du livre de M. l'archevêque de Cambrai, qui a été si solennellement acceptée, c'est cette vue même qui rend l'application de cet exemple très-dangereuse.

Car, pour s'arrêter à la censure d'Innocent XI contre Molinos (dont on choisit l'exemple, parce que le danger en est plus sensible) on ne peut affirmer qu'il ne manque à cette censure aucune des conditions nécessaires pour obliger toute l'église, que parce qu'il y a un temps considérable; c'est à dire, de vingt-deux ans ou environ que cette constitution a été publiée à Rome, et que nulle église particulière n'a réclamé expressément contre cette censure.

Ainsi, la cour de Rome sera en droit de conclure que suivant la doctrine du clergé de France, attestée par ses principaux évêques, toute constitution contre laquelle on n'aura rien dit pendant vingt ans doit, être regardée comme une loi qui oblige toute l'église.

Telle est la conséquence générale que l'on tirera de cet exemple; et de cette conséquence générale on conclura, par des conséquences particulières, qu'un grand nombre de bulles des papes que nous ne connoissons point, que nous n'avons jamais eu la moindre pensée de recevoir, que nous ne recevrions pas même si le pape nous les envoyoit, sont néanmoins devenues par le seul laps de temps des lois de toute l'église.

Combien y a-t-il de constitutions des papes qui sont ou ignorées ou regardées comme inutiles ou étrangères à ce royaume? Combien de bulles qui ont été faites en faveur des immunités ecclésiastiques pour en décider que les clercs sont exempts de toute autre puissance que celle de l'église, et cela de droit divin? Combien y en a-t-il d'autres qui sont directement contraires à la doctrine de la France, à l'autorité des rois et aux droits les plus sacrés de la couronne; mais qu'on n'a poit relevées parce qu'elles regardoient des faits qui s'étoient passés dans d'autres royaumes où les opinions des ultramontains sont reçues; et cependant, par cette seule raison que toutes ces bulles n'ont pas souffert une contradiction ouverte et publique, elles seront censées reçues; on les regardera comme autant de lois générales qui obligeront toute l'église, et on réduira les évêques à la dure nécessité de réclamer hautement à l'avenir contre les constitutions des papes qu'ils n'approuveront pas, à peine de passer pour avoir accepté hautement tout ce qu'ils n'avoient pas rejeté expressément.

Il est vrai que l'acceptation tacite peut suffire; mais pour prouver cette espèce d'acceptation, ce simple silence, et (si l'on peut s'exprimer ainsi) la non-réclamation des évêques ne sont pas suffisans. Il faut qu'un fait de cette importance puisse être établi par des preuves positives, et que si la solennité extérieure ne s'y trouve pas, on fasse voir au moins par la conduite de l'église qu'elle a porté un jugement intérieur conforme à celui du pape, et que ce jugement soit prouvé par les choses mêmes s'il ne l'est pas par les paroles expresses d'une acceptation solennelle.

Pourquoi d'ailleurs donner gratuitement ce nouvel avantage au pape? Pourquoi vouloir traiter sans nécessité un point si délicat? Il y a bien des choses qu'il ne faut jamais vouloir définir trop exactement entre deux puissances jalouses l'une de l'autre; la paix est préférable à une discussion inutile de leurs droits, qui devient infailliblement une occasion de guerre. Il ne s'agit ici que du jansénisme; et pour le confondre pleinement, ne suffit-il pas de décider qu'il ne manque aux constitutions qui ont été faites contre Jansénius aucunes des condamnations nécessaires pour obliger toute l'église? Est-il nécessaire après cela d'ajouter qu'il en est de même de la constitution d'Innocent XI contre Molinos, puisque cette constitution reçue et non reçue n'ajoute ni ne diminue rien au poids de la condamnation prononcée contre le jansénisme.

On peut juger, par cet exemple, de quelle conséquence il est de peser exactement toutes les expressions d'une déclaration importante, et cette seule observation paroît suffisante pour justifier les très-humbles prières que le procureur-général croit devoir faire au roi, de trouver bon qu'il ait connoissance des propositions contenues dans cette déclaration, afin qu'elle soit revêtue de sa dernière forme.

SECOND MÉMOIRE

SUR LE MÊME OBJET.

Plus on examine les quatre propositions qui ont été dressées pour expliquer les sentimens de l'assemblée du clergé de l'année 1705 dans l'acceptation de la constitution du pape contre le jansénisme, plus on est persuadé que la première de ces propositions est la seule qui soit innocente; que la deuxième et la quatrième sont imparfaites et équivoques, la troisième très-dangereuse, et toutes également inutiles pour finir l'affaire du clergé de France avec la cour de Rome sur l'acceptation de la constitution, et capables au contraire de donner au pape de nouveaux avantages pour terminer cette affaire au préjudice de l'autorité des évêques et de la vérité des maximes que l'église gallicane soutient.

Les termes de l'assemblée du clergé qu'on a voulu expliquer dans la deuxième et la quatrième propositions, sont *que les constitutions des papes obligent tout l'église lorsqu'elles ont été acceptées par le corps des pasteurs; que cette acceptation de la part des évêques se fait toujours par voie de jugement; qu'après l'acceptation solennelle que le corps des pasteurs a faite de celles qui ont été publiées sur le jansénisme, elles doivent être regardées comme le jugement et la loi de toute l'église.*

Les termes *d'acceptation solennelle faite par le corps des pasteurs* ne signifient certainement, dans l'intention de l'assemblée du clergé, qu'une acceptation constante, notoire, connue à toute l'église, par laquelle tous les évêques ont adhéré à la constitution du pape ou expressément ou tacitement : ce seroit faire injure à une assemblée si vénérable que de lui attribuer une autre intention.

Cependant il faut avouer qu'elle auroit pu se servir d'expressions plus propres à prévenir tous les prétextes que les jansénistes peuvent employer pour éluder la force de son acceptation.

Le terme de *solennelle* et celui de *corps de pasteurs* semblent renfermer dans la rigueur de la lettre l'idée d'une formalité extérieure, et porter dans l'esprit l'image d'une congrégation ou d'une assemblée d'évêques qui délibèrent en commun sur les affaires de l'église. Ainsi les novateurs pourront dire que les constitutions des papes sur le jansénisme ne doivent pas encore être regardées comme le jugement et la loi de toute l'église, puisqu'on ne peut pas dire qu'elles aient été solennellement acceptées par le corps des pasteurs; le pape même se plaint du peu d'exactitude de cette expression, qui semble faire dépendre de la solennité de l'acceptation toute la force et l'autorité des décrets du saint Siége.

Ce sont sans doute ces conséquences, manifestement contraires à l'intention du clergé, que l'on a voulu désavouer par la deuxième des propositions que l'on a dressées pour expliquer ses véritables sentimens. Mais si dans l'assemblée du clergé on a eu encore plus d'attention à conserver le droit des évêques qu'à prévenir l'abus que les jansénistes pourroient faire des termes dans lesquels le clergé s'expliqueroit, on peut dire qu'au contraire on ne pense à présent qu'à combattre les mauvaises applications des jansénistes, sans prendre les précautions nécessaires pour conserver le droit des évêques.

Ce sont cependant deux choses qui n'ont rien d'incompatibles et qu'il faut toujours faire marcher d'un pas égal. Ce seroit un grand malheur pour l'église, s'il falloit ou devenir janséniste, ou cesser d'être attaché aux droits imposés par l'institution divine à l'épiscopat. Un des articles les plus ordinaires des partisans de la cour de Rome, est de faire regarder les précautions que l'on prend pour conserver les maximes et les libertés de l'église gallicane, comme autant de moyens par lesquels on prépare

des évasions et des ressources aux novateurs : mais il
est très-facile encore une fois et de confondre ceux
qui se révoltent contre l'autorité de l'église, et de
défendre en même temps les prérogatives de l'épiscopat. Au contraire, le jansénisme ne sera jamais
mieux condamné, que lorsqu'en réunissant les suffrages de tous ceux qui doivent conspirer à le détruire, il sera vrai de dire que l'erreur a été proscrite et par le jugement du pape et par celui des
évêques.

Suivant ces principes, il s'agit d'examiner si la
seconde proposition par laquelle on explique les sentimens du clergé de France, conserve suffisamment
le pouvoir que Dieu a confié aux évêques, en même
temps qu'elle ôte aux jansénistes les mauvais prétextes
dont on craint qu'ils ne se servent pour éluder la décision de l'assemblée de 1705.

D'un côté, dans un bref écrit aux évêques de cette
assemblée, qui n'a pas été reçu à la vérité, mais qui
ne renferme pas moins pour cela les véritables sentimens de la cour de Rome, le pape soutient que
l'acceptation des évêques n'est point nécessaire pour
donner à ses décrets la force d'une loi irrévocable
dans l'église ; que ses décisions tirent toute leur
autorité de sa suprême puissance ; et que s'il les
adresse aux évêques, ce n'est pas pour recevoir leur
consentement libre et éclairé, mais pour exiger une
soumission aveugle et nécessaire qu'ils ne peuvent
lui refuser.

La France soutient au contraire, que lorsque les
évêques acceptent une constitution du saint Siége, ils
ne le font jamais que par voie du jugement ; que
leur soumission en ce cas est une soumission raisonnable et fondée, non pas seulement sur l'autorité
du saint Siége, mais sur la conformité qu'ils trouvent
entre la déclaration du pape et la tradition de l'église,
dont ils sont dans leurs siéges les dépositaires et les
témoins.

Il est vrai que cette acceptation, qui ne se fait
jamais sans connoissance et qui suppose toujours un

jugement, n'est point nécessairement attachée à des
formalités extérieures dont on ne puisse jamais se
dispenser; elle se peut faire conjointement par les
évêques assemblés, ou séparément par chaque évêque
particulier; elle se peut faire ou expressément, ou
tacitement, suivant la diversité des conjonctures et des
besoins de l'église; et pourvu que le consentement
des évêques et leur acquiescement à la décision du premier pasteur soient certains, on ne s'attache pas
scrupuleusement à la forme, parce que le droit des
évêques en ce point consiste à être juges de la doctrine
avec le pape, et non pas à rendre leur jugement dans
une forme fixe et invariable.

Il est aisé de juger après cela si, pour exprimer
les sentimens du clergé de France en cette matière,
il suffit de dire que l'assemblée de 1705 n'a pas
voulu établir *que l'acceptation solennelle du corps
des pasteurs fût nécessaire pour que de semblables
constitutions soient des règles du sentiment des
fidèles.*

C'est exclure la nécessité de l'acceptation solennelle, sans réserver expressément la nécessité de
l'acceptation tacite; c'est exprimer la partie la moins
importante de la doctrine du clergé, et supprimer la
plus essentielle; c'est dire ce que les évêques n'ont
pas droit de prétendre, et faire ce qui leur appartient
de droit divin.

Si la cour de Rome convenoit avec l'église gallicane de la nécessité de l'acceptation des évêques, et
qu'il ne fût question que de savoir si cette acceptation doit être solennelle ou s'il suffit qu'elle soit
tacite, on pourroit se contenter en ce cas d'exclure la
nécessité de l'acceptation solennelle, qui seroit seule
la matière de la contestation. Mais la cour ne reconnoît pas plus la nécessité de l'acceptation tacite que
celle de l'acceptation expresse; elle soutient que ni
l'un ni l'autre ne sont nécessaires, et que tout ce que
les évêques ont à faire lorsque le pape a parlé, est
d'exécuter ses paroles, sans examen, sans connoissance, sans délibération. Comment peut-on donc, en

expliquant les sentimens du clergé de France, ne pas
réserver au moins la nécessité d'une acceptation
libre et éclairée, de quelque manière qu'elle le fasse,
c'est-à-dire, ou expressément ou tacitement; puisque
ce n'est point sur une des deux espèces d'acceptation
que roule la diversité des sentimens en cette matière,
c'est sur l'acceptation en elle-même sans distinguer
celle qui est expresse de celle qui est tacite.

On dira peut-être, que n'excluant que la nécessité
de l'acceptation solennelle, on laisse assez entendre
que le clergé de France n'a pas intention d'exclure
toute espèce d'acceptation, et que déclarer que l'acceptation solennelle n'est pas nécessaire, c'est déclarer
assez qu'il faut au moins que l'acceptation soit tacite,
si elle n'est pas solennelle.

Mais premièrement, si l'esprit du clergé de France
est, comme on ne sauroit en douter, de conserver
au moins la nécessité de l'acceptation tacite, doit-il
craindre d'expliquer ouvertement une maxime si incontestable et cependant si contestée par les partisans
de la cour de Rome? 2.º Convient-il à des évêques
qui, par leur caractère, sont obligés de rendre un
témoignage libre et sincère à la vérité, et qui d'ailleurs sont ici choisis pour attester les sentimens du
clergé, leur convient-il de n'expliquer qu'à demi ces
sentimens, de laisser à peine entrevoir une vérité de
cette importance et de n'oser dire ce qu'ils pensent
sur un droit que l'institution de Jésus-Christ même
a rendu inséparable de leur ministère? 3.º Si leur
déclaration ne s'adresse qu'à ces novateurs qui peuvent abuser d'une expression équivoque, craignent-
ils de leur dire que l'acceptation tacite est suffisante
pour les condamner, et n'est-il pas, au contraire, de
leur devoir de leur enseigner cette maxime? Si au
contraire, c'est au pape qu'ils rendent témoignage de
la doctrine de l'église gallicane, doivent-ils rougir
de leur ministère et dissimuler les droits de l'épiscopat par un silence trop politique, qui ne peut être
employé en cette occasion qu'à dissimuler la vérité
ou à éluder la difficulté?

Il semble enfin, de la manière dont cette seconde proposition est conçue, qu'on puisse en conclure que, suivant la doctrine du clergé de France, il n'y a aucun cas où l'acceptation solennelle soit nécessaire. Rien n'est plus dangereux que d'établir des règles générales, parce que l'esprit humain est trop borné pour en envisager d'abord toutes les conséquences.

Ne peut-on pas dire, qu'il en est à peu près de cette proposition comme de celle qui a été tant de fois censurée, que les conciles généraux ne sont jamais nécessaires; qu'on dise qu'ils ne le sont pas toujours, il n'y a aucun catholique qui ne souscrive à cette proposition; mais que parce qu'ils ne le sont pas toujours, on aille jusqu'à avancer, comme quelques flatteurs de la cour de Rome, qu'ils ne le sont jamais, c'est tomber dans une extrémité condamnée plusieurs fois en France.

Ainsi, qu'on dise que l'acceptation expresse n'est pas toujours nécessaire, rien ne sera plus vrai; mais n'est-il pas dangereux d'aller jusqu'à dire en général que l'acceptation solennelle n'est pas nécessaire, parce qu'en un mot il peut arriver qu'elle le soit, comme il peut arriver qu'il soit nécessaire d'assembler un concile général.

Enfin, ce qui découvre clairement l'équivoque de cette proposition, c'est qu'il est bien vrai que lorsqu'il y a une acceptation tacite, l'acceptation expresse n'est pas nécessaire, sans ajouter ces mots, *pourvu que l'acceptation tacite y supplée.* C'est s'expliquer d'une manière équivoque et imparfaite qui ne contentera ni la cour de Rome ni l'église gallicane, et qui fournira seulement aux novateurs une matière de déclamation contre le clergé.

La quatrième proposition, comme on l'a déja dit, a le même défaut que la seconde, c'est-à-dire, qu'elle est aussi équivoque et imparfaite. L'assemblée du clergé avoit dit que l'acceptation des évêques se fait toujours par voie de jugement, et c'est la pure et invariable doctrine de l'église gallicane.

Cependant le pape, prévenu par les maximes de la France, a paru blessé d'une proposition si innocente; et c'est pour appaiser ces plaintes, qu'on veut faire déclarer à plusieurs évêques que l'assemblée de 1705 n'a pas prétendu que les assemblées du clergé puissent examiner les jugemens dogmatiques des papes pour s'en rendre les juges.

Il n'y a rien de plus équivoque que cette proposition. Si l'on veut dire par là que l'assemblée du clergé ne peut se rendre juge d'un jugement dogmatique du pape, pour le réformer et pour exercer sur ce jugement un acte de juridiction supérieure, la proposition est juste et certaine; mais inutile, parce que ce n'est pas à cela seul que le pape borne ses prétentions, comme on l'a déja dit.

Mais cette proposition signifie-t-elle que les assemblées du clergé ne peuvent se rendre juges en matière de foi, pour décider avec autorité la même question que le pape a jugée, pour examiner si le jugement du pape est conforme à la tradition de leurs églises ou s'il y est contraire, pour y adhérer en un cas et n'y pas adhérer dans l'autre; ce qui renferme toujours une espèce de jugement indirect, de jugement du pape, jugement qui, quoiqu'il ne s'exerce pas sur la personne du pape, et qu'il n'aille pas jusqu'à réformer ses décrets, a néanmoins l'effet d'en empêcher l'exécution? Si c'est-là le sens de cette proposition dont elle est en effet fort susceptible, elle est très-fausse en elle-même, très-contraire à la doctrine du clergé de France, et très-injurieuse à l'épiscopat.

On ne peut pas s'empêcher de demander après cela, s'il convient à des évêques, dans un point si essentiel, de parler en termes équivoques dont le meilleur succès sera d'être entendu d'une manière à Rome et d'une autre manière en France; mais qui, suivant toutes les apparences, n'étant pas capable de satisfaire pleinement le pape, n'auront d'autre effet que d'exposer les évêques qui auront signé la déclaration, au juste reproche d'avoir employé des expressions équivoques dans une matière de cette importance et de l'avoir fait inutilement.

Enfin, on a dit que la troisième proposition étoit très-dangereuse par l'abus qu'on en pouvoit faire.

Cette réflexion ne tombe pas sur la partie de cette proposition, dans laquelle on dit qu'il ne manque aux constitutions des papes contre Jansénius, aucune des conditions nécessaires pour obliger toute l'église; il n'y a rien de plus vrai et de plus certain que cette première partie de la proposition.

Mais on fait dire ensuite aux évêques qui signeront cette déclaration, que l'assemblée du clergé avoit eu le même sentiment sur les bulles contre Baïus, contre Molinos, et contre le livre de M. l'archevêque de Cambrai, s'il en eût été mention.

On ne comprend pas d'abord pourquoi, ni dans quelle vue, les évêques qui signèrent la déclaration exercèrent en cet endroit une espèce de science conjecturale pour deviner quel auroit été le sentiment de l'assemblée du clergé si l'on y eut fait mention de ces bulles; il ne s'agit ici que du jansénisme; et pour assurer que le jansénisme est pleinement condamné par l'église, il est inutile de savoir si Baïus, Molinos et le livre de M. de Cambrai le sont aussi.

Ainsi les propositions qu'on veut faire signer à plusieurs évêques sont ou imparfaites et équivoques ou dangereuses; et de quelque manière qu'on les dresse, dès qu'on n'abandonnera pas absolument un droit auquel les évêques ne sauroient renoncer sans se dégrader eux-mêmes, il est certain qu'elles ne serviront qu'à irriter le pape et à renouveler la querelle au lieu de la terminer.

MÉMOIRE

Au sujet du Bref au Roi, contre l'acceptation de 1705.

Dès le moment que le procureur-général du roi eut appris qu'il couroit dans Paris un grand nombre de copies manuscrites d'un bref qu'on prétend que le pape a écrit au roi au sujet de l'acceptation faite par l'assemblée du clergé en 1705, de la dernière constitution de Sa Sainteté sur le jansénisme, il crut être obligé d'en rendre compte au roi, et de lui demander la permission de faire ce qui étoit du devoir de sa charge dans une occasion si importante pour la défense des libertés de l'église gallicane.

Mais Sa Majesté lui ayant fait l'honneur de lui dire qu'elle avoit donné ses ordres à M. le cardinal de la Tremoille, et que dans la situation présente des affaires il ne convenoit pas de faire encore aucune démarche au parlement sur ce sujet jusqu'à ce que Sa Majesté lui eût fait savoir ses intentions, le procureur-général est demeuré dans le silence avec le respect qu'il doit aux ordres du roi.

Mais ayant appris depuis peu que ce bref, qui n'étoit déjà que trop commun par le grand nombre de copies manuscrites qui s'en étoient répandues dans Paris, étoit devenu absolument public par l'impression qui en a été faite en latin sans aucun nom d'imprimeur, avec une traduction française imprimée à côté, il a fait ses diligences pour en avoir un exemplaire, et enfin il en a reconnu un qu'il joindra à ce mémoire.

En cet état, il a cru que le public lui reprocheroit justement sa négligence, si dans le ministère qu'il a l'honneur d'exercer il dissimuloit un fait de cette importance, et s'il ne réitéroit pas avec plus de fon-

dement encore que la première fois les très-humbles
instances qu'il a faites au roi pour obtenir la liberté
de s'élever contre la publication aussi dangereuse
que téméraire d'un bref qui, bien loin d'être revêtu
de lettres-patentes du roi, n'a pas même encore été
présenté à Sa Majesté.

Il n'est pas nécessaire de s'étendre en cet endroit
pour faire voir combien ce bref blesse les monumens
fondamentaux de nos libertés. Il n'y a point de bon
Français qui puisse révoquer en doute cette vérité ;
on y trouve dans tout le reste de l'ouvrage, et presqu'à chaque ligne, cette idée de plénitude de puissance que les flatteurs de la cour de Rome ont voulu
attribuer au pape dans les derniers siècles de l'église ;
puissance absolue et sans bornes, supérieure non-
seulement à chaque église particulière, mais à l'église
universelle; puissance par laquelle le pape seroit
non-seulement le chef, mais le monarque de l'église ;
non pas le juge le plus éminent, mais le seul juge de
la doctrine, seul dépositaire de la vérité, seul canal de
la tradition, seul article de la foi, pendant que les
évêques ne seroient que les instrumens de la puissance du pape, les exécuteurs serviles de ces décrets,
réduits à n'avoir plus d'autres fonctions en matière
de doctrine, que celle de publier les décisions du
pape dans leurs diocèses.

Il est donc inutile encore une fois de s'arrêter plus
longtemps à montrer l'abus d'un bref qui tend à
ébranler le fondement même des maximes du royaume;
et d'ailleurs, si cela étoit nécessaire, le procureur-
général du roi ne pourroit que répéter ici ce qui est
beaucoup mieux expliqué sur ce sujet dans le mémoire que M. le premier président a l'honneur d'envoyer au roi, et où il fait voir en même temps et les
abus du bref et le peu de justice des plaintes que le
pape y fait de la conduite du clergé de France.

Tant qu'il n'y a eu que des copies manuscrites de
cette pièce, l'on a pu fermer les yeux sur l'imprudence
de ceux qui les avoient répandues ; mais dès le
moment que la chose devient absolument publique

par l'impression, dès le moment qu'on ne se contente
pas d'imprimer ce bref en latin mais qu'on y ajoute
encore une traduction française afin que toutes sortes
de personnes puissent le lire et l'entendre, il n'est
plus permis aux officiers du roi de garder le silence,
au lieu qu'auparavant il semble qu'ils avoient besoin
d'une permission du roi pour parler; ils osent dire
avec respect qu'il faudroit aujourd'hui qu'ils eussent
un ordre précis pour se taire dans la conjoncture
présente.

. Il seroit superflu d'examiner ici si l'impression de
ce bref a été faite ou par quelqu'imprimeur avide de
gain, sans autre motif que son intérêt personnel, ou
si l'on en doit accuser l'imprudence de quelques
esprits inquiets et remuans qui cherchent à commettre les deux puissances, ou si elle n'a point été
pratiquée par des émissaires secrets de la cour de
Rome, pour servir en quelque manière de protestation indirecte contre les délibérations de l'assemblée
du clergé de 1705, et pour conserver à la postérité
la mémoire d'un bref qu'on n'ose peut-être plus
rendre directement au roi.

. Soit que la cour de Rome ait quelque part à cette
impression, soit qu'elle n'y en ait aucune, elle ne
laissera pas de s'en servir tôt ou tard pour soutenir
ses prétentions ambitieuses; ainsi il est du devoir de
tous ceux qui sont véritablement attachés à la grandeur du roi et à celle de l'église dont il est le protecteur, d'opposer des précautions salutaires au mauvais
usage qu'on pourroit faire un jour de cette impression
hazardée.

. On peut prendre ces précautions avec d'autant
moins d'inconvéniens, qu'il ne s'agit point quant à
présent d'interjeter appel comme d'abus du bref du
pape, encore moins de faire déclarer ce bref abusif:
comme cette pièce n'est revêtue d'aucun caractère
qui la rende authentique, il est encore permis aux
officiers du roi de douter de sa vérité : ainsi, quand
ils demandent la permission de s'élever contre une
telle pièce, ce n'est que par une espèce de voie de

police qu'on a souvent pratiquée avec succès dans
ces sortes d'occasions et qui se réduit à ordonner,
comme on l'a fait en l'année 1670 à l'égard d'une
bulle qui favorisoit les priviléges des réguliers contre
le droit des évêques, et en l'année 1681 au sujet
d'un bref qui donnoit atteinte aux ordonnances rendues par M. l'archevêque de Toulouse pour le gouvernement du diocèse de Pamiers, *qu'il sera informé
contre ceux qui ont imprimé ou débité un prétendu
bref du pape, avec défenses à toutes personnes d'en
vendre ou d'en retenir des exemplaires, et qu'il sera
enjoint à ceux qui en ont de les remettre au greffe
de la cour pour y être supprimés.*

Voilà tout ce qu'il semble que l'on soit dans la
nécessité de faire à présent contre ce bref.

Cette voie a trois avantages qui semblent devoir la
faire admettre sans aucune difficulté.

Le premier, qu'elle n'attaque point directement
le bref du pape, puisque si l'on suit cette voie, on
n'en n'interjetera pas encore d'appel comme d'abus.

Le second, qu'elle donne une grande facilité de
s'expliquer sur cette matière sans se commettre ouvertement avec le pape, parce qu'on ne parlera de
son bref qu'en doutant encore de la vérité de cette
pièce, en voulant même se persuader qu'elle n'est
point, ou que si elle est, le pape ne persistera point
dans la pensée de la faire présenter au roi : ce qui
sera certainement beaucoup plus doux que si on
étoit obligé de la reconnoître véritable, et de la soutenir en même temps qu'elle est très-abusive.

Le troisième, que cette voie, quelque modérée
qu'elle soit, ne sera pas cependant moins efficace
qu'un appel comme d'abus interjeté dans les formes
ordinaires; elle donnera toujours occasion de rappeler les principes solides de nos libertés, de démêler
ce qu'il y a de captieux dans les raisonnemens par
lesquels on a voulu irriter le pape contre le clergé, de
faire voir que jamais assemblée n'a accepté avec plus
de respect et de déférence les décisions du saint
Siége que celle de 1705, et entr'autres d'apprendre

à la cour de Rome que la France constante dans ses maximes respectera toujours dans la personne du pape, le premier mais non pas le seul évêque de l'église.

Or, si quelque chose est capable de faire impression sur l'esprit du pape et de l'empêcher de porter plus loin cette affaire, il y a lieu de croire que ce sera cette démarche sage et mesurée du parlement qui, en réprimant d'un côté par voie de police l'abus de l'impression du bref, montrera de l'autre ce que le pape doit attendre, s'il alloit plus loin, de la fermeté d'une compagnie à laquelle le roi confie d'une manière particulière la défense du dépôt sacré des libertés de l'église gallicane.

Le procureur-général du roi ose donc espérer que Sa Majesté lui laissera la liberté de suivre en cette occasion les mouvemens de son zèle, en se renfermant néanmoins, quant à présent, dans les précautions innocentes qui ont été proposées dans ce mémoire.

MÉMOIRE

Sur la forme que l'on doit suivre pour rendre un jugement sur le Mandement de M. l'évêque de Saint-Pons.

Quoiqu'il ne s'agisse à présent que d'examiner la doctrine contenue dans le mandement de M. l'évêque de Saint-Pons, on peut dire néanmoins que la forme de cet examen n'est guères moins importante que s'il s'agissoit de prononcer un jugement solennel contre la personne de ce prélat, soit parce que la condamnation de la doctrine d'un évêque emporte toujours indirectement une note contre sa personne, soit parce que ce premier jugement de sa doctrine pourroit engager à agir directement contre lui s'il ne vouloit pas y acquiescer.

C'est dans cette vue qui fait sentir d'abord toute la délicatesse de cette matière, que l'on examinera, suivant les ordres du roi, les différentes voies par lesquelles on peut parvenir à porter un jugement solide sur le mandement de M. l'évêque de Saint-Pons.

Tous les partis que l'on peut prendre dans cette affaire se réduisent à l'une ou à l'autre de ces deux propositions.

La première, d'y faire entrer le saint Siége, et d'y avoir d'abord recours à son autorité.

La seconde, de traiter cette affaire dans le royaume suivant les règles canoniques, et de n'y laisser entrer le pape qu'en cas qu'elle sera dévolue à son tribunal suivant les degrés ordinaires de juridiction.

La première proposition peut s'exécuter en deux manières.

L'une, en demandant des commissaires au pape dans le royaume.

L'autre, en lui déférant seulement le mandement de M. l'évêque de Saint-Pons, pour le soumettre à l'examen et à la décision de Sa Sainteté.

La première de ces deux voies paroît la moins convenable de toutes celles que l'on peut prendre dans cette affaire.

Elle est directement contraire à nos maximes, elle attaque le fondement même de toutes nos libertés qui consistent principalement dans la possession dans laquelle la France s'est heureusement conservée, de vivre suivant les anciennes mœurs de l'église, les décrets, canons des premiers conciles généraux, et les réponses émanées des souverains pontifes, ou qu'ils crussent être au-dessus des canons, et que la servitude à laquelle la plupart des autres églises se sont assujetties leur eut fait regarder le droit commun dont la France a retenu l'usage comme un privilége et une exception.

Or, suivant les anciennes mœurs de l'église, suivant les canons des premiers conciles généraux, de ces saints conciles que le pape saint Grégoire disoit qu'il recevoit comme les quatre évangiles; enfin, suivant la reconnoissance des plus saints papes, le jugement des évêques en première instance est réservé aux évêques de leur province.

La France a conservé avec religion une discipline si saintement établie.

Personne ne révoque en doute que cette forme de jugement n'y ait été observée pendant les deux premières races de nos rois.

Si l'ignorance dans laquelle on tomba au commencement de la troisième, si la foiblesse de certains règnes, si l'ambition de plusieurs papes, si les maximes contraires aux anciens canons qui s'établirent vers ce temps-là à la faveur des fausses décrétales qu'on reçut trop facilement dans la pratique ont obscurci quelquefois les anciennes règles, et s'il est arrivé, dans des siècles de trouble et de confusion, que le pape ait connu en première instance des crimes commis par des évêques du royaume, c'est un abus et non pas un usage, une usurpation plutôt qu'une possession ; en un mot, une voie de fait, plutôt que l'exercice d'un droit légitime.

Si de pareils faits pouvoient donner atteinte aux libertés de l'église gallicane, on pourroit se servir d'un semblable argument pour établir contre ces mêmes libertés la puissance directe ou indirecte des papes sur le temporel des rois, puisque dans ces siècles de troubles et d'ignorance on ne trouvera guères moins de sentences d'excommunication, d'interdit, de déposition même, prononcées par les papes contre les empereurs et contre les rois, que de jugemens rendus en première instance contre des évêques.

Cette prétendue possession n'a pas même été continuelle ; elle a été interrompue, soit par des jugemens rendus contre des évêques dans les formes canoniques, soit par la reconnoissance et l'approbation des papes mêmes, et sur-tout des papes Alexandre II et Jean XXII qui, malgré l'intérêt de leur autorité, ont reconnu la force du droit commun et ont rendu témoignage aux règles de la même discipline ; l'un, en écrivant à l'archevêque de Reims au sujet de quelques évêques simoniaques de sa métropole; et l'autre, dans une accusation intentée contre Pierre de Labilly, évêque de Chalons.

Le concordat, conforme en ce point à la disposition de la pragmatique sanction, qui certainement n'a pas été faite dans l'intention de préjudicier aux droits des évêques et aux libertés de l'église gallicane, n'a apporté aucun changement dans les maximes de la France sur cette matière. Il n'en faut pas chercher d'autre preuve que ce qui se passa du temps de Charles IX, environ cinquante ans après le concordat, pour réprimer l'entreprise du pape Pie IV, qui avoit voulu procéder en première instance contre quelques évêques accusés de favoriser de nouvelles opinions.

Ce prince fit dresser, par M. du Mesnil, son avocat général, des mémoires qui furent envoyés à M. d'Oysel, ambassadeur de Sa Majesté à Rome, pour remontrer au pape que l'entreprise que Sa Sainteté faisoit sur les libertés de l'église gallicane n'étoit point autorisée par le concordat, et qu'elle étoit contraire aux saints canons et à l'ancien usage de la France.

Le pape se rendit alors à ces remontrances; mais ayant voulu entreprendre dans la suite de déposer l'évêque de Valence et l'évêque d'Uzès, le roi trouva bon que ces deux prélats se servissent des voies observées dans le royaume et qu'ils appelassent comme d'abus des entreprises de la cour de Rome.

Le pasteur, dont un des principaux devoirs est de conserver dans toute son intégrité le précieux dépôt des libertés de l'église gallicane sans blesser néanmoins le respect et la soumission qui sont dus au chef de l'église, rendit, environ dans le même temps, un témoignage public des sentimens et des usages de la France en cette matière.

Cette compagnie ayant condamné le cardinal de Châtillon par contumace pour le crime de lèse-majesté divine et humaine, avoit ordonné que pour le délit commun il seroit rendu à *son supérieur*.

Mais, parce qu'on auroit pu abuser de ces termes et croire que ce supérieur étoit le pape, cette cour déclara par un arrêté qui mérite d'être transcrit tout entier dans ce mémoire, que, pour maintenir la liberté de l'église gallicane qui a toujours été défendue par le roi et ses prédécesseurs rois très-chrétiens au vu et su des saints Pères, papes de Rome (ce sont les termes de l'arrêté), elle a entendu et entend que le supérieur auquel messire Odet de Colligny, cardinal de Châtillon, évêque de Beauvais, et rendu pour lui faire son procès sur le délit commun, en l'archevêché de Reims, supérieur métropolitain, duquel l'évêque de Bauvais est suffragant, pour, par ledit archevêque de Reims appeler les autres suffragans évêques, s'ils se trouvent en nombre, sinon par les évêques circonvoisins, être fait le procès audit cardinal évêque de Beauvais, sur ledit délit commun, selon les décrets et constitutions canoniques, sans que ledit cardinal puisse être traité et tiré hors ce royaume ; et a ordonné et ordonne ladite cour que de ce en sera fait registre, afin qu'il soit connu et entendu de tous, même par la postérité, que la cour a toujours voulu garder et conserver la liberté de l'église gallicane, et sauf en toutes choses l'honneur et la révérence de notre saint père le pape et du siège apostolique.

Il est vrai que du temps du feu roi Louis XIII, mais sous le ministère d'un cardinal, la France parut oublier ses anciennes maximes, en demandant au pape Urbain VIII, des commissaires pour juger quelques évêques de Languedoc, accusés d'avoir favorisé les armées de feu M. Gaston, duc d'Orléans, et l'évêque de Léon, soupçonné d'avoir facilité la retraite de la reine, mère du roi Louis XIII.

Mais ce fait dans lequel le cardinal de Richelieu se laissa peut-être éblouir par la pourpre dont il étoit revêtu, ou entraîner par des raisons de politique qui lui firent souhaiter, dans un temps de désordre et de division, de se rendre maître, sous le nom du pape, du choix des juges qu'il faisoit donner à ces évêques ; ce fait, dis-je, singulier dans ces circonstances, a été relevé avec tant d'éclat par le clergé de France lorsque la mort du cardinal de Richelieu lui eut rendu la liberté de se plaindre, qu'un tel exemple ne peut être jamais tiré à conséquence.

On sait ce qui se passa sur ce sujet dans les assemblées du clergé des années 1645 et 1650, avec quelle force les évêques de ces assemblées, prenant la liberté de représenter au roi combien un tel exemple étoit contraire aux libertés de son royaume, avec quelle fermeté ils adressèrent au pape leurs respectueuses mais vives remontrances, et enfin avec quelle vigueur ils firent signifier au nonce de Sa Sainteté une protestation qui sera un monument éternel du zèle avec lequel ces prélats ont voulu conserver la pureté de leur ancienne discipline.

Enfin, lorsque malgré ces protestations, l'exemple de ce qui s'étoit passé dans le temps d'Urbain VIII, parut inviter le pape Clément IX à suivre la même route dans la célèbre affaire des quatre évêques accusés de révolte contre les constitutions des papes Innocent X et Alexandre VII sur les erreurs du jansénisme, on se souvient encore des mouvemens que cette affaire fut sur le point d'exciter dans le clergé, et, comme la sagesse du roi empêcha qu'elle n'eût aucunes suites, elle ne peut servir ni d'exemple ni de préjugé dans l'occasion présente.

Quelque légère et quelque superficielle que fût l'idée que l'on vient de donner en peu de mots de cette matière, il est aisé néanmoins de juger par là combien la proposition de demander des commissaires au pape pour prononcer sur le mandement de M. l'évêque de Saint-Pons, seroit contraire aux formes des jugemens ecclésiastiques ; et il n'y a pas d'apparence que Sa Majesté, qui a non-seulement égalé mais surpassé le zèle de ses prédécesseurs pour la défense des libertés de l'église gallicane, voulût donner à la plus noble portion de cette église la mortification de voir leurs plus justes et leurs plus anciennes prérogatives violées dans la personne d'un de leur confrère, dont la cause à cet égard seroit la cause commune de tous les évêques de ce royaume.

La seconde manière de faire entrer le pape dans cette affaire, qui est de lui déférer l'examen du mandement de M. l'évêque de Saint-Pons, a quelque chose de plus spécieux que la première ; mais, après l'avoir examinée attentivement, on croit qu'elle n'est guères plus régulière dans son principe, et que dans ses suites elle peut donner lieu à des inconvéniens encore plus grands et plus contraires aux pieuses intentions de Sa Majesté.

On dit en premier lieu, qu'elle ne s'accorde pas plus avec les maximes fondamentales de nos libertés ; elle tend à déférer au pape un jugement qui suivant nos maximes appartient aux évêques du royaume. Il importe peu que le pape fasse par lui-même

l'examen d'un évêque ou qu'il le fasse faire par des
commissaires délégués, il fait toujours une plaie sensible à nos libertés lorsqu'il exerce en première instance un jugement qu'il ne peut rendre que sur un
appel. On peut dire même que ce parti est en
un sens plus irrégulier que le premier, puisque si
l'on demandoit des commissaires, M. l'évêque de
Sain-Pons seroit au moins jugé dans le royaume et
par des évêques du royaume ; au lieu que si le pape
est premier commissaire par lui-même, ce prélat sera
jugé à Rome et par des juges étrangers.

Il est vrai qu'il s'agit ici de l'exécution d'une
constitution du pape, et c'est ce qui peut donner
plus de couleur à ce tempérament, mais cette constitution ne doit plus être regardée comme la décision
particulière du saint Siège ; dès le moment que l'église
de France l'a acceptée elle est devenue une des lois
de cette église, de même que tous les canons des
conciles et toutes les bulles des papes qui sont reçues
et observées dans ce royaume ; ainsi, c'est aux évêques qui l'ont acceptée au nom de l'église gallicane,
à être juges en première instance de l'exécution de
cette loi, et surtout lorsqu'un de leurs confrères est
accusé de l'avoir violée.

Quelque respect que l'on doive avoir pour le saint
Siège, et quoique ce respect, comme l'a très-bien
observé M. de Marca, soit un des principaux fondemens des maximes de l'église gallicane, cette
déférence si juste et si inviolable pour le premier
siège ne doit pas nous empêcher de remarquer que
rien ne seroit plus dangereux que de laisser entrevoir
à la cour de Rome que toutes les fois que le pape
se sera expliqué sur une matière, tout ce qui aura
quelque rapport à sa décision sera nécessairement
soumis à son jugement sans que nos évêques en
puissent prendre connoissance. Comme il n'y a presqu'aucune matière sur laquelle les papes n'aient fait
des constitutions ou sur laquelle ils n'en puissent
faire, il n'y auroit bientôt plus aucun point de doctrine ou de discipline dont les évêques pussent con-

noître, parce que le pape prétendroit toujours être saisi de la matière par la décision qu'il y auroit une fois prononcée.

Si la cour de Rome opposoit à ces grandes maximes l'exemple de ce qui s'est passé dans l'affaire des cinq propositions déférées au jugement du pape Innocent X par les évêques mêmes de France, et l'exemple encore plus récent de la dernière constitution publiée par le pape à présent régnant contre les défenseurs du silence respectueux, on pourroit répondre à l'égard du premier, avec M. de Marca dans la relation de l'affaire des cinq propositions adoptées par tout le clergé de France, que la conjoncture du temps dans lequel cette affaire commença à éclater n'ayant pas permis aux évêques de s'assembler, on ne pourroit tirer à conséquence contre les droits de l'épiscopat la démarche qu'ils avoient été obligés de faire en s'adressant au saint Siège pour demander un jugement qu'ils auroient rendu eux-mêmes dans une autre conjoncture.

Mais on a même besoin de s'arrêter ici à relever une circonstance si importante.

Dans l'affaire des cinq propositions, il s'agissoit de la doctrine d'un évêque étranger et d'un évêque mort, qui n'étoit soutenue que par des ecclésiastiques du second ordre. Dans celle du silence respectueux, lorsque le roi a demandé au pape une nouvelle constitution il n'y avoit encore aucun évêque de son royaume qui se fût déclaré publiquement pour cette doctrine.

Ici tout au contraire, il s'agit des sentimens d'un évêque Viennois et d'un évêque Français; il n'est plus question de la doctrine en général, elle est suffisamment établie par les constitutions des papes reçues et observées dans ce royaume. Il s'agit de la doctrine particulière de M. l'évêque de Saint-Pons, et de décider si l'examen de cette doctrine particulière peut être fait en première instance ailleurs que dans le royaume. Ainsi, il est évident que l'exemple de ce qui s'est passé de la part du clergé de France dans l'affaire du livre de Jansénius, n'a aucune application à la question qui se forme aujourd'hui.

L'affaire de M. l'archevêque de Cambrai paroît d'abord y avoir plus de rapport, parce qu'il s'agit dans celle-là comme dans celle-ci de la doctrine d'un des prélats de ce royaume.

Mais dans la première, le prélat dont la doctrine étoit attaquée étoit un archevêque soumis immédiatement au saint Siège, qui n'avoit point de supérieur dans le royaume; et l'on sait que, soit dans l'ancien droit, soit encore plus dans le nouveau, la question du jugement des métropolitains est beaucoup plus susceptible de difficultés que celle du jugement des simples évêques.

D'ailleurs, M. l'archevêque de Cambrai avoit lui-même soumis son livre au jugement du saint Siège; et comme on ne trouve dans M. l'évêque de Saint-Pons ni les mêmes prérogatives ni la même conduite, il ne paroît pas non plus que la cour de Rome puisse tirer aucun avantage solide de ce qui s'est fait à l'égard de M. l'archevêque de Cambrai.

Mais, si la proposition de remettre cette affaire au jugement du pape peut être dans son principe aussi préjudiciable aux libertés que celle de lui demander des commissaires, sera-t-elle au moins plus avantageuse dans ses suites, par rapport au but que le roi se propose dans cette affaire? c'est ce qu'il paroît difficile d'espérer.

Premièrement, il n'y a personne qui puisse prévoir sûrement le parti que le pape prendra sur cette affaire.

Peut-être, dégoûté de nous envoyer des constitutions par les sujets qu'il prétend avoir de se plaindre de ce qui s'est passé dans l'acceptation de la dernière, il se contentera de faire mettre à l'*Index* le mandement de M. l'évêque de Saint-Pons; et une telle censure seroit en même-temps inutile en elle-même par le défaut de pouvoir, injurieuse à l'épiscopat dont on laisseroit flétrir le ministère par une

congrégation qui agit sans forme comme sans autorité, indécente par rapport au roi dont les instances
éclatantes ne se termineroient qu'à obtenir une espèce
de censure, ou plutôt de note qui ne pourroit être
d'aucun usage dans son royaume.

Que si le pape veut bien accorder à la pitié du
roi un jugement en forme de constitution sur le mandement de M. l'évêque de Saint-Pons, alors combien
de longueur faudra-t-il essuyer avant que de pouvoir
obtenir cette constitution d'une cour toujours mesurée et toujours lente dans ses démarches, et qui
le sera encore plus dans cette affaire? Il s'agit de
condamner un évêque qui ne manquera pas de demander du temps pour se défendre, et d'envoyer
des mémoires dont l'examen retardera peut-être pendant long-temps la conclusion de cette affaire.

Mais ce qui est beaucoup plus à craindre, c'est
que le pape ne refuse d'accorder la nouvelle constitution qu'on lui demandera, jusqu'à ce qu'il ait
reçu la satisfaction que Sa Sainteté demande depuis
long-temps sur l'entreprise qu'il prétend sans fondement que les évêques de l'assemblée de 1705 ont
faite sur son autorité en recevant sa dernière constitution. La cour de Rome oubliera-t-elle cet art
qui lui est si ordinaire; cette politique dont elle
s'est si souvent servi contre nous, de se servir du
besoin qu'elle croit que nous avons d'elle, pour
nous engager à nous relâcher de nos plus justes
prétentions?

Or, si cela est, et si le pape juge à propos de
profiter de cette occasion pour exiger une espèce de
réparation de la part du clergé, l'église gallicane
abandonnera-t-elle un droit aussi ancien que l'épiscopat, et aussi divin que la parole de Jésus-Christ
même? Nos évêques consentiront-ils à n'être plus que
les simples exécuteurs des décisions du pape, et,
pour ainsi dire, les appariteurs de la cour de Rome
chargés seulement de publier ses décrets dans ce
royaume? et quand même ils pourroient s'y résoudre,

Sa Majesté voudroit-elle souffrir qu'ils dégradassent ainsi la dignité de leur caractère ?

Ou si le pape, ne pouvant résister absolument aux instances de Sa Majesté, prend enfin le parti d'y déférer, mais de se faire en quelque manière justice à lui-même en inférant dans sa constitution des expressions dures, contraires aux droits des évêques et à l'honneur de l'épiscopat; s'il dresse cette constitution dans le même esprit et avec le même style que les brefs qu'ils avoient voulu faire rendre au roi et aux évêques sur l'assemblée de 1705 ; enfin, s'il veut peut-être exiger de nouvelles conditions sur la forme dans laquelle sa constitution sera reçue, pourra-t-on l'accepter à ce prix sans déshonorer l'église gallicane, et pourroit-on au contraire refuser de la recevoir après l'avoir demandée, sans se commettre et sans se brouiller entièrement avec le pape ? Ou si l'on ne peut se résoudre à se jeter ni dans l'une ni dans l'autre de ces extrémités, la question du mandement de M. l'évêque de Saint-Pons demeurera donc toujours indécise ?

Ainsi ce tempérament, qui paroît d'abord le plus respectueux pour le saint Siége, sera au contraire une source de division avec la cour de Rome ; au lieu que, sans sortir du royaume, le roi peut faire rendre un jugement que l'on n'obtiendroit peut-être pas de cette cour, ou qu'elle le mettroit à si haut prix que l'on seroit obligé d'y renoncer.

C'est ce qui engage naturellement à entrer dans l'examen de la seconde proposition, qui consiste à savoir dans quelle forme ce jugement peut être rendu dans le royaume.

Il semble que pour y parvenir on ne peut prendre que l'une de ces quatre voies.

La première est d'engager tous les évêques du royaume à instruire les fidèles par des mandemens, par lesquels ils déclareront ce qu'ils trouveront de répréhensible dans l'ordonnance de M. l'évêque de Saint-Pons, plutôt par voie d'improbation que par voie de jugement.

La seconde est d'assembler incessamment, par l'ordre du roi, tous les évêques qui sont présentement à Paris, pour faire examiner par eux le mandement de M. l'évêque de Saint-Pons.

La troisième est de convoquer un concile national de tous les évêques du royaume; ce que le roi peut faire encore par sa seule autorité.

Et la dernière enfin, d'assembler seulement les évêques comprovinciaux de M. l'évêque de Saint-Pons, en y joignant ceux de la province voisine, jusqu'au nombre de douze.

De ces quatre voies que l'on vient de marquer, la première, qui est de faire rendre par chaque évêque des ordonnances particulières dans leur diocèse servant d'instruction sur le mandement de M. l'évêque de Saint-Pons, ne paroît ni sûre, ni régulière, ni utile.

Elle n'est pas sûre; car qui peut savoir si toutes ces voix différentes, qui se feroient entendre séparément sur la doctrine de M. de Saint-Pons, s'accorderoient entre elles, et ne formeroient entre elles, pour ainsi dire, qu'une seule voix par leur uniformité; et si par malheur il s'en trouvoit une de discordante, ce seroit une occasion de schisme et un scandale qui affligeroient l'église pendant qu'ils réjouiroient les hérétiques.

Elle n'est pas régulière, parce que ce n'est pas à un seul évêque, c'est à l'assemblée des pasteurs que le pouvoir de juger de la doctrine d'un de leurs confrères est réservé. Dans l'église primitive, l'erreur n'étoit jamais condamnée que dans un concile général et particulier. Et l'on ne verroit pas autant de dissonance que l'on en remarque quelquefois entre les pasteurs de l'église, si cette règle étoit encore inviolablement observée.

Enfin, cette voie seroit absolument impossible et impuissante; chaque évêque particulier n'ayant pas plus d'autorité que M. l'évêque de Saint-Pons, en vain condamneroit-il ce prélat, puisque ce prélat pourroit le condamner lui-même.

La seconde, qui est celle d'une assemblée fortuite des évêques que le hasard rassemble à la suite du roi, a été pratiquée en plusieurs occasions lorsqu'il s'agissoit de remédier à un mal pressant; ou, lorsque les empereurs romains ou nos rois ont voulu avoir promptement l'avis des évêques qui se trouvoient auprès d'eux, afin de prendre avec plus de connoissance les mesures convenables pour empêcher le progrès d'une erreur naissante.;

Mais on ne voit pas que cela ait jamais eu d'exemple, lorsqu'il a été question de condamner la doctrine d'un évêque qui ne peut être jugé canoniquement, en première instance que dans sa province.

Quelque nombreuse qu'ait pu être une telle assemblée, elle n'a pas plus de pouvoir sur la personne d'un évêque d'une province que sur celle de Paris. On ne la pourroit regarder tout au plus que comme une assemblée préliminaire, et ce qu'elle feroit passeroit plutôt pour un avis que pour un véritable jugement. Il faudroit donc, après cette première assemblée, en convoquer nécessairement une seconde plus légitime dans la province de l'évêque accusé; et la multiplication de ces assemblées peut être sujette à bien des inconvéniens qui nuisent souvent à la décision.

Le concile national, qui est la troisième voie que l'on pourroit prendre pour terminer cette affaire dans le royaume, seroit certainement la plus authentique et la plus sûre de toutes celles que l'on pourroit embrasser. Le concile national comprend éminemment le concile provincial; il empêche tous les incidens qu'un évêque accusé peut faire naître sur le nombre et sur la qualité de ses juges; il prévient les instances qu'il faut faire après avoir été condamné dans un concile provincial, pour faire recevoir sa cause dans une assemblée d'évêques plus nombreuse.

Mais, quoique ce parti fût le plus régulier de tous, à considérer la chose en elle-même, il est à craindre néanmoins qu'il ne fût sujet à bien des inconvéniens, soit par l'embarras d'obliger tous les évêques à quitter en même-temps leur diocèse pour un jugement qui ne demande pas nécessairement leur concours, soit encore plus par le grand éclat que feroit une telle assemblée, et par la jalousie que la cour de Rome ne manqueroit pas d'en concevoir.

Il semble donc qu'il ne reste point d'autre parti à prendre que celui d'un concile provincial, composé seulement d'évêques, parce qu'il ne seroit pas convenable qu'un évêque comparût en jugement devant des ecclésiastiques du second ordre, quoiqu'il ne s'agisse encore que de sa doctrine.

Cette voie est régulière, conforme à l'ancienne discipline, aux mœurs du royaume, aux sentimens de tous les défenseurs de nos libertés, à l'intérêt commun de l'église et de l'état.

Elle est prompte et facile, puisqu'elle ne dépend que de la seule volonté du roi.

Elle est sûre, puisque la diversité des sentimens, quand il y en auroit sur ce sujet, n'empêcheroit pas que l'avis du plus grand nombre ne formât un jugement authentique.

Elle est utile et efficace, puisque M. l'évêque de Saint-Pons ne peut jamais révoquer en doute l'autorité de ce tribunal.

Elle donnera beaucoup moins d'ombrage à la cour de Rome, qu'un concile national.

Et si elle en prend encore, si elle veut faire valoir ses prétentions sur les jugemens des évêques, il sera aisé de lui répondre :

1.º Qu'il ne s'agit pas encore ici de juger la personne de M. l'évêque de Saint-Pons, et qu'il n'est question quant à présent que d'examiner sa doctrine ;

2.º Que quand même il s'agiroit de juger sa personne, il est de la sagesse et de la justice de Sa Sainteté de souffrir avec autant d'équité cette portion considérable de nos libertés qu'elle s'accommode à toutes les autres, et qu'elle ne fera par là qu'imiter les exemples d'Innocent I.er, de Grégoire le grand et de tant d'autres saints pontifes, dont elle marche sur les traces ;

3.º Qu'enfin, cette forme des jugemens canoniques et dont la France est si jalouse, ne fait aucun préjudice à l'autorité du souverain pontife, puisque la cause toute entière doit toujours être portée pardevant lui en cas que l'évêque condamné n'acquiesce pas au jugement rendu en première instance contre lui.

Après tout, si ces raisons ne satisfont pas pleinement la cour de Rome, il est bon de remarquer qu'on ne peut prendre aucun parti véritablement utile et efficace dans cette affaire sans y trouver quelque matière de différend avec la cour de Rome.

On a déjà vu combien la proposition de demander au pape un jugement en forme de constitution pourroit faire naître d'incidens et de difficultés presqu'insurmontables entre le saint Siége et la France.

Et quoique le parti de demander au pape des commissaires dans le royaume soit le plus favorable à l'autorité de Sa Sainteté, il ne seroit pas non plus exempt de beaucoup de difficultés, soit par rapport au choix des commissaires qui devroient être délégués dans la province même de M. l'évêque de Saint-Pons, soit par rapport au nombre des juges que les canons ont fixé à celui de douze.

On ne peut guères présumer que la cour de Rome voulût se soumettre à ces règles. Le passé nous doit apprendre à juger de l'avenir. Le pape Urbain VIII ne voulut nommer que quatre commissaires pour juger l'évêque de Léon ; et lorsque cet évêque eut obtenu, après dix années d'instance, que son appel fut reçu et jugé par d'autres commissaires, le pape Innocent X n'en délégua que sept, quelques instances que le clergé fît pour en avoir douze. Clément IX en nomma seulement neuf dans l'affaire des quatre évêques. Aucun de ces papes n'a voulu se conformer exactement en ce point aux règles des anciens canons, de peur qu'on ne crût qu'ils en eussent reconnu l'autorité. Aucun de ces souverains pontifes n'a voulu, par la

même raison, choisir dans la métropole de l'évêque
accusé les commissaires qui devoient le juger, parce
qu'ils auroient en quelque manière approuvé par là
le droit de la province.

Cependant on sait combien ces deux articles furent
sensibles au clergé de France ; et comme il y a lieu
de présumer que le roi auroit égard aux justes remontrances que les évêques demanderoient à Sa Majesté
la permission de lui faire sur ce sujet, l'expédient
des commissaires ne commettoit pas moins la France
avec le saint Siége que les autres partis qu'on peut
prendre.

Or, il est constant que quelque parti que l'on
prenne, on ne peut absolument éviter quelques contestations avec la cour de Rome ; il vaut encore
mieux en avoir à soutenir, en soutenant les libertés de
l'église gallicane, que de courir le même risque en
les abandonnant ; et d'ailleurs, si l'on prend la voie
d'un concile provincial, la chose sera faite et consommée avant que le pape puisse y apporter aucun
obstacle, et quand il y aura une fois un jugement prononcé dans les formes canoniques, il ne sera pas difficile de le soutenir contre toutes les raisons des docteurs ultramontains.

Mais, comme il paroît par tout ce qui a été expliqué
dans ce mémoire, que quelque parti que l'on prenne
dans cette affaire on y trouvera toujours quelques
inconvéniens, il seroit peut-être digne de l'équité et
de la sagesse de Sa Majesté de faire communiquer
avant toutes choses, à M. l'évêque de Saint - Pons,
les observations qui ont été faites sur son mandement
par ceux de MM. les évêques qui l'ont déjà examiné ;
si l'on pouvoit l'engager par là à expliquer ses sentimens d'une manière claire et conforme à la doctrine
des autres évêques du royaume, les prélats qui auroient travaillé à cette œuvre par les ordres du roi,
auroient la consolation d'avoir gagné leur frère, et
d'avoir prévenu par là toutes les suites qu'une affaire
si importante peut avoir soit au dedans ou au dehors
du royaume, lorsqu'elle aura une fois éclaté ; et si,

au contraire, M. l'évêque de Saint-Pons refuse d'écouter la voix de ses confrères et de profiter de la bonté du roi, alors on n'aura plus rien à se reprocher dans cette affaire, comme il semble que l'on auroit quelque sujet de le faire si l'on avoit négligé de prendre toutes les voies possibles pour la finir avec un esprit de paix et de charité qui doit être l'ame de toutes les affaires ecclésiastiques.

MÉMOIRE

Sur la censure du Mandement et de trois lettres de M. l'évêque de Saint-Pons, prononcée par le Pape, par un bref du 18 janvier 1710.

La doctrine et la personne de M. l'évêque de Saint-Pons sont les deux objets qui ont partagé l'attention du pape dans le bref par lequel il a condamné le mandement et plusieurs écrits de ce prélat sur la constitution de Sa Sainteté contre le jansénisme, et ce sont ces deux objets qui feront aussi le partage naturel des réflexions que l'on doit faire sur ce bref.

Si on l'examine par rapport à la doctrine, on y découvre d'abord,

Que le pape y juge en première instance et de son propre mouvement une affaire qui est née dans le royaume ;

Qu'il y condamne la doctrine d'un évêque, sans entendre cet évêque et sans lui avoir donné le moyen de se défendre ;

Qu'il y prononce cette condamnation d'une manière vague et indéterminée, qui peut tomber autant sur les maximes communes à toute l'église gallicane qui se trouvent dans le mandement de M. l'évêque de Saint-Pons, que sur les opinions particulières de ce prélat ;

Enfin, que le style entier de ce bref est rempli de clauses et d'expressions également contraires à nos mœurs et à la dignité épiscopale.

C'est à ces quatre points principaux que l'on peut réduire l'examen de ce bref, par rapport au jugement que le pape y prononce sur la doctrine de M. l'évêque de Saint-Pons.

L'ancienne discipline de l'église, la disposition du droit commun, l'usage perpétuel de la France, la pragmatique sanction et le concordat, l'équité même et la raison naturelle veulent que chaque affaire se juge d'abord dans le lieu où elle est née. Les évêques, successeurs des apôtres et établis par le Saint-Esprit pour gouverner son église, ont reçu de Jésus-Christ même le pouvoir d'être juges de toutes les nouveautés qui peuvent altérer ou la pureté de la doctrine ou la sainteté de la discipline ecclésiastique. Le pape, revêtu du même caractère qu'eux et n'ayant au-dessus d'eux que la prérogative de la primauté, est le juge supérieur, mais non pas le seul juge. Telle est la première notion de la hiérarchie; tel est l'ordre établi par les canons sur lesquels les anciens papes reconnoissoient avec joie qu'ils devoient être jugés lorsqu'ils disoient, *que les règles de l'église dominent sur nous, mais malheur à nous si nous étions jamais tentés de vouloir dominer sur les règles mêmes.*

Il est vrai que le pape, considéré comme évêque et dans les lieux où il exerce une juridiction immédiate, peut censurer tout livre qui contient une doctrine dangereuse, sans attendre que les évêques du lieu où l'erreur a commencé à se répandre en aient porté leur jugement; et si le pape se renfermoit dans ces bornes, il faudroit être ou ignorant ou injuste pour lui disputer un pouvoir qu'il n'y a point d'évêque qui ne soit en droit d'exercer.

Mais dans l'état présent de l'église (et c'est ce qu'il est très-important de bien remarquer pour dissiper les équivoques dont se sert pour obscurcir cette matière), quand le pape condamne un livre, c'est toujours comme chef de l'église qu'il le condamne et non pas simplement comme évêque; il le marque assez par l'injonction qu'il fait à tous les évêques de supprimer le livre condamné, et il le déclare encore plus par la clause ordinaire qui porte que la publication faite à Rome aura le même effet que si le bref avoit été signifié à la personne de tous ceux que la condamnation peut regarder.

28*

Il est donc vrai que dans ces sortes de condamnations le pape prétend aujourd'hui exercer un acte de plénitude de puissance, par lequel, comme s'il étoit l'évêque de chaque diocèse et le juge immédiat de toute l'église, il condamne tellement un livre que, si les évêques veulent encore l'examiner après cela et s'en rendre les juges, il traite leur conduite d'attentat sur l'autorité du saint Siége.

Avant les nouvelles maximes que les flatteurs de la cour de Rome ont introduites, on pouvoit être moins en garde contre les condamnations prononcées immédiatement par le saint Siége; on vivoit alors dans une espèce de bonne foi et de sécurité sur ce point, qui faisoit interpréter favorablement toutes les démarches des papes; et les évêques moins jaloux de leurs droits, parce que leurs droits étoient moins contestés, pouvoient, sans rien craindre, déférer tout à celui qui ne pensoit point à entreprendre sur eux.

Qu'un saint Grégoire le grand, qui regardoit comme une offense le titre d'évêque universel que quelques évêques vouloient lui donner, et qui déclaroit qu'il ne se tenoit point honoré d'une qualité qui faisoit perdre à ses frères, les évêques, l'honneur dont ils avoient droit de jouir; qu'un pape, plein de ces grands sentimens, eût condamné une erreur née en France, les défenseurs de l'église gallicane auroient pu ne s'en pas alarmer, mais aujourd'hui que les successeurs de la dignité de ce saint pape se croient fort au-dessus de son autorité, et qu'ils déclarent que quand ils ont une fois parlé il ne reste plus aux évêques que la soumission et l'obéissance, ils nous forcent, comme malgré nous, de les rappeler aux anciennes règles de l'église, suivant lesquelles ils ne peuvent exercer un véritable jugement en première instance que par rapport aux lieux qui sont soumis à leur juridiction immédiate; et quand ils ne se renferment pas dans ces bornes que leurs prédécesseurs même ont posées, nous devons nous opposer d'autant plus fortement à ces entreprises, qu'elles deviennent plus fréquentes, et que si l'on n'en arrêtoit le progrès, la

cour de Rome ne laisseroit bientôt plus à nos évêques
que le pouvoir d'ordonner des prêtres et la fonction
d'exécuter les décrets du saint Siége.

Nous savons qu'il y a eu des occasions rares et singulières, où par de grandes et importantes considérations l'église gallicane et le roi, qui en est le protecteur, ont jugé à propos de déférer aux lumières et à
l'autorité du pape un jugement qui auroit dû sans
cela être rendu en première instance dans le royaume.
Toute l'antiquité est pleine d'exemples, de relations
ou de consultations faites aux souverains pontifes, soit
par les évêques de certains pays, ou par les empereurs
et par les rois sur des questions nouvelles sur lesquelles ils ont cru qu'il étoit du bien de l'église que
le pape expliquât d'abord son sentiment, et ce sont
ces exemples que l'on a suivis dans l'affaire de Jansénius et dans celle de M. l'archevêque de Cambrai.

Mais ce seroit abuser de cette déférence, que de
vouloir en conclure que le pape, de son propre mouvement et sans en être requis ni par le roi ni par les
évêques, puisse interposer d'abord son jugement
(comme il vient de le faire) sur un livre composé
dans ce royaume par un évêque français, qui doit y
vivre en sûreté sous la protection, et, si l'on ose parler
ainsi, sous la sauve-garde des canons et des lois.

Quoique la clause *motu proprio* ne soit pas express-
sément employée dans le bref de Sa Sainteté, elle se
trouve néanmoins dans la chose même, et par là elle
est beaucoup plus dangereuse que si elle n'étoit que
dans l'expression, comme dans la condamnation du
livre de M. l'archevêque de Cambrai.

Mais, si l'autorité légitime des évêques et les fondemens de la hiérarchie sont attaqués par cette entreprise
de la cour de Rome, le droit naturel et l'équité même
paroissent encore plus blessés par un jugement qui
condamne la doctrine d'un évêque, sans que cet évêque ait été entendu. C'est la seconde réflexion qu'on a
faite d'abord sur ce bref.

C'est périr en innocent, et non pas en coupable,

suivant la pensée d'un auteur profane (1), que d'être condamné sans être entendu et sans avoir pu se défendre. Le christianisme et la nature des jugemens ecclésiastiques ajoutent encore un nouveau degré de force à la loi naturelle. Ni le pape ni les évêques ne doivent jamais oublier que s'il y a une loi de justice qui défend aux juges séculiers de condamner un accusé sans l'entendre, il y a outre cela une loi de charité qui oblige les juges ecclésiastiques à tâcher de gagner leur frère en le convertissant plutôt qu'en le condamnant; que Jésus-Christ même a voulu que les jugemens de l'église fussent toujours précédés d'avertissemens salutaires, et qu'on ne condamnât jamais que ceux qui après avoir été déférés à l'église n'auroient pas voulu entendre sa voix : mais comment pourroient-ils l'entendre si elle ne leur parle pas avant que de les condamner, et si le jugement précède également et l'accusation et la défense?

Aussi, ni la pureté de l'ancienne discipline ni le relâchement de la nouvelle n'autorisent une condamnation si précipitée.

Les décrétales même qu'on avoit faussement attribuées aux papes des premiers siècles, et qui, avant que la supposition en ait été reconnue, ont changé la face de la discipline ecclésiastique dans les jugemens des évêques comme dans plusieurs autres matières, condamnent manifestement cette précipitation. Elles établissent d'abord la nécessité d'appeler et d'entendre un évêque suspect avant que de le condamner; elles veulent même que ce soit dans une assemblée d'évêques légitimement convoquée qu'il soit entendu; et tout ce qu'elles ajoutent au droit ancien, c'est qu'elles font du jugement des évêques une cause majeure et réservée au saint Siége, qui doit assembler le concile où on les juge.

On étoit donc encore bien éloigné de croire que le pape seul, sans le suffrage d'aucun autre évêque, pût

_____

(1) *Inauditi atque indefensi, tanquam innocentes perierant.* Tacite, hist., lib. 1.

condamner un évêque dans ses mœurs ou dans sa doctrine, et cela sans lui avoir donné le temps d'éclaircir l'obscurité de ses expressions, d'en lever l'équivoque et d'en expliquer le sens véritable.

C'est néanmoins ce que le pape vient de faire à l'égard de M. l'évêque de Saint-Pons ; et c'est ce qui n'a presque point d'exemple, même depuis que les flatteurs de la cour de Rome ont voulu persuader au pape qu'il étoit non-seulement le chef mais le monarque de l'église, et que jamais sa puissance n'y éclatoit davantage que lorsque méprisant les formes les plus communes il s'élevoit au-dessus des canons.

Il est d'ailleurs très-important de remarquer qu'il ne s'agit point ici d'une doctrine enseignée par un évêque dans un livre ou dans un autre ouvrage qu'il auroit composé comme docteur particulier ; c'étoit là le cas du livre de M. l'archevêque de Cambrai ; et cependant le pape Innocent XII ne le condamna qu'après un examen et une discussion de plus de deux années, pendant lesquelles M. l'archevêque de Cambrai donna tous les éclaircissemens et toutes les explications qu'il crut nécessaires pour la défense d'un livre qui ne portoit point le caractère de l'autorité épiscopale, et qu'il n'avoit composé que comme un théologien particulier l'auroit pu faire.

Mais dans l'affaire présente, il s'agit principalement d'un ouvrage que M. l'évêque de Saint-Pons a fait, non comme théologien, mais comme évêque ; il s'agit d'un mandement ou d'une instruction pastorale faite avec autorité ; et, si jamais il est nécessaire d'entendre un évêque avant que d'en censurer la doctrine, c'est certainement lorsqu'il parle comme évêque et qu'il est accusé d'avoir enseigné l'erreur dans la chaire de vérité.

Dira-t-on, pour justifier le bref du pape, que le saint Père n'a encore prononcé que sur la doctrine de M. l'évêque de Saint-Pons ; mais par quels principes pourra-t-on soutenir qu'il ne faille entendre un évêque et lui donner le temps de se défendre, que lorsque sa personne est accusée, mais qu'on ne lui doit point cette justice lorsqu'on n'accuse que sa doctrine, comme si on pouvoit accuser la doctrine d'un évêque implicitement sans accuser sa personne, comme si le jugement qui censure l'une ne flétrissoit pas nécessairement l'autre, et comme s'il falloit moins de précaution pour juger de la foi d'un évêque que pour juger de ses mœurs.

Est-il bien vrai d'ailleurs que la condamnation prononcée par le saint Siége ne tombe que sur la doctrine et non sur la personne de M. l'évêque de Saint-Pons?

Si le pape avoit eu cette intention, il auroit condamné cette doctrine en taisant le nom de son auteur, et, pour se servir des termes de la cour de Rome, en faisant abstraction de tous ceux qui peuvent l'avoir enseignée. Mais ce n'est pas ainsi que le pape en use en cette occasion, il prononce en même temps deux jugemens dans un seul; un premier jugement par lequel il condamne la doctrine de certains écrits; un second jugement par lequel il déclare que cette doctrine a été enseignée par M. l'évêque de Saint-Pons; et ce qui paroît fort extraordinaire, c'est qu'il prononce ce jugement sur un simple exemplaire imprimé, sujet à désaveu, sans savoir si M. l'évêque de Saint-Pons l'avoue ou le désavoue, et s'il le reconnoît pour son ouvrage.

Que restera-t-il donc à faire après cela aux évêques de la province de Narbonne, juges naturels, suivant les canons, de M. l'évêque de Saint-Pons, si le bref du pape subsiste, et s'il a l'effet que la cour de Rome lui attribue?

Ou la province de Narbonne regardera ce bref comme un jugement qui lui doit servir de règle, et en ce cas ces deux points étant une fois jugés par le pape, l'un que la doctrine contenue dans certains écrits est erronée, l'autre que cette doctrine a été véritablement enseignée par M. l'évêque de Saint-Pons; si ce prélat ne souscrit pas au jugement du pape, les évêques de sa province ne pourront que le condamner : ainsi, c'est une véritable illusion de dire que le pape n'a jugé que la doctrine et qu'il n'a rien jugé à l'égard de la personne, puisque le jugement de la doctrine renferme tacitement celui de la personne, et que, si ce premier jugement subsiste, les évêques de la province de Narbonne ne sont plus libres sur le second.

Que si l'on dit que les évêques de la province de Narbonne jugeront la personne de M. l'évêque de Saint-Pons, comme si la cause étoit entière et que le pape n'y eût encore rendu aucun jugement, il faudra donc que ces évêques examinent de nouveau la doctrine de ce prélat, et en ce cas le pape s'élèvera hautement contr'eux ; et en voulant condamner M. l'évêque de Saint-Pons, ils deviendront presque aussi coupables que lui dans l'esprit de Sa Sainteté.

Ainsi la précipitation du jugement du pape jette un embarras inexplicable dans cette affaire, puisque si ce jugement n'est point attaqué par les voies usitées dans ce royaume, les évêques qui sont les juges légitimes de M. l'évêque de Saint-Pons ne peuvent ni le juger, en reconnoissant le jugement du pape sans se dégrader eux-mêmes, ni le juger en ne reconnoissant pas ce jugement sans se commettre ouvertement avec le saint Siége.

Telle est la suite naturelle de ces jugemens informes et prématurés, que les flatteurs de la cour de Rome persuadent au pape de rendre contre un évêque absent et non défendu ; et rien ne prouve mieux la sagesse des anciens canons dont la France a retenu l'usage, que les inconvéniens dans lesquels on tombe quand on veut s'en écarter.

Mais cette condamnation prononcée en première instance contre les droits de l'épiscopat et prononcée sans entendre l'évêque qu'elle flétrit, a encore le troisième défaut d'être si vague et si générale, qu'on peut craindre justement qu'elle ne tombe même sur les maximes de ce royaume que M. l'évêque de Saint-Pons a expliquées dans son mandement. M. l'évêque

de Saint-Pons y explique en plusieurs endroits la doctrine du clergé de France sur le droit qu'ont les évêques d'être juges des matières de foi et de doctrine
ecclésiastique.

Il dit qu'il *y a une différence essentielle sur ce
point entre les évêques d'une part, et les laïques et
même les ecclésiastiques du second ordre de l'autre;
il est certain,* selon lui, *que les premiers sont juges
de la doctrine et les autres ne le sont pas.*

Il ajoute dans un autre endroit, que *pour penser
le contraire, il faudroit avoir oublié les anathèmes
que le concile de Trente prononce contre les ennemis
de la hiérarchie qui confondent l'état séculier et les
ordres inférieurs avec l'épiscopat; il faudroit regarder les évêques comme des vicaires amovibles; que
les souverains Pontifes n'ignorent pas la leçon que
Jésus-Christ fait à ses apôtres, et en leur personne
à tout le collége épiscopal, de s'éloigner de l'esprit
de domination qui consiste à vouloir être obéi sans
reconnoître rien qui entre en portion de l'autorité
dont on est revêtu.....; que tous les évêques sont les
interprètes de la doctrine que Jésus-Christ a laissée
en dépôt, non-seulement à saint Pierre, mais encore
à ses apôtres et aux évêques leurs successeurs.*

Il suppose ou il établit la même doctrine en plusieurs autres endroits de son mandement.

On pourroit remarquer encore d'autres propositions
conformes aux maximes de la France, et contraires à
celles de Rome, qui sont contenues dans le même
mandement, soit par rapport aux jugemens canoniques des évêques, soit par rapport à d'autres matières.
Mais, sans entrer dans un plus grand détail, ces
exemples suffisent pour faire voir que le mandement
de M. l'évêque de Saint-Pons contient en plusieurs
endroits les maximes et les sentimens de l'église gallicane.

Or, si cela est, qui peut s'assurer que la censure
vague et générale du pape ne tombe autant sur ces
propositions que sur tout le reste. Le seul doute sur
un point si important ne suffit-il pas pour rejeter un

bref équivoque et dont on peut se servir également et contre la doctrine de M. l'évêque de Saint-Pons sur le silence respectueux, et contre les maximes de la France sur le pouvoir des évêques.

Il y a une grande différence à faire entre les censures générales et indéterminées qui se font dans le royaume et celles qui se font par le pape.

Dans les premières, la qualité d'évêques français et la connoissance que nous avons de la doctrine de nos prélats, nous assurent suffisamment que quoique la censure soit indéfinie elle ne tombe jamais sur les maximes de l'église gallicane qui se trouvent dans le livre condamné, mais dans les censures qui viennent du saint Siége; bien loin que la qualité du juge qui les prononce et la connoissance que nous avons de ses sentimens nous rassurent et nous servent de préservatif contre la généralité de la censure, c'est au contraire cette qualité même et les préventions qu'elle inspire ordinairement qui nous donnent un juste sujet d'inquiétude. Il est naturel de présumer que le pape a voulu condamner ce que nous savons certainement qu'il n'approuve pas en effet; et d'ailleurs a-t-on même ici besoin de conjectures, n'est-il pas de notoriété publique que le pape ne croit pas que les évêques puissent être juges d'une doctrine que le pape a une fois condamnée : ne s'en est-il pas expliqué trop clairement dans les brefs qu'il a écrits au roi et aux évêques de l'assemblée de 1705 pour nous laisser même le plaisir d'en pouvoir douter ? Ainsi, non-seulement on peut craindre qu'il ne fasse tomber sa censure vague et indéfinie sur les propositions que tout le clergé de France soutient aussi bien que M. l'évêque de Saint-Pons par rapport au pouvoir des évêques, mais on peut assurer même qu'il le fait, et qu'on ne s'éloigne point de son intention quand on attache ce sens à sa censure.

Enfin, cette censure si suspecte et si dangereuse par sa généralité, le paroît encore plus par le style dans lequel elle est conçue; c'est la dernière chose qu'il reste à examiner par rapport à la première partie du bref du pape qui regarde la doctrine de M. l'évêque de Saint-Pons.

On y évite d'abord de donner à ce premier ouvrage, qui est censuré par ce bref, son véritable titre de *mandement* et *d'instruction pastorale* de M. l'évêque de Saint-Pons ; on le comprend sous la dénomination de *petits livres*, ou *de libelles* qu'on y donne à tous les ouvrages condamnés, tant la cour de Rome craint qu'on ne croie qu'elle reconnoît une véritable autorité dans la personne des évêques lorsqu'il s'agit d'une matière de doctrine : et ce qui prouve que ce n'est point en haine d'un évêque suspect qu'on se sert de ce style, c'est que la cour de Rome en a usé à peu près de la même manière dans une occasion récente à l'égard de M. l'évêque de Chartres dont elle honoroit la doctrine et la vertu.

Dans le bref que le pape a écrit à ce prélat pour lui marquer le cas que Sa Sainteté faisoit de l'ordonnance par laquelle il a censuré les institutions théologiques du père Juenin, on a évité avec une affectation visible de donner le titre de mandement ou de censure à cette ordonnance ; et on ne lui a donné que le nom d'ouvrage (*opus*), comme pour faire entendre que la cour de Rome ne regarde les censures prononcées par les évêques que comme les ouvrages d'un théologien dont elle loue le zèle, mais dont elle ne reconnoît pas l'autorité.

A ce premier mépris des ordonnances rendues par les évêques, le bref du pape en ajoute un second. En supposant que l'instruction pastorale de M. l'évêque de Saint-Pons étoit déjà suffisamment condamnée, parce qu'elle avoit été mise à l'*Index*, c'est ce que signifient ces termes du bref, *quoique les libelles de M. l'évêque de Saint-Pons aient déjà été condamnés*, et ceux que le pape emploie encore dans le dispositif de son bref, lorsqu'il dit, *nous condamnons de nouveau* ; il n'y a point eu d'autre condamnation précédente du mandement de M. l'évêque de Saint-Pons que celle de l'*Index*. Ainsi, ce ne peut être que de cette espèce de censure que le pape a entendu parler.

Personne n'ignore que l'*Index* n'a aucune autorité dans ce royaume, où l'on fait une profession religieuse de reconnoître et de révérer la primauté du pape, mais où on ne reconnoît point le pouvoir des différentes congrégations de cardinaux qu'il plaît à Sa Sainteté d'établir.

On sait d'ailleurs combien l'autorité de l'*Index* s'est avilie, même dans les nations moins attachées que la nôtre à l'ancienne liberté ecclésiastique, par l'abus que l'on en a fait pour noter des livres ou des écrits qui ne méritoient pas cette flétrissure; car c'est là (pour se servir des termes de M.ᵉ Omer Talon, avocat-général, dans une remontrance qu'il fit en l'année 1647) qu'on a mis au nombre des ouvrages défendus, l'arrêt que le parlement rendit contre Jean Chastel qui osa attenter à la vie du roi Henri IV, et qui montra le chemin au parricide exécrable de ce grand roi; c'est là qu'on a voulu flétrir *l'histoire de M. le président de Thou, les libertés de l'église gallicane* et plusieurs autres livres dont tout le crime est de défendre les anciennes maximes de la France contre les nouveautés de la cour de Rome.

Après avoir fait valoir l'autorité de l'*Index* contre un évêque, et un évêque français, le pape continue d'humilier l'épiscopat dans ce bref, en y faisant marcher presque d'un pas égal, les évêques et les inquisiteurs dont le nom et le pouvoir ont toujours été si odieux dans ce royaume; c'est entre les mains des uns ou des autres que le pape ordonne à tous les fidèles de remettre les exemplaires des ouvrages condamnés; il enjoint et aux inquisiteurs et aux évêques de brûler ces ouvrages; il marque même que les diocésains de M. l'évêque de Saint-Pons les remettront pour cela entre les mains de M. l'archevêque de Narbonne ou d'un évêque voisin: ainsi non-seulement le pape condamne à Rome la doctrine de M. l'évêque de Saint-Pons, mais il veut que sa condamnation soit exécutée dans ce royaume; il prétend y exercer une juridiction immédiate, y faire supprimer des exemplaires, les condamner au feu, charger nos évêques de tenir la main à l'exécution de cette condamnation, et en un mot faire tout ce qu'il feroit s'il étoit effectivement l'évêque universel, comme les ultramontains le lui persuadent, et s'il avoit une puissance ordinaire et immédiate dans le royaume.

Enfin, on peut encore observer sur le style de ce bref, qu'il ne contient point d'adresse aux archevêques et aux évêques, en sorte qu'ils ne seront informés de ce jugement porté contre leur confrère, que par la publication que l'on fait à Rome; que suivant le style abusif de cette cour, le pape ordonne dans son bref que cette publication aura le même effet que si la condamnation avoit été solennellement signifiée à tous ceux qu'elle regarde, en sorte que contre toutes les maximes de la France, et l'on peut dire même contre le droit naturel qui veut que les lois soient publiées dans les lieux où elles doivent être exécutées, une simple publication faite *à la pointe du Champ de Flore* fera d'un bref du pape une loi générale pour toute l'église.

Que d'ailleurs, les clauses de ce bref n'intéressent pas moins la majesté royale que la dignité épiscopale, soit parce que le pape y ordonne que des livres y seront brûlés et qu'il enjoint à nos évêques, comme on a déjà dit, d'exécuter cette peine dans le royaume, ce qui renferme une entreprise manifeste sur la puissance temporelle, soit parce que le saint Siège déroge dans ce bref à la règle du droit canonique, par laquelle les papes mêmes ont établi qu'il y avoit des personnes si élevées, comme les rois et les princes souverains, qu'ils ne sont jamais censés compris dans les lois ecclésiastiques s'ils n'y sont nommément et expressément désignés.

Tant de défauts qui se trouvent réunis dans ce bref, et plusieurs autres moins essentiels qu'on y pourroit ajouter, suffisent pour faire voir qu'il y a long-temps qu'on n'en a vu de plus abusif dans la première partie qui regarde la doctrine.

Il ne le paroîtra pas moins, si on l'examine par rapport à la personne; et ce second point mérite moins de discours, mais encore plus d'attention que le premier.

On ne s'engagera point ici dans une longue dissertation sur le jugement des évêques et sur les maximes que la France soutient avec raison dans cette matière. On s'est déjà expliqué suffisamment sur ce point dans un mémoire que le procureur-général du roi eut ordre de faire, il y a près de deux ans sur la manière de traiter l'affaire de M. l'évêque de Saint-Pons; on a fait voir dans ce mémoire que, suivant les exemples des premiers siècles, les anciens canons de l'église et la reconnoissance des plus saints papes, les évêques qui rompent l'unité de l'église par leur doctrine, ou qui en déshonorent la sainteté par leurs mœurs, doivent être jugés d'abord dans le tribunal des évêques de leur province; que les canons ont même voulu que ce tribunal fût composé de douze évêques au moins, et que si la province n'en fournit pas assez pour cela, on en emprunte des provinces voisines; que si l'évêque condamné appelle au saint Siége du jugement rendu contre lui, il faut encore, suivant les maximes de la France, que le jugement de l'appel soit commis à d'autres évêques du royaume, et que c'est en ce dernier cas seulement que le pape peut commencer à nommer des commissaires; que l'église gallicane a suivi inviolablement cette même discipline pendant les deux premières races de nos rois; que si le changement que les fausses décrétales ont causé dans la discipline ecclésiastique y ont apporté quelqu'innovation pendant la troisième race, il y a eu des exemples contraires, par lesquels les évêques ont suffisamment conservé leur droit; et que depuis que la fraude et l'illusion des fausses décrétales ayant été découvertes, l'on a commencé à dissiper les ténèbres que des siècles de désordre et d'ignorance avoient répandues dans l'église. Le clergé de France, le parlement sous l'autorité du roi, et le roi même ont toujours soutenu l'ancien privilége du caractère épiscopal. Que l'on en trouve des preuves illustres dans les instructions que le roi Charles IX donna, en 1557, à M. d'Oysel, son ambassadeur auprès du pape, au sujet de quelques évêques suspects d'hérésie que le souverain pontife vouloit juger; dans l'arrêt que le parlement rendit en jugeant le procès du cardinal de Châtillon, évêque de Beauvais; et enfin, dans les célèbres remontrances que les assemblées de 1645 et de 1650 ont faites au pape et à son nonce auprès du roi, pour défendre l'honneur et les prérogatives de leur caractère.

Telles sont les maximes inviolables sous lesquelles nous vivons.

Il s'agit à présent d'examiner, si le pape ne les attaque pas dans le bref qu'il vient de faire.

Nous déclarons (ce sont les termes du bref) *que nous entendons procéder, ainsi qu'on le doit faire de droit, contre l'auteur de ces libelles et suivant la disposition des canons.*

Quelques personnes plus pieuses qu'éclairées ont paru d'abord tomber dans le piége que ces paroles présentent; et elles ont cru qu'il n'y avoit rien que d'innocent dans cette déclaration, puisque le pape s'engage par là à procéder suivant les canons.

Mais il est facile de démêler l'équivoque de ces expressions.

Le pape ne peut pas se plaindre de la France et des défenseurs des libertés du royaume, s'ils entendent ces termes de la même manière que Sa Sainteté les entend.

Toute la question se réduit donc à savoir de quelle manière le pape les entend, et c'est ce qui ne peut pas être douteux.

Sa Sainteté déclare, il est vrai, qu'elle entend procéder suivant les canons contre M. l'évêque de Saint-Pons. Mais quels sont ces canons suivant lesquels il prétend instruire ce procès? Sont-ce les anciens canons, sont-ce les nouveaux? Les anciens sont pour la France, les nouveaux sont pour le pape; et personne n'ignore que les canons du concile de Trente ont réservé au saint Siége le jugement des évêques, dans tous les cas qui sont de quelque importance, et que la discipline établie par ces canons ne laisse au concile de la province que la correction des fautes légères, et, pour parler ainsi, des péchés véniels des évêques.

Or, cela supposé, qui peut douter que quand le pape déclare qu'il agit suivant les canons, il n'entende par cette expression les canons du concile de Trente? Présumera-t-on que pendant qu'il a pour lui les canons du dernier concile général, il veuille se soumettre à l'usage établi par d'anciens canons qu'il prétend être abolis par une discipline contraire ou abrogée par le concile de Trente, et que ce soit suivant ces anciens canons qui sont contraires à la prétention du pape, que le pape déclare qu'il entend procéder contre M. l'évêque de Saint-Pons? Une interprétation si absurde n'a pas besoin d'être réfutée plus longuement.

Mais d'ailleurs, pour lever toute sorte de doute et d'ambiguité, ne suffit-il pas de faire attention à ces termes *nous entendons procéder?* Ce sera donc le pape qui procédera suivant sa déclaration formelle. Or, si c'est le pape qui procède, ce ne seront donc pas les évêques qui procéderont en vertu de leur pouvoir naturel et du droit attaché à leur caractère; ils ne procéderont tout au plus qu'au nom du pape, et comme commissaires délégués par lui pour l'instruction seulement, suivant les formes établies par le concile de Trente; ainsi ce seul mot, que *le pape procédera*, tranche absolument la question et dévoile pleinement le mystère. Si les évêques procèdent d'eux-mêmes suivant leur droit, les anciens canons sont sauvés, notre discipline est en sûreté. Si le pape procède et qu'il ne fasse que commettre des évêques pour l'instruction, la nouveauté l'emporte sur l'antiquité, et nos libertés sont avilies. Or, le pape déclare qu'il procédera : donc la discipline de l'église de France est déja anéantie dans l'esprit de Sa Sainteté. Le pape y substitue celle du concile de Trente, et il ne ménage pas plus nos libertés dans ce qui touche la personne que dans ce qui regarde la doctrine de M. l'évêque de Saint-Pons.

On ne défendroit donc qu'imparfaitement ces libertés, que Sa Sainteté attaque en tant de manières dans ce bref, si l'on se contentoit de ne le pas recevoir et de n'opposer que le silence à une entreprise si formelle.

Le silence laisseroit le pape dans la paisible possession de rendre un jugement en première instance sur une affaire née dans le royaume.

Le silence donneroit à la cour de Rome une entière liberté de faire tomber la généralité de sa censure sur les maximes les plus certaines de l'église gallicane.

Le silence enfin couvriroit toutes les clauses abusives, dont le style de cette censure est rempli.

Qui sait même ce qui peut arriver, si l'on n'oppose promptement une protestation forte et efficace à la résolution que le pape déclare avoir prise, de procéder contre M. l'évêque de Saint-Pons.

Qui sait si Sa Sainteté, regardant l'inaction de la France comme une preuve d'acquiescement ou de foiblesse, ne se portera pas ensuite à donner des commissaires à M. l'évêque de Saint-Pons, suivant les formes prescrites par le concile de Trente? Et si ce malheur arrive, n'aura-t-on pas sujet de se repentir d'avoir dissimulé une première entreprise sur nos libertés, et d'avoir mérité par là que la cour de Rome en fît une seconde ? Au lieu qu'en arrêtant la chose dans son principe et en profitant de toutes les armes que la cour de Rome nous donne en cette occasion contre elle-même, on prévient l'effet des menaces du pape, et on le fait dans le temps que les choses sont entières et avant que le pape se commette encore plus avec les évêques.

On dira peut-être que par là on met le mandement de M. l'évêque de Saint-Pons à couvert de la censure. Mais premièrement, une censure précipitée dans la forme, contraire aux maximes de la France, injurieuse à l'épiscopat, capable même si elle subsiste d'empêcher qu'on n'en fasse une plus régulière, ne mérite guères le nom de censure.

Il sera d'ailleurs fort facile d'empêcher, par la manière dont on s'expliquera au parlement sur le mandement de M. l'évêque de Saint-Pons, que les novateurs n'abusent de l'arrêt qui sera rendu contre le bref, et qu'ils ne le regardent comme une approbation tacite du mandement ; et enfin, si le roi juge à propos que l'on procède ensuite contre le mandement et contre l'auteur, rien n'empêchera qu'on ne le fasse suivant les formes canoniques observées dans ce royaume, *afin que* (pour se servir ici des termes du célèbre arrêt que le parlement rendit sur le procès du cardinal de Châtillon) *il soit connu et entendu de tous, même de la postérité, que le roi a toujours voulu garder et conserver la liberté de l'église gallicane, sauf en toutes choses l'honneur et la révérence de notre saint père le pape et du siége apostolique.*

C'est avec la même protestation que l'on finira ce mémoire ; et si le roi laisse au procureur-général la liberté d'agir, comme il le doit en cette occasion, il tâchera de le faire d'une manière si mesurée et si respectueuse pour le pape, que Sa Sainteté n'ait aucun sujet raisonnable de s'en plaindre.

Il ne répétera point ici les trois voies que l'on

29*

a accoutumé de prendre au parlement pour prévenir les suites des brefs qui blessent les libertés de l'église gallicane, parce qu'il les a expliquées dans un autre mémoire qu'il a fait sur le bref qui condamne le traité de la Régale, composé par le sieur Audoul, et il attendra avec respect qu'il plaise au roi de lui marquer celle de ces trois voies qu'il doit suivre en cette occasion.

RECUEIL DE PIÈCES

Au sujet de l'affaire de M. l'évêque de Saint-Pons.

I.

J'ai reçu la lettre par laquelle vous me faites l'honneur de m'apprendre les intentions du roi sur les brefs du pape contre M. l'évêque de Saint-Pons, et le livre du sieur Audoul sur la Régale.

Je travaille à faire un mémoire sur le premier; mais comme la matière est ample, délicate et importante, je ne serai en état de vous l'envoyer que dans la semaine prochaine.

A l'égard du second, comme M. le premier président étoit à la campagne lorsque je reçus votre lettre, il a fallu attendre son retour pour lui en faire part. Il n'avoit pas encore vu le bref qui condamne le livre du sieur Audoul, je l'ai remis entre ses mains; et nous devons incessamment convenir de ce que nous aurons l'honneur de proposer au roi, sur la forme de procéder contre ce bref, pour recevoir ensuite les derniers ordres de Sa Majesté sur ce sujet.

Une matière encore plus importante m'oblige à vous envoyer le mémoire que je joins à cette lettre. C'est la déclaration que j'ai appris qu'on vouloit faire signer à plusieurs évêques, pour expliquer les sentimens de l'assemblée du clergé de 1705, sur les expressions de cette assemblée dont le pape a paru blessé. J'ai eu avis que l'on devoit communiquer, lundi prochain, à une partie des évêques de cette assemblée qui se trouveront à Paris, le projet de la déclaration qu'on leur propose de signer; ainsi je n'ai pas cru devoir différer davantage de représenter au roi le danger et les grandes conséquences de cette démarche ; c'est le sujet du mémoire que je joins ici et dont je vous supplie de rendre compte à Sa Majesté, pour me faire savoir ensuite ses intentions sur une affaire dont il n'y a point de bon Français qui ne soit alarmé depuis que le bruit s'en répand dans le public. Je suis persuadé que si le roi et son conseil veulent bien donner quelques momens de leur attention à ce mémoire, ils trouveront que cette inquiétude n'est pas sans fondement, et qu'il n'y a guères de démarche d'une plus grande conséquence que celle qu'une portion considérable de l'église gallicane est sur le point de faire sans beaucoup d'examen sur les contestations les plus importantes que le pape pût jamais avoir avec les évêques.

Je suis, etc.

II.

Lorsque l'abbé de Polignac arriva de Rome, il fit entendre que l'affaire étoit facile à accommoder.

Reprendre les premiers erremens ; retrancher tout ce qui est contesté ; ne mettre dans la lettre que ce qui est certain et convenu des deux côtés.

Pour cela, extraire les propositions de la lettre même de M. le cardinal de Noailles et se servir des mêmes termes, en retranchant le contentieux et le figuré, comme l'*inimicus homo*, etc.

De là, propositions extraites.

On propose de faire signer une déclaration au cardinal et aux évêques de l'assemblée.

Occasion de cette proposition.

L'abbé de M..., agent, a cru différer, sous divers prétextes, de faire imprimer le procès-verbal de 1705 ; cet abbé a été entendu.

Pressé par le cardinal une infinité de fois, enfin, à la fin de 1709, présentant un mémoire au roi, signé de lui, que j'ai vu, où il demande à cet agent s'il est à propos de faire paroître ce procès-verbal, attendu les contestations que l'assemblée de 1705 avoit fait naître entre la France et Rome.

On peut en même-temps insinuer au roi, que le moyen de faire paroître innocemment ce procès-verbal, est d'y joindre une déclaration qui fût comme le contrepoison de l'assemblée de 1705, et contre la cour de Rome et contre les jansénistes.

Ces propositions furent données par le roi au cardinal, qui crut que c'étoit le père le Tellier qui les avoit données au roi.

Le cardinal avoit déjà commencé à s'affoiblir lorsque je fus averti par hasard de ce qui se passoit.

Ce fut un lundi, et celui qui m'en donna avis étoit instruit, car il l'avoit vu, et me dit que cela pourroit être conclu le mardi suivant à Versailles où le cardinal devoit aller le lendemain coucher.

J'allai le mardi à son audience, et l'ayant entretenu auparavant, je lui dis ce que j'avois su ; il rougit, fut embarrassé et cependant m'avoua que cela étoit vrai, excepté que la chose n'étoit pas aussi avancée qu'on me l'avoit dit ; il me promit qu'il ne la finiroit pas le lendemain et qu'il m'en parleroit plus à fond à son retour.

Je le vis le lendemain au soir ; il me conta tout le détail, ses refus, ses réserves, enfin sa défaite presque entière. Je compris qu'il étoit bien tard pour redresser cette négociation.

Je lui demandai si Rome entroit là-dedans, il me dit que non ; je lui conseillai de chercher *salutem ex inimicis*, et de faire en sorte que le nonce se plaignît de ce qu'on vouloit faire tout cela sans lui, et donner une satisfaction au maître sans consulter celui qui la devoit recevoir.

Il m'exhorta de son côté à entrer dans cette affaire ; je lui dis que j'étois prêt de le faire, et que c'étoit à lui d'en faire naître l'occasion, sans quoi il n'étoit pas naturel que je pusse entrer dans ce secret qui se passe entre lui et le roi.

J'allai peu de jours après à Versailles, le jour de sainte Geneviève.

Je le trouvai dans l'antichambre de Monseigneur, où il étoit avec M. de Fleury, avocat-général. Il me rappela la même chose, et me dit qu'il avoit envie d'en parler aussi à M. l'avocat-général pour nous engager à agir auprès du roi; il me dit encore qu'il en avoit parlé à M. de Torcy qui approuvoit assez la chose, et qui me le dit en effet ou le jour même ou quelques jours après.

M. le chancelier me dit que cela ne serviroit de rien; que cependant je pouvois hasarder d'agir, mais qu'il étoit à craindre que le cardinal ne m'engageât à une démarche fort délicate.

J'eus ensuite diverses conférences avec cette éminence, la plupart seul; une seule en présence de M. de Fleury.

Je m'échauffai même une fois assez avec lui, et sur le fond et sur la forme de ce qui se passoit; la seule chose que j'y gagnai ce fut quelque changement dans le projet de la déclaration, qui fut tout le fruit de cette conférence.

Il alla par fois à Versailles pendant ce temps-là; le roi le pressoit fort, mais il éluda toujours sur différens prétextes, tantôt que les évêques qu'on attendoit pour une assemblée qui s'alloit tenir, et qui avoient été de celle de 1705, n'étoient pas tous arrivés; tantôt, qu'il y avoit encore quelques choses à réformer dans ces termes.

Cependant, dans le fond, il étoit vrai et il insistoit toujours pour ses raisons, qu'il croyoit la déclaration innocente et véritable dans le fond de la doctrine; que c'étoit au roi et à son conseil de juger si elle étoit convenable par rapport à la politique et aux mesures qu'on devoit prendre avec la cour de Rome; mais que dès le moment que le roi exigeoit de lui une explication de ses véritables sentimens, il ne pouvoit pas la lui refuser.

Il m'avoua néanmoins qu'on l'avoit en quelque manière compris, en lui faisant entendre que ce n'étoit que pour la satisfaction du roi qu'on lui demandoit cette déclaration; qu'elle ne paroîtroit point en public, qu'elle ne serviroit qu'à mettre l'esprit du roi en repos, et qu'après cela le pape auroit beau se plaindre, le roi n'exigeoit rien de plus du cardinal.

Je lui fis sentir le piége qu'on lui avoit tendu, et enfin je convins avec lui de faire les derniers efforts pour le dispenser de signer cette déclaration, en faisant entendre l'absurdité de la signer, ce qui doit être convenu avec Rome, et l'irrégularité de se charger avec des évêques qui s'estiment plus que des princes d'attester les sentimens d'une assemblée de clergé, etc.; et que si le roi insistoit, il lui diroit que cette déclaration n'a pas été demandée pour faciliter la publication du procès-verbal de 1705, il n'y avoit qu'à suspendre cette publication, ce qui rendroit la dernière inutile, et attendre que l'assemblée fût finie avec Rome; enfin, qu'il tâcheroit de me mettre en jeu pour dernière ressource, et de dire qu'il falloit consulter sur un point si délicat les défenseurs ordinaires des libertés de l'église gallicane.

Il alla à Versailles plein de ces pensées; il se trouva que le roi avoit pris médecine; il se servit auprès de moi de cette excuse pour se justifier de n'avoir pas parlé aussi fortement qu'il me l'avoit promis.

Cependant ceux, *quibus una salus se libertatem ecclesiæ gallicanæ proderint acriter apud regem instare, simul ad solos episcopos aulicæ graciæ aucupes*, qui offrirent d'eux-mêmes ce que le cardinal refusoit depuis si long-temps, et déclaroient au roi qu'il n'y trouveroit aucune difficulté, ensorte que le roi dit au conseil que les autres évêques ne demandoient pas mieux que de signer la déclaration.

Je fis néanmoins ce que je pus auprès du cardinal pour l'engager à demeurer ferme; mais je vis bien, au cours du voyage qu'il fit à Versaille au commencement du carême, qu'il n'y avoit plus rien à espérer et qu'il s'étoit comme engagé, en sorte qu'il ne voyoit plus d'autre ressource que dans mon ministère.

Je pris donc, sans aucune espérance de succès,

mais dans la seule vue de sauver mon ministère, la résolution d'envoyer un mémoire; je l'adressai à M. de Torcy.

Il en rendit compte au roi le mercredi dans le conseil : fréquentes interruptions de la part de M. de B., revenant toujours sur le précédent quand il étoit question du fond, en disant que le cardinal étant contre, il n'y avoit plus rien à examiner. M. le cardinal soutint le mémoire quelques mois inutilement; le roi chargea M. de Torcy de me faire savoir qu'il approuvoit mon zèle, mais que la chose étoit trop avancée pour la mettre encore en délibération, et que sa résolution étoit prise sur ce point.

Dans le même temps, deux brefs de Rome arrivent. L'un, contre le mandement de M. de Saint-Pons. L'autre, contre le livre d'Audoul.

Résumons ici ce qui s'étoit passé en février sur ce mandement.

Grande indignation de M. de Chartres; lorsqu'il parut, il excite le cardinal à le condamner; assemblée de plusieurs évêques; enfin, le cardinal représentant qu'il ne pouvoit pas être juge d'un évêque de la province de Narbonne, ces assemblées n'eurent point de suite.

Dans la semaine sainte de 1708, lettre de M. de Torcy à M. le premier président et à moi, pour donner avis sur la forme qu'on pourroit prendre.

M. le premier président, lettre de cachet.

Mémoire, examen des différens moyens, difficultés de toutes parts, se tenir à la règle.

Le roi prend la résolution d'attendre l'assemblée de 1710.

Je les vis presqu'aussitôt qu'ils furent arrivés; et étant allé à Versailles le lendemain, j'en parlai à M. de Torcy, à qui je dis que j'enverrois un mémoire, etc.

Il prévint mon mémoire par une lettre où il me marque, qu'il a parlé au roi de ce que je lui avois dit; que le roi vouloit qu'on agisse contre le bref qui

condamnoit le livre d'Audoul, et attendre un mémoire sur celui qui condamne le mandement de
M. de Saint-Pons, avant que de se déterminer.

III.

Le commencement du projet renvoyé de Rome est
conçu en termes vagues et peu intelligibles ; on ne
sait ce que veulent dire ces mots : *Modum illum
quem clerus noster gallicanus tenuit occasione
constitutionis quæ incipit Vineam Domini Sabaoth,
visum fuisse diversum ab eo quem olim majores
nostri occasione constitutionum, Innocens X et
Alex. VII, tenuerunt.*

Ne seroit-ce point pour éviter d'employer le mot
d'*acceptation* qu'on auroit pris le parti de se servir
de l'expression vague : *Modum illum quem tenuisti
occasione constitutionis,* etc., sans cela il n'y avoit
qu'à dire : *Modum quo clerus noster gallicanus cons-
titutionem Vineam Domini Sabaoth à S. V^a editam
adversus jansenianum errorem acceptavit in comi-
tiis habitis anno 1705, visum fuisse sanctitati veræ
diversum ab eo quo SS. Pontificum, Innocens X,
et Alex. VII, constitutiones olim à majoribus nostris acceptata fuerunt.*

Ce tour-là seroit beaucoup plus intelligible que
celui du projet réformé, et il ne s'accorderoit pas
moins avec les raisons marquées dans le mémoire italien, joint à la lettre de M. le cardinal de la Tremoille,
sur les changemens faits dans le préambule du projet
envoyé de Paris.

Dans le §. *Testor igitur primò,* on a mis au lieu
des mots : *eodem animo,* les mots *eádem obedientiâ.*
Quoique cette expression soit plus forte, elle est néanmoins du nombre de celles qui ont été employées en
d'autres endroits du projet envoyé de Paris ; et comme
elle est relative à la disposition avec laquelle les
évêques de France ont accepté autrefois les bulles
d'Innocent X et d'Alexandre VII, on peut dire

qu'elle ne change rien au fond de la chose, et qu'ainsi on peut donner satisfaction au pape sur ce point.

Dans l'article qui commence par *secundò,* au lieu que le projet envoyé de Paris marquoit, qu'en parlant de l'acceptation faite par le corps des pasteurs l'esprit du clergé de France n'avoit pas été de dire, que *les constitutions des papes avoient besoin d'une acceptation solennelle : mens ejus non fuit acceptatione solemni indigere.*

Le projet réformé fait dire à M. le cardinal de Noailles, que l'esprit du clergé de France n'a pas été de dire, que *la solennité de cette acceptation soit nécessaire : mens ejus non fuit necessarium esse ejusmodi acceptationis solemnitatem.*

Il ne paroît pas d'abord une grande différence entre ces deux manières de s'exprimer. Mais si cela est, pourquoi affecte-t-on de substituer l'un à la place de l'autre ? Cela ne se fait pas sans mystère, et le voici, suivant toutes les apparences.

Le clergé de France soutient que l'acceptation des évêques, au moins tacite, est nécessaire.

Rome rejette également la nécessité de l'acceptation expresse et de l'acceptation tacite.

C'est sans doute par cette raison qu'elle a recherché avec une expression qu'on peut faire tomber sur l'une et sur l'autre espèce d'acceptation. C'est par cela qu'on ne joint pas ici le terme de solennelle à celui d'acceptation, comme on l'a vérifié dans le projet envoyé de Paris, mais on dit seulement que l'esprit du clergé de France n'est pas de dire que la solennité de l'acceptation soit nécessaire ; or, quoiqu'en français le terme de solennité renferme l'idée de quelque chose de public et d'extérieur, ce terme en latin ne signifie souvent que *formalité, coutume* ou usage ordinaire qu'on a accoutumé d'observer dans les contrats ou dans les jugemens. Ainsi, la cour de Rome pourra soutenir quelque jour que le clergé de France a déclaré, par la bouche de M. le cardinal de Noailles, qu'il ne croyoit pas que la formalité ou la pratique de l'acceptation fût nécessaire, ce qui pourra s'appliquer à l'acceptation tacite comme à l'acceptation expresse.

Telle est sans doute l'intention secrète de la cour de Rome dans l'expression qu'elle présente à la France, et il est si essentiel de ne rien faire qui puisse donner atteinte à la maxime de la nécessité absolue de l'acceptation, au moins tacite, qu'il semble qu'il faudroit faire un changement presqu'insensible et néanmoins très-important en cet endroit, et au lieu de ces mots : *l'esprit du clergé n'a pas été que la solennité de l'acceptation fût nécessaire*, y mettre ceux-ci, *l'esprit du clergé n'a pu être que la solennité fût nécessaire dans cette acceptation : necessarium esse in ejus modi acceptatione solemnitatem*, ou *que l'acceptation solennelle fût nécessaire : necessariam esse acceptationem solemnem*.

On éviteroit par là le piége qui paroît caché sous l'expression dont la cour de Rome demande qu'on se serve en cet endroit.

Dans le § *tertio*, M. le cardinal de Noailles avoit dit, en empruntant le style d'une lettre des évêques de France à Saint-Léon que l'assemblée du clergé avoit voulu *reconnoître sa foi dans la constitution du pape: fidei sua sensum recognoscendum esse voluit*. Cette expression disoit beaucoup, et insinuoit le droit aussi bien que le fait ; le *projet réformé* réduit tout au fait en faisant seulement dire à M. le cardinal de Noailles, que le clergé de France a reconnu les sentimens de sa foi dans les décrets du pape ; mais après tout, on peut dire que le fait renferme ici le droit, surtout quand on rappelle un fait autorisé dès le huitième siècle de l'église, par l'exemple des évêques de France écrivant au pape Saint-Léon.

Ainsi, ce seroit une espèce de chicane, de vouloir insister sur ce changement.

A l'égard de la phrase qui finit cet endroit, et que le pape laisse à la discrétion de M. le cardinal de Noailles d'ajouter ou de retrancher, il semble que ce dernier parti est le meilleur.

A la vérité, si on avoit employé dans cette dernière phrase le terme de *judicium* ou de *sententia*, en sorte qu'on y eût dit que le clergé de France avoit voulu empêcher que les novateurs ne pussent dire qu'ils avoient été condamnés plutôt par le silence respectueux des évêques que par leur jugement exprès, cette addition auroit pu être avantageuse à l'épiscopat; mais on n'a eu garde de faire tenir ce langage à un archevêque français dans une lettre qui doit être écrite au pape; et au lieu du mot de *jugement*, on n'y a employé que celui *de déclaration;* en sorte que par cette expression dangereuse on réduit tout le jugement des évêques à déclarer seulement que le pape a jugé.

Il n'y a pas d'apparence que la cour de Rome consente qu'on ôte le terme de *déclaration*, et qu'on y substitue celui de *jugement.* Ainsi il paroît plus convenable de retrancher entièrement cette phrase, que de se commettre inutilement pour faire faire un changement auquel on ne parviendra point dans une chose qui n'est pas absolument nécessaire.

Au surplus, on ne peut s'empêcher de remarquer, et sur le projet envoyé de Paris et sur le projet renvoyé de Rome, qu'il est triste et humiliant à l'église gallicane et pour toute la France, de voir que l'on soit obligé de s'expliquer d'une manière si tremblante et si peu digne de la simplicité épiscopale, sur le pouvoir le plus incontestable des évêques et le plus inséparablement attaché à leur caractère.

IV.

Les novateurs qui abusent de tout pouvant abuser de tout, peuvent abuser de quelques expressions du procès-verbal de l'assemblée de 1705, au sujet de l'acceptation de la constitution du pape du mois de juillet de la même année; il est à propos pour prévenir leur mauvaise interprétation d'expliquer la véritable intention de cette assemblée. Ainsi nous, comme ayant eu part à toutes ces délibérations, et témoins de ce qui s'y est passé, déclarons :

1°. Qu'elle a prétendu recevoir cette constitution dans la même forme et dans les mêmes maximes que les autres bulles contre le livre de Jansénius ont été reçues ;

2.° Que lorsqu'elle a dit : que *les constitutions des papes obligent toute l'église, lorsqu'elles ont été acceptées par le corps des pasteurs*, elle n'a point voulu établir que l'acceptation solennelle du corps des pasteurs soit nécessaire, pour que de semblables constitutions du saint Siége soient des règles du sentiment des fidèles ;

3.° Quelle étoit très persuadée qu'il ne manque aux constitutions contre Jansénius aucune des conditions nécessaires pour obliger toute l'église ; et nous croyons qu'elle auroit eu le même sentiment sur les bulles contre Baïus, contre Molinos et contre le livre de l'archevêque de Cambrai, intitulé *Maximes des Saints*, s'il en eût été mention ;

4.° Qu'enfin elle n'a point prétendu que les assemblées du clergé aient droit d'examiner les jugemens dogmatiques des papes, pour s'en rendre les juges et élever un tribunal supérieur.

MÉMOIRE

Au sujet de l'engagement pris par le feu roi en l'année 1693, pour l'inobservation de l'édit publié en 1682, par rapport à l'étendue de la puissance ecclésiastique.

Là déclaration que l'assemblée du clergé de France fit en 1682, contenant en quatre propositions la doctrine de l'église de France, sur l'étendue de la puissance ecclésiastique, fut pour le pape Innocent XI le sujet d'un vif mécontentement contre les membres de cette assemblée; et comme quelques-uns des prélats qui avoient assisté n'avoient pas encore reçu leurs bulles de Rome, et que plusieurs des abbés qui s'étoient trouvés à la même assemblée furent depuis nommés par le roi pour remplir des évêchés du royaume, Sa Sainteté déclara qu'elle ne leur donneroit point de bulles ni aux uns ni aux autres, s'ils ne faisoient avant toutes choses une rétractation formelle de ce qui s'étoit passé dans l'assemblée du clergé, tant par rapport à la déclaration sur la puissance ecclésiastique, que sur le consentement que cette assemblée avoit donné à l'extension de la régale sur toutes les églises de France.

Le roi avoit ordonné par édit du mois de mars de cette même année 1682, que la doctrine contenue dans les quatre propositions fût nécessairement enseignée et soutenue dans les écoles de son royaume; et lorsqu'il fut instruit de cette résolution du pape, il prit celle de ne recevoir des bulles pour aucun des sujets qui étoient nommés par Sa Majesté aux prélatures du royaume, jusqu'à ce que Sa Sainteté eût

consenti d'en donner aussi à ceux qui avoient concouru aux délibérations du clergé sur la puissance
ecclésiastique et sur l'universalité de la régale. On
ne se relâcha de part ni d'autre sur ces points;
et lorsque le pape Innocent XI mourut en 1689, il
y avoit plus de six ans que l'on n'avoit reçu en France
des bulles pour les évêchés et pour les abbayes du
royaume.

Les contestations survenues à la fin de ce pontificat, à l'occasion de la franchise du quartier de l'ambassadeur du roi à Rome, et l'appel que Sa Majesté
fit interjeter au futur concile, par le parlement de
Paris, de toutes les entreprises que la cour de Rome
avoit faites ou pourroit faire dans la suite contre les
droits de sa couronne, augmentèrent encore la mé-
sintelligence entre la France et cette cour. Sa Majesté
voulut bien renoncer à ses prétentions, par rapport à
la franchise des quartiers, pendant le conclave où le
cardinal Ottobon fut élu pape sous le nom d'Alexandre VIII en 1689 ; mais un désistement aussi considérable de sa part ne produisit aucune facilité pour
terminer l'affaire principale. Ce fut sans succès que
l'on négocia pendant le cours de ce pontificat, pour
faire cesser le refus des bulles. Alexandre VIII vouloit, à l'exemple de son prédécesseur, que ceux des
évêques nommés, qui avoient assisté en 1682 à l'assemblée du clergé, fissent une rétractation authentique du *conclusum* ou décret qu'il supposoit qu'elle
avoit fait sur la puissance ecclésiastique, aussi bien
que du consentement qu'elle avoit donné à l'établissement de la régale par tout le royaume.

Le roi se croyoit bien fondé à persister constamment
à refuser cette rétractation des maximes inviolables
de son royaume ; et ses ministres représentèrent plusieurs fois par ses ordres, au pape Alexandre VIII,
que l'assemblée de 1682 n'avoit point fait un décret,
mais seulement une simple déclaration de la doctrine
du clergé du royaume ; que, s'il persistoit plus long-
temps à suspendre les bulles, la France seroit obligée de chercher d'autres moyens pour donner des

pasteurs à la moitié des églises du royaume, qui étoient devenues vacantes depuis le commencement de ce différend.

Cette fermeté du roi à refuser tout ce qui pouvoit avoir l'apparence d'une rétractation de la part des sujets qu'il avoit nommés aux évêchés, et qui avoient été membres de l'assemblée du clergé en 1682, adoucit enfin le pape Alexandre VIII ; et il se réduisit à demander que *Sa Majesté voulût bien cesser de tenir la main à l'exécution de l'édit qu'elle avoit publié, pour autoriser les délibérations de cette assemblée au sujet de la puissance spirituelle et temporelle des papes*, en assurer Sa Sainteté par une lettre de sa main ; et que de plus, pour sauver l'honneur de la cour de Rome qui ne vouloit pas avouer d'avoir prétendu aussi long-temps, sans nulle raison, une rétractation de la part des évêques nommés qui avoient été de l'assemblée, ils lui écrivissent une lettre d'honnêteté que l'on pût regarder à Rome comme une satisfaction, et qui contînt au moins des assurances qu'*ils n'avoient pas eu intention de rien définir ni régler dans cette assemblée, qui pût déplaire au saint Siége.*

Sa Majesté voulut bien donner les mains à ce tempérament, et l'on traita pour concerter le projet de la lettre proposée ; mais cette négociation qui sembloit ne dépendre plus que du choix de quelques expressions qui pussent également convenir de part et d'autre, étoit encore bien éloignée de sa fin. Le pape ne s'étoit pas désisté si absolument de la demande d'une rétractation, qu'il ne voulût que la lettre que les évêques nommés lui écriroient contînt au moins deux ou trois termes qui pussent être considérés comme une réparation de l'offense qu'il prétendoit toujours que l'assemblée du clergé, tenue à Paris en 1682, avoit faite au saint Siége ; et le roi avoit un grand intérêt de rejeter ces expressions qui auroient été interprétées alors et dans la suite des temps comme une renonciation aux anciennes maximes du royaume et aux libertés de l'église gallicane, et comme une révocation du consentement donné par elle à l'universalité de la régale; de sorte que le pape Alexandre VIII voyant, après plusieurs discussions sur ce sujet, qu'il ne pouvoit obtenir à cet égard tout ce qu'il s'étoit proposé, il reprit ses premiers sentimens conformes à ceux de son prédécesseur Innocent XI, et il crut qu'il devoit en son particulier prendre des mesures convenables pour venger l'atteinte portée à la gloire du siége apostolique, et soutenir la cause commune de tous les pontifes romains.

Il dressa dans cette vue, le 4 août 1690, une constitution où, après avoir exposé qu'il avoit inutilement employé tout ce qui pouvoit dépendre de ses soins pour obtenir une retractation sincère de la part de ceux qui avoient été les auteurs de l'injure faite à toute l'église et au souverain pontife, par les délibérations des évêques assemblés à Paris en 1682, tant sur la régale que sur la puissance ecclésiastique, et de tout ce qui avoit été depuis fait en conséquence, soit arrêt, déclaration, édit ou décrets quelconques, rendus et publiés en France par les personnes ecclésiastiques ou laïques de quelque qualité ou condition qu'elles pussent être, il ajoutoit que, voulant pourvoir amplement et efficacement à l'indemnité du siége apostolique, de l'église universelle et de la juridiction, immunités et libertés ecclésiastiques, il cassoit et annuloit de son propre mouvement, et en vertu de sa pleine puissance, les délibérations et résolutions de ladite assemblée et tous actes généralement quelconques faits par la puissance ecclésiastique ou séculière sur ces différens sujets pendant la durée de cette assemblée, les déclarant dès-lors et à jamais nuls et de nulle valeur.

Alexandre VIII n'osa cependant pas publier alors cette bulle; il fut retenu par la crainte de s'exposer au ressentiment que le roi n'auroit pu se dispenser de lui marquer après une pareille démarche, et dont il avoit vu des effets sous le précédent pontificat. Sa bulle demeura secrète, et il continua de négocier pour obtenir la réparation qu'il demandoit pour le saint Siége ; mais voyant au mois de janvier 1691 , que la fin de sa vie approchoit, et qu'il ne pouvoit rien risquer personnellement en publiant sa constitution , il la communiqua aux cardinaux le 3o de ce même mois , la veille de sa mort , ordonnant qu'elle seroit affichée à Rome avec les formalités ordinaires.

Le feu roi en reçut la nouvelle en même temps que celle de la vacance du saint Siége ; et Sa Majesté jugea que dans cette circonstance elle devoit retenir le zèle du parlement de Paris, qui vouloit s'élever contre les expressions de cette bulle , qui attaquoient non-seulement les maximes de l'église de France , mais aussi les droits les plus sacrés de la couronne, et qui supposoient, en la personne du pape, une autorité supérieure à celle de nos rois et capable de casser et d'annuler leurs édits et déclarations. Elle manda le premier président, et lui dit qu'elle pouvoit présumer que cette constitution n'avoit pas été faite, puisqu'elle ne l'avoit reçue que par des voies indirectes ; que si le pape l'avoit effectivement publiée la veille de sa mort, comme on le disoit, cet acte marquoit si clairement la foiblesse de l'esprit d'un homme mourant, et étoit si défectueux qu'il tomberoit de lui-même ; qu'il y avoit lieu de croire que les cardinaux assemblés pour l'élection d'un nouveau pape qui eût les qualités propres à bien gouverner l'église , ne donneroient leurs suffrages qu'à celui d'entre eux qui auroit toutes les dispositions nécessaires pour rétablir au plus tôt une parfaite intelligence entre la France et la cour de Rome ; et que ce digne chef de l'église seroit bien éloigné de laisser subsister un acte aussi peu soutenable que cette bulle prétendue que son prédécesseur pouvoit avoir faite dans les derniers momens de sa vie ; qu'ainsi Sa Majesté souhaitoit que le parlement gardât pour lors le silence sur les copies informes qui s'en étoient répandues.

Les choses se passèrent à Rome , ainsi que Sa Majesté l'avoit espéré. Le cardinal Pignatelli fut élu pape sous le nom d'Innocent XII. Il parut dès le commencement de son pontificat, dans les dispositions qu'elle pouvoit le souhaiter, et il en assura Sa Majesté par un bref de sa main. A la vérité, il ne révoqua pas la dernière constitution de son prédécesseur, mais il ne fit rien qui pût être regardé comme une confirmation ou même comme un aveu de cette bulle. On reprit la négociation sur les termes qui devoient former le projet de la lettre qui devoit être écrite à Sa Sainteté par les évêques nommés qui s'étoient trouvés à l'assemblée de 1682. Le roi voulut bien que ceux qui n'y avoient point assisté reçussent dès-lors leurs bulles, et l'on convint qu'elles ne seroient plus refusées aux autres, après qu'ils auroient écrit à Sa Sainteté la lettre dont il s'agissoit de concerter le projet.

Toutefois, plusieurs discussions prolongèrent encore cette négociation malgré le désir égal que l'on avoit de part et d'autre de la conduire promptement à sa fin; mais tous les points de la lettre des évêques se trouvèrent enfin réglés au mois d'août 1693, et elle fut envoyée à Sa Sainteté le 14 septembre, signée de tous les prélats nommés qui avoient assisté à l'assemblée de 1682.

Les termes de cette lettre étoient ménagés de manière qu'elle ne pouvoit être considérée que comme un témoignage de la douleur que ces évêques avoient ressentie en apprenant les préventions où le pape étoit entré à leur égard, à l'occasion de ce qui s'étoit passé dans l'assemblée du clergé tenue à Paris en 1682. Ils n'avouoient pas que ces préventions fussent bien fondées, et ils se bornoient à marquer (1): *que tout ce qui avoit pu être censé décrété sur la puissance ecclésiastique dans ladite assemblée, devoit être tenu pour non décrété, et qu'ils le tenoient pour tel; que de plus ils tenoient pour non délibéré tout ce qui avoit pu être censé y avoir été délibéré au préjudice des droits des églises, leur intention*

(1) Lettre des évêques au pape, du 14 septembre 1693.

n'ayant pas été de faire aucun décret, ni de porter préjudice auxdites églises; qu'ils espéroient par ces raisons que le pape voudroit bien les recevoir dans ses bonnes grâces, et leur accorder les bulles qu'ils demandoient.

Sa Majesté avoit bien voulu, dès le commencement de ce pontificat, suspendre les ordres qu'elle avoit donnés en 1682, dans toutes les écoles du royaume, de n'enseigner et de ne soutenir sur la puissance spirituelle et temporelle des papes, que la doctrine contenue dans les quatre propositions établies dans l'assemblée du clergé tenue à Paris en cette même année, Sa Majesté laissant à cet égard une entière liberté, de même que sur plusieurs autres questions problématiques qui ne touchent point à la foi et que l'on abandonne à la dispute des écoles; de sorte que, dans le même temps que les évêques qui attendoient des bulles écrivirent au pape la lettre dont on étoit convenu, Sa Majesté lui écrivit de sa main, le 14 septembre 1693, la lettre suivante :

« Très-Saint Père (1), j'ai toujours beaucoup espéré de l'exaltation de Votre Sainteté au Pontificat, pour les avantages de l'église et de l'avancement de notre sainte religion; j'en éprouve présentement les effets avec bien de la joie dans tout ce que Sa Béatitude fait de grand et d'avantageux pour le bien de l'un et de l'autre; cela redouble en moi mon respect filial envers Votre Béatitude; et comme je cherche de le lui faire connoître par les plus fortes preuves que j'en puis donner, je suis bien aise aussi de faire savoir à Votre Sainteté, *que j'ai donné les ordres nécessaires pour que les choses contenues dans mon édit du 2 mars 1682, touchant la déclaration faite par le clergé de France, à quoi les conjonctures passées m'avoient obligé, ne soient pas observées;* et désirant, que non-seulement Votre Sainteté soit informée de mes sentimens, mais encore que tout le

_____

(1) Lettre du roi au pape, du 14 septembre 1693.

monde connoisse, par une marque particulière, la vénération que j'ai pour ses grandes et saintes qualités,
je ne doute pas que Votre Béatitude n'y réponde par
toutes les preuves et démonstrations envers moi de
son affection paternelle. Je prie Dieu cependant qu'il
conserve Votre Sainteté plusieurs années au régime
et gouvernement de son église. Ecrit à Versailles le
14 septembre 1693 ».

Cette lettre du roi Louis XIV au pape Innocent XII fut le sceau de l'accommodement entre
la cour de Rome et le clergé de France ; et conformément à l'engagement qu'elle contenoit, Sa Majesté
ne fit plus observer l'édit du mois de mars 1682,
qui obligeoit tous ceux qui vouloient parvenir aux
grades de soutenir la déclaration faite en cette même
année, par le clergé de son royaume, sur l'étendue
de la puissance ecclésiastique, Sa Majesté cessant
d'en imposer à cet égard l'obligation comme pendant
le temps de l'exécution de cet édit, et laissant au
reste, comme avant cet édit, toute liberté de soutenir
cette doctrine.

Les choses demeurèrent en cet état pendant plusieurs années ; mais il parut en 1713 que le pape
Clément XI vouloit tirer encore plus d'avantages de
cette lettre et de celle que les évêques nommés
avoient écrite pour obtenir leurs bulles, et qu'il prétendoit la faire regarder comme une obligation de la
part du roi d'empêcher qu'on ne soutînt dans son
royaume les propositions de l'assemblée du clergé de
1682 ; Sa Sainteté avoit été informée que l'abbé de
Saint-Aignan, que le roi venoit de nommer à l'évêché
de Beauvais, avoit soutenu en 1705 les mêmes propositions de l'assemblée de 1682, qui avoient fait
tant de peine à la cour de Rome ; et Sa Sainteté fit
entendre qu'elle ne pouvoit lui donner des bulles,
s'il ne se portoit auparavant à rétracter ces propositions.

Ce refus fait de la part d'un pape qui devoit se
souvenir parfaitement que ses trois prédécesseurs
n'avoient jamais pu obtenir une pareille rétractation,

et qui devoit par conséquent être bien persuadé que le roi n'auroit jamais cette condescendance au préjudice des maximes inviolables du royaume et de l'église de France, parut couvrir quelque dessein ; et comme cette conduite du pape pouvoit renouveler les anciennes disputes qui avoient causé tant de scandale dans l'église, et qu'il avoit été si difficile d'assoupir, Sa Majesté jugea qu'elle ne pouvoit faire parler avec trop de force à Sa Sainteté pour lui faire envisager les suites fâcheuses qui pourroient en résulter, et pour la déterminer à donner sans retardement les bulles de l'évêché de Beauvais à l'abbé de Saint-Aignan. Ainsi, Sa Majesté en écrivit, le 7 juillet 1713, au cardinal de la Trémoille, dans les termes suivans :

« On ne trouvera pas que, depuis l'accommodement que je fis en 1693 avec le pape Innocent XII, il y ait eu la moindre difficulté à l'expédition des bulles d'aucun de ceux qui ont soutenu dans leurs thèses les propositions conformes aux maximes de l'église de France ; et certainement la cour de Rome a rarement ignoré ces thèses. Les nonces ont eu soin d'en rendre compte ; et si quelqu'un d'eux, moins attentif à plaire par ces sortes de voies qu'à conserver la bonne intelligence entre le saint Siége et ma couronne, a cru devoir garder le silence sur une matière qui ne pouvoit qu'aigrir les esprits de part et d'autre, la cour de Rome n'en a pas moins été avertie, soit que les avis aient été donnés à dessein de troubler l'étroite intelligence que je veux toujours entretenir avec le chef de l'église, soit que les émissaires de cette cour aient voulu se faire un mérite auprès d'elle en l'informant de ce qui devoit le plus lui déplaire.

» Il ne faut donc pas attribuer à ignorance ce qui a été l'effet de la sagesse et de l'équité du pape Innocent XII et de son successeur qui gouverne aujourd'hui si saintement l'église de Jésus-Christ.

» Ils ont compris tous deux qu'il étoit de leur sagesse de ne pas attaquer en France des maximes

que l'on y regarde comme fondamentales, que l'on y
suit comme celles de l'église primitive, et que
l'église gallicane a conservées inviolablement, sans
y souffrir aucune altération pendant le cours de
tant de siècles. Ils ont aussi jugé qu'il étoit de leur
équité d'observer exactement le concordat.

» Suivant sa disposition, il faudroit que les sujets
que je nomme aux bénéfices fussent convaincus
d'hérésie, pour donner au pape une juste raison de
leur refuser des bulles; et Sa Sainteté est trop éclairée
pour entreprendre de déclarer hérétiques les maximes
que suit l'église de France.

» Le pape Innocent XII ne me demanda pas de les
abandonner, lorsque je terminai avec lui les diffé-
rends commencés sous le pontificat d'Innocent XI : il
savoit que cette demande seroit inutile; et le pape,
qui étoit alors un de ses principaux ministres, sait,
mieux que personne, que l'engagement que j'ai pris
se réduisoit à ne pas faire exécuter l'édit que j'avois
fait en 1682.

» On lui a supposé, contre la vérité, que j'ai con-
trevenu à l'engagement pris par la lettre que j'écrivis
à son prédécesseur, car je n'ai obligé personne à
soutenir, contre sa propre opinion, les propositions
du clergé de France; mais il n'est pas juste que
j'empêche mes sujets de dire et de soutenir leurs sentimens sur une matière qu'il est libre de soutenir de
part et d'autre, comme plusieurs autres questions de
théologie, sans donner la moindre atteinte à aucun
des articles de foi.

» Sa Sainteté n'est donc pas fondée à se plaindre
que je manque aux engagemens que j'ai pris avec son
prédécesseur; mais j'aurois moi-même de trop justes
sujets de me plaindre qu'elle ne satisferoit pas aux
concordats faits entre le saint Siége et ma couronne,
si elle persistoit à refuser des bulles à un sujet dont
la doctrine ne peut être reprise. Je ne puis sans
peine envisager les suites d'un semblable refus, et

je m'assure qu'un pape, aussi plein de zèle et de lumières, en sera lui-même assez frappé, pour se désister d'une prétention toute nouvelle et sur laquelle je ne puis admettre aucun expédient. »

La lecture de cette dépêche détermina le pape à donner les bulles de l'évêché de Beauvais à l'abbé de Saint-Aignan, sans exiger de lui aucun désaveu, ni aucune satisfaction des propositions de l'assemblée du clergé de 1682, qu'il avoit soutenues dans ses thèses en l'année 1705.

MÉMOIRE

Sur les raisons que l'on peut proposer pour appuyer le nouvel usage qui s'introduit en cour de Rome, d'obliger ceux qui demandent à être pourvus, sur des résignations en faveur de canonicats, de cures ou d'autres bénéfices à charge d'ame, à rapporter des attestations de vie et mœurs données par les ordinaires.

S'IL étoit possible de faire revivre quelqu'un des anciens défenseurs de nos libertés, et qu'après lui avoir proposé l'état de la question que l'on agite aujourd'hui, pour savoir s'il est à propos d'obliger les résignataires à assurer le pape de la régularité de leur vie et de la pureté de leurs mœurs par le témoignage authentique de leurs évêques, on lui demandât ensuite, sans s'expliquer davantage, s'il croit que cette difficulté soit née à Rome ou en France? On peut dire avec assez de vraisemblance, qu'il répondroit sans hésiter que c'est la France qui demande à établir cet usage, et que c'est Rome qui s'y oppose; mais que la France cherche inutilement à rappeler, autant qu'il est possible, la pureté des anciens canons, parce que Rome toujours jalouse de son autorité ne travaillera qu'à étendre son pouvoir, bien loin de souffrir qu'on lui donne des bornes qui le rendroient en quelque manière dépendant de la volonté des évêques. Que si on lui disoit après cela, que c'est Rome au contraire qui veut introduire cette nouveauté, et que c'est la France qui la rejette; alors ne demanderoit-il pas avec étonnement, pourquoi nous prenons le parti de Rome contre Rome même, et quel secret motif nous porte à rejeter aujourd'hui une grâce que nous n'aurions jamais osé espérer autrefois, que Rome eût voulu nous accorder?

Ce que diroit cet ancien défenseur de nos libertés, s'il pouvoit voir ce qui se passe présentement, une infinité de gens de bien le disent aujourd'hui, et sont surpris de voir que, par un changement incompréhensible, il semble que Rome ait appris à devenir française, et que la France au contraire soit devenue romaine.

Ils représentent d'abord :

Que rien n'est plus contraire à la pureté des canons et à la sainteté de l'ancienne discipline, que les résignations en faveur ;

Que, pendant près de quinze siècles, l'église en a heureusement ignoré l'usage, ou que, s'il s'en trouve quelques exemples, ils étoient si rares qu'on les regardoit comme un privilége ou comme une exception singulière et non pas comme un droit commun ;

Qu'en effet, de quelque relâchement que les décrétales de Grégoire IX et le sexte de Boniface soient remplis, on n'y trouve néanmoins aucun vestige des résignations en faveur, dont il semble qu'on ait eu honte d'autoriser publiquement l'usage dans les siècles même où l'on avoit pris la malheureuse habitude de ne plus rougir de rien ;

Que cet usage, né dans le désordre du schisme et dans les longues divisions qui en ont été la suite, a conservé pendant long-temps toute la haine de son origine ; que les auteurs français de l'une et de l'autre jurisprudence se sont élevés contre cet abus ; que le parlement, dépositaire fidèle de l'église gallicane, n'a toléré ces résignations qu'à regret ; et qu'enfin, nos rois mêmes ont fait, dans le temps du concile de Trente, des remontrances très-fortes pour abolir cette nouveauté qui tendoit à dépouiller les évêques d'une partie de leur pouvoir, à rendre le sanctuaire du Seigneur héréditaire, et souvent à le profaner, en y faisant entrer des ministres indignes qui n'y sont appelés que par la voie de la chair et du sang ;

Ils ajoutent que, si cet usage s'est conservé malgré la honte de son origine et les plaintes des plus graves auteurs, si les remontrances du parlement, si l'autorité même de nos rois n'ont pu arrêter le cours de cette nouveauté, on a conservé au moins assez de souvenir des anciennes règles pour gémir sur un tel abus, et pour souhaiter que dans des temps plus heureux, qu'on n'osoit espérer, l'église voulût abolir enfin ce qu'elle n'auroit jamais dû tolérer.

Ces souhaits, que l'on a faits en général pour toute sorte de bénéfices, ont été encore plus ardens pour ceux qui demandent et plus de lumières et plus de pureté dans les ministres destinés à les remplir. Tels sont les canonicats et les dignités des églises cathédrales et collégiales, les cures et tous les bénéfices à charge d'ame ; et ce sont précisément ceux que le pape veut assujettir à la condition inviolable de rapporter des attestations des évêques.

Peut-on trouver étrange qu'en abandonnant tous les bénéfices simples au hasard des résignations et à l'avidité des résignataires, il veuille prendre quelques précautions pour la décharge de sa conscience et pour le bien de l'église, dont il est le chef, à l'égard des bénéfices que la charge des ames qui y est attachée rend aussi formidables à ceux qui les donnent qu'à ceux qui les reçoivent ?

Quand même on ne seroit pas touché de la sainteté du motif qui fait agir le saint Père contre ses propres intérêts, il semble qu'il ne fasse que ce qu'il a le pouvoir de faire, et même qu'il n'use pas de tout son pouvoir.

Quelque changement que la corruption des mœurs et la dépravation de la discipline aient apporté dans nos idées, il faut néanmoins convenir que l'admission d'une résignation en faveur ne peut jamais être regardée comme un acte de justice. C'est un privilége, c'est une dispense du droit commun, que le supérieur est toujours en droit de refuser. Il est vrai que, dans l'usage actuel, le pape ne peut plus diviser l'acte qu'on lui présente, admettre la résignation et ne point conférer le bénéfice, ou le conférer à un autre que celui qui a été choisi par le résignant; dès le moment qu'il admet la résignation, il faut qu'il confère; et dès le moment qu'il confère, il doit nécessairement pourvoir le résignataire. Mais il n'est pas obligé d'admettre la résignation; c'est la seule liberté que notre relâchement ou notre ambition lui a laissée. Or, celui qui peut refuser absolument n'a-t-il pas le droit de n'accorder qu'avec certaines précautions, et surtout lorsque ces précautions favorables à l'église ne tendent qu'à exclure les ministres indignes, et à ne confier qu'à des mains pures les fonctions les plus importantes du sacerdoce?

Si l'on veut rejeter ces précautions et soutenir que le pape n'est pas en droit de les prendre, ne peut-il pas fermer sa main et dire aux résignataires : Vous me demandez une grâce que je suis maître d'accorder ou de refuser; vous ne voulez pas satisfaire aux conditions sous lesquelles je suis prêt à vous l'accorder, j'use de mon pouvoir, je refuse une grâce qui dépend absolument de ma volonté, et personne ne peut me forcer d'expliquer les raisons de mon refus, puisqu'il m'est toujours permis, sans faire aucune injustice, de me renfermer dans le droit commun.

Telle est, en effet, la conduite que le pape tient aujourd'hui; c'est ainsi qu'il nous parle par ses refus; tout ce qu'il fait se réduit à ne point accorder ce qu'il est en droit de refuser.

Que si l'on dit que c'est une voie de fait dont on se sert pour nous obliger de satisfaire à ce qu'il désire, il est aisé de répondre qu'il ne fait qu'user de son droit, et qu'ainsi on ne lui peut rien imputer. Il dépend absolument de nous de faire cesser cette voie de fait dont nous nous plaignons, en satisfaisant à une condition aussi juste, aussi légitime, aussi favorable que celle qu'il exige.

Ce n'est point même, comme on le prétend, une condition absolument nouvelle et inconnue.

Pie V a eu la même pensée que le pape à présent régnant; et les auteurs de sa vie nous apprennent qu'il prit la résolution de n'admettre aucun sujet à la possession d'un bénéfice, sans s'être assuré, de sa capacité et de sa sagesse par un examen préalable : *neminem, sine prævio examine, ad beneficium admittendum.* On lui représenta que c'étoit détruire la cour de Rome. Il est vrai, répondit ce pape, mais c'est édifier l'église.

M.ᵉ Charles Dumoulin, qu'on n'accusera pas ni d'avoir ignoré la faveur de nos usages, ni d'avoir voulu restreindre l'étendue de nos libertés, remarque qu'autrefois le pape refusoit souvent de conférer les bénéfices résignés entre ses mains, jusqu'à ce qu'il eût été pleinement informé par ceux qu'il commettoit à cet effet, des qualités du résignataire et des besoins de l'église dont il vouloit être le pasteur; et il ajoute qu'il faut avouer avec douleur que cette coutume vraiment apostolique, cette sainte sollicitude des intérêts des églises et non pas de celui des ecclésiastiques, se sont éteintes depuis quelques siècles, et que le pape et les légats ont accoutumé de conférer le bénéfice dans le même instant dans lequel ils admettent la résignation, sans faire aucun examen, aucune information, si ce n'est très-rarement, *nisi rarissimè.*

On peut faire deux observations sur ce passage de Dumoulin.

La première, que cet auteur reconnoît qu'anciennement le pape s'informoit du mérite, de la capacité du résignataire, avant que de lui conférer le bénéfice; il se plaint même de l'oubli, de la désuétude dans lesquels on a laissé tomber une si salutaire précaution. Que diroit Dumoulin aujourd'hui, s'il voyoit qu'on regarde comme abusif un refus qui tend à rétablir un usage que l'on n'a pu, selon ce docteur, abolir sans abus ?

La seconde, que Dumoulin ajoute que de son temps le pape ne s'informoit que très-rarement des qualités du résignataire; il le faisoit donc au moins quelquefois? On ne voit pas cependant que la France en ait fait aucune plainte, et bien loin que Dumoulin ait accusé le pape d'entreprendre sur nos libertés, il se plaint au contraire de ce qu'il ne fait pas toujours ce qu'il fait au moins selon lui très-rarement.

Mais sans remonter aux siècles précédens, notre usage présent peut encore fournir à Rome des argumens contre nous. Le pape est en possession paisible de ne recevoir aucune nomination du roi pour les bénéfices consistoriaux, sans une information de vie et de mœurs; et nous avons eu même, depuis quelque temps, la patience de souffrir que le nonce fît seul cette information.

Les cures, il est vrai, et les canonicats ne sont pas de la même importance qu'une partie des bénéfices consistoriaux, je veux dire les évêchés; mais ils sont en récompense beaucoup plus considérables, par rapport aux véritables intérêts de l'église, que les abbayes tenues en commande. Pourquoi donc interdire au pape le droit de prendre, à l'égard des uns, une partie des précautions qu'il prend et qu'il est même obligé de prendre, suivant nos maximes, à l'égard des autres?

Et pour porter encore plus loin cette pensée, on peut dire que s'il y avoit quelque différence à faire sur ce point, entre les bénéfices consistoriaux et le reste des bénéfices, il y auroit moins d'inconvénient à dispenser les sujets qui ont la nomination du roi, de rapporter des preuves de la pureté de leurs mœurs, qu'à se relâcher de la règle en faveur des résignataires.

Les premiers ont pour eux le préjugé avantageux du choix du prince. Ils sont présentés au pape par le père de la patrie, et l'on peut leur appliquer ce que le droit romain a décidé touchant les tuteurs qu'un père avoit nommés à ses enfans. Ils devoient être confirmés par le préteur sans aucun examen, parce que, comme disent les lois, il n'y a point d'affection qui égale celle d'un père, et que le conseil qu'il donne à ses enfans est toujours dicté par la piété et par la tendresse paternelle.

Au contraire, ceux qui demandent des provisions à titre de résignation ne sont point présentés par le prince, au jugement duquel l'église a toujours beaucoup déféré dans le choix de ses ministres; et bien loin que celui qui les propose à l'église mérite quelque considération, sa seule qualité de résignant en faveur le rend souvent odieux et toujours suspect; l'examen le plus rigoureux doit être réservé pour les résignataires; ils doivent offrir à l'église un excès, si l'on peut parler ainsi, et une surabondance de mérite pour la consoler, par l'éminence de leur vertu, de la plaie qu'ils font à la pureté de sa discipline.

Il semble donc que toute sorte de raisons concourent en faveur des nouvelles précautions que le pape veut introduire.

L'usage qu'il prétend restreindre en l'assujettissant à certaines conditions, est un abus dont nos pères ont toujours souhaité la réformation.

Les motifs qui le portent à exiger ces conditions, n'ont pour but que l'édification de l'église et le bien général de la religion.

Il ne fait qu'user de son pouvoir, et il ne le porte pas même aussi loin qu'il le pourroit faire.

La raison et le droit, qui semblent être de son côté, sont soutenus par des exemples favorables et par le suffrage des docteurs les moins dévoués à l'église romaine.

Enfin, bien loin que cette nouveauté puisse avoir des conséquences dangereuses, on ose espérer que les suites en seront heureuses à l'église et avantageuses à l'état.

Le pape attentif à exiger le témoignage des évêques s'accoutumera insensiblement à suivre toujours leur

suffrage; ce qui n'est à présent qu'une loi de bienséance, deviendra bientôt un droit commun et une espèce de nécessité; et dès le moment que cet usage aura
passé en force de loi, les résignations en faveur deviendront moins fréquentes. On aimera autant présenter aux ordinaires une démission pure et simple,
que de porter à Rome une résignation en faveur,
puisqu'il ne sera pas plus difficile d'obtenir des provisions d'un évêque que de l'obliger à donner une
attestation; ou, si l'on envoie encore en cour de
Rome, ce ne sera que de concert avec l'évêque,
dans le cas où la disposition du bénéfice appartiendra à un autre collateur qui ne voudra pas
admettre celui que l'évêque croira le plus digne.

Ainsi peu à peu l'on verra s'abolir, par la sagesse
de la cour de Rome même, un usage que son ambition ou son avarice avoit autrefois établi; ou si
on le suit en quelques occasions, ce qui étoit autrefois un obstacle au bien, deviendra un secours,
et le mal se changera en remède.

On oppose à toutes ces raisons deux grandes objections.

La première, qu'il est inutile d'avoir recours à la
formalité nouvelle et embarrassante d'une attestation,
puisque l'examen qui suit les provisions et qui précède le *visa*, assure suffisamment l'évêque de la capacité et de la conduite du pourvu; l'évêque peut
le rejeter, s'il le trouve indigne de la grâce du pape;
et ce jugement qu'il prononce a le même effet et n'a
pas les mêmes inconvéniens que le refus d'une attestation.

La seconde objection est, que si l'on recevoit
l'usage des attestations, les évêques deviendroient
les maîtres absolus de la distribution des bénéfices,
sans que l'on pût les obliger de rendre aucun compte,
ni à l'église, ni à l'état, de l'usage qu'ils feroient de
ce pouvoir arbitraire.

Mais, pour répondre d'abord à la première objection, il y a des différences infinies entre le refus

du *visa* qui suit les provisions, et le refus d'une attestation qui les doit précéder.

1.º Il est beaucoup plus facile de ne point admettre un sujet, que de l'exclure lorsqu'il est déjà admis, en quelque manière, par l'obtention des provisions.

2.º Il ne sera point nécessaire de marquer les causes du refus d'un simple certificat de vie et de mœurs. Au contraire, quand il s'agit d'un *visa*, les causes du refus doivent être exprimées, et souvent quelque fortes qu'elles paroissent on n'oseroit les exprimer, parce que quelque certaines qu'elles soient, on ne sauroit les prouver.

Enfin, pour refuser un *visa*, il faut pouvoir montrer une indignité formelle et connue dans celui qui le demande ; mais pour refuser une attestation, il suffit de douter, et ce doute est plus fort que le refus le plus positif, parce qu'un évêque ne rend compte de ce doute qu'à lui-même.

Qu'on ne dise donc point que le *visa* a le même effet que l'attestation. Le refus du *visa* peut tout au plus exclure des indignes, encore même faut-il qu'ils le soient évidemment. Mais le pouvoir de refuser une attestation va beaucoup plus loin ; non-seulement il exclut les ministres indignes, mais il permet aux évêques, en éloignant les mauvais sujets et même les sujets douteux, de n'appeler que les bons, entre les bons même de choisir les meilleurs, et de suivre parfaitement l'esprit de l'église qui veut que les ministères ecclésiastiques soient donnés non-seulement à des sujets dignes, mais aux plus dignes.

La seconde objection ne demande pas une plus longue réponse.

On prend pour un inconvénient ce qui n'est qu'une suite naturelle et nécessaire de la règle.

Il est vrai que les évêques seront les maîtres, mais ne convient-il pas qu'ils le soient ?

Dans toute l'ancienne discipline, l'ordination et la collation du titre ou du bénéfice marchoient d'un pas égal ; comme on ne pouvoit séparer l'un

31 *

d'avec l'autre, l'un et l'autre étoient également soumis au pouvoir absolu des évêques.

La collation étoit aussi libre que l'ordination ; l'évêque ne reconnoissoit que Dieu seul pour supérieur, quand il s'agissoit de revêtir un ecclésiastique du caractère de son ordre. Il en étoit de même lorsqu'il s'agissoit d'appliquer ce caractère à de certaines fonctions.

Ce n'est pas que l'église, qui l'a ainsi ordonné dans les jours de sa ferveur et de sa plus grande pureté, n'ait prévu qu'il pourroit en arriver quelque inconvénient ; mais elle a cru qu'il en arriveroit d'infiniment plus grands, si l'on forçoit un évêque à imposer les mains, contre sa conscience, à un sujet qu'il croiroit indigne du ministère des autels ; et elle a jugé que, soit par rapport au caractère, soit par rapport au bénéfice qui n'en est que l'accessoire, il valoit mieux se commettre au hasard d'exclure un sujet capable, que de s'exposer au danger d'admettre un sujet incapable.

Pendant très-long-temps on a suivi exactement cette ancienne discipline. Les évêques, arbitres absolus de l'ordination, ne l'étoient pas moins de la collation des bénéfices ; le relâchement des mœurs, l'avidité des ecclésiastiques, l'ambition de la cour romaine ont dépouillé peu à peu les évêques d'une partie de ce droit ; mais c'est ce qui a toujours été considéré comme un grand abus, et les gens de bien n'ont jamais cessé de souhaiter avec ardeur le rétablissement de l'ancienne discipline, qui ne permettoit pas que des étrangers et des inconnus vinssent gouverner une partie du troupeau confié aux soins d'un évêque, sans y être appelés par celui qui en est le véritable pasteur.

C'est donc avec raison qu'on soutient que ceux qui se plaignent du grand pouvoir que le nouvel usage des attestations peut donner aux évêques, prennent la règle et la loi même pour un inconvénient.

Mais pour achever de les convaincre sur ce point, on leur demanderoit volontiers s'ils seroient assez

ennemis de l'église pour ne pas souhaiter que les
préventions de la cour de Rome et les résignations en
faveur fussent entièrement abolies. Or , si nous étions
assez heureux pour voir arriver ce changement en
nos jours, les évêques devenus presque.uniques colla-
teurs de tous les bénéfices dont il s'agit aujourd'hui,
n'ayant plus à craindre ni la vitesse des courriers
ni les artifices de la chair et du sang, ne seroient-
ils pas absolument les maîtres du choix des ecclésiastiques destinés à remplir les bénéfices ?

Pourquoi leur envier une partie de ce pouvoir qu'ils
ont eu autrefois, et que nous souhaiterions qu'ils
pussent recouvrer aujourd'hui ? Ne peut-on pas dire
que bien loin qu'il y ait du mal à leur accorder cette
autorité, tout le mal, au contraire, est qu'on ne
puisse leur en donner davantage, et leur rendre tous
les droits que l'église primitive leur accordoit et sur
les bénéfices et sur les bénéficiers ?

Ainsi les objections, dont on se sert pour combattre le nouvel usage de la cour de Rome, deviennent, au contraire, des raisons pour le confirmer.
Tout concourt à faire voir que la nouveauté dont il
s'agit est une de ces vicissitudes heureuses, qui ne
changent nos mœurs présentes que pour les conformer, autant qu'il est possible, à la plus sainte
et à la plus vénérable antiquité. La seule église de
Rome y perd un de ses droits ; mais l'église de France,
ou pour mieux dire, l'église universelle profite de
cette perte, s'il est vrai même que le saint Siége en
fasse une, lorsqu'il cesse d'agir comme une puissance
aveugle, pour exercer un pouvoir éclairé par sa sagesse et conduit par les régles de l'église.

AUTRE MÉMOIRE

SUR LE MÊME OBJET.

AVANT que d'entrer dans le fond des questions que cette nouveauté a fait naître, il n'est pas inutile de faire d'abord quelques réflexions préliminaires qui, si elles ne sont pas absolument décisives, peuvent néanmoins être considérées comme autant de préjugés légitimes contre le joug auquel le pape, ou les évêques veulent nous assujettir.

Premièrement, c'est un usage nouveau que l'on veut introduire dans nos mœurs, et le seul nom de nouveauté doit alarmer tous ceux qui aiment sincèrement la paix de l'église et de l'état. Si ce caractère ne suffit pas pour faire rejeter un tel usage, parce que souvent les abus sont si invétérés que le bien paroît plus nouveau que le mal, il suffit au moins pour ne l'admettre qu'après un long examen et qu'en y apportant toutes les précautions que l'expérience du passé et la crainte de l'avenir peuvent nous inspirer.

2.° Cette nouveauté, suspecte déjà par elle-même, l'est encore plus lorsque l'on considère quels en sont les auteurs. Elle vient d'une puissance avide de domination, accoutumée à entreprendre et presque toujours heureuse dans ses entreprises. Toute notre sûreté avec elle est de ne point combattre, parce que presque toutes les fois que nous avons combattu, nous avons été vaincus; et, conserver les restes de nos anciennes mœurs, ne point acquérir, mais ne rien perdre, voilà tout ce qu'il nous est permis d'espérer. Mais c'est ce que nous ne pouvons obtenir, qu'en nous opposant fortement aux plus légères démarches d'une puissance qui, par de foibles commencemens, est enfin parvenue au point de grandeur et d'autorité où nous la voyons aujourd'hui, et qui sait employer contre nous-mêmes des ressources qui semblent souvent fondées sur nos propres intérêts.

3.º Quelle est donc la voie dont on se sert pour nous faire recevoir cette nouveauté?

Il s'agit d'établir un usage contraire aux priviléges des Français, de détruire en partie un droit qui leur est acquis par une possession de plus de deux siècles; et quelle mesure prend-on pour faire ce changement? La France a-t-elle été consultée? Le roi y a-t-il donné son consentement?

Il ne nous appartient pas d'entrer dans le mystère des négociations, ni de percer le voile qui les couvre; mais on peut au moins assurer, qu'il ne s'est rien passé en public qui donne lieu de présumer, que le roi, qui est le protecteur de l'église de France et des priviléges des Français, ait permis que l'on donnât atteinte à ces priviléges par une nouveauté qui n'a point d'exemple, depuis que l'abus des ré-signations en faveur est devenu une espèce de droit commun.

C'est donc le pape seul qui, par pure voie de fait, par un coup d'autorité, et, si l'on ose le dire, par un déni de justice, nous ferme la porte des grâces qu'un long usage nous a mis en droit d'exiger de lui, et prétend nous forcer par ses refus à satisfaire aux conditions nouvelles qu'il lui plaît de nous imposer.

Or, cette seule réflexion ne suffit-elle pas pour exciter le zèle de tous les bons serviteurs du roi, et surtout des magistrats auxquels il veut bien confier la défense des libertés et des priviléges de son royaume?

Peuvent-ils manquer aux devoirs de leurs charges, ne lui pas représenter qu'il est permis aux particuliers de négliger les formes extérieures pour ne s'attacher qu'au fond et à la substance des choses, parce qu'à leur égard les formes sont souvent indifférentes, pourvu que leurs droits soient conservés dans le fond; mais qu'il n'en est pas de même dans les questions qui s'agitent entre deux puissances, toujours jalouses de leur autorité, et attentives à chercher les plus légères occasions de l'augmenter.

Quelque peu importante que la matière paroisse en elle-même, on attaque toujours l'essence du pouvoir du souverain, lorsque l'on méprise les formes extérieures, et qu'on entreprend, sans son aveu et sans sa participation, d'établir dans son royaume un usage contraire aux intérêts de ses sujets.

Le prétexte du bien public, dont on colore une telle entreprise, ne doit servir qu'à réveiller l'attention du prince et à exciter sa défiance. Tout ce qui porte le caractère de nouveauté seroit trop odieux, si l'on n'avoit soin de le revêtir d'une apparence de bien; et la première politique de ceux qui veulent entreprendre sur la liberté des autres hommes, est de ne proposer d'abord que des projets utiles et des ennoblissemens avantageux, dont l'équité apparente puisse éblouir les yeux les plus éclairés, et les empêcher de remarquer que, sous prétexte d'introduire une réforme spécieuse, on veut les assujettir à une véritable servitude.

Que diroit la cour de Rome, si le roi, sans avoir pris aucune mesure avec le saint Siége, faisoit publier une loi dans son royaume, par laquelle il interdiroit à ses sujets l'usage ou plutôt l'abus des résignations en faveur?

Cependant, combien de raisons pourroient justifier la sagesse de cette loi? L'autorité des anciens canons dont le roi est l'exécuteur, l'intérêt de l'église dont il est le défenseur, le bien de son état dont il est le père.

Malgré toutes ces raisons, qui doute que le saint Siége ne se plaigne hautement de la conduite de la France; qu'il ne regarde comme une infraction de cet engagement tacite que nous avons contracté par un usage de plus de deux cents ans avec la cour de Rome, ce qui, étant fondé sur le consentement commun des deux puissances, ne peut être aboli par une seule, sans attentat sur l'autorité de l'autre?

Le bien public, dont une telle loi porteroit le caractère, seroit pour nous une foible défense. Le pape nous répondroit que ce changement, dont on exagère l'utilité, l'effraie par sa nouveauté et encore plus par ses conséquences; que ce que l'on entreprend d'abord avec une apparence de bien, on le fait ensuite sans même se mettre en peine d'y chercher un prétexte favorable; et que, si l'exemple de violer les engagemens réciproques des deux puissances est une fois toléré, le concordat même, quelque inviolable qu'il paroisse, ne durera qu'autant qu'il plaira à la modération d'une des deux puissances de le laisser subsister.

Cependant, ce que le roi feroit dans le cas que l'on vient de supposer seroit beaucoup plus excusable que ce que la cour de Rome entreprend aujourd'hui; il agiroit publiquement; il expliqueroit sa volonté dans une loi solennelle, revêtue au moins d'une apparence et d'un extérieur de justice; au lieu que le saint Siége, en cette occasion, ne parle, n'agit qu'en secret, par voie de fait, comme on l'a déjà dit, et par une prétention injuste dans la forme quand même elle pourroit être juste dans le fond.

4.º Bien loin qu'on doive souffrir cette entreprise avec indifférence, ou même la recevoir avec joie, parce qu'il semble que le saint Siége agisse en cette occasion contre ses propres intérêts, c'est au contraire ce qui doit nous la rendre plus suspecte. Rome n'est point assez changée pour avoir appris en un moment à devenir insensible à la diminution de son autorité. Ainsi, quand nous la voyons abandonner une partie de ses droits, nous devons présumer qu'elle sait déjà par quel endroit elle pourra se dédommager avec usure de cette perte. Il n'est pas même difficile de le découvrir par avance; et l'on tâchera de le faire dans la suite de ce mémoire. Mais il faut achever d'expliquer auparavant les préjugés légitimes que l'on doit concevoir contre une nouveauté: on les finira par une dernière réflexion.

5.º Si le zèle du bien public étoit le véritable et

le seul principe de cette jurisprudence nouvelle que
l'on s'efforce d'introduire, elle seroit aussi simple
et aussi uniforme dans ses effets, qu'elle l'auroit été
dans ses motifs ; elle ne se renfermeroit pas dans les
résignations en faveur ; elle embrasseroit les préventions ; elle s'étendroit à tous les genres de provisions qui s'accordent en cour de Rome. La capacité,
les mœurs, la conduite, ne sont elles pas aussi nécessaires à ceux qui sont pourvus par la voie de la
prévention, qu'à ceux qui obtiennent des provisions
sur une résignation en faveur ? Le pape doit-il
rendre à Dieu un compte moins exact des uns que
des autres, et ne peut-on pas dire même que les
premiers exigent de lui une attention encore plus
scrupuleuse que les derniers, parce que la voie de
la prévention est non-seulement plus nouvelle, mais
plus odieuse que celle de la résignation en faveur ?

On a vu, dans les premiers siècles de l'église, et
dans le temps de la plus pure discipline, de très-
saints évêques choisir, désigner, consacrer leurs successeurs. Il est vrai qu'il eût été à souhaiter, qu'ils
n'eussent jamais donné à l'église le premier exemple
des résignations en faveur ; mais enfin, ils l'ont fait,
et le mérite de ceux qu'ils ont choisis auroit été
capable de canoniser l'usage des résignations, si
l'église n'en avoit justement appréhendé les conséquences.

On ne trouve rien de semblable à l'égard de la
prévention ; l'église en a heureusement ignoré l'usage
pendant plus de treize siècles. Plût au ciel qu'elle
l'ignorât encore, et qu'une longue habitude ne nous
eût pas accoutumés à voir sans peine les bénéfices
ecclésiastiques devenir le prix de la diligence et de
la vitesse d'un courrier !

Un sujet, qui s'offre à l'église par cette voie,
mérite-t-il moins d'examen que celui qui lui est présenté par un résignant, lequel a souvent l'avantage
de l'avoir servie pendant une longue suite d'années ?
Si l'on craint de suivre la voie de la chair et du
sang, en admettant celui qu'un ancien titulaire

présente, que ne doit-on pas craindre de celui qui
se présente lui-même, et qui souvent ne peut offrir
pour tout mérite qu'une attention inquiète sur le
moment de la vacance des bénéfices, et qu'une
course précipitée pour les obtenir?

C'est cependant cette voie si nouvelle, si odieuse,
que le pape autorise sans scrupule, à l'exemple de
son prédécesseur; il n'exige, de ceux qui s'adressent
à lui par cette voie, aucune attestation de vie et de
mœurs; et ce qui est encore plus extraordinaire,
il n'en exige pas même des dévolutaires, dont l'église
ne reçoit les services qu'à regret, et de la même
manière que dans un état on souffre les délateurs.

D'où vient donc cette diversité de conduite, et
pourquoi le même principe ne produit-il pas toujours les mêmes effets? Il n'est pas difficile d'en
découvrir la raison.

La cour de Rome ne perd rien, quand elle exige
une attestation de vie et de mœurs des résignataires;
elle sait qu'ils ne peuvent lui échapper; la discipline
présente ôte aux évêques le droit d'admettre des
résignations en faveur; ce droit n'appartient qu'au
saint Siége. Ainsi, quelque joug qu'elle impose aux résignataires, elle ne craint pas de les perdre, parce qu'ils
ne peuvent venir qu'à elle, et elle suppose qu'ils y viendront toujours, parce qu'il y aura toujours dans le monde
des ecclésiastiques avides et des familles intéressées.

Il n'en est pas de même des préventions. Rome
perdroit absolument ses droits, si elle exigeoit en ce
cas une attestation des ordinaires; les évêques avertis
par les démarches que l'on feroit auprès d'eux pour
obtenir un certificat de vie et de mœurs, con-
féreroient le bénéfice et préviendroient le souverain
pontife; ainsi ne craignons point que l'on exige jamais
une attestation authentique de ceux qui demanderont
à être pourvus par la voie de la prévention. La cour
de Rome y perdroit trop, et c'est ce qu'elle n'a jamais
su faire; mais elle introduit cet usage à l'égard des
résignations en faveur, parce que d'un côté elle ne
perdra rien pour la collation des bénéfices, et que

de l'autre elle trouvera dans cette nouveauté, comme on le dira incontinent, des raisons ou des prétextes pour étendre son autorité.

On répondra peut-être, qu'à la vérité le pape ne fait que la moitié du bien qu'il devroit faire; mais qu'il vaut encore mieux accepter cette grâce imparfaite qu'il accorde aux vœux des plus saints évêques, que de la rejeter absolument, sous prétexte qu'elle n'est pas aussi pleine et aussi parfaite qu'elle le devroit être.

Ce raisonnement seroit juste, si l'on avoit prouvé que la grâce qu'on dit que le pape veut faire à l'église, ne doit pas être considérée comme un présent suspect et comme une libéralité intéressée. Mais jusqu'à ce qu'on ait établi solidement la preuve de cette proposition, on ne peut s'empêcher de regarder cette diversité de conduite, je veux dire, ce relâchement en faveur des préventions et cette rigueur à l'égard des résignations, comme un préjugé légitime contre les nouveautés présentes, qui nous avertit de nous défier de ces noms spécieux de réforme et de bien public dont on se sert pour colorer une telle entreprise.

Réunissons en un mot toutes ces observations. L'usage que l'on veut introduire est un usage nouveau; cette nouveauté s'établit par une puissance dont les plus légères entreprises doivent nous alarmer; le pape l'introduit par voie de fait, sans prendre aucune mesure avec le souverain, pour diminuer un des priviléges de ses sujets. Il paroît, à la vérité, agir contre ses propres intérêts; mais c'est ce qui doit faire craindre qu'un intérêt caché, mais plus grand et plus solide que ceux qu'il sacrifie, ne soit le motif et le prix de ce sacrifice. Enfin, la diversité et l'inégalité de sa conduite, prouvent sensiblement qu'il ne désire que le bien qui tend à conserver, ou même à augmenter son pouvoir, et qu'il néglige un plus grand bien, parce que ce bien ne pourroit s'établir que sur les ruines d'une partie de son autorité. Ces réflexions, quelque simples qu'elles soient, suffiroient pour nous faire ouvrir les yeux, si nous n'étions éblouis par l'utilité apparente du nouvel usage qu'on veut introduire. Mais pour dissiper absolument cette couleur, il est nécessaire d'entrer plus avant dans le fond de la question, et surtout de comparer exactement les avantages qu'on peut attendre de cette nouveauté, avec les inconvéniens qu'on en doit craindre.

Pour faire cet examen avec ordre, on peut envisager la question qui fait le sujet de ce mémoire, ou par rapport au saint Siége, ou par rapport à la France.

Par rapport au saint Siége, elle se réduit à examiner si le pape a le pouvoir de faire ce qu'il entreprend.

Par rapport à la France, il s'agit de décider si, dans les règles d'une saine politique et dans les véritables maximes de l'ordre public, elle doit approuver, ou du moins tolérer, le nouvel usage que le pape veut introduire.

Le pouvoir que le pape exerce en cette occasion paroît d'abord fondé sur les premières notions et sur les principes les plus simples des matières bénéficiales.

La résignation en faveur, ou plutôt la collation qui la suit, est une grâce et un privilége; et telle est en général la nature des grâces et des priviléges, qu'ils ne sont dus à personne, et qu'ils dépendent absolument de la volonté de celui qui les accorde; autrement il n'y auroit plus de différence entre grâce et justice, et le privilége deviendroit le droit commun.

Toutes ces maximes sont même d'autant plus fortes en cette occasion, qu'il s'agit d'une grâce odieuse à l'église et d'un privilége contraire à la pureté de la discipline. Si le droit du pape pouvoit paroître douteux en cette matière, ce seroit quand il admet les résignations en faveur, plutôt que quand il les rejette, puisque dans un cas il suit les lois de l'église, et que dans l'autre il se dispense de les observer.

Voilà en peu de mots toutes les raisons dont on peut se servir pour établir le pouvoir du pape.

Quelque fortes que paroissent ces raisons, elles sont combattues par des maximes encore plus solides.

S'il est important, s'il est favorable de restreindre l'usage des résignations, il l'est encore plus de ne pas souffrir que le pape entreprenne de déroger aux priviléges qu'une longue possession nous a acquis.

On ne peut douter que l'admission des résignations en faveur sans aucun examen, ne soit un de ces priviléges fondés sur un usage presque aussi ancien que celui des résignations mêmes.

Dumoulin assure que, de son temps, le pape et les légats conféroient toujours les bénéfices sans aucun examen; il est vrai qu'il ajoute ces mots, qu'on a relevés dans le mémoire des raisons contraires, *nisi rarissimè*. Mais il ne cite aucun exemple pour empêcher ce fait; au contraire, dans la suite du même endroit, il s'explique en ces termes : *Nunquam ut dictum est, etiam jam plus ducentis annis solitus est papa vel legatus admittere resignationem quin conferat..... nunquam solet nisi unico verbo simul utrumque facere vel concedere ..... D'où il tire cette conséquence : *Quod si aliquando aliter fiat, fraudem eo ipso præsumi.*

Rien ne prouve mieux combien cet usage a paru certainement établi, que de soutenir, comme Dumoulin le fait en cet endroit, que s'il y avoit de l'intervalle entre l'admission de la résignation et la collation, il n'en faudroit pas davantage pour faire présumer qu'il y avoit eu de la fraude de la part du résignant ou du résignataire, ou de tous les deux.

Il est vrai que Dumoulin, plein du zèle ardent dont il étoit dévoré pour le rétablissement d'une ancienne discipline, condamne, avec tous les gens de bien, cette nouvelle manière de conférer les titres ecclésiastiques; il tourne même en ridicule le privilége dont les seuls Français jouissent à Rome, d'obtenir les bénéfices du jour de l'arrivée du courrier. Mais M. Louet, qui raisonne sur l'état présent de la discipline et non sur le système imaginaire d'une réforme que nous ne verrons jamais, accuse Dumoulin de se tromper lorsqu'il censure un usage si favorable à nos libertés.

Il ne s'agit pas encore ici de comparer les opinions de ces deux auteurs et de décider entre de si grands personnages; on n'allègue leur autorité que pour faire voir que, malgré leur contradiction apparente, ils conviennent l'un et l'autre de la certitude de l'usage que l'on veut ébranler aujourd'hui.

M.e Etienne Pasquier, qui a vécu dans le même siècle que Dumoulin, rend le même témoignage que ces auteurs, en expliquant d'une manière fort naturelle et très-vraisemblable l'origine de l'usage qui s'étoit introduit, de porter à Rome toutes les résignations en faveur. Voici ses termes :

« Car puisque par un paisible consentement de tous on les avoit approuvées et qu'elles ne se faisoient qu'en intention que les évêques pourvussent ceux qui leur étoient nommés de bouche, par les résignans ou par écrit, à quoi ils n'étoient contraints d'acquiescer sous le prétexte de la simonie, ainsi en gratifioient leurs serviteurs ou amis, pour en frustrer celui qui résignoit en faveur d'un autre, on trouve l'expédient d'aller à Rome, où le pape, pour la plénitude de sa puissance, ne fermoit *les bras à aucun* ».

Si l'on demande encore quelque chose de plus fort que le témoignage de ces auteurs et de plusieurs autres, que l'on pourroit citer en cet endroit, il n'y a qu'à ouvrir l'ordonnance de Henri II, de l'année 1551, appelée l'édit des Petites Dates. On y verra que cette loi suppose dans toutes ses dispositions l'usage d'admettre sans examen toutes les résignations en faveur, et qu'elle n'est même fondée que sur cet usage, qui seul pouvoit la rendre nécessaire.

Le chapitre 21 des preuves des libertés de l'église gallicane contient plusieurs arrêts qui ont regardé la possession où les Français sont d'obtenir les bénéfices à Rome, sans formalité, comme un privilége auquel le pape ne pouvoit donner atteinte.

Papon rapporte aussi plusieurs arrêts semblables, et l'on peut dire que jamais la jurisprudence du parlement n'a varié sur ce point. Il a toujours cru que le pape agissoit dans cette matière comme un collateur forcé et comme un agent nécessaire; qu'ainsi, lorsqu'il nous refusoit des grâces qu'une longue possession nous mettoit en droit de considérer comme une véritable justice, il nous devoit être permis de nous adresser aux évêques, comme conservateurs de nos priviléges, et de leur demander des provisions de la même qualité que celles que le pape auroit dû nous accorder.

Entre tous les arrêts que l'on pourroit citer sur cette question, on se contentera d'en choisir un dont l'autorité est d'autant plus considérable qu'il contient une espèce de réglement, et qu'il bannit la distinction imaginaire que l'on voudroit introduire entre les préventions et les résignations en faveur.

Cet arrêt a été rendu le 21 janvier 1612, sur la requête du nommé Chalopin. Il étoit appelant comme d'abus du refus qui lui avoit été fait en cour de Rome de dater ses provisions du jour de l'arrivée du courrier; incidemment il avoit aussi interjeté appel d'un prétendu réglement fait en la chancellerie de Rome touchant la date et signature des provisions des bénéfices de ce royaume.

La cour ordonne par cet arrêt,

Que les signatures et provisions par résignation expédiées en cour de Rome auront effet et vaudront du jour et heure que le courrier sera arrivé en la ville de Rome, porteur de la procuration, avec charge expresse de requérir ladite provision, ainsi que de tout temps a été observé aux provisions des bénéfices de ce royaume, et gardé et observé pour celles octroyées par mort ou dévolution.

On peut tirer trois conséquences importantes de ce réglement.

La première, que le parlement n'a point d'égard à tous les réglemens qui peuvent être faits à Rome sur cette matière, parce qu'ils n'ont aucune autorité dans le royaume, s'ils ne sont faits de concert avec le roi, et revêtus du caractère de sa puissance.

La seconde, que le privilége des Français a été regardé, dès 1612, comme un droit fondé sur une possession immémoriale; on ne sauroit trop remarquer ces termes de l'arrêt : *Ainsi que de tout temps a été observé aux provisions des bénéfices de ce royaume*, etc.

La troisième, qu'il n'y a point de distinction ni de différence solide à cet égard, entre les bénéfices qui vaquent par mort, et ceux qui vaquent par résignation, et qu'ainsi les uns et les autres sont également assujettis au privilége dont les seuls Français jouissent à Rome.

Il est inutile de citer, après cela, l'article 47 des libertés de l'église gallicane recueillies par M. Pithon; on vient d'expliquer les principales preuves de cet article, et quoique ce recueil ne soit que l'ouvrage d'un simple particulier, le nom de son auteur lui a concilié une espèce d'autorité qui approche de celle de la loi.

Le temps de près de cent années qui s'est écoulé depuis cet ouvrage, et l'arrêt qui vient d'être cité, ont confirmé encore notre possession ; et le fait de l'usage dans lequel nous nous sommes toujours maintenus est si certain, que personne n'ose le révoquer en doute.

Or, ce fait étant ainsi établi, le pape a-t-il pu, par sa seule autorité déroger à notre privilége et nous refuser des provisions, sous quelque prétexte que ce puisse être? C'est ce qu'aucun bon Français ne peut soutenir.

Personne n'ignore combien il est important de respecter les anciens usages, et de conserver les droits qui nous sont acquis par une prescription de plusieurs siècles.

D'Aguesseau. Tome VIII. 32

Le bien de la paix le demande : c'est commettre les deux puissances, c'est les engager dans des querelles immortelles, de donner le dangereux exemple de mépriser les priviléges qu'une longue possession a confirmés.

La cour de Rome même en doit craindre les conséquences. Cette grandeur, qui lui est si précieuse, n'est fondée que sur des usages que la tolérance des princes et la foiblesse des évêques ont laissé introduire. Et il n'y a point de puissance qui ait plus d'intérêt que le saint Siége à empêcher que l'on n'arrache les bornes que nos pères ont posées, et que l'on n'entreprenne de rétablir les églises particulières dans leurs premiers droits et dans leur ancienne dignité.

Un long usage établi, un droit aussi certain que ceux qui sont fondés sur la loi ou sur la convention réciproque des deux puissances, le pape n'a pas plus de pouvoir de changer l'un, que de déroger aux autres. Si l'on souffre qu'il renverse cette barrière qui, jusqu'à présent, avoit paru invincible, il n'y a presque plus aucun de nos priviléges qui soit en sûreté. Combien y en a-t-il qui ne sont fondés que sur une coutume non écrite? Le droit de prendre possession sur une simple signature et la dispense de lever des bulles, tous ces priviléges qui nous distinguent des autres nations, ne dépendront plus à l'avenir que de la volonté arbitraire des souverains pontifes. Un pape, ennemi de la France, renversera en un jour l'ouvrage de plusieurs siècles. Nous résisterons, si l'on veut, à ce changement, nous nous y opposerons, nous en arrêterons les progrès ; mais premièrement, est-il assuré que nous serons toujours assez heureux pour y réussir ? Et d'ailleurs, quand même nous serions toujours en droit d'espérer un succès favorable, ne compte-t-on pour rien le malheur d'une division publique avec le saint Siége, le trouble des consciences qui accompagne cette division, et les autres suites funestes qu'elle peut avoir ? Il est plus sûr, il est plus facile, il est plus avantageux de prévenir les maux que de les guérir; et l'on ne sauroit les prévenir qu'en s'opposant aux nouveautés dans leur première origine, avant que le temps les ait autorisés, et qu'un premier succès ait ouvert la porte à une seconde entreprise.

Qu'on ne dise donc plus, que le pape peut admettre ou rejeter une résignation en faveur, et qu'il ne fait aujourd'hui qu'user de son pouvoir, sans nous faire aucune injustice.

Il avoit autrefois ce pouvoir; mais il l'a perdu par une possession contraire, à laquelle il s'est lui-même assujetti depuis plusieurs siècles; et il ne faut pas croire que ce soit pour notre intérêt et simplement dans la vue de nous gratifier, que le saint Siége se soit imposé cette loi. Disons plutôt que ses intérêts ont conspiré avec les nôtres pour établir cet usage, et que la cour de Rome y trouve beaucoup plus d'avantage que nous.

La France a toujours gémi, toujours réclamé, toujours protesté contre l'abus des résignations en faveur; mais ne pouvant en abolir l'usage, elle ne les a tolérées que sous cette condition tacite, que le pape n'agiroit en cette matière que comme un agent forcé et un collateur nécessaire; qu'il n'entreroit dans aucun examen; qu'il ne feroit aucune information, aucune inquisition de la vie et des mœurs des ecclésiastiques français; qu'il ne pourroit exercer sur eux aucune espèce de juridiction immédiate; qu'il accorderoit des provisions sur la foi et sur la prière du résignant, et qu'il laisseroit à nos évêques le soin d'examiner la conduite et la capacité de ceux qu'il auroit pourvus.

Telle est la condition sous laquelle seule le pape peut conférer des bénéfices en France; ce n'est qu'à ce prix que le droit d'admettre des résignations en faveur lui est accordé; s'il refuse d'accomplir cette condition essentielle, la France peut, de son côté, abolir l'usage des résignations, en défendant à ses sujets d'en poursuivre l'admission en cour de Rome: ainsi le pape y perdra plus que nous. Plût à Dieu que Rome et la France pussent faire une telle perte!

32 *

Mais comme le pape n'y consentira jamais, il ne peut
point diviser cette espèce de contrat ou de convention
tacite qui l'engage avec nous. Il faut, ou qu'il renonce
absolument à disposer de nos bénéfices, ou, s'il veut
en conserver la disposition, qu'il l'exerce suivant nos
mœurs et suivant l'usage qu'il a lui-même observé
pendant tant d'années.

Si l'on demande où est la preuve de cette convention tacite qu'on voudra peut-être traiter de chimé-
rique et d'imaginaire, il est aisé de répondre d'abord
qu'elle est écrite dans la conduite même du saint
Siége, qu'elle est gravée dans toutes les expéditions
de la cour de Rome, et qu'elle se renouvelle autant
de fois que le pape confère de bénéfices situés dans
le royaume.

Que l'on parcoure tous les registres de la chancellerie romaine, on ne trouvera point que, depuis deux
cents ans, jamais le pape ait exigé aucun certificat,
aucune information de vie et de mœurs, de la part de
ceux qui se sont adressés à lui, pour obtenir des provisions sur des résignations en faveur. Ces sortes de
provisions se sont toujours expédiées *de plano*, sans
examen, sans formalité, parce qu'on les a considérées
plutôt comme des commissions adressées aux évêques et des mandats *de providendo*, que comme un
titre accordé en connoissance de cause.

Que l'on consulte d'un autre côté les registres du
parlement, on verra que toutes les fois que le pape
a refusé d'accorder des provisions du jour de l'arrivée
du courrier, la France a toujours regardé ce refus
comme un abus que le parlement a cru être en droit
de réprimer par ses arrêts.

Qu'on joigne enfin à tout cela ce qui a déjà été
dit des instances que nos rois ont faites autrefois pour
faire abolir l'usage des résignations en faveur; et
après avoir réuni toutes ces observations différentes,
on reconnoîtra aisément que la France ne s'est enfin
réduite à souffrir cet abus, que, parce qu'elle a cru
que le pape n'entreroit jamais dans aucune connoissance de cause, et que les évêques demeureroient

seuls chargés de l'examen des pourvus. Or, c'est
en cela précisément que consiste cette convention
tacite dont on a parlé, et qui se prouve parfaitement
par la conduite réciproque de la France et du saint
Siége.

Mais il n'est pas même nécessaire de s'arrêter aux
conjectures que l'on tire de l'usage et de la pratique
constante de la cour de Rome en cette matière. On
peut trouver des preuves encore plus fortes de cette
vérité dans nos ordonnances, et lorsqu'on les examine
avec soin, on est entièrement convaincu que le
pape n'a point le pouvoir de faire ce qu'il entreprend.

MÉMOIRE

*Sur les disputes de théologie, au sujet de l'infailli-
bilité du pape dans le droit et dans le fait.*

Le dessein, que des esprits inquiets et ennemis de la
paix de l'église ont conçu, d'exciter de nouvelles disputes dans la faculté de théologie, a commencé à se
déclarer depuis quelque temps par des thèses où l'on
a tâché d'insérer des propositions équivoques et dangereuses, capables de commettre de nouveau l'église
gallicane avec le saint Siége, et de répandre dans
toute l'église des semences de division qui ne peuvent
être trop promptement étouffées.

Il semble que les jeunes théologiens, qui cherchent
à se signaler, dans ces thèses aux dépens de la tranquillité publique, aient deux objets principaux dans
l'esprit.

Le premier est d'affoiblir et d'énerver, autant qu'il
leur est possible, la doctrine constante et perpétuelle
de l'église gallicane sur l'infaillibilité du pape. A la
vérité, ils n'osent pas attaquer directement et ouvertement cette doctrine. Ils savent que, malgré le relâchement de quelques docteurs particuliers qui dégénèrent de la fermeté et de l'érudition de leurs pères, le
corps de la faculté, toujours attaché à la tradition et
à la saine doctrine, ne souffriroit pas une telle entreprise; que d'ailleurs elle ne pourroit échapper à la
vigilance des magistrats, et qu'enfin l'autorité du roi
même ne manqueroit pas sans doute de réprimer cette
nouveauté qui blesseroit autant les droits de sa couronne que ceux de la vérité.

Mais, s'ils n'osent présenter le poison tout préparé, ils tâchent au moins de l'insinuer avec adresse
en le cachant sous l'écorce de plusieurs expressions

équivoques qu'ils entendent dans le mauvais sens,
lorsqu'ils n'éprouvent aucune contradiction, et qu'ils
expliquent dans le bon, lorsqu'on commence à les attaquer. Et en attendant qu'ils puissent répandre plus
hardiment dans le public la fausse doctrine qu'ils
renferment dans leur cœur, ils introduisent toujours
dans le royaume un style dangereux qui prépare les
esprits à recevoir les choses mêmes après s'être accoutumés insensiblement à recevoir les expressions.

C'est ce que l'on a déjà remarqué dans quelques
thèses qui ont été présentées à la faculté de théologie,
où l'on a trouvé des termes choisis avec art et glissés
avec adresse, pour insinuer la doctrine de la supériorité du pape sur le corps même de l'église, et par
conséquent sur les conciles œcuméniques.

La résistance que l'on éprouve de la part de ceux
qui présentent ces thèses, lorsqu'on les presse de corriger les expressions dangereuses et d'expliquer celles
qui sont équivoques, fait craindre que le mal ne soit
encore plus grand qu'il ne le paroît, et qu'une partie
de la jeunesse, soit par la faute des maîtres, soit par
d'autres raisons encore plus dangereuses, ne soit in-
fectée de ce mauvais levain, capable de corrompre et
de pervertir un jour l'ancienne et salutaire doctrine de
l'église de France.

Mais comme ce mal, quel qu'il soit, n'a point paru
d'une manière sensible et grossière aux yeux du public, on ne croit pas non plus qu'il soit nécessaire
ni même convenable d'y appliquer des remèdes éclatans, et il semble qu'il suffiroit à cet égard que le
roi voulût bien faire recommander au syndic de la
faculté de théologie, de veiller plus attentivement que
jamais à retrancher des thèses de théologie, non-seulement toute proposition, mais même toute expression
équivoque sur cette matière.

Un tel avertissement animeroit sa vigilance, forti-
fieroit son zèle et préviendroit toutes les suites que
l'on peut craindre de la pente prodigieuse qu'ont
certains Français à oublier les engagemens de leur
naissance et les intérêts de leur nation, pour devenir

les partisans zélés et les instrumens aveugles d'une puissance que nos pères n'ont jamais reconnue dans le pape.

Le second objet, auquel ces mêmes théologiens tendent ouvertement, est non-seulement de soutenir, mais même de proposer, comme de foi, la doctrine de l'infaillibilité de l'église dans les faits.

Sans examiner ici cette doctrine avec la profondeur et la subtilité d'un théologien, il suffit de l'envisager avec des vues plus grossières et plus communes, c'est-à-dire uniquement par rapport à la paix et à la tranquillité publique, pour être persuadé que, dans la situation présente des esprits, il seroit fort à souhaiter qu'on se renfermât exactement dans l'exécution simple et littérale de la constitution du pape, et que le roi ne souffrît point que l'on agitât la question de l'infaillibilité de l'église dans les faits, soit pour la combattre, soit pour la soutenir.

Plusieurs raisons, également dignes de l'attention de Sa Majesté et du zèle ardent qu'elle a toujours fait paroître pour rétablir et pour affermir la paix de l'église, semblent appuyer ce sentiment.

1.º On peut dire d'abord que de simples théologiens ne peuvent, sans une grande témérité, entreprendre d'aller plus loin dans cette matière que le pape même.

La question de l'infaillibilité de l'église dans les faits étoit née avant que le pape eût fait sa constitution du mois de juillet dernier. Sa Sainteté n'ignoroit pas sans doute les divers sentimens des théologiens sur ce point; et les écrits d'un archevêque de France, qui enseignoit la doctrine de l'infaillibilité, étoient aussi publics à Rome qu'à Paris.

Cependant, dans toutes ces circonstances, le pape ne juge pas à propos de s'expliquer sur cette matière; il garde le silence sur une question si publiquement et si fortement agitée, et il se tait pendant qu'un simple bachelier en théologie croit pouvoir se donner la liberté de parler.

Cette réflexion paroîtra encore plus importante, si l'on considère que la décision du saint Siége est devenue dans ce royaume une loi de l'église et de l'état, par l'acceptation unanime et solennelle que les évêques de France en ont faite, et par le concours de l'autorité du roi qui en a ordonné l'exécution.

La délibération de l'assemblée du clergé de France, qui a donné l'exemple de cette acceptation aux autres évêques du royaume, porte que ces prélats seront exhortés *de ne rien ajouter ni diminuer* à la constitution du pape.

Le roi, par ses lettres-patentes, en a ordonné l'exécution pure et simple, et Sa Majesté a recommandé aux évêques d'avoir principalement en vue, dans cette exécution, le rétablissement de la paix que des disputes aussi téméraires que dangereuses troubloient depuis si long-temps dans son royaume.

Enfin, par une distinction singulière pour la faculté de théologie de Paris, le roi lui a envoyé cette même constitution, et lui a ordonné de s'y conformer exactement.

Ainsi, ce qui étoit dans son principe une décision du saint Siége, toujours respectable par elle-même, est devenu ensuite une loi de l'église gallicane, acceptée sous la condition expresse de n'y rien ajouter ni diminuer ; et cette loi générale de l'église de France a encore, outre cela, le caractère d'une loi particulière de la faculté de théologie.

Tant de titres, qui se réunissent pour obliger les membres de cette faculté à se renfermer dans l'exécution littérale de la constitution du pape, suffiroient pour condamner la témérité de ces esprits avides de disputes, qui veulent agiter tous les jours une question sur laquelle le pape et les évêques de France leur ont imposé silence en le gardant.

2.° Mais il faut aller encore plus loin, et, pour découvrir plus sensiblement le danger de ces sortes de disputes, il est nécessaire de faire cette réflexion importante :

Lorsque l'église s'est expliquée sur un point de doctrine, et qu'elle a appris aux théologiens ce qu'ils doivent croire les premiers et enseigner ensuite aux simples fidèles, on sait également comment la décision de l'église doit être proposée et soutenue, et comment on peut permettre aux théologiens orthodoxes de la combattre entre eux pour s'exercer à la défendre contre les hérétiques.

Mais lorsqu'une question est encore indécise dans l'église, rien n'est plus dangereux, surtout lorsque les esprits sont échauffés sur le sujet de cette question, que de permettre de la soutenir et de la combattre ; le danger est égal des deux côtés. Car, comme l'église n'a point marqué les justes limites d'une telle doctrine, et qu'il n'y a presque point de vérité qui soit envisagée de la même manière par les différens caractères d'esprit, chacun y mêle ses préjugés, ses affections, ses intérêts ; ainsi, il arrive souvent que, d'un côté, celui qui la soutient lui donne une trop grande étendue, pendant que, d'un autre côté, celui qui la combat veut au contraire la resserrer dans des bornes trop étroites ; et parce qu'il n'y a point encore d'autorité qui fixe et qui réunisse les esprits, chacun se fait un système suivant son caprice, et taxant d'erreur toutes les opinions différentes de la sienne, trouble la paix de l'église en voulant prévenir une décision qu'il auroit dû attendre avec respect.

C'est ce qui arrivera sans doute, si l'on permet d'agiter dans les disputes publiques la question de l'infaillibilité de l'église dans les faits non révélés.

On verra paroître autant de nouveaux systêmes sur cette matière qu'il y aura de différens caractères d'esprit ; on en dira trop, ou on en dira trop peu. Il y aura même une espèce de scandale de voir soutenir un jour que l'église est infaillible dans les faits, et un autre jour, qu'elle ne l'est pas ; car, comme jusqu'à présent ni l'une ni l'autre de ces deux opinions n'ont été condamnées, il est encore libre à la rigueur de les soutenir toutes deux ; les partis opposés se déchireront mutuellement, et se donnant les noms odieux de secte

et de parti, affligeront l'église et réjouiront les hérétiques qui se préparent déjà à ce spectacle.

La faculté de théologie ne sauroit par elle-même
remédier à ce désordre ; elle ne peut imposer silence
ni à l'un ni à l'autre parti. On lui reprocheroit, si
elle entreprenoit de le faire, qu'elle prend elle-même
parti sur une question que l'église n'a pas encore décidée, et on prétendroit sans doute qu'elle doit souffrir qu'on agite cette question des deux côtés comme
toute autre question problématique.

Il n'y a donc que la sagesse et l'autorité du roi qui
puisse prévenir tous ces inconvéniens par des ordres
supérieurs, et arrêter le mouvement trop grand des
esprits sur une matière qui, n'ayant point encore reçu
des mains de l'église un état fixe et certain, ne peut
produire que des disputes, inutiles dans un autre
temps et dangereuses dans celui-ci.

3.º Ce n'est pas seulement par rapport au bien
inestimable de la paix que ces disputes sont dangereuses ; elles le sont encore plus, s'il est possible,
par rapport à l'abus que l'on en peut faire pour donner indirectement atteinte aux constitutions de l'église
et à la conduite qu'elle a gardée et qu'elle garde encore à présent sur la signature du formulaire. Car, ou
ceux qui soutiendront des thèses sur cette matière
seront fortement persuadés que l'église n'est pas infaillible dans les jugemens qu'elle prononce sur les
faits non révélés, ou ils seront au contraire du nombre
des partisans zélés de cette infaillibilité.

S'ils sont du premier parti, qui pourra s'assurer
que dans l'ardeur de la dispute ils sauront garder tous
les ménagemens et prendre toutes les précautions
avec lesquelles cette opinion doit être soutenue ! Et s'il
leur arrivoit par malheur de ne pas s'expliquer avec
assez de circonspection, qui peut répondre de l'impression qu'ils feront sur l'esprit de ceux qui les
écouteront, et des conséquences que l'on en tirera
contre la conduite de l'église ?

S'ils sont au contraire du second parti ; outre que
le danger sera toujours le même par rapport à ceux

qui combattront ce sentiment, on peut dire que l'église n'a souvent pas moins à craindre de la part de ceux qui soutiennent son infaillibilité dans les faits, que de la part de ceux qui la combattent.

La raison en est très-sensible ; les partisans de la doctrine de l'infaillibilité déclarent hautement que l'église seroit injuste dans la conduite qu'elle tient, depuis plus de quarante ans, contre ceux qui refusent de souscrire au formulaire d'Alexandre VII, si elle ne se croyoit infaillible dans les faits doctrinaux ou dogmatiques.

Or, si l'on souffre que ce raisonnement se fasse publiquement dans les écoles de théologie (ce qui arrivera toutes les fois que l'on disputera sur cette matière), pourra-t-on empêcher qu'on ne rétorque, contre l'honneur et la réputation de l'église, l'argument même dont on se sert pour prononcer sur l'infaillibilité dans les faits, et que l'on ne raisonne en cette manière :

Si l'église étoit infaillible dans les faits, sa conduite seroit injuste.

Or, selon le plus grand nombre des théologiens, l'église n'est pas infaillible dans les faits.

Donc l'on ne peut s'empêcher de reconnoître que la conduite de l'église est injuste.

Voilà ce que les défenseurs de Jansénius ont déjà dit ; voilà l'usage ou l'abus qu'ils ont su faire d'un des principaux argumens dont se servent les défenseurs de l'infaillibilité ; abus qui a fait une si grande impression sur l'esprit de plusieurs prélats, très-éloignés du soupçon de favoriser le jansénisme, qu'ils n'ont pu s'empêcher de blâmer l'imprudence de ceux qui commettent l'honneur de l'église en faisant dépendre sa sagesse, dans la conduite qu'elle tient sur le formulaire, d'une opinion douteuse et qui n'a pas même l'avantage d'être celle du plus grand nombre des théologiens.

On laisse à juger, après cela, s'il est fort à propos de tolérer des disputes publiques où l'on entendra tous les jours mettre en question la sagesse, la prudence et la modération de l'église, sous prétexte d'établir son infaillibilité.

Rien n'est plus pernicieux en général que de souffrir que l'on dispute sur les bornes de l'autorité des puissances qui nous gouvernent; si la religion redoute toujours ces sortes de disputes, une bonne et sage politique doit encore plus les réprimer, et surtout lorsque la puissance même, dont on veut mesurer l'étendue, n'a pas encore déterminé ce qu'elle permettoit d'avancer et de soutenir sur un point si délicat.

4.° Enfin, l'autorité même des rois, et cette puissance qu'ils ne tiennent que de Dieu seul, se trouvera tôt ou tard intéressée dans ces disputes dont les conséquences redoutables au pouvoir des souverains doivent alarmer tous ceux qui sont assis sur le trône.

Pour mettre ce raisonnement dans tout son jour, il faut observer d'abord que tout le monde convient que, si l'on donnoit à la doctrine de l'infaillibilité de l'église dans les faits toute l'étendue qu'elle peut avoir, il n'y auroit plus de souverain qui fût en sûreté et qui ne fût menacé de voir ce que le roi Henri le grand pensa éprouver en sa personne, lorsque, par des censures aussi nulles que précipitées, il se vit à la veille de perdre sa couronne et de la voir passer sur la tête d'un sujet rebelle ou sur celle d'un prince étranger.

Aussi, tous ceux qui soutiennent la doctrine de l'infaillibilité de l'église dans les faits n'ont garde de lui donner cette étendue; mais ils croient avoir beaucoup fait pour l'intérêt des princes, quand ils ont dit que l'église ne jouit de ce privilége qu'à l'égard de ce qu'ils appellent des faits doctrinaux; ce qui, selon eux, ne doit donner aucune inquiétude aux têtes couronnées.

Mais, premièrement, qui sait si l'on se renfermera toujours dans ces bornes? On le fera, si l'on veut, dans les commencemens; toute opinion naissante est timide et défiante. La sagesse de ceux qui la soutiennent consiste à l'avancer avec une modération et une rete- nue qui ne puisse effrayer personne. Mais il est bien rare que de telles opinions, surtout lorsqu'elles sont soutenues par des théologiens toujours favorables à la puissance ecclésiastique, s'arrêtent précisément où elles ont commencé ; le progrès en est souvent insen- sible, mais il n'en est pas moins certain ; et lors- qu'elles ont jeté de profondes racines, et que le corps de l'arbre est puissamment affermi, on en voit sortir une infinité de branches différentes, ou, pour parler sans figure, on en voit naître une multitude de consé- quences qu'on n'auroit pas osé avancer d'abord, parce que le principe n'étoit pas assez fortement établi, et que l'on soutient ensuite avec confiance comme étant nécessairement liées avec le principe qui a été trop facilement reçu.

C'est ce qui paroît d'autant plus à craindre dans les disputes présentes, que les principes de ceux qui défendent cette opinion peuvent aller à tout ; le plus grand et le plus général de tous ces principes, est qu'il manqueroit quelque chose à la plénitude des moyens que Dieu a donnés à son église pour conduire les hommes dans la voie du salut, s'il ne lui avoit accordé le privilége de l'infaillibilité dans les faits non ré- vélés.

Or, dès le moment que l'on voudra raisonner ainsi par convenance, il n'y a rien à quoi un tel principe ne puisse être appliqué.

Ainsi, par exemple, tous les livres qui ont été faits pour marquer les bornes de la puissance tempo- relle et de la puissance spirituelle seront soumis au jugement infaillible de l'église, et s'il arrivoit qu'elle jugeât, comme les papes l'ont déjà voulu faire tant de fois, que ceux qui ont écrit pour la défense de la couronne et de la vie de nos rois contre les maximes séditieuses et sanguinaires des ultramontains, ont mal entendu le sens de saint Jean Chrysostôme et des autres pères de l'église qui ont cru que le pouvoir des rois étoit émané de Dieu seul et que, quand

saint Paul avoit dit, que *toute ame devoit être soumise aux puissances*, il n'y avoit aucune personne
qui fût exceptée de cette règle, *non pas même les
apôtres et les évangélistes*; il faudroit donc recevoir
une telle décision comme un oracle infaillible, ou, si
les défenseurs de l'autorité et de la majesté royales vouloient s'y opposer, on croiroit pouvoir leur fermer la
bouche par cette proposition générale, que l'église est
infaillible dans les faits doctrinaux.

Or, diroit-on, personne ne peut douter que le véritable sens d'un père de l'église ne soit précisément
ce que l'on appelle un fait dogmatique.

Donc le jugement que l'église a prononcé sur ce
sens est une décision infaillible.

Enfin, quand il seroit possible d'éviter tous les
écueils dont cette doctrine est environnée, il faudroit
au moins convenir que cela ne se pourroit faire que
par une décision exacte et précise, méditée avec une
profonde réflexion et proposée avec des précautions
extraordinaires.

Or, c'est ce qu'il n'est pas possible d'espérer que
l'on fasse dans des disputes publiques. On blessera les
intérêts de l'une ou de l'autre puissance; on les com-
mettra peut-être malgré elles, et l'on fera, d'une dispute de quelques théologiens, le sujet d'une décision
dangereuse entre le sacerdoce et l'empire.

Ainsi, pour finir ce mémoire par où on l'a commencé, puisque l'église suspend son jugement sur sa
propre infaillibilité, on ne peut rien faire de plus
sage que de suspendre aussi des disputes qui, ne pouvant jamais être accompagnées des précautions et des
tempéramens dont la décision de l'église le seroit sans
doute, de quelque côté qu'elle fît pencher la balance,
seroient toujours téméraires en elles-mêmes, contraires
au bien de la paix, dangereuses par l'abus que l'on
en pourroit faire pour attaquer indirectement la conduite de l'église dans la signature du formulaire,
et encore plus par les conséquences qu'il seroit à
craindre que l'on n'en tirât dans la chaleur des dis-

putes contre la puissance absolue et indépendante des souverains.

Tout le fruit de ce mémoire se réduit donc à deux points.

Le premier regarde la doctrine de l'infaillibilité du pape et de sa supériorité sur les conciles ; et il paroît très-important à cet égard que le roi ait la bonté de faire recommander, au syndic de la faculté de théologie, de redoubler son attention sur toutes les proposions et les expressions équivoques, qui tendent à établir indirectement des maximes contraires à celles de la France sur la puissance du pape.

Le second regarde la question de l'infaillibilité de l'église dans les faits non révélés, et il paroît également nécessaire que le roi fasse aussi dire, au même syndic, que l'intention de Sa Majesté est que l'on n'agite point cette question ni d'un côté ni d'un autre, et qu'il la retranche de toutes les thèses où elle se trouvera, jusqu'à ce qu'il ait plu au roi d'en ordonner autrement.

MÉMOIRE

SUR LA THÉOLOGIE DE POITIERS.

On a imprimé depuis quelque temps, à Poitiers, un livre qui a pour titre : Institutions abrégées de théologie, pour l'usage des séminaires de Poitiers ; *Compendiosæ institutiones theologicæ ad usum seminarii Pictaviensis* ; et dans lequel il semble que ceux qui l'ont composé aient eu en vue d'inspirer aux jeunes ecclésiastiques qu'on élève dans ce séminaire, des maximes directement contraires à celles de l'église gallicane sur la puissance du pape et sur celle des conciles, c'ést-à-dire sur les points fondamentaux de nos libertés.

On y trouve, dès la préface même, cette notion générale de l'autorité du pape.

L'auteur y demande quels sont les liens théologiques, c'est-à-dire, les fondemens sur lesquels la certitude des vérités que nous devons croire est appuyée.

Il répond à cette question (1) qu'il y en a six, au nombre desquels il met les constitutions *des souverains pontifes*, principalement, ajoute-t-il, lorsque le consentement de l'église s'y joint, *præsertim accedente ecclesiæ consensu :* termes qui supposeroient manifestement qu'il n'est pas absolument nécessaire que l'église joigne son consentement aux décisions du pape, pour en faire un des fondemens de notre créance, et que, quoique par l'ordonnance il soit plus régulier que l'église adhère au jugement du pape, il peut y avoir des cas où l'autorité seule du saint Siége est suffisante.

(1) Quest. 12 de la préface.

D'Aguesseau Tome VIII. 33

La même matière est encore traitée plus amplement dans la page 239 et dans les pages suivantes, où l'auteur s'explique en cette manière.

Les constitutions des papes, par lesquelles ils décident les questions de foi, et qu'ils proposent à toute l'église, sont infaillibles, principalement lorsque le consentement de l'église s'y joint. *Constitutiones sanctorum pontificum, quibus fidei quæstiones definiuntur et quæ toti ecclesiæ proponuntur, accedente præsertim ecclesiæ consensu*, sont infaillibles.

Après avoir répété cette proposition en plusieurs manières différentes, il explique ce qu'il entend par ces mots, *lorsque le consentement de l'église s'y joint*, et il dit qu'à la vérité il n'est pas de foi que les constitutions des papes soient infaillibles, lorsqu'elles ne sont suivies d'aucun consentement de l'église; mais il soutient que, comme Jésus-Christ dirige toujours son église par une assistance spéciale de l'Esprit Saint, toutes les fois qu'il inspire à son vicaire sur la terre de définir un dogme qui regarde la foi ou les bonnes mœurs, il fait aussi par sa grâce que les vrais enfans de l'église et ses véritables ouailles entendent la voix de leur pasteur. Ainsi, comme Jésus-Christ n'a jamais souffert que l'erreur ait été enseignée par le saint Siége apostolique, il n'a pas permis non plus que le souverain pontife proposant quelque décision comme l'objet de notre foi, tous les autres pasteurs de l'église s'y soient opposés, et que l'on n'ait point trouvé un consentement tel qu'il est nécessaire pour pouvoir être assuré que ce qui a été défini par le souverain pontife n'est pas l'erreur, mais la vérité. *Verum Christus qui speciali Spiritûs Sancti assistentiâ ecclesiam dirigit, quoties suum in terris vicarium movet ut dogmata ad fidem vel bonos mores pertinentia definiat, toties suâ gratiâ efficit ut veri ecclesiæ filii et veræ oves pastoris sui vocem audiant. Unde sicut Christus nunquam passus est ut error à sede apostolicâ definiretur, sic nunquam permisit, ut summo pontifici aliquid tanquam de fide credendum proponenti alii omnes ecclesiæ pastores reluctarentur, nec ut deesset consensus qualis requiritur ut omnino constet à SS. pontifice non errorem sed veritatem fuisse definitam.*

La plus légère attention suffit pour reconnoître tout ce qu'il y a de faux, de suspect, de dangereux dans cette nouvelle manière de soutenir l'infaillibilité du pape.

On y découvre d'abord que ceux qui le proposent croient vraiment le pape infaillible, puisqu'ils supposent que c'est Jésus-Christ même qui inspire au pape de définir un dogme sur la foi et sur les mœurs; mais si cela est ainsi, le pape, par cela seul, sera infaillible, et l'on ne voit pas pourquoi l'auteur de cette explication admet ensuite une nouvelle opération de la grâce pour faire ensorte que les autres évêques écoutent la voix du premier pasteur, puisque cette voix, toujours conduite par l'Esprit Saint, a déjà par elle-même le caractère et le privilége de l'infaillibilité.

Ainsi, si l'on admettoit ce nouveau système, la décision seroit toujours l'ouvrage du pape seul, et le reste de l'église n'auroit plus que le mérite de la docilité et de l'obéissance que les enfans doivent à leur père et les brebis à leur pasteur, ou, pour s'expliquer encore plus clairement, Jésus-Christ inspireroit la décision au souverain pontife et la soumission aux autres évêques. Ils ne seroient donc plus juges de la foi et docteurs des nations, suivant la promesse de Jésus-Christ; ils ne seroient que les disciples du saint Siége et simples exécuteurs de ses décrets. Ce ne seroit plus à tout le corps des pasteurs que le privilége de l'infaillibilité appartiendroit, ce seroit à un seul, dont tous les autres entendroient la voix, et ne seroient à proprement parler que les ouailles.

Il est donc vrai que cette nouvelle explication renferme en elle-même le dogme entier de l'infaillibilité du pape, et que tout ce qu'elle y ajoute de nouveau est cette inspiration de docilité et de soumission qu'on suppose être le don particulier des évêques, pendant que le don de lumière et de décision est réservé au pape.

Ainsi, quand l'auteur de cette nouvelle théologie dit que le pape est infaillible, pourvu que le consentement de l'église se joigne à l'autorité du saint Siége, cette condition, qui paroît d'abord conforme à nos maximes, n'est qu'une pure subtilité, puisqu'il soutient en même temps que ce consentement est nécessaire, et que Dieu dispose toujours le cœur des évêques de telle manière qu'ils se soumettent à la décision du souverain pontife.

C'est ce que Jacques Vernant, dont le livre a été flétri par une censure célèbre de la faculté de théologie, en l'année 1664, avoit voulu insinuer, lorsqu'il avoit distingué deux espèces d'infaillibilité, l'une active qui consistoit à ne pouvoir tromper et qu'il attribuoit au pape, et l'autre passive, qu'il faisoit consister à ne pouvoir être trompé en recevant une décision du pape, et qu'il attribuoit à l'église; mais une distinction si frivole et si dangereuse fut justement notée par la faculté de théologie qui déclara dans sa censure sur cet article que ces propositions, en tant qu'elles ôtoient à l'église l'infaillibilité active, étoient fausses, téméraires, scandaleuses et hérétiques; et le parlement a ordonné que cette censure seroit insérée dans ses registres.

C'est donc une erreur déjà condamnée que l'on renouvelle aujourd'hui; et, contre une censure si respectable, contre la décision encore plus inviolable du clergé de France, on apprend à de jeunes ecclésiastiques français à étudier les dogmes de l'église gallicane, par un langage équivoque qui établit, en apparence, la doctrine de cette église, et qui la détruit en effet.

On leur insinue dans le même livre, par des comparaisons dangereuses, que le gouvernement de l'église est monarchique, et que le pape en est le prince et le monarque.

C'est cependant ce qu'il semble qu'on se soit pro-

posé dans le même livre (1), lorsqu'on avoit dit que,
quand il s'agit d'annoncer la parole de Dieu et de
juger les causes de la foi, on entend par le nom de
l'église, non les simples fidèles, mais les docteurs,
les pasteurs et principalement le souverain pontife;
on ajoute que, comme les affaires publiques et tout
ce qui regarde le gouvernement se traitent, non par
les plus simples citoyens, mais par l'empereur et par
les premières personnes de l'état, et que cependant
on dit que le peuple a fait ce que l'empereur et les
premières personnes de l'état ont ordonné; ainsi,
l'église entière est censée avoir défini ce que ses pasteurs et principalement le souverain pontife ont décidé. *Sicut enim negotia publica et quæ ad imperii
statum pertinent, non à singulis civibus, sed tantùm
ab imperatore et primatibus imperii tractantur, et tamen civitas et natio dicitur egisse quod imperatores
et primates decreverunt, sic quod ecclesiæ pastores
et præsertim SS. pontifex, circa fidem et religio-
nem definiunt, id dicitur ecclesia definivisse.*

Il n'y a personne qui ne sente le danger de cette
comparaison; l'église est une nation, le pape en est
l'empereur, les évêques en sont les principaux ministres; de là quelles conséquences! Le gouvernement
de l'église est monarchique, le pape est le maître,
les évêques tirent leur autorité de lui, ils ne sont
que son conseil ou ses ministres. Toutes ces conséquences ne sont pas seulement renfermées dans le
principe que cette comparaison établit; elles sont
développées encore plus expressément dans un autre
endroit du même livre, où l'auteur dit (2) que les
conciles œcuméniques ont toute l'autorité que Jésus-
Christ a donnée à l'église pour décider les questions
de foi, à peu près, dit-il, de la même manière que
le prince et les magistrats représentent la république
et ont toute l'autorité de régler les choses qui la

(1) Page 182.

(2) Page 230.

regardent. *Eo ferè modo quo princeps et magis-*
tratus rempublicam repræsentant, et totam habent
auctoritatem statuendi de rebus ad publicum reipu-
blicæ statum pertinentibus.

Ces paroles n'ont pas besoin d'explication, le pape
est le prince, les évêques ne sont que les magistrats;
on diroit que l'on veuille enseigner ici à des Français
la doctrine du cardinal Bellarmin, qui veut que le
pape, au milieu même d'un concile œcuménique, soit
comme le roi au milieu de son conseil, prenant les
avis des évêques, et n'étant pas obligé de les suivre.

C'est de là que naissent ces expressions si fami-
lières aux ultramontains, que le pape a *décidé dans*
le concile, comme si la décision du concile n'étoit
que celle du pape, et comme l'on dit dans les arrêts
rendus par le roi, que *c'est Sa Majesté qui a ordonné*
dans son conseil, parce qu'en effet toute l'autorité
de ses arrêts réside dans sa seule personne.

On n'a pas même évité ce style si mauvais par
rapport au pape, dans le livre dont il s'agit; et, en
y parlant de la résistance des hérétiques aux décisions de l'église, on dit qu'ils défendent leurs erreurs avec opiniâtreté (1), lors même qu'ils sont
condamnés par le suprême pasteur de l'église, *ou*
hors du concile général, ou dans le concile général.
Imò contingit ut hæresæum vel novitatum adinven-
tores aut defensores suis erroribus pertinaciter ad-
hæreant, etiam dum à supremo ecclesiæ pastore,
vel extra concilium generale, vel in concilio generali
damnati fuerint. C'est donc toujours dans la personne
du pape que réside l'autorité de la condamnation,
soit qu'il la prononce hors du concile, soit qu'il le
fasse dans le concile même. Ainsi, suivant ces paroles, c'est la résistance au pape qui fait le crime
de l'opiniâtreté des hérétiques; ce crime est égal
soit qu'ils résistent au pape décidant hors du concile,
soit qu'ils résistent au pape décidant dans le concile.

(1) Page 243.

Tout cela est une suite nécessaire des principes des ultramontains, qui veulent que la plénitude de la puissance spirituelle réside dans le pape comme dans sa source; mais il est bien fâcheux que de telles maximes soient données en France à de jeunes écoliers, comme les élémens et les premiers principes de la *Théologie*.

On pourroit remarquer dans le style de ce livre beaucoup d'autres conformités avec celui des ultramontains, mais cet exemple suffit pour faire juger du reste, il vaut mieux s'attacher aux choses mêmes et achever d'observer ce qu'on y trouve de plus remarquable sur la puissance du pape.

En y expliquant ces paroles de Jésus-Christ à saint Pierre; *pasce oves meas, paissez mes brebis*, l'auteur de cette théologie enseigne (1), que par là Jésus-Christ a donné à ses apôtres un caractère de prééminence et de puissance sur toute l'église : *Quibus verbi huic apostolo ejusque successoribus, romanis pontificibus eminentiam et potestatem suprà universam ecclesiam concessit.*

Le pape a bien une autorité supérieure dans l'église, mais il ne l'a point sur l'église, et il est au-dessus de chaque église particulière, mais il n'est point au-dessus de l'église universelle. Tel a été de tous les temps le sentiment du clergé de France; et le parlement, auquel la défense de ces grandes maximes a été confiée, ordonna en l'année 1663 la suppression d'une thèse qu'un bachelier devoit soutenir en Sorbonne, parce qu'il y avoit avancé trois propositions contraires à la doctrine de ce royaume, dont la première, semblable à celle qu'on trouve dans la théologie de Poitiers, étoit que Jésus-Christ a donné à saint Pierre et à ses successeurs une souveraine autorité sur l'église; *Christus sanctum Petrum ejusque successores summâ suprà ecclesiam auctoritate donavit.*

C'est encore dans le même esprit que le clergé

_____

(1) Page 224.

de France a déclaré si expressément, suivant l'esprit et les termes mêmes de plusieurs saints papes, que l'usage de la puissance du chef de l'église devoit être tempéré par les canons établis par l'esprit de Dieu, et consacrés par la vénération de tout le monde chrétien ; et il est difficile de concilier ce premier principe de nos libertés, avec ce qui est dit dans les nouvelles institutions théologiques (1), que le pape a le pouvoir de dispenser de toutes les lois de l'église tant universelles que particulières. *Colliges summum pontificem ratione dignitatis habere potestatem dispensandi in omnibus ecclesiæ legibus, tam universalibus quam particularibus.* Les ultramontains mêmes ne pourroient pas exprimer en des termes plus forts la toute-puissance qu'ils attribuent au souverain pontife.

Après avoir ainsi étendu la puissance du pape au-delà de ses véritables bornes, contre les premiers principes de la doctrine de ce royaume, on ne doit pas être surpris, si l'auteur de cette théologie a rabaissé, autant qu'il l'a pu, la dignité et l'autorité des conciles généraux, et s'il n'a pas eu plus d'égard, dans ce second point que dans le premier, aux sentimens de l'église gallicane.

Il dit à la vérité (2) que les décisions des conciles généraux qui regardent la foi et les bonnes mœurs sont infaillibles, mais il y ajoute cette restriction, *pourvu qu'elles soient approuvées par le souverain pontife. Definitiones concilii generalis quæ spectant fidem et bonos mores infaillibiles sunt,* modo sint à SS. pontificibus approbata. Et pour prouver cette vérité, il emploie la comparaison dont on a déjà parlé, du pape avec le prince et des autres évêques avec les magistrats.

Faire dépendre l'infaillibilité des conciles de l'approbation du pape, c'est leur ôter cette infaillibilité

---

(1) Vol. 2, page 6.

(2) Page 229.

qu'on semble vouloir leur donner, pour l'attribuer
toute entière au saint Siège. Le pape sera donc le
maître de rendre l'église faillible ou infaillible à son
gré, selon qu'il jugera à propos de refuser ou d'accorder son approbation. Il sera donc au-dessus du
concile, au-dessus de l'église entière, et parce que
les conciles de Constance et de Bâle décident clairement le point de la supériorité du concile sur le
pape, il faudra anéantir absolument l'autorité de ces
conciles; c'est en effet ce que l'auteur de la théologie
de Poitiers a voulu faire.

Il enseigne, en termes formels (1), que le concile
de Constance a été réprouvé dans le concile de Florence et dans le concile de Latran 5e, en ce qui
regarde les premières sessions, dans lesquelles il dé-
finit que le concile est au-dessus du pape, et qu'il
n'est reçu de tous que dans ce qui regarde les dernières
sessions, et généralement pour tout ce que le pape
Martin V en a approuvé. *Constantiense anni 1414,
reprobatum fuit in conciliis Florentino et Latera-
nensi quinto, quantùm ad primas sessiones ubi definit
concilium esse suprà papam, quantùm verò ad ul-
timas sessiones et ad ea omnia qua probavit Mar-
tinus V, ab omnibus recipitur.*

Il est en vérité bien extraordinaire qu'au lieu
d'apprendre à la jeunesse qui se consacre au service
de l'église gallicane, que cette église reçoit les premières sessions du concile de Constance avec autant
de respect que les canons du concile de Nicée, on
lui enseigne seulement, sans aucune précaution et
sans aucun correctif, que ces mêmes sessions si ré-
vérées dans ce royaume ont été réprouvées par le
concile de Florence et de Latran, et qu'on leur laisse
ignorer que le clergé de France a déclaré expressément
que *les saints décrets du concile de Constance, qui
sont contenus dans la quatrième et la cinquième session, décrets approuvés par le saint Siége, confirmés
par l'usage des papes et de toute l'église, observés par*

(1) Page 221.

l'église gallicane avec une perpétuelle religion, devoient demeurer fermes et immuables, et que l'église gallicane n'approuve point ceux qui attaquent la force de ces décrets, comme si leur autorité étoit douteuse, ou comme s'ils n'étoient pas pleinement approuvés, ou qui veulent les éluder, en les restreignant au seul temps du schisme.

Voilà la doctrine que le clergé de France et que le roi même a voulu que l'on enseignât dans toutes les universités et dans tous les séminaires de son royaume; et pendant que l'église gallicane déclare qu'elle a toujours observé les décrets du concile de Constance avec une fidélité qu'elle regarde comme une partie de sa religion, on enseigne, dans le séminaire d'un évêque de cette église, que ces mêmes décrets sont abrogés par des conciles qui n'y dérogent point en effet, et qui n'ont pu y déroger, suivant la doctrine certaine et inviolable de l'église de France.

Le concile de Bâle n'a pas été plus respecté par l'auteur de cette nouvelle théologie.

Il annonce, comme une vérité certaine (1), que de tout le concile de Bâle il n'y a rien d'autorisé, que quelques dispositions touchant les bénéfices ecclésiastiques, et que ce concile a été réprouvé par le concile de Latran 5e, tenu sous Léon X. *Hujus concilii nihil est probatum, nisi quædam dispositiones circa beneficia ecclesiastica quas Nicolaus approbavit, et concilium ipsum reprobatur in Concil. Lat. 5.° sess. 11.*

C'est ainsi que, sans laisser même le moindre doute dans l'esprit, sans marquer que le concile 5.e de Latran n'est point regardé en France comme un concile général, sans opposer aux termes de ce concile, ou plutôt de Léon X parlant au concile, aucune des réponses que les théologiens français y ont faites tant de fois, on renverse un des appuis de nos libertés, et ce qui est encore plus surprenant, c'est qu'on va plus loin, en cela que le pape Eugène IV,

(1) Page 222.

qui a déclaré que le concile de Bâle étoit légitimement assemblé dans le temps de la seconde session,
où la supériorité du concile général au-dessus du
pape est établie, et que le cardinal Bellarmin même,
qui ne doute de l'autorité du concile de Bâle, que
depuis le temps qu'il déposa le pape Eugène et qu'il
élut Félix en sa place, ce qui se passa long-temps
après la seconde session.

On ne sauroit donc s'empêcher de remarquer que
l'auteur de la Théologie de Poitiers égale ou surpasse
même les opinions des ultramontains, dans un livre
où il étoit obligé d'enseigner celles de l'église gallicane. Il seroit facile d'en relever encore plusieurs
autres endroits qui ne s'accordent pas avec les maximes de ce royaume; mais ce détail en seroit peut-être
trop long.

On se contentera d'en marquer un seul dont on
ne sauroit trop prévenir les dangereuses conséquences. L'auteur de la Théologie de Poitiers parle en
cet endroit des condamnations prononcées contre des
traductions de l'écriture sainte en langue vulgaire,
et il y enseigne que, quoique la condamnation des
traductions ne soit pas encore publiée solennellement
dans certains pays, la lecture en est néanmoins défendue; et la raison qu'il en rend est que, quoique
les décrets par lesquels ces traductions sont condamnées, n'aient encore force de loi dans les cours
où ils ne sont pas publiés, ils ont cependant *force
de doctrine;* ce sont ses termes, *vim doctrinalem,*
parce qu'ils nous assurent que ces versions sont dé-
pravées et dignes des censures dont le jugement de
l'église les a flétries.

Ce sera donc inutilement que nos pères nous auront
appris que les condamnations prononcées par les
papes n'ont aucune autorité dans le royaume, jusqu'à ce qu'elles y aient été acceptées dans les formes
ordinaires et revêtues de l'autorité du roi. On éludera
une règle si inviolable en établissant en principe,
que ces condamnations ont une autorité doctrinale
qui suffit pour les faire observer tacitement, encore

qu'avant la publication solennelle, elles n'aient aucune autorité légale; et à la faveur d'une telle distinction, on persuadera à des ames foibles, qui se
laissent aisément éblouir par des termes qu'elles n'entendent pas, qu'elles doivent se soumettre à une
décision qui n'est point reçue dans le royaume, en
sorte que, malgré toutes les précautions si sagement
établies par nos lois et par nos mœurs, pour n'accepter les décrets du saint Siége qu'en connoissance
de cause, on attribuera insensiblement au pape un
empire intérieur sur les consciences, qui préviendra
toute acceptation extérieure, et que les personnes
pieuses se feront une religion de reconnoître, sans
attendre le concours de l'autorité des évêques et de
la puissance du roi.

Il n'y a personne qui ne sente aisément, après
tout ce qu'on a observé dans ce mémoire, tout le
venin qui est renfermé dans cette proposition, et
le procureur-général du roi auroit manqué essentiellement à son devoir, s'il ne s'élevoit contre un
livre qui tend ouvertement à détruire tout ce que
le clergé de France, tout ce que les universités de
ce royaume, tout ce que les parlemens, et enfin
tout ce que le roi même fait, suivant l'exemple de
ses prédécesseurs, pour maintenir la doctrine de l'é-
glise gallicane dans toute sa pureté.

Les maximes qu'on attaque dans ce livre ne sont
pas seulement nécessaires pour conserver la liberté
et la dignité de cette église, elles vont encore plus
loin, et le roi même est intéressé à les soutenir; car
enfin on ne peut s'empêcher de dire ici en un mot,
que, si le concile n'est pas au-dessus du pape, si le pape
est infaillible, si ses décisions doivent être nécessairement suivies de celles de toute l'église, la couronne
des rois n'est pas en sûreté sur leur tête; les papes
ont décidé plus d'une fois qu'ils pouvoient disposer
du temporel des souverains, transférer les sceptres
et les empires, absoudre les sujets des anciens sermens
qui les attachent à leurs princes, et leur imposer la
nécessité de prendre de nouveaux engagemens. Si

les papes sont infaillibles, toutes ces maximes deviennent indubitables, et le saint Siége est non-seulement au-dessus de toute l'église, mais au-dessus de tous les royaumes de la terre, et les auteurs ultramontains ne craignent point de le dire.

Ainsi, nous ne saurions attaquer solidement une doctrine contre laquelle nous devons combattre jusqu'à la mort, si l'on souffre que l'infaillibilité du pape, ou sa supériorité au-dessus du concile, soit enseignée dans ce royaume ; et nous devons regarder toutes les propositions qui tendent à établir cette doctrine, non-seulement comme une erreur contre la tradition de l'église, mais comme un crime contre l'état.

C'est par des motifs si puissans que le procureur-général est obligé de demander au roi la liberté de suivre en cette occasion les mouvemens de son devoir, qui l'oblige à requérir la suppression de la nouvelle Théologie de Poitiers, et à demander que les défenses faites, par l'édit du mois de mars 1682, à tous séculiers et réguliers d'enseigner, dans leurs maisons, colléges et séminaires, ou d'écrire aucune chose contraire à la doctrine contenue dans la déclaration du clergé de France, soient renouvelées, et qu'il soit enjoint, conformément à cet édit, à tous ceux qui enseignent la théologie, soit dans les colléges ou dans les maisons séculières et régulières, d'enseigner la doctrine qui est contenue dans cette déclaration.

Le procureur-général aura soin, en faisant cette réquisition, de ménager la personne et la dignité de M. l'évêque de Poitiers auquel il rend avec joie la justice de croire, qu'au milieu de la sollicitude que lui donne continuellement la conduite d'un vaste diocèse, il a été obligé de confier à d'autres yeux l'examen d'un livre qu'il auroit condamné, s'il avoit eu le temps de le voir avec les siens. Personne ne fait une profession plus publique, que le procureur-général du roi, d'honorer la vertu et la religion pure et sincère de ce prélat : il croit même lui en

avoir donné des marques dans toutes les occasions
où il a pu concilier son devoir avec les égards qui
sont dus à un évêque dont la piété édifie l'église.
Mais les ménagemens seroient dangereux et le silence
criminel à l'égard d'un livre dont le mal, devenu
entièrement public par l'impression, ne peut être
réparé que par une suppression aussi publique, et
la nécessité de ce remède paroît si évidente, que
le procureur-général espère que le roi trouvera bon
que, sans s'arrêter à toutes les considérations particulières qui pourroient le retenir en cette occasion,
il n'envisagera que ce qu'il doit à Sa Majesté et aux
défenses des libertés de l'église gallicane, et à l'honneur de son ministère.

MÉMOIRE

Sur les ouvrages d'Almain et de Richer.

Jacques Almain, qu'on a déféré au roi comme auteur d'une mauvaise doctrine, en lui insinuant que les magistrats avoient eu trop de tolérance pour cet auteur, étoit un docteur célèbre de la faculté de théologie de Paris, qui vivoit sous le règne de Louis XII.

Les ouvrages qu'on indique dans le mémoire qui a été donné à Sa Majesté ont été imprimés trois fois à Paris avec privilége de nos rois, deux fois séparément, l'une en 1512 ou 1517, l'autre en 1526, et une troisième fois avec les œuvres de Gerson en 1606. La nouvelle édition qu'on en a donnée au public depuis quelques années, et qui est celle qu'on a principalement en vue dans le mémoire présenté au roi, a été faite à Anvers, et n'est revêtue d'aucun privilége de Sa Majesté.

L'occasion qui donna lieu au principal de ces ouvrages d'Almain, c'est-à-dire à son traité de l'autorité de l'église et des conciles contre Caïetan, est assez importante pour mériter d'être expliquée au roi.

Thomas Caïetan, théologien du parti du pape Jules II, grand ennemi de la France, qui se porta jusqu'à l'extrémité d'excommunier Louis XII et de mettre son royaume en interdit, ayant composé un traité en faveur du pape contre la légitime autorité des conciles généraux, le concile de Pise envoya ce traité à l'université de Paris, avec une lettre qui est imprimée en plusieurs endroits, par laquelle ce concile prie l'université d'examiner l'ouvrage de Caïetan, et de lui en envoyer son avis doctrinal.

Louis XII joignit ses lettres à celles du concile,

et quoiqu'il pût commander, il se servit du terme de prier, en écrivant à l'université, mais d'une manière si forte, qu'une telle prière pouvoit passer pour un ordre de réfuter le livre de Caïetan.

L'université déféra comme elle le devoit aux lettres du roi et du concile. Entre tous les théologiens qui s'y distinguoient alors par leur érudition, elle n'en trouva point de plus propre à remplir l'attente des deux puissances qui lui demandoient son avis, que Jacques Almain, et ce fut sur lui qu'elle jeta les yeux pour écrire sur cette matière.

Tel est le livre qu'on défère principalement au roi (car celui qui y est joint ne contient rien de plus); un livre composé par l'ordre du roi pour la défense des libertés de l'église gallicane, un livre, imprimé avec privilége dès l'année 1512, réimprimé encore avec privilége en 1526 et en 1606, un livre par conséquent, en possession de son état, si l'on peut parler ainsi, depuis deux cents ans; voilà l'ouvrage sur lequel on fait entendre à Sa Majesté que des magistrats qui vivent un ou deux siècles après ces faits n'ont pas eu assez d'attention, comme s'ils devoient interrompre les fonctions les plus nécessaires de leurs charges, pour examiner les ouvrages de tous les théologiens, imprimés depuis deux cents ans avec privilége du roi, et pour chercher si, dans un endroit écarté de ces ouvrages, il ne s'est point glissé quelque proposition digne d'être condamnée par ce parlement.

On ne croit pas en devoir dire davantage pour la justification de ces magistrats; mais ils ont tant d'intérêt d'effacer jusqu'aux plus légères impressions que l'on peut donner contre leur vigilance, qu'on a cru aussi ne pouvoir pas en dire moins.

Il est vrai que l'on trouve dans les ouvrages d'Almain une proposition mauvaise, téméraire, dangereuse sur le pouvoir des peuples contre les rois.

Entre plusieurs raisons que ce docteur emploie pour soutenir la doctrine de la France, et pour

montrer que ce concile universel est supérieur au
pape, il lui est échappé de se servir d'une comparaison vicieuse entre le pouvoir des peuples par
rapport aux rois, et le pouvoir du corps de l'église
par rapport au pape; il a supposé, avec un grand
nombre de théologiens, que la puissance des rois est
fondée sur le consentement des peuples, comme cela
est vrai dans certains royaumes de l'Europe; et il
en a tiré cette conséquence, que lorsqu'un roi faisoit
des actions directement contraires au salut de l'état
qui l'avoit fait roi, les peuples pouvoient reprendre
l'autorité qu'ils avoient remise entre ses mains et lui
ôter une couronne qu'ils lui avoient confiée pour l'édification (c'est ainsi que ce docteur s'explique), et
non pour la destruction; d'où il conclut que lorsque
le pape abuse de son pouvoir, l'église universelle,
au nom de laquelle il exerce, peut aussi le priver
de son autorité.

Les anciens magistrats qui ont vu paroître pour
la première fois les ouvrages d'Almain, et qui, par
cette raison, ont dû y être plus attentifs, n'ont pas
ignoré sans doute le vice et le danger de cette comparaison; mais ils ont cru qu'il n'étoit pas permis
au parlement de condamner pour ce seul défaut un
ouvrage fait à la prière d'un concile, par l'autorité
du roi même, et dont il avoit non-seulement permis
mais ordonné la publication.

Que d'ailleurs l'objet du livre d'Almain n'étoit
point de prouver qu'il y a des cas où, pour le salut
de l'état, le peuple peut être au-dessus du roi même;
qu'il n'avoit pensé qu'à établir la supériorité du
concile sur le pape, et qu'il avoit cru pouvoir se servir
pour cela d'une opinion reçue par ses adversaires.
On voit par un de ses ouvrages que ceux qu'il avoit
à combattre soutenoient, que tout le pouvoir du roi
dépendoit du peuple.

Ainsi, en argumentant contr'eux par les principes
qu'ils avouoient, il vouloit les forcer à convenir aussi

de la conséquence qu'ils nioient, c'est-à-dire que le pouvoir du pape dépendoit à plus forte raison de l'église universelle.

Qu'encore qu'Almain se fût trompé dans la première partie de cette comparaison, et qu'il eût dû retrancher un principe si odieux, quelqu'avantage qu'il en pût espérer pour confondre ses adversaires, il étoit bien dangereux de condamner, sur ce fondement, un ouvrage qui avoit été fait pour la défense de nos maximes contre les entreprises d'un pape, et de donner aux ultramontains l'avantage de voir la France se détruire elle-même, attaquer ses défenseurs et tirer, si l'on peut parler ainsi, sur ses propres troupes.

Telles ont été apparemment les principales raisons qui ont arrêté le zèle des magistrats, sous les yeux desquels les ouvrages d'Almain ont vu le jour ; ils ont prévu sans doute ce qui est arrivé en effet, que ce qu'il y avoit de mauvais dans le livre d'Almain tomberoit de lui-même et ne feroit aucune impression, au lieu que le bon subsisteroit dans tous les temps pour la conservation des maximes de ce royaume ; et qu'ainsi on pouvoit sans péril ménager l'honneur d'un homme qui s'étoit dévoué en quelque manière pour la France, en défendant sa doctrine contre un ennemi aussi ardent et aussi implacable que Jules II, dont François I.er disoit, qu'il auroit été plus propre à commander une armée, qu'à gouverner l'église. C'est à Sa Majesté d'examiner si les mêmes raisons ne subsistent pas encore aujourd'hui, et s'il est à propos, après deux cents ans de silence, d'aller attaquer un des plus célèbres défenseurs de nos libertés, qui les a soutenues par l'ordre d'un des rois ses prédécesseurs, parce qu'il s'est trompé en un seul point, où il a suivi trop fidèlement le chemin qui lui étoit tracé par beaucoup de théologiens.

C'est un malheur que les principes qui ont servi de fondement à la comparaison du docteur Almain aient été enseignés par de graves et de saints théologiens, à commencer par saint Thomas et par saint Antonin, où l'on en trouve les premières semences ; mais on ne peut pas nier qu'il n'y en ait un grand nombre qui aient enseigné cette doctrine plus expressément et plus fortement qu'Almain, avant et après ce docteur. Il seroit infini de les rapporter tous ; on en choisira quelques-uns des plus célèbres.

Le docteur Navarre, dont l'autorité est très-grande parmi les Casuistes de toute secte et de tout parti, enseigne la même doctrine (1).

Azorius, jésuite célèbre, décide dans ses institutions morales (2), que le peuple peut déposer son roi ; il est vrai qu'il y ajoute une condition singulière pour les royaumes chrétiens, en disant que cela ne s'y doit pas faire sans consulter le pape ; mais cette condition ne sert qu'à rendre sa doctrine encore plus dangereuse, par le pouvoir qu'elle tend à donner au pape, auquel ce docteur attribue aussi le droit de priver les rois de leurs couronnes même sans le consentement du peuple.

Salmeron, autre jésuite du nombre des dix premiers pères qui ont fondé sa société (3), et dont le nom est respecté par ceux mêmes qui ne sont pas favorables à cette compagnie, s'explique en des termes bien plus forts qu'Almain. Car, au lieu qu'Almain, supposant le pouvoir qu'il attribue aux peuples, en tire une conséquence en faveur du corps de l'église contre le pape, Salmeron, au contraire, convient du principe à l'égard du pouvoir des peuples, mais il en nie la conséquence à l'égard de l'église ; ainsi, il est en même temps, et pour les peuples contre les rois, et pour le pape contre l'église.

(1) Tome 2, page 108.

(2) *Tom. II, lib. II, cap. 5, pag.* 348, 349, 350.

(3) *Tractat.* 79 *de potestate concil. general.*, *pag.* 568.

34 *

Suarez, de la même société, dans son traité *de Legibus*, ouvrage différent de celui que le parlement condamna au feu en l'année 1614 (1), établit nettement que le pouvoir des princes vient du corps de la Nation, même dans les royaumes héréditaires, parce qu'il faut toujours remonter à l'origine. Il se fait ensuite cette objection : que si le royaume étoit au-dessus du roi, le royaume pourroit déposer le roi à son gré ; il nie la conséquence en général, mais il y met cette exception, par laquelle il retombe dans la proposition d'Almain et d'un grand nombre de théologiens. *Si ce n'est*, dit-il, *que le roi fasse dégénérer son autorité en tyrannie, pour laquelle son royaume puisse lui faire la guerre justement*, il reconnoît donc expressément, que dans ce cas, le peuple a le pouvoir de déposer son roi.

Tous ces auteurs et ceux qu'on y pourroit joindre aisément, si l'on ne se hâtoit de sortir d'une matière si odieuse, n'ont pas seulement jeté cette proposition en passant, comme Almain, et pour s'en faire un argument contre les défenseurs de la puissance excessive du pape ; mais ils l'ont établie directement, et pour la prouver en elle-même, sans aucune intention de faire au moins, comme Almain, un bon usage d'une mauvaise chose. Leurs livres ne se vendent ni moins librement, ni moins publiquement que les ouvrages d'Almain. On les réimprime tous les jours lorsque les premières éditions en deviennent rares ; les jeunes théologiens les lisent ; ils sont entre les mains de tout le monde ; cependant on ne les dénonce point au roi ; on ne les a point compris dans le mémoire qu'on a donné à Sa Majesté ; Almain, entre tant de coupables de la même faute, est seul choisi pour porter la peine que les autres ont méritée, autant ou plus que lui.

Quelle raison peut-on imaginer de cette diversité de conduite, si ce n'est qu'Almain a soutenu les

_____

(1) Livre III, chap. IV, pag. 139, 140, 141.

libertés de l'église gallicane, et que les autres docteurs ne les ont pas défendues, ou les ont même
attaquées? On épargne les derniers et on dénonce le
premier. Ainsi il y a grande apparence que son plus
grand crime, dans l'esprit de ceux qui l'attaquent,
n'est pas la mauvaise proposition qui s'est glissée
dans son ouvrage; c'est d'avoir défendu la doctrine
de la France. Voilà ce qui lui attire la distinction
d'être seul nommé entre tant d'auteurs semblables;
sans cela on déféreroit également tous les docteurs
qui ont parlé, comme lui, sur le pouvoir des peuples.
Un zèle simple et uniforme auroit produit les mêmes
effets à l'égard de tous ces docteurs indifféremment,
mais on ne parle point d'eux, et on ne veut flétrir
qu'un théologien qui est regardé comme un des plus
illustres défenseurs des maximes de la France.

Cette différence de conduite, qui ne plaira pas,
sans doute, à la droiture du roi, ne convient pas
non plus à des magistrats accoutumés à n'avoir jamais
deux poids ni deux mesures, et à rendre toujours
la même justice aux mêmes fautes, en quelque lieu
qu'ils les trouvent; ainsi, ils sont persuadés que si
Sa Majesté juge à propos qu'après deux siècles on
fasse le procès à la mémoire d'un auteur qui a travaillé par l'ordre de Louis XII, et dont les ouvrages
ont paru avec l'approbation et le privilége des trois rois
différens, elle trouvera bon que l'on comprenne dans
la même condamnation tous les théologiens, de quelque
ordre et de quelque caractère qu'ils soient, dans
lesquels on trouvera une proposition semblable à celle
qu'on reproche à Almain.

Mais afin que le roi connoisse toutes les conséquences que peut avoir une telle condamnation avant
que de prendre la résolution de l'ordonner, on croit
devoir faire, en finissant ce mémoire, deux réflexions
qui méritent toute l'attention de Sa Majesté.

La première est, que comme on ne peut attaquer
que ce seul endroit d'Almain et que le reste, au contraire, n'est que la pure doctrine du clergé de France,

contenue dans la déclaration qu'il a faite de ses senti-
timens en l'année 1682, on ne pourra se dispenser, en
relevant cette proposition d'Almain, d'appuyer forte-
tement les autres preuves de la supériorité du concile
sur le pape, pour faire voir que l'argument qu'il tire
du pouvoir des peuples, n'est nullement nécessaire
pour soutenir la cause qu'il défend, et pour empêcher
autant qu'il est possible que la cour de Rome ne triomphe
d'une condamnation prononcée par la France contre
son propre défenseur. On dit, autant qu'il est possible,
parce qu'il est bien difficile d'empêcher entièrement
le contre-coup d'une telle condamnation. C'est au roi
d'examiner, d'après cela, s'il est convenable, dans la
conjoncture présente, de traiter de nouveau la question
de la supériorité du concile général sur le pape,
comme on ne peut pas se dispenser de le faire dès
le moment qu'il faudra parler d'Almain, et s'il est
à propos de s'exposer à rallumer un feu qu'on a eu
tant de peine à éteindre.

La seconde réflexion que l'on supplie Sa Majesté
de faire est, que plus la proposition qu'on attaque
dans Almain est dangereuse, plus aussi il peut être
dangereux de la relever publiquement. Jamais le
peuple de France, le plus fidèle à ses souverains
qu'il y ait sur la terre, n'a été ni instruit, ni touché
des maximes qui font tant d'impression sur l'esprit
de quelques-uns des peuples voisins de la France.
Les troubles de la ligue et les malheurs qui les ont
suivis ont été produits par d'autres motifs; un zèle
aveugle pour la religion; la doctrine qui fut alors
répandue dans ce royaume, qu'un roi hérétique n'est
plus roi, et que dès le moment que le pape l'avoit
excommunié, il étoit permis à tous ses sujets d'attenter à sa vie : voilà les principes abominables qui
ont eu des suites encore plus affreuses. Quand une
fois ces principes ont éclaté, que le peuple commence
à en être frappé et qu'il s'y laisse séduire, alors n'y
ayant plus rien à ménager, et la prudence devenant
inutile ou même dangereuse, les magistrats doivent

parler hautement, instruire les peuples du poison caché sous la doctrine qu'on leur présente, et punir avec éclat les auteurs qui enseignent une si pernicieuse doctrine. C'est aussi de cette manière que le parlement en a usé à l'égard des ouvrages qui contiennent ces maximes meurtrières ; il n'a point révélé indiscrètement ces mystères d'iniquité, qu'il vaut souvent mieux étouffer que punir ; mais voyant que les esprits du peuple commençoient à s'y accoutumer, et qu'il n'étoit pas possible de lui cacher cet horrible secret, il a condamné sévèrement les auteurs qui l'enseignoient, et il a arrêté par là, autant qu'il a été en lui, la contagion de cette damnable doctrine.

Mais la question téméraire de la puissance du corps de la Nation par rapport à son roi n'a point encore fait aucune impression sur l'esprit du peuple de ce royaume ; il l'ignore heureusement ; ira-t-on la lui apprendre en la condamnant et lui faire connoître ce qu'on doit souhaiter qu'il ignore toujours ? C'est une difficulté si grave et si importante, qu'il n'y a que le roi seul qui puisse la résoudre. Mais après y avoir bien réfléchi, peut-être au-moins ne condamnera-t-il pas le silence des magistrats qui nous ont précédés, et qui ont cru qu'il valoit mieux laisser une mauvaise proposition cachée dans Almain sous une infinité de bonnes, que de la faire éclater et dans Almain et dans plusieurs autres, avec plus de scandale que d'exemple. On a même été de notre temps au-delà des vues des anciens magistrats sur ce point.

Le livre d'Almain, comme on l'a déjà dit, a paru trois fois dans ce royaume depuis 1512 jusqu'en 1606, imprimé toutes les trois fois avec privilége du roi. Mais dans ces dernières années, on a cru qu'il étoit encore plus convenable qu'une nouvelle édition de ce livre ne fût point autorisée par un privilége de Sa Majesté. Tel étoit le sentiment de feu M. de Harlay, archevêque de Paris. Quoiqu'il regardât Almain comme un des plus grands défenseurs de nos libertés, il jugea néanmoins qu'il étoit plus convenable que ses ouvrages fussent réimprimés hors du royaume, à cause de la mauvaise proposition qu'on y trouve sur le pouvoir des peuples. On a suivi son avis; la nouvelle édition d'Almain et de Gerson a été faite à Anvers, et si elle se vend dans le royaume, c'est comme livre étranger, sans aucune marque de l'approbation du roi ni de ses officiers.

C'est à Sa Majesté de juger si cette précaution n'est pas encore suffisante; et après avoir pesé toutes les difficultés qui environnent une matière si délicate et si importante, de conduire le zèle de ses officiers avec les lumières et la sagesse qui accompagnent toutes ses résolutions.

A l'égard des livres de Richer, qu'on a aussi compris dans le mémoire qui a été donné au roi, ce sont des ouvrages qui ont été composés dans le même esprit que ceux d'Almain, pour soutenir la doctrine de l'église gallicane; mais avec cette différence que Richer a eu soin de corriger ce qu'il y avoit de mauvais dans les écrits d'Almain, et que pour rendre la comparaison de ce docteur plus juste et plus correcte, il n'a comparé le pouvoir de l'église par rapport au pape, avec le pouvoir du peuple par rapport au roi, que dans les royaumes électifs, comme la Pologne, et où les princes ne sont élevés sur le trône que sous des conditions dont ils sont redevables à la république qui les a choisis. C'est tout ce que l'on peut dire, quant à présent, sur cet auteur, dont le mémoire qui a été donné au roi ne fait que marquer le nom, sans indiquer aucune proposition répréhensible contre l'autorité des souverains.

On finira ce mémoire par une réflexion qui n'est venue dans l'esprit que depuis qu'il est achevé. C'est que quand le roi jugeroit à propos que l'on condamnât la doctrine du pouvoir des peuples, malgré le danger de la faire éclater, même en la condamnant, il vaudroit toujours beaucoup mieux choisir, pour le faire, les ouvrages des théologiens qui l'enseignent gratuitement, sans en faire aucun usage pour soutenir les maximes du clergé de France attaquées au contraire par ces mêmes théologiens, que de prendre pour sujet de cette condamnation un livre composé à la prière d'un concile, et par l'ordre d'un roi, qui ne se sert de cette doctrine que pour combattre les ennemis de nos libertés; par là la doctrine seroit toujours condamnée, et l'on ne flétriroit point expressément, après deux cents ans, l'ouvrage d'un auteur dont il est si important à la France que la réputation ne souffre point d'atteinte.

AUTRE MÉMOIRE

SUR LE MÊME SUJET.

Le principal ouvrage d'Almain, qui contient toute sa doctrine, a été fait à la prière du concile de Pise, et par l'ordre du roi Louis XII, imprimé trois fois avec privilége, sous trois règnes différens, en possession de son état, si l'on peut parler ainsi, depuis deux cents ans, toujours employé et cité avec éloge par les plus éclairés et les plus sages défenseurs des libertés de l'église gallicane. Voilà le livre qu'on choisit pour accuser de trop d'indulgence les magistrats qui sont chargés de veiller sur la police et la discipline publique.

Il est vrai qu'on y trouve la mauvaise proposition dont on s'est servi pour le dénoncer au roi, et à Dieu ne plaise qu'on veuille excuser une maxime si capable d'exciter des troubles et des séditions dans un royaume.

Mais le compte fidèle que l'on doit rendre à Sa Majesté, oblige de lui expliquer en un mot l'usage qu'Almain a fait de cette maxime. L'objet de son livre n'est point de l'enseigner, il ne tend qu'à établir l'autorité du concile général sur le pape. Les théologiens qu'il avoit à combattre supposoient que le pouvoir du roi dépend du peuple. Il se sert contre eux d'un principe qu'ils enseignoient, et par une comparaison tirée de leur doctrine même, il veut les forcer à convenir que la puissance du pape étoit, à plus forte raison, inférieure à celle de l'église universelle.

Les magistrats qui ont vu paroître trois fois avant nous les œuvres d'Almain, n'ont pas cru que pour un mauvais raisonnement qui tomberoit de lui-même, et qui en effet est oublié à présent, il fallût sacrifier un homme qui s'étoit dévoué, par ordre du roi, pour

la défense de nos libertés, et donner à Rome le plaisir
de voir la France tourner ses armes contre ses plus
zélés défenseurs, et tirer, pour ainsi dire, sur ses propres troupes.

Almain n'est pas le seul auteur où l'on trouve cette
opinion ; elle n'est malheureusement que trop commune parmi les plus graves et les plus célèbres théologiens : on en voit des semences jusque dans des
auteurs très-estimés. Le roi seroit étonné du grand
nombre de théologiens qui l'ont enseignée. Les plus illustres sont Navarre, fameux théologien et très-estimé
du pape Grégoire XIII, Salmeron, Azor, Suarez, jésuites aussi célèbres parmi les théologiens que dans
leurs ordres mêmes. Leurs ouvrages sont entre les
mains de tout le monde, et se réimpriment librement
lorsqu'ils commencent à devenir rares.

Almain a cherché à faire un bon usage d'une mauvaise chose, en employant cette doctrine contre les
ennemis de nos libertés qui en convenoient.

Les autres théologiens, au contraire, l'ont enseignée directement, et en attaquant même nos libertés,
comme Salmeron et plusieurs autres qui se déclarent
en même temps, et pour les peuples contre les rois,
et pour le pape contre l'église.

Pourquoi donc ne dénonce-t-on point ces auteurs
infiniment plus dangereux ? et par quelle raison Almain est-il seul choisi entre tant de coupables pour
porter la peine qu'ils ont beaucoup mieux méritée,
si ce n'est parce qu'on veut flétrir un des plus illustres
défenseurs de nos maximes et épargner ceux qui les
ont combattues ? Sans cela on les dénonceroit tous
également ; le même zèle produiroit les mêmes effets.
Comme cette diversité de conduite ne peut ni plaire
à la droiture de Sa Majesté, ni convenir à la justice
des magistrats qui ne savent ce que c'est que d'avoir
deux poids et deux mesures, ils sont persuadés que
si Sa Majesté juge à propos qu'ils condamnent Almain, elle trouvera bon qu'ils comprennent dans
cette condamnation tous les docteurs qui ont enseigné

une semblable doctrine, de quelque ordre et de quelque caractère qu'ils soient. On aura l'honneur d'en donner une liste à Sa Majesté, si elle le juge à propos.

Mais pour bien concevoir toutes les conséquences d'une telle condamnation, il y a deux réflexions importantes à faire qui n'échapperont pas sans doute à l'attention de Sa Majesté.

La première, que pour empêcher, autant qu'il sera possible, le contre-coup que la condamnation d'Almain portera sur nos maximes, il sera absolument nécessaire, en combattant l'argument que cet auteur tire du pouvoir des peuples, d'appuyer fortement les autres preuves de la doctrine de l'église gallicane sur la supériorité des conciles généraux au-dessus du pape. C'est à Sa Majesté de juger s'il est à propos, dans la conjoncture présente, de traiter de nouveau la question importante de l'autorité des conciles sur le pape, et de s'exposer à rallumer un feu qu'on a eu tant de peine à éteindre.

La seconde, est que la doctrine du pouvoir des peuples, source ordinaire des divisions qui déchirent souvent un royaume voisin de la France, est heureusement inconnue dans ce royaume; et elle est peut-être du nombre des choses qu'il est souvent plus sûr de laisser ignorer que de condamner. Si le parlement a flétri avec éclat les livres qui ont enseigné, pendant et après la ligue, qu'un roi excommunié par le pape n'étoit plus roi, et qu'il étoit permis d'attenter à sa vie, c'est parce que cette doctrine s'étoit répandue parmi le peuple qui en étoit frappé comme par une espèce de fanatisme. Mais, grâce à Dieu, la doctrine dont parle Almain n'a fait jusqu'à présent aucune impression sur l'esprit des peuples de ce royaume. Doit-on leur apprendre cette doctrine en la condamnant, et leur faire connoître ce qu'il est à souhaiter qu'ils ignorent éternellement? On ne sait si l'on se trompe; mais peut-être qu'après y avoir bien pensé, le roi ne condamnera pas la prudence des magistrats qui nous ont précédés, et qui ont cru qu'il étoit moins dangereux de fermer les yeux sur un mauvais raisonnement, caché dans le livre d'Almain sous une infinité de bonnes raisons, que de révéler au peuple le mystère de cette doctrine dangereuse, peut-être avec plus de scandale que d'utilité. La seule précaution que l'on a cru devoir prendre de nos jours par rapport à la nouvelle édition des OEuvres d'Almain, a été d'empêcher qu'elles ne fussent réimprimées dans ce royaume, quoiqu'elles y eussent déjà paru trois fois avec privilége. On a suivi en cela l'avis de feu M. de Harlay, archevêque de Paris, qui, quoiqu'il regardât Almain comme un des plus solides défenseurs de nos libertés, croyoit néanmoins qu'il étoit bon que ce livre ne fût imprimé que hors du royaume, à cause de la mauvaise proposition qui s'y étoit glissée. C'est à Sa Majesté de décider s'il est à propos d'aller plus loin, et après avoir bien pesé toutes les difficultés qui environnent une matière si délicate, de conduire le zèle de ses officiers avec la sagesse qui accompagne toutes ses résolutions.

MÉMOIRE (1)

PRÉSENTÉ AU ROI EN 1713,

Au sujet de la continuation de l'Histoire de la Compagnie des Jésuites, composée en latin par le père Jouvenci.

La voix publique, qui s'est élevée hautement contre la continuation de l'Histoire de la Société des Jésuites, composée par le père Jouvenci, a obligé les magistrats, que leur ministère charge de veiller sur tout ce qui intéresse le roi et l'état, à examiner attentivement le livre qui se répand depuis deux mois dans ce royaume; et, après l'avoir lu exactement, ils ont cru qu'il étoit de leur devoir d'en rendre compte à Sa Majesté, pour recevoir ensuite les ordres qu'il lui plaira de leur donner sur ce sujet.

Le père Jouvenci commence son Histoire par une légère peinture du caractère des souverains, dont il doit parler dans la suite de son ouvrage; et le pape Grégoire XIV s'offre le premier à sa plume. Personne n'ignore que ce pape a été un des plus zélés fauteurs de la ligue, et un des plus grands ennemis de ceux qui reconnoissoient dans ce royaume l'autorité du roi Henri IV. Ce fut lui qui fit publier en France des bulles fulminantes adressées aux prélats, à la noblesse, aux magistrats et aux peuples, par lesquelles il déclaroit Henri de Bourbon (*c'est ainsi qu'il appeloit le légitime possesseur de la couronne*) excommunié, relaps, déchu comme tel de tous ses royaumes et seigneuries, et enveloppoit dans la même

_____

(1) Voyez le recueil des pièces, à la fin du volume.

excommunication tous ceux qui, dans quinze jours, ne se retireroient pas de son obéissance.

Les débris du parlement, dissipés par la fureur de la ligue, qui s'étoient rassemblés les uns à Châlons, les autres à Tours, signalèrent leur zèle, malgré le malheur des temps, par deux célèbres arrêts qui déclarèrent ces bulles abusives, et Grégoire XIV leur auteur, ennemi du roi, de l'état et de la paix de la chrétienté. Le clergé fidèle joignit son suffrage à celui des magistrats, et les évêques, assemblés à Mantes, déclarèrent que ces bulles étoient nulles, tant en la forme qu'en la matière, injustes et suggérées par les artifices des étrangers ennemis de la France, incapables de lier et d'obliger les Français catholiques, étant dans l'obéissance du roi.

Peu content d'avoir lancé ces premières foudres, le pape Grégoire XIV joignit les armes temporelles aux armes spirituelles. Il leva neuf mille hommes de troupes réglées, dont il donna la conduite à Hercules Sfondrate, son neveu, afin que ses soldats vinssent achever en France ce que ses bulles n'y avoient pu faire.

Tel étoit le pape dont le père Jouvenci avoit à tracer le caractère, et c'est ainsi qu'il le fait : « Nicolas » Sfondrate, dit-il, qui avoit pris le nom de Gré- » goire XIV étoit alors assis sur le trône du Vatican. » *Ce pape, entre tout ce qu'il a fait de bon et de* » *louable dans l'espace très-court de son pontificat,* » *s'efforça de soutenir en France, par les troupes* » *auxiliaires qu'il y envoya, le parti de la ligue,* » *qui commençoit à souffrir. In Italiá, Vaticanum* » *solium obtinebat Nicolaus Sfondratus.... adscito* » *nomine Gregorii ejus appellationis XIV. Ille* » *præter cætera brevissimo pontificatus spatio bene* » *et laudabiliter gesta, laborantes catholicorum in* » *galliá fœderatorum partes, missis auxiliaribus* » *copiis tueri conatus est* ». (Pag. 2).

Ainsi le seul trait que cet historien, né Français,

et sujet du roi, choisit entre toutes les actions loua-
bles qu'il attribue à Grégoire XIV, et le seul endroit
par lequel il veuille le faire connoître à la postérité,
est le secours que *ce pape envoya à la ligue chan-
celante pour la raffermir.*

Un des plus pernicieux effets de la ligue, et qui
a duré long-temps après la ligue même, a été la
production d'un grand nombre d'ouvrages aussi favorables à la puissance sans bornes des papes, que
contraires à l'autorité et à la sûreté même des rois ;
c'est là que l'on trouve cette doctrine abominable,
dont on ne peut parler sans horreur ; que le pape a
le pouvoir d'ôter et de donner les couronnes ; que,
si un roi tombe dans l'erreur, et si, en refusant
d'obéir au saint Siége, il est livré aux censures ecclésiastiques, le pape peut le déposer et absoudre ses
sujets du serment de fidélité qui les lie à leur souverain ; que, dès ce moment, celui qui étoit auparavant revêtu du caractère de roi n'est plus qu'un
simple particulier ; que sa personne cesse d'être sacrée ;
qu'il doit être regardé comme un criminel de lèse-
majesté, comme un usurpateur et un tyran, à la vie
duquel ceux qui étoient auparavant ses sujets peuvent
attenter impunément.

Le livre de Mariana, jésuite, est un de ces ouvrages pernicieux ; il y réduit en art la doctrine qui
permet de tuer les rois auxquels on donne le nom
de tyrans, et c'est là qu'il laisse le choix du fer et
du poison, pourvu seulement qu'on ne les porte pas
à donner imprudemment le poison qui doit les faire
périr, parce qu'on les rendroit par là meurtriers
d'eux-mêmes, ce qui est, dit-il, contre la loi naturelle : c'est la plus grande difficulté qu'il trouve dans
cette matière.

Le père Jouvenci déclare, à la vérité, qu'il dé-
teste cette doctrine, et que sa société la désavoue ;
mais il parle du livre de Mariana avec tant de ménagement, et dans des termes si affectés, qu'on voit

bien qu'en abandonnant la doctrine, il voudroit néanmoins en sauver l'auteur. Voici ses paroles :

« Dans l'étonnement universel que l'atrocité du
» crime de Ravaillac avoit répandu dans un temps
» où il n'y avoit rien qui ne donnât de la crainte ou
» du soupçon, le parlement trouva que la doctrine
» de Mariana, de la manière dont elle étoit pro-
» posée par ses adversaires, n'étoit pas exempte de
» dangers.

» *Sed cùm esset adhuc attonita tanti sceleris atro-*
» *citate gallia, nihilque non (pag. 83) suspicio-*
» *nem et metum afferret, visa est senatui Marianæ*
» *doctrina, ut quidem ab adversariis proponebatur,*
» *periculo non carere* ».

C'est avec tous ces adoucissemens qu'il parle d'un livre que la Sorbonne consultée jugea digne du feu, et que le parlement y condamna ensuite. En effet, ce livre fatal à la vie des rois, qui renouvelle des maximes meurtrières, foudroyées par l'église dans un concile général, il y a près de trois cents ans, n'est cependant, dans la bouche du père Jouvenci, qu'un ouvrage qui, suivant le sens que ses ennemis lui donnoient, n'étoit pas exempt de danger dans un temps de troubles et de consternation où l'on s'alarme aisément ; et, comme s'il en avoit encore trop dit, il élude malignement l'autorité de l'arrêt qui a condamné ses ouvrages au feu, en attribuant à des sentimens particuliers, la promptitude avec laquelle le parlement s'acquitta en cette occasion du premier et du plus essentiel de ses devoirs.

« L'histoire de M. le président de Thou venoit,
» dit-il, d'être mise à l'Index, et on en accusoit les
» jésuites, souvent maltraités dans cette histoire.
» Quelques conseillers attachés à M. de Thou, crurent
» devoir faire condamner le livre de Mariana, jé-
» suite, comme par représailles ; et cependant, peu
» d'accord en cela avec lui-même, il observe que ce
» parlement, qui, selon lui, n'agissoit que par ven-
» geance contre les jésuites, eut la modération de

D'Aguesseau. Tome VIII. 35

» ne pas exprimer dans son arrêt que Mariana étoit
» jésuite ».

*Causa festinandi hæc, ut aiunt, extitit ; romanæ
Curiæ censores examinandis libris præpositi, dam-
naverunt per eas dies historiam Thuani præsidis senatus Parisini : credebatur id factum opera Patrum
societatis qui se à Thuano sæpe vehementer trac-
tatos meminerant, vicem illis reddendam, dediti
Thuano senatores aliqui putaverunt, librum Marianæ condemnando :* utcumque « *se res habet, illud*
» *in edicto contra Marianæ doctrinam prolato est*
» *observandum quod senatus librum à theologo*
» *societatis fuisse scriptum scivit, neque doctrinam*
» *hanc societatis esse affirmavit* ». (Pag. 83).

Il défend encore plus ouvertement le livre de
Suarès, célèbre jésuite, contre Jacques Ier, roi de la
Grande-Bretagne, où cet auteur enseigne que le pape
peut abroger les lois des souverains et anéantir leurs
jugemens, même dans les matières temporelles, quand
ils favorisent la mauvaise foi ou le déréglement ; qu'un
prince ou hérétique ou schismatique, ou incorrigible
dans ses mœurs, peut être déposé par le pape ; et
que le sentiment contraire est une fausse doctrine,
éloignée des principes de la foi, de l'usage de l'église,
de la droite raison ; que le pape, en déposant un roi,
peut permettre de le tuer, et confier à qui il lui plaira,
même à toutes sortes de personnes en général, le
pouvoir d'exécuter ces horribles jugemens.

Ce ne sont point là des propositions échappées à
un auteur, par hasard et sans attention ; c'est le fond
et la substance même de cet ouvrage que le parlement fit brûler en l'année 1614, et qu'il ne pouvoit
épargner sans se charger à jamais des suites qu'une
doctrine si abominable pouvoit produire dans tous
les siècles à venir.

Voici cependant de quelle manière le père Jouvenci parle d'un tel livre et de l'arrêt qui le condamne :

« Le roi d'Angleterre, dit-il, avoit fait brûler ce

» livre qui lui étoit odieux, et il avoit agi fortement
» auprès du roi catholique pour le faire traiter de la
» même manière en Espagne; mais il n'avoit rien
». pu obtenir d'un roi aussi catholique d'effet que
» de nom. Il fut plus heureux en France, et les
» temps y étoient favorables à ses désirs. L'hérésie
» avoit encore plusieurs protecteurs dans ce royaume,
» et la société beaucoup d'ennemis : les uns et les
» autres vouloient avoir l'honneur de passer pour
» vengeurs de la majesté royale, qu'ils accusoient
» Suarès d'avoir violée ». *Incusum volumen Jacobus,*
Angliæ rex, flammis addixerat. Idemque ut in His-
paniâ fieret, egerat apud Philippum. Sed nihil apud
regem et nomine et re catholicum assequi potuerat.
Plus in Galliâ profecit. Et erant ejus votis amica
tempora. Multos adhuc habebat hæresis in regno
christianismo patronos, complures adversarios socie-
tas : utrique videri gestiebant regiæ majestatis vindi-
ces, quam à Suare læsam arguebant. « Ils détachèrent
» pour cela des passages choisis dans tout son ou-
» vrage, qui, étant comme des membres séparés de
» leurs corps et privés de l'esprit qui les animoit,
» pouvoient recevoir des sens étrangers, entièrement
» éloignés de celui de l'auteur ». *Ut vera hujus cri-*
minationis invidiam certius latiusque diffunderent,
decerpserunt ex universâ scriptione Suaris singula-
res quosdam locos quibus, tanquam avulsis à cor-
pore suo membris atque adeò anima ipsa distinctis
affingi aliena mens et sententia poterat. (Pag. 88).

C'est sur ce recueil malicieux de passages tronqués
qu'il prétend que l'arrêt qui a condamné au feu le
livre de Suarès a été rendu, quoique le livre même,
qui subsiste encore aujourd'hui, rende un témoignage public du contraire; et il ajoute que le pape
Paul V fit tant d'instances auprès de la reine régente,
pour faire annuller l'arrêt du parlement, qu'il obtint
enfin, par l'habileté du nonce Ubaldin, que le roi
anéantît cet arrêt. Il n'y a personne qui, en lisant ces
termes, ne croie qu'effectivement le roi Louis XIII
révoqua pour lors cet arrêt du parlement par un

arrêt contraire. Cependant tout ce qu'un pape aussi jaloux de son autorité que Paul V, et un nonce aussi habile qu'Ubaldin, purent obtenir dans une minorité aussi orageuse, et où la reine croyoit avoir un grand besoin du pape, fut un arrêt (1) qui porte seulement : « que le roi s'étant fait représenter l'arrêt du » parlement contre le livre de Suarès, contenant » différentes *propositions contraires aux puissances* » *souveraines établies par Dieu, pour le repos et* » *la tranquillité de leurs états, et enseignant qu'il* » *est permis à leurs sujets ou à des étrangers d'at-* » *tenter à leurs personnes*; et Sa Majesté sachant » que cet arrêt a déplu au pape, pour lui montrer » en quelle recommandation elle a l'honneur du » saint Siége apostolique, etc., a déclaré qu'elle » n'entend point que cet arrêt et son exécution » puissent préjudicier à l'autorité du pape et du » saint Siége, telle qu'elle a été reconnue par les rois » prédécesseurs de Sa Majesté. *Le pape s'engageant,* » *d'un autre côté, à faire censurer la doctrine con-* » *tenue dans ce livre contre la dignité et la vie des* » *rois, etc.* ».

Ainsi, ni l'arrêt du parlement, ni l'exécution de cet arrêt, n'ont souffert aucune atteinte; le roi a seulement accordé aux instances du pape une espèce de protestation générale qu'il n'entendoit point préjudicier à l'autorité du saint Siége, telle que ses prédécesseurs l'avoient reconnue, à condition même que le pape censureroit la doctrine pernicieuse de Suarès. Tel est l'arrêt, aussi fort contre cet auteur que l'arrêt du parlement même, par lequel néanmoins le père Jouvenci prétend que l'arrêt du parlement est effacé ; en sorte que, selon l'idée qu'il donne de toute cette affaire, un livre qui contient une doctrine si détestable est un ouvrage qui n'a été d'abord attaqué que par un roi hérétique, qu'un roi catholique d'effet encore plus que de nom, a refusé de proscrire de ses

(1) Cet arrêt se trouve dans le Mercure de Vittorio Siri, mém. recondite, tom. 3, pag. 303.

états, que les seuls ennemis de l'église ou de la société des jésuites ont fait condamner en France sur
des passages tronqués, mais dont l'honneur a été
vengé par un arrêt du conseil qui a effacé la tache
de la note dont le parlement, trop crédule, avoit
flétri cet ouvrage.

Un autre livre, composé aussi par un jésuite, se
présente encore à l'esprit du père Jouvenci. C'est
l'*amphithéâtre d'honneur*, ouvrage de Scribanius,
jésuite flamand, qui ne s'est sauvé de la censure que
par le mépris dont le parlement l'a jugé plus digne.
Mais, parce que M. Servin a mal parlé autrefois de
ce livre, le père Jouvenci se croit obligé d'en soutenir l'honneur, et représente cet avocat-général,
confondu par le père Coton en présence de Henri IV
même, et réduit ensuite à ne pouvoir montrer un seul
endroit dangereux dans tout ce livre,

Urget Cotonus (pag. 81) *rogans ut exitialem
illum locum in quo tantum veneni deprehenderat
indicaret, operam Servinus in quærendo, perdit
utque suum pudorem levaret, aliena quæpiam inje-
cit in sermones, etc.*

Il ne faut cependant que l'ouvrir pour y trouver les
mêmes maximes que dans Suarès. « Que des tyrans,
» dit-il, semblables aux deux Denis, oppriment la
» France, n'y aura-t-il point de pontife qui suscite
» un Dion contr'eux ? On a bien dépouillé Tarquin
» de son empire; n'y aura-t-il point de cause légi-
» time de déposséder ou de déposer un roi de
» France ? S'il tyrannise son royaume, ne trouvera-
» t-on point de soldats contre cette bête féroce, et
» n'y aura-t-il point de pape qui délivre ce royaume
» illustre de la cruauté d'un tel roi » ? *Dionisii....
Galliam premunt, nemo pontifex Dionem anima-
verit? Qua tu lege, imperiorum Tarquinis abrogas,
nulla justa et gallum abrogandi? Nullus in hanc
belluam miles erit, nullus pontifex nobilissimum
regnum securi eximet, vita donabit.*

Il parle ensuite avec éloge de tous les anathêmes
lancés par des papes contre des rois de France.

« C'est le pape, selon lui, qui a ôté le sceptre
» au dernier roi de la première race, pour le donner
» au premier de la seconde. Le pape, dit-il, prive le
» royaume de son roi, et par là il le sauve : semblable
» à un potier qui brise un vase inutile, et qui en
» forme un autre d'une matière plus excellente ».
*Regnum pontifex rege suo defraudat et servat figu-
lus argilam temperato ignis afflatu in materiam ro-
bustiorem recreat.*

M. Servin étoit-il assez mal habile pour ne pouvoir rien montrer de mauvais dans un tel ouvrage,
ou le père Coton assez téméraire, pour avancer ce
fait contre la vérité ? Ce qu'il y a de certain, c'est
que l'ouvrage renferme les propositions les plus abominables, et que le père Jouvenci en parle comme
d'un livre qui, malgré les mauvaises intentions de
M. Servin, est demeuré hors d'atteinte.

On ne peut pas excuser non plus les louanges qu'il
donne à la célèbre et indigne harangue du cardinal
du Perron aux états de 1614, où l'on vit un sujet,
comblé des bienfaits de son maître, élevé par lui-
même de l'obscurité de sa condition jusqu'à l'éclat
de la pourpre romaine et à la dignité de grand au-
mônier, entreprendre de prouver publiquement, par
un discours éloquent et encore plus artificieux, que
c'est une opinion problématique de savoir si le pape
peut déposer un roi qui a le malheur de tomber
dans l'hérésie et absoudre ses sujets du serment de
fidélité.

Le cardinal de Sourdis et le cardinal du Perron
soutinrent gravement, dit le père Jouvenci, avec
leur éloquence et leur érudition ordinaires, la cause de
la religion et l'autorité du souverain pontife, contre
ceux qui avoient osé attenter sur la pureté de la doctrine, et favoriser les auteurs des nouvelles opinions.
*Sapientibus præsulibus visum est indignum facinus,
qui auserint in sanctissimo concessu attentare integri-
tatem religionis et novarum architectis opinionum
patrocinari, quare non modo rogationi obstiterunt,
sed cardinales Surdissius et Perronnius, qui erant*

eloquentiâ et eruditione præditi, gravissimis verbis pro religione et pro SS. pontificis auctoritate perorarunt. (Pag. 89).

Ainsi, selon lui, le sentiment de ceux qui enseignent que le pape ne peut rompre, même sous le prétexte de la religion, les liens que Dieu a formés entre un roi et ses sujets, est contraire à la saine doctrine, et ne peut être soutenu que par des hérétiques. Il pense donc encore aujourd'hui comme les jésuites pensoient au commencement du règne de Henri IV; et, s'il avoit vécu en ce temps-là, il auroit enseigné, comme eux, que ce prince ne devoit point être regardé comme un roi légitime jusqu'à ce qu'il fût converti, et que sa conversion eût été approuvée par le pape.

On voudroit, après cela, pouvoir se dispenser de parler ici de la manière dont cet historien a traité le fait de Jean Châtel, du père Guignard et de l'exil des jésuites. Il auroit été à souhaiter qu'abrégeant un si triste récit, il se fût hâté de tirer le rideau sur des événemens tragiques, qu'on désireroit, s'il étoit possible, d'effacer de notre histoire. Mais, au lieu de se contenter de déplorer le malheur des temps, et de féliciter les jésuites d'avoir effacé, par leur attachement pour le roi, les égaremens de leurs premiers pères, il fait une longue narration des faits plus dignes d'être pleurés que d'être racontés, et l'on y trouve presque partout un jésuite rebelle dépeint comme un saint persécuté, et des juges fidèles représentés comme d'injustes persécuteurs.

Le coupable, qui est le principal sujet de cette description pathétique, est Jean Guignard, qui enseignoit la théologie au collége des jésuites, dans le temps de l'exécrable attentat commis par Jean Châtel sur la personne du roi Henri IV.

L'interrogatoire de ce malheureux ayant fait connoître au parlement, qu'il avoit appris de la bouche des jésuites des maximes damnables sur le meurtre des rois, il envoya aussitôt des commissaires dans leur collége, pour examiner si, dans leurs papiers, on ne trouveroit pas des preuves par écrit d'une doctrine si détestable. On n'en trouva que trop en effet dans la chambre du père Guignard ; on y saisit surtout un mémoire qu'il reconnut avoir composé et écrit de sa main, qui contenoit, entr'autres choses, les maximes suivantes :

I. « Que si, en l'an 1572, au jour de saint Bar-
» thélemy, on eût saigné la veine basilique, c'est-à-
» dire si l'on eût tué le roi Henri IV, nous ne fus-
» sions pas tombés de fièvre en chaud mal, comme
» nous expérimentons, *sed quidquid delirant reges,*
» c'est-à-dire que ces peuples portent la peine de la
» folie des rois ; pour avoir pardonné au sang, ils ont
» mis la France à feu et à sang : *et in caput recide-*
» *runt mala,* c'est-à-dire le mal en est retombé sur
» le chef de la maison royale.

II. » Que le Néron cruel, c'est-à-dire Henri III,
» a été tué par un Clément, et ce moine simulé dé-
» pêché par la main d'un vrai moine ». (Il fut condamné à être tiré à quatre chevaux par arrêt du
parlement séant à Tours).

Nota. Les articles 3, 4 et 5 ne sont pas dans le présent mémoire ; les voici :

III. « Appellerons-nous un Néron, Sardanapale de
» France, un renard de Béarn, un lion de Portugal,
» une louve d'Angleterre, un griffon de Suède et un
» pourceau de Saxe.

IV. » Pensez qu'il faisoit beau voir trois rois, si
» rois se peuvent nommer, *le feu tyran,* le Béarnais
» et ce prétendu monarque de Portugal dom An-
» tonio.

V. » Que le plus bel anagramme qu'on trouva
» jamais sur le nom du tyran défunt, étoit celui par
» lequel on disoit : *Oh le vilain Hérode !*

VI. » Que l'acte héroïque fait par Jacques Clé-
» ment, comme don du Saint-Esprit, appelé de ce
» nom par nos théologiens, a été justement loué par
» le prieur des jacobins (Bourgoin), confesseur et

» martyr, par plusieurs raisons, tant à Paris, que
» j'ai ouï de mes propres oreilles lorsqu'il enseignoit
» sa Judith, que devant ce beau parlement de Tours ;
» ce que ledit Bourgoin, qui plus est, a signé de son
» propre sang et sacré de sa propre mort, et ne fal-
» loit croire ce que les ennemis rapportoient que, par
» ses derniers propos, il avoit improuvé cet acte,
» comme détestable.

VII. » Que la couronne de France pouvoit et de-
» voit être transférée en une autre famille que celle
» de Bourbon.

VIII. » Que le Béarnais, *ors que converti à la foi*
» *catholique*, seroit traité plus favorablement et plus
» doucement qu'il ne méritoit, si on lui donnoit la
» couronne monachale en quelque couvent bien ré-
» formé pour aller faire pénitence de tant de maux
» qu'il a faits à la France, et remercier Dieu *de ce*
» *qu'il lui avoit fait la grâce de se reconnoître avant*
» *la mort.*

IX. » Que, si on ne peut le déposer sans guerre,
» qu'on guerroie, et, si on ne peut faire la guerre,
» qu'on le fasse mourir ».

L'amnistie générale que Henri IV, prince dont la
clémence méritoit un meilleur sort, avoit accordée à
tous ses sujets coupables, ne couvroit point l'énor-
mité de ces propositions, puisque le père Jouvenci
avoue lui-même qu'il falloit abolir par le feu tous ces
ouvrages de ténèbres pour jouir de l'amnistie.

Ce que le père Guignard n'avoit point fait, l'exemple
de ces prédicateurs furieux, qui, pendant la ligue,
avoient osé avancer des maximes semblables à celles
de Guignard, le justifioit encore moins. Etoit-il innocent, parce qu'il y avoit d'autres coupables ? Il
peut être quelquefois de la prudence de ne les pas
rechercher tous quand ils sont en grand nombre ;
mais on punit au moins ceux que l'on trouve, et
d'ailleurs le père Jouvenci, qui veut atténuer par là
le crime de Jean Guignard, l'aggrave sans y penser,

en disant que les écrits de ces autres ligueurs avoient été faits contre Henri IV, avant qu'il eût abjuré l'hérésie. Celui du père Guignard, au contraire, est fait depuis l'abjuration de ce prince. On en trouve la preuve dans le huitième article de cet écrit, et c'est une circonstance que le père Jouvenci dissimule en un endroit et qu'il nie dans un autre, en écrivant contre la vérité que le mémoire du père Guignard avoit été fait en l'année 1589, au lieu qu'il ne peut avoir été écrit qu'après le 25 juillet 1593, jour de l'abjuration de Henri le grand.

C'est l'auteur de cet écrit abominable que le père Jouvenci entreprend de faire passer pour un saint.

Non pauca narrantur quibus non admonere numen, et instanti malo præparare videbatur : conspectæ dicuntur nostrorum in vestibus præsertim sacris cruces nullá mortali manu laboratæ. (P. 46).

« Des signes envoyés par le Ciel annoncèrent,
» selon lui, aux jésuites, la tempête qui alloit fondre
» sur eux ; des croix invisibles sur leurs vêtemens
» sont le présage de celles que la France leur pré-
» paroit ».

Ante annos aliquot malus dæmon ab uno è nostris exagitatus, ut occupati corporis possessione decederet, interminatus erat daturum se operam vicissim ut illum è regno Galliæ sociosque pelleret. (Pag. 46).

« Un démon exorcisé par un jésuite, et conjuré
» de sortir du corps d'un possédé, menace le jésuite
» de le faire sortir à son tour du royaume avec toute
» sa société ».

On ne peut pas croire qu'un homme d'esprit comme le père Jouvenci, qui a enseigné pendant long-temps la rhétorique à Paris avec un fort grand succès, et qui a été choisi par son mérite pour écrire l'histoire de son ordre, puisse ajouter quelque foi à des contes de cette nature ; mais il ne laisse pas de s'en servir, pour préparer des esprits crédules à croire que tous

ceux qui furent alors contraires aux jésuites, ont été
les instrumens dont le diable s'est servi pour exécuter ses menaces. Il fait dans le même esprit une peinture touchante du supplice de Guignard; et quoiqu'il
proteste hautement qu'il condamne l'écrit de ce jésuite, il fait néanmoins la relation de sa mort comme
s'il écrivoit les actes d'un martyr; et l'on diroit même
que, pour prendre un modèle encore plus sublime,
il ait voulu peindre la mort d'un criminel de lèse-
majesté sur la passion même de Notre-Seigneur Jésus-
Christ.

Jussus submittere genua, delictique veniam à Deo,
rege et senatu petere : à Deo quidem quem sæpe
offendisset veniam se dixit rogare suppliciter ; à
rege autem ac judicibus non esse cur veniam pete-
ret, quos probè sciret à se nunquam læsos fuisse ;
cæteroquin ipsis, si quid in se commiserint exemplo
Christi condonare ex animo : ea dicentem bajulus
impacto cervicibus valido fuste graviter percussit ;
quem respiciens vultu sedato Pater, cur me cædis,
inquit. (Pag. 52).

« Le père Guignard, pressé de suivre la formule
» ordinaire des amendes honorables, et de deman-
» der pardon à Dieu, au roi et à justice, répond
» qu'il demandoit volontiers pardon à Dieu ; mais
» qu'à l'égard du roi et de ses juges, comme il ne
» les avoit jamais offensés, il n'a point de pardon à
» leur demander ; qu'au surplus il leur pardonnoit
» de tout son cœur le mal qu'ils pouvoient faire. Un
» porte-faix, scandalisé de cette réponse, lui donna
» brutalement un coup de bâton. Le père Guignard
» le regarde avec un visage tranquille » ; et, afin
qu'il ne manque rien à la ressemblance, le père Jouvenci lui met dans la bouche les mêmes paroles que
Jésus-Christ dit dans sa passion à celui qui l'avoit
frappé : *Pourquoi me frappez-vous?* Plusieurs personnes se convertirent à la vue de la patience de
Jésus-Christ. Il faut aussi que celle du père Guignard opère les mêmes prodiges.

Responsi lenitatem admirans juvenis qui alabat,

consilium cepit amplectendæ societatis, eamque
paulo post ingressus Patris constantiam et virtutem
prædicare non cessavit. (Pag. 52).

« Un jeune homme qui étoit présent, touché de
» sa douceur, prend la résolution d'entrer dans la
» société des jésuites. Il y est admis peu de temps
» après, et il ne cesse pas de publier la constance
» et la vertu du père Guignard ».

C'est ainsi que ce criminel retrace, selon le père
Jouvenci, l'image de la passion de Notre-Seigneur ;
il pardonne comme Jésus-Christ à ses persécuteurs ;
il répond avec les mêmes paroles à ceux qui l'ou-
tragent. Il inspire à ceux qui le voient le désir de la
conversion. Mais, au milieu de tant de prodiges,
celui qui surprend le plus, est de voir que ce saint
ne trouve point la moindre matière de demander
pardon au roi dans un écrit où il enseignoit qu'il
falloit le tuer, à quelque prix que ce fût ; et on n'est
pas moins surpris de ce que son historien n'en paroît
pas étonné : au reste, ce n'est pas le père Jouvenci
qui a été le premier auteur de la comparaison du
supplice de Guignard avec la passion de Notre-Seigneur Jésus-Christ. Cette idée lui a été inspirée par
le livre de Scribanius, jésuite dont on a parlé ; par
ce livre, où le père Jouvenci dit que M. Servin ne
put rien montrer de mauvais.

On y trouve une apostrophe pathétique adressée
au père Guignard, que Scribanius désigne clairement
sans le nommer, où il le loue comme un héros, comme
un martyr, comme une victime immolée à la fureur
de l'hérésie, mais dont la mort a été le salut de la
société ; et il finit cette figure en lui appliquant ces
paroles, qui ont été dites par Jésus-Christ : *Il falloit*
qu'un seul homme mourût pour tout le peuple : opor-
tebat unum hominem mori pro populo.

Le père Jouvenci dépeint l'exil des jésuites avec
des traits aussi vifs que le supplice du père Guignard.
Exil sans cause, selon lui, puisque Jean Châtel a
toujours persisté à décharger les jésuites ; exil trop

rigoureux, quand même Jean Châtel auroit eu un
jésuite pour complice, puisqu'il est injuste de punir
le corps entier pour la faute d'un de ses membres.

C'est une équivoque, de dire que Jean Châtel n'a
point chargé les jésuites, il les a déchargés en un
sens, et chargés en un autre. Il a déclaré à la vérité
qu'aucun jésuite n'avoit trempé dans le dessein du
parricide exécrable qu'il avoit tenté ; mais il a déclaré
en même temps que c'étoit chez eux qu'il avoit appris
les funestes maximes qui lui avoient persuadé qu'il
feroit une action méritoire en ôtant la vie à son roi,
*ayant ouï dire plusieurs fois aux jésuites qu'il étoit
permis de le tuer.* Ces maximes meurtrières étoient
un motif bien plus puissant pour bannir tous les jésuites, que ne l'auroit été la coupable intelligence
d'un jésuite particulier avec Jean Châtel. Le crime
de ce jésuite n'auroit été véritablement que le crime
d'un des membres de la société ; mais ces maximes
impies étoient le crime du corps.

Ils avoient porté si loin leur aversion contre le roi
Henri IV, qu'ils avoient dicté ces mêmes maximes
à leurs écoliers dans les leçons qu'ils leur donnoient.
C'est un fait qu'on explique avec douleur, mais par
nécessité, pour faire concevoir les véritables motifs
de la juste sévérité du parlement.

Peu de temps après la condamnation de Jean
Châtel, le parlement rendit un arrêt contre un
nommé le Bel, qu'on trouva saisi de quelques-
unes de ces leçons, dictées par les jésuites à leurs
écoliers.

Cette compagnie craignit, et qui auroit pu ne le pas
craindre alors, qu'une doctrine si sanguinaire ne devînt, pour ainsi dire, une semence de parricide, et ne
fît autant de Jean Châtel qu'il se trouveroit d'écoliers susceptibles du poison qu'on versoit dans leurs
ames encore tendres, sous une apparence d'instruction ? Il n'est donc pas nécessaire, pour justifier la
conduite du parlement, d'avoir recours à l'exemple
des Romains, qui ont cru que l'exil des enfans,
quoique exempts de tout soupçon, devoit être la suite

du supplice du père dans les crimes de lèse-majesté; ni d'alléguer l'usage des autres nations qui étendoient cette peine à toute la famille du coupable. Il ne s'agissoit point, encore une fois, de punir tout le corps pour la faute d'un seul, comme le pape l'avoit fait quelque temps auparavant à l'égard de l'ordre des humiliés. La doctrine des jésuites, alors fatale aux rois, étoit, comme on l'a déjà dit, le crime de tous; et le parlement auroit trempé en quelque manière dans ce crime, s'il n'eût pas usé contre eux de toute sa rigueur. Ils déclarent hautement, par la bouche du père Jouvenci, qu'ils détestent cette doctrine, et on ne doute point de la sincérité de leur cœur et de leur déclaration; mais ils ne peuvent nier que leurs prédécesseurs n'aient eu, comme plusieurs autres théologiens, le malheur d'avoir d'autres sentimens. Il faut rendre grâces à Dieu de leur avoir fait sentir les affreuses conséquences de la doctrine qu'ils enseignoient autrefois; mais il ne faut pas oublier qu'ils l'ont enseignée, quand on veut juger de la justice d'un arrêt, qui les a condamnés sur les maximes qu'ils suivoient alors, et non pas sur celles qu'ils protestent de soutenir aujourd'hui.

Cependant, comme si l'exil des jésuites étoit un excès de rigueur qui n'eût ni fondemens ni exemples, le père Jouvenci en fait la matière d'une déclamation injurieuse où il se glorifie, au nom de la société, d'avoir été appelé du même nom que les premiers chrétiens, pendant que la barbarie de Néron exerçoit sa fureur sur l'église naissante; termes qui ont paru si violens, que, depuis que le livre du père Jouvenci a été apporté dans ce royaume, on a voulu les couvrir d'une espèce de carton qui se trouve dans quelques-uns des exemplaires.

Telle est l'idée que cet auteur donne et des jésuites condamnés et des juges qui ont prononcé leur condamnation. Il charge M. du Harlay, alors premier président du parlement et le parlement même, des couleurs les plus odieuses.

Ce magistrat vénérable, dont la fidélité soutint la

couronne ébranlée, dans les temps les plus difficiles, et qui eut la gloire d'être traîné publiquement par des sujets rebelles à leur roi, dans une prison encore plus honorable pour lui que la place qu'il remplissoit, est représenté en plusieurs endroits du livre du père Jouvenci comme un juge prévenu, partial, ennemi, dont la faveur déclarée pour l'université, et l'aigreur encore plus connue contre les jésuites, donnoit du courage à leurs adversaires, et effrayoit tous les avocats qu'ils vouloient charger de leur cause; enfin, comme un magistrat capable de tendre aux jésuites un piége dangereux, en leur présentant une *formule de serment de fidélité; qu'il croyoit qu'ils ne voudroient jamais signer,* lorsqu'ils parurent disposés à y souscrire, de peur que cette souscription ne servît qu'à les affermir encore plus dans le royaume.

Le parlement n'est pas mieux traité par le père Jouvenci que l'illustre chef de cette compagnie. Il fait entendre que le parti des hérétiques y étoit le plus fort. « Plusieurs des sénateurs étoient, dit-on, » les protecteurs déclarés ou secrets de la nouvelle » doctrine, genre d'hommes, ajoute le père Jou- » venci, dont nous éprouvons partout la haine et » l'inimitié »; comme pour insinuer qu'il n'y avoit que des juges hérétiques qui pussent leur donner leurs suffrages contre les jésuites. *Præter senatus principem erant aliqui senatores Patroni novæ doctrinæ partim aperti, partim occulti, hominum genus ubique nobis inimicum et infestum.* (Pag. 44).

Il n'est pas surprenant qu'après cela cet historien aille jusqu'à accuser le parlement de supposition dans une partie essentielle de l'interrogatoire de Jean Châtel.

Jean Châtel, interrogé s'il n'avoit pas été dans la chambre appelée *des méditations*, où les jésuites introduisent les plus grands pécheurs, et leur font voir des figures effrayantes de diables, sous prétexte de les convertir, mais en effet, pour les porter par de telles frayeurs à quelque grand crime, répond qu'il auroit été souvent en cette chambre.

Pour détruire une reconnoissance si précise, le père Jouvenci ne craint point d'accuser les juges d'avoir supposé ce fait. *Quod enim subditur, illas meditationes esse comparatas ad sollicitandos hominum animos, et impellendos ad scelus, liceat mihi, bona clarissimorum senatorum venia, dicere hanc interpretationem additam ab illis fuisse de suo.* (Pag. 5o).

« Ces illustres sénateurs me pardonneront, dit-il,
» si je dis qu'ils ont tiré de leur propre fonds cette
» interprétation donnée à des méditations qui n'é-
» toient », si l'on en croit le père Jouvenci, contre la déclaration de Jean Châtel même, que les pratiques des exercices de saint Ignace.

Il n'ose pas dire ouvertement que l'écrit sur lequel le père Guignard fut condamné lui avoit été supposé; mais il veut au moins faire passer la chose pour douteuse en disant ces mots :

« S'il est vrai cependant que cet écrit fût du père
» Guignard , et qu'au contraire il ne lui ait pas été
» faussement attribué, comme quelques-uns l'ont
» écrit ».

Et il tâche de répandre ce doute contre les termes mêmes de l'arrêt du parlement, qui porte « que Gui-
» gnard reconnut avoir composé et écrit de sa main
» l'ouvrage sur lequel il fut condamné ».

A ces reproches de faussetés et de suppositions, il joint partout celui de violence et de vexation.

Dolæus Causidicus cum Daron primario curiæ apparitore, aliique per senatus Principem, immissi rursùs in collegium irrumpunt. (Pag. 5o).

L'entrée des ministres de la justice dans les colléges des jésuites y est traitée d'irruption. Les conseillers qui en sortent avec les papiers du père Guignard, qu'ils faisoient porter au greffe, y sont représentés comme chargés des dépouilles des jésuites. *His onusti spoliis exeunt delecti à curiâ senatores; collegium*

subeunt, reliqua cubicula quæ ante biduum lustrata
non fuerant, excutiunt ac pervestigant, diripienti-
bus quod cuique erat commodum famulis Senatorum
comitibus. Interrogantur quoque non nulli è convic-
toribus etiam impuberes, qui testari judicio rectè
instituto non poterant et minis blanditiisque urgentur.
(Pag. 49 et 51).

A ces reproches de faussetés et de suppositions il
joint partout celui de violence et de vexation. L'entrée des ministres de la justice dans les colléges des
jésuites y est traitée d'irruption : les conseillers qui
en sortent avec les papiers du père Guignard, qu'ils
faisoient porter au greffe, y sont représentés comme
chargés des dépouilles des jésuites. Ceux qui furent
commis pour l'exécution de l'arrêt par lequel il étoit
ordonné aux jésuites de sortir du royaume, laissent
piller par les valets et par les gens de leur suite un
collége où ils viennent exercer un acte de justice. Ils
tendent des piéges à l'innocence de l'âge des pen-
sionnaires par leurs menaces et leurs caresses. Ils entendent jusqu'à des impubères contre toutes les règles
des jugemens, comme si toutes les règles, au contraire, ne permettoient point de les entendre sur
d'autres crimes même que ceux de lèse-majesté. Les
jésuites demandent plusieurs choses pour adoucir leur
exil, et entr'autres le dépôt de leur bibliothèque entre
les mains de M. l'évêque de Paris. *Pauca leviter et*
malignè concessa, expilatæ bibliothecæ et exquisi-
torum voluminum viginti ferè millia, quam jacturam
diù lugebimus, partìm sublata furto, partìm diven-
dita, collegii pars hæreticis ad habitandum attributa,
quorum unus sacello domestico, pro culinâ, ute-
batur. (Pag. 51).

« Le parlement, dit-il, leur accorda avec peine
» une légère partie de ce qu'ils avoient demandé,
» mais leur bibliothèque fut pillée. Plus de vingt
» mille volumes, dont nous regretterons long-temps
» la perte, dit le père Jouvenci, furent dérobés ou
» vendus ; une partie du collége fut donnée pour
» demeure à des hérétiques, dont il y en eut un

» qui se servit de la chapelle pour en faire sa cui-
» sine ».

Après tant de traits si injurieux au parlement, le
père Jouvenci passe au temps du rétablissement des
jésuites, et il continue encore de déchirer la réputation de M. le premier président de Harlay, en
empoisonnant, autant qu'il lui est possible, les
remontrances que ce magistrat fit au roi Henri IV.
Sur cette matière il traduit exactement en latin une
réponse qui fut alors faussement attribuée à ce prince,
au lieu que M. de Thou, qui étoit présent à ces remontrances, et dont la foi ne peut être suspecte,
atteste que la réponse de Henri IV fut pleine de
bonté et d'égards, soit pour le parlement, soit pour
le digne chef de cette compagnie. Le père Jouvenci
veut néanmoins réparer tout le mal qu'il a dit de ce
président, en assurant que lorsque l'envie fut apai-
sée, M. de Harlay ne fit pas de difficulté de reconnoître l'innocence des jésuites, et d'attribuer ce qui
s'étoit fait contr'eux à la rigueur des temps.

On ne sait si ce grand magistrat accepteroit une
satisfaction, dans laquelle on lui fait avouer qu'il a
condamné des innocens, et s'il ne la prendroit pas
pour une nouvelle injure. Ce qu'il y a de certain
est que ce livre de l'Histoire de M. de Thou, où le
père Jouvenci dit que l'on trouve cette espèce de
rétractation de M. de Harlay, n'en fait pas la moindre
mention.

On pourroit faire encore beaucoup d'autres remarques importantes sur le livre du père Jouvenci.
Mais les principaux traits que l'on vient de remarquer en découvrent suffisamment le caractère. On y
a vu la ligue, dont le nom seul fait encore trembler
tous les bons Français, traitée comme un parti que
les papes ont bien fait de secourir. Les auteurs des
livres qui contiennent la doctrine la plus fatale aux
rois, excusée ou même justifiée; les arrêts qui ont
condamné ces livres, rendus suspects; enfin, un criminel de lèse-majesté représenté comme un saint;
des juges qui n'ont fait que leur devoir, décriés

comme des criminels ; et partout l'indignation que
le crime et l'erreur inspirent, tournée au contraire
avec art contre ceux qui ont puni l'un et condamné
l'autre. Si l'honneur du parlement étoit seul intéressé
dans cette nouvelle histoire des jésuites, il la regarderoit sans doute avec une parfaite indifférence, et
son amour-propre pourroit même être plus flatté
qu'aigri par ces reproches glorieux, et par ces injures
honorables qu'il reçoit pour avoir fait son devoir,
et pour avoir assuré, autant qu'il étoit en lui, la vie
de son roi. Ce seroit à Sa Majesté seule d'examiner
en ce cas s'il doit être permis à un particulier de
faire une déclaration satyrique contre le premier parlement du royaume, à la vigilance duquel le roi
Henri le grand a cru autrefois être redevable de sa
vie, d'attaquer la réputation de grands magistrats
qui ont eu le bonheur d'être dans leurs temps les
défenseurs intrépides de Sa Majesté, et tout cela
pour canoniser un jésuite qui avoit osé écrire qu'il
étoit permis et même louable de tuer son roi. Mais,
ce qui doit toucher plus infiniment le parlement et tous
les bons Français, c'est la grande conséquence du livre
du père Jouvenci, par rapport à la doctrine abominable qui met la vie des rois entre les mains de tous
ceux qu'un faux zèle aveugle et une piété furieuse
peuvent armer contr'eux.

Rien ne peut être plus dangereux que d'avilir l'autorité des arrêts qui ont puni les horribles atten-
tats commis en la personne de nos princes, et d'effacer dans le cœur des hommes le respect qu'il est de
l'intérêt des rois que l'on conserve pour les monumens d'une justice sévère qui assure leurs personnes
sacrées ; mais il est encore plus pernicieux, s'il est
possible, d'affoiblir l'horreur que tous les hommes
doivent avoir pour les livres qui ont autorisé ces
crimes énormes. Vouloir persuader à la postérité qu'il
n'y a eu que de l'erreur ou de la prévention, de la
vengeance ou de la cabale dans les jugemens qui
ont flétri ces ouvrages ; dire hautement que les rois
vraiment catholiques ont refusé de les condamner ;

36 *

faire entendre que les hérétiques ou les ennemis de la société les ont attaqués, c'est se rendre garant de la doctrine de ces livres, c'est renouveler leurs erreurs, et les soutenant contre les arrêts qui les ont condamnés, c'est abattre les remparts de l'autorité et de la vie même des rois, et par conséquent c'est commettre une espèce de crime de lèse-majesté. Ce n'est point ici une vaine frayeur, une de ces craintes outrées qu'un excès de zèle peut quelquefois inspirer à des sujets tendres et fidèles. Les funestes expériences que la France a faites des effets incroyables de cette doctrine meurtrière, ne justifient que trop l'inquiétude et les précautions des magistrats. Deux rois sacrifiés successivement à ces damnables maximes doivent nous en faire redouter jusqu'à l'apparence.

On y est d'autant plus obligé dans l'occasion présente, qu'il ne s'agit point ici de ces libelles imprimés sans nom d'auteur, et sans aucune approbation publique, qu'on peut mépriser quelquefois impunément, et laisser tomber d'eux-mêmes dans les ténèbres dont ils sont sortis. C'est un livre imprimé dans la première ville du monde chrétien, avec des approbations authentiques, au nom de l'ordre le plus puissant qui soit dans l'église, sous les yeux du pape, et dont la cour de Rome ne fera retrancher que ce qui peut la blesser, pour nous en opposer un jour l'autorité dans ce qui nous regarde, si la France paroît l'approuver, au moins par son silence. Les jésuites de ce royaume sont sans doute trop bons Français, trop instruits de ce qu'ils doivent à la personne du roi, à leur patrie et à ses maximes, pour vouloir ou soutenir ou approuver, même indirectement, un livre qui blesse également tous ces devoirs; et si le père Jouvenci les avoit consultés, s'il s'étoit conduit par leurs avis, s'il avoit toujours respiré l'air de ce royaume, et si la contagion d'une cour étrangère n'avoit pas effacé en lui les impressions de sa naissance, on ne doute pas qu'il n'eût évité les principes dans lesquels il a eu le malheur de tomber. Mais comme ce livre ne sera pas lu par les Français seuls, et que parmi les Français mêmes il n'est pas impossible qu'il ne s'en trouve de mal intentionnés, on peut dire que la flétrissure d'un ouvrage si dangereux importe à l'autorité et à la sûreté même des rois présens et à venir. Les principaux officiers de Sa Majesté deviendroient donc coupables d'un silence criminel, s'ils se taisoient plus long-temps sur ce livre. Ils espèrent que Sa Majesté leur permettra de remplir en cette occasion la première et la plus indispensable de leurs obligations, suivant les exemples que leurs prédécesseurs leur ont donnés dans des cas semblables.

SECOND MÉMOIRE

SUR LE MÊME OBJET.

Entre les différens auteurs que les défenseurs du livre du père Jouvenci ont cités pour excuser la manière dont il traite le fait du père Guignard, il n'y a que les témoignages du chancelier de Chiverny qui semblent d'abord mériter quelque attention ; car, à l'égard des autres historiens, comme M. de Thou, Davila, Mézeray, Duplessis, Mathieu, il n'y a qu'à les lire pour voir qu'ils n'ont rien dit sur les juges ni sur les condamnés qui approche de ce qu'on trouve dans l'histoire du père Jouvenci, duquel cette comparaison ne peut être qu'à son désavantage.

M. le chancelier de Chiverny y paroît plus favorable, quoique cependant on n'y trouve point le dessein formé qui caractérise l'histoire du père Jouvenci, de faire passer le père Guignard comme un martyr, les jésuites pour des confesseurs, et leurs juges pour des persécuteurs.

Mais d'ailleurs ce témoignage qu'on fait tant valoir est d'un poids si médiocre, quand on le met dans la balance d'une juste critique, que l'argument que l'on en tire est ou inutile ou contraire, même à ceux qui y mettent leur confiance.

Les mémoires de M. de Chiverny n'ont rien en eux-mêmes de fort recommandable, ni qui soit digne des emplois et de la réputation de leur auteur. Il paroît tout occupé de sa famille, et ce qu'il y marque plus exactement, ce sont les couches de sa femme, la naissance, le baptême de tous ses enfans, le nom de tous leurs parrains et marraines, et les quatre abbayes qu'il se vante d'avoir fait donner par une seule bulle à un de ses fils.

Mais ce chancelier, que M. de Sully appelle un esprit souple et délié, un madré courtisan, et qui, selon M. d'Ossat, avoit porté son ambition jusqu'à vouloir faire son fils cardinal sans la participation du roi, n'a point recueilli les faits qu'il raconte, dans la vue d'en faire une histoire ni de les donner au public.

L'abbé de Pontleroi, son fils, qui a publié ces mémoires, dit qu'il les a pris sur une infinité de mémoires ou brouillons écrits de la main de son père. C'étoit un homme fort occupé, qui écrivoit ce qui se passoit ou ce qui se disoit de son temps, sur le premier morceau de papier qui se trouvoit sous sa main, plutôt pour s'en servir dans les occasions où il en pourroit avoir besoin que pour en attester la vérité. Qui sait si ce que l'on a trouvé dans cette multitude de brouillons, qui peut favoriser la cause des jésuites, n'est pas une simple note qu'il avoit ouï dire en leur faveur, ou peut-être un extrait de quelque mémoire qu'on lui avoit donné pour les défendre ?

Il est même fort douteux si ce morceau est de lui; ses mémoires n'ont été imprimés pour la première fois, que trente-huit ans après sa mort; et la tradition des curieux, attestée par le témoignage des plus habiles bibliothécaires, a conservé un fait singulier sur ce sujet, qui est qu'on a retranché de cette édition tout ce qui étoit contraire aux jésuites. Ceux qui ont fait un tel retranchement ont bien pu y faire une addition, ou peut-être que ce trait qu'ils y ont laissé sur l'affaire de Jean Châtel n'étoit que l'exposition de ce que les jésuites disoient pour se justifier, dont on aura retranché la réponse que M. de Chiverny y faisoit comme contraire aux jésuites.

Ce qui peut confirmer encore plus le juste soupçon que l'on a contre cet endroit des mémoires de ce chancelier, c'est qu'il y paroît si peu instruit de la vérité du fait dont il parle, qu'il ignore jusqu'aux noms des condamnés. Le père Gueret y est appelé Quirel; l'erreur y est encore plus grande sur le nom de Jean

Guignard, qu'il appelle toujours le père Briquerel.
Peut-on concevoir qu'un chancelier de France, qui
est mort quatre ans après le supplice du père Guignard, n'ait pas su ou ait oublié le nom de ce coupable ; ou, si cela est, de quel poids peut être le
témoignage d'un homme qui se trompe sur des circonstances si grossières ? Ce qu'il dit ensuite, que l'on
supposa peut-être les écrits sur lesquels le père Guignard fut condamné, ne marque pas moins ou son
ignorance ou son oubli, ou peut-être la supposition
de cet endroit de ces mémoires. Le père Guignard
avoit avoué dans son interrogatoire, que c'étoit lui qui
avoit composé et écrit de sa main l'ouvrage sur lequel
il fut condamné. L'arrêt du parlement le porte expressément. Croira-t-on qu'un chancelier de France
ait pu avancer un fait contraire à l'aveu de l'accusé
même ? Et, s'il l'a fait, quelle créance, encore une
fois, peut mériter son témoignage ?

Enfin, pour le détruire il ne faudroit employer
que le passage même qu'on a tiré de ses mémoires.
On y voit le premier magistrat du royaume vouloir
excuser les écrits du père Guignard, en disant que
cela sembloit avoir été fait pour servir à quelques
leçons ; étrange manière de justifier ce criminel, en
disant que les maximes abominables dont il avoit
rempli ses écrits devoient servir aux leçons qu'il donnoit à ses écoliers. Les plus grands ennemis des jésuites n'ont rien dit de plus fort contr'eux que ce
que l'on fait dire en cet endroit à M. de Chiverny
pour les excuser. Ainsi, ou cet endroit, tel qu'on le
lit aujourd'hui dans ses mémoires, n'est point de lui,
ou il faut convenir que, quand il a écrit des choses
si peu dignes d'un chancelier de France, et même
de tout auteur raisonnable, sa mémoire étoit fort affoiblie, et que son jugement même commençoit à se
sentir des atteintes de la vieillesse ; aussi ne voit-on
pas que ceux qui ont fait des apologies des jésuites,
même depuis l'impression des mémoires de M. de
Chiverny, se soient servi de son autorité, dont ils

ont apparemment mieux senti la foiblesse que le père Jouvenci, qui a cru pouvoir tout hasarder sur la foi d'un passage qui, bien considéré, est plus contraire aux jésuites, puisqu'il en résulteroit, s'il méritoit quelque créance, que les écrits du père Guignard paroissoient avoir été faits pour servir de leçons, c'est-à-dire pour apprendre par principes et par maximes à ses écoliers qu'il étoit permis de tuer le roi.

———

TROISIÈME MÉMOIRE

SUR LE MÊME OBJET.

Après avoir fait encore de nouvelles réflexions sur tous les ménagemens que l'on peut avoir pour les jésuites, dans l'occasion présente, sans manquer à ce que des magistrats doivent à la règle et à leur honneur, on se croit obligé de représenter avec un très-profond respect à Sa Majesté, que les choses sont réduites à un état dont il ne paroît plus possible de rien retrancher, et que le seul reproche que l'on puisse avoir à se faire, c'est d'avoir déjà même passé en quelque manière les bornes exactes et rigoureuses du devoir.

En effet, Sa Majesté est très-humblement suppliée de considérer d'un côté tout ce qu'on auroit dû faire à la rigueur, en suivant l'exemple des arrêts rendus en pareil cas, et de l'autre ce que l'on propose de faire à présent.

L'auteur, né en France et sujet du roi, auroit dû être décrété; on se contente d'exiger qu'il souscrive à la déclaration donnée par les jésuites.

Le livre auroit dû être condamné au feu, comme les livres dont il fait l'éloge y ont été condamnés : on ne l'y condamne point, et on se contente de le supprimer.

L'auteur du livre criminel peut-il refuser de subir la même loi que ses confrères, qui n'ont point composé comme lui cet ouvrage, et qu'ils désavouent ? On ne charge pas même les jésuites de l'obliger à signer leur déclaration, et cette disposition ne porte que sur le père Jouvenci seul. Il n'est pas possible d'en faire moins contre l'auteur d'un tel livre.

Le parlement a obligé autrefois les jésuites à rapporter un décret de leur général contre la doctrine contenue dans des livres condamnés ; on ne leur impose point aujourd'hui cette nécessité.

D'autres arrêts leur ont enjoint de faire écrire quelques-uns de leurs théologiens contre cette doctrine ; on les en dispense aujourd'hui.

On retranche les mots de *criminels de lèse-majesté* employés par les autres arrêts, parce que les jésuites en ont paru blessés en se les appliquant mal à propos.

Voilà donc cinq articles différens, et cinq articles d'une grande importance, dont on fait grâce aux jésuites pour entrer dans les intentions du roi, qui désire que cette affaire soit traitée le plus doucement qu'il sera possible.

La dernière disposition, et presque la seule qui reste dans les arrêts précédens, est celle qui regarde l'obligation imposée aux provinciaux des autres provinces et aux supérieurs des autres maisons de signer des déclarations semblables à celle du provincial et des supérieurs de Paris.

Cet article est entièrement conforme à ce que le parlement ordonna à l'occasion du livre du jésuite Santarel. Plus les jésuites souhaitent ardemment que leur déclaration tienne lieu de tout dans cette affaire, plus il faut que cette déclaration soit parfaite ; que seroit-ce qu'une déclaration, signée seulement de quatre jésuites qui ne seroient ni autorisés, ni avoués, ni imités par les autres supérieurs ? Ils ont cru eux-mêmes devoir faire cette déclaration, et ils ont le mérite de l'avoir offerte les premiers. Si elle est nécessaire pour les supérieurs de Paris, pourquoi ne le seroit-elle pas pour les supérieurs des autres maisons ? Rien ne leur sera ni plus avantageux ni plus honorable que de faire voir que le même esprit est généralement répandu dans toutes les maisons qu'ils ont dans le royaume. Ils devroient se porter d'eux-mêmes à la demander, s'ils connoissoient bien leurs véritables intérêts, et prévenir sur cela l'autorité de la justice, comme on le leur a insinué.

La seule difficulté qu'ils aient pu proposer sur cet

article est que le provincial et les autres supérieurs de Paris n'ont point d'autorité sur ceux des autres provinces, pour les obliger à faire des déclarations.

Mais, sans examiner tout ce que l'on pourroit répondre à cette difficulté, il suffit de dire en un mot qu'on peut avoir encore pour les supérieurs de Paris la complaisance de ne les pas charger personnellement de rapporter ces déclarations, quoiqu'on l'ait fait ainsi dans l'affaire de Santarel, et se contenter d'ordonner que les autres provinciaux le feront faire chacun dans leur province, ce sera la sixième complaisance que l'on aura eu en cette occasion pour les jésuites.

Mais si, après tant de facilités inouïes jusqu'à présent, et dans lesquelles les magistrats qui sont entrés dans cette affaire ont pris tout ce qu'ils pouvoient prendre sur eux pour donner au roi des marques de leur profond respect, les jésuites ne sont pas encore contents, Sa Majesté jugera sans doute que la complaisance qu'on a eu pour eux doit avoir ses bornes ; et on ose espérer qu'elle trouvera bon que les magistrats qui, sans aucun retour sur eux-mêmes, et en quelques manières contre leurs propres intérêts, ne combattent ici que pour ceux du roi, pour les droits de sa couronne et pour la défense de son autorité, fassent enfin leur devoir sans entrer davantage dans de nouvelles négociations avec des parties intéressées ; négociations si peu convenables au caractère de magistrats, et où Sa Majesté peut voir que les jésuites veulent abuser de leur facilité ; ou, si le roi trouve encore trop de difficulté dans cette affaire, ils le supplient au moins de permettre qu'ils gardent le silence, et demeurent dans une inaction où ils trouveront cet avantage, qu'en ne faisant rien du tout ils ne feront rien aussi de contraire à leur devoir et à leur honneur.

FIN DU TOME HUITIÈME.